CLOSE UP

OSAKA

오사카
고베
아리마온센
히메지
고야산

유재우 손미경 지음

KB186228

Contents

MAP

오사카 · 고베 · 아리마온센 · 히메지 철도 가이드
오사카 · 교토 · 나라 · 아스카 · 고야산 철도 가이드

#1 SPECIAL 오사카 · 고베 스페셜

#2 OSAKA **오사카**

#3 KOBE **고베**

#4 ARIMAONSEN **아리마온센**

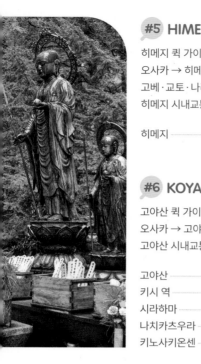

#5 HIMEJI 히메지

#6 KOYASAN 고야산

#7 START UP 여행 준비

3줄 요약 클로즈업 오사카
사용법

Step 1
페이지 상단의
QR 코드 찍기

Step 2
해당 페이지의 명소
레스토랑 · 숍 정보가
스마트폰에 표시

Step 3
지도 보기 · 홈페이지
지명 복사 · 주소 복사
메뉴 선택

꿀팁!!

(1) QR 코드를 찍고 '지도 보기' 메뉴를 선택하면 구글맵이
자동 실행되며, 목적지까지 길을 안내해줍니다.

(2) 택시를 탈 때는 '지명 복사 · 주소 복사' 메뉴를 누르세요.
팝업창에 표시된 지명 · 주소를 택시 기사에게 보여주면
일본어를 몰라도 원하는 목적지로 갈 수 있습니다.

(3) 택시 호출 앱을 이용할 때도 '지명 복사·주소 복사' 메뉴를
누르세요. 자동 복사된 지명 · 주소를 택시 앱의 목적지에
붙여 넣으면 일본어를 몰라도 택시 호출이 가능합니다.

알려드립니다

클로즈업 오사카에 실린 모든 내용은 저자가 비용을 지불하며 직접 가고, 먹고, 구매한 '내돈내산' 정보
입니다. 발간 시점의 최신 정보를 빠짐없이 담고자 노력했지만, 일본의 높은 물가 상승세로 인해 교통요
금 · 음식값이 지속적으로 오르고 있으니 이용에 유의하시기 바랍니다. 변경된 현지 정보는 각 페이지의
QR 코드를 통해 정기적으로 제공됩니다.

유재우 travel curator

도라라는 애칭으로 통하는 프로젝트 부부의 남편군. 대학 시절 '커피 한잔'이라는 달콤한 유혹에 빠져 배낭여행 동아리 세계로 가는 기차에 가입한 뒤 일명 '잘 나가는 아이'로 대변신했다. 특기는 아무 말 없이 집 나가기. 한창 '잘 나갈' 때는 "잠깐 나갔다 올게요"라는 말만 남긴 채 가출(?), 인천에서 유럽까지 장장 8개월에 걸친 실크로드 육로 횡단 여행을 하기도 했다. 1992년 생애 첫 해외여행지로 일본을 선택한 이래 지금까지 여행한 나라는 50개국, 600여 개 도시. 인생 좌우명은 천국에서도 가이드북 만들기.

대한민국 여행문화에 한 획을 그은 《해외여행 100배 즐기기》 시리즈를 탄생시키고 이끌어온 주역이다. 오랜 기간 가이드북을 만들며 느낀 문제점과 단점을 보완하고자 《해외여행 100배 즐기기》의 완전 절판을 선언하고, 대한민국 출판계에 신선한 바람을 몰고 온 《클로즈업 시리즈》를 탄생시켰다. 2006년에는 한일 관광교류 확대에 기여한 공로를 인정받아 한국 문화관광부와 일본 국토교통성이 수여하는 한일관광교류대상 일본 국제관광진흥회 이사장상을 수상했다.

저서로는 《배낭여행 길라잡이-일본》·《유럽 100배 즐기기》·《일본 100배 즐기기》·《동남아 100배 즐기기》·《호주·뉴질랜드 100배 즐기기》·《캐나다 100배 즐기기》·《도쿄 100배 즐기기》·《홍콩 100배 즐기기》(1995~2007), 《클로즈업 홍콩》·《클로즈업 도쿄》·《클로즈업 일본》·《클로즈업 오사카》·《클로즈업 TopCity》·《클로즈업 후쿠오카》(2007~현재) 등이 있다.

손미경 travel curator

프로젝트가 생겨야만 남편군과 함께(!) 생활하는 '프로젝트 부부'의 마눌님. 이화여대에서 영문학을 전공하고 대한민국의 무궁한 발전을 위해 훌륭한 교육자가 되고자 했으나 여행의 길로 '발을 헛디딤'과 동시에 '트래블 큐레이터'란 유별난 명함을 갖게 됐다.

깐깐해 보이는 외모와 달리 낯가림 지수는 제로! 처음 만난 사람도 10년 지기 친구로 완벽하게 포섭하는 환상의 재주를 가졌다. 강력한 친화력을 무기로 취재기간 동안 막대한 분량의 인터뷰를 소화해냈다. 취미는 전 세계 아웃렛 가격 비교 & 콘서트 관람이며 지금도 취재를 빙자해(!) 지구촌 어딘가를 헤매고 있다.

저서로는 《캐나다 100배 즐기기》·《홍콩 100배 즐기기》(2000~2007), 《클로즈업 홍콩》·《클로즈업 도쿄》·《클로즈업 일본》·《클로즈업 오사카》·《클로즈업 Top City》·《클로즈업 후쿠오카》(2007~현재) 등이 있다.

SPECIAL #1

Course 01

숙박비 2일×6,000엔
=1만 2,000엔
생활비 3일×5,000엔
=1만 5,000엔
입장료 3,300엔
교통비 4,000엔
항공권 40만 원~
Total 3만 4,300엔+40만 원~

오사카 2박 3일 Ⓐ

가볍게 주말여행을 즐기려는 이에게 적합한 일정. 현대적인 볼거리와 맛집·쇼핑가로 가득한 오사카를 돌아보는 하이라이트 코스다. 단점이라면 기간이 너무 짧아 오사카의 일부만 볼 수 있다는 것. 일정을 제대로 소화하려면 우리나라에서 10:00 이전, 오사카에서는 17:00 이후에 출발하는 항공편을 이용해야 한다.

DAY 1 한국➡ 오사카, 오사카 미나미

칸사이 국제공항 도착→숙소 체크인 또는 짐 맡기기→난바 파크스→도톤보리→우키요코지 골목→호젠지요코쵸→에비스바시→신사이바시스지→도톤보리(야경)
강추 맛집 규카츠 교토 카츠규, 라멘 대전쟁, 넥스트 시카쿠(라멘), 이치란(라멘), 도톤보리 이마이(우동), 키타타케우동, 오코노미야키 미즈노, 원조 쿠시카츠 다루마(꼬치튀김), 카츠동 치요마츠, 코가류(타코야키), 튀김 정식 마키노, 홋쿄쿠세이(오므라이스)

DAY 2 오사카 키타

오사카 주택 박물관→헵 파이브→오사카 스테이션 시티→그랑 프론트 오사카→우메다 스카이 빌딩→공중정원 전망대
강추 맛집 그릴 캐피털 토요테이
(햄버그 스테이크), 로지우라
커리 사무라이(수프 카레),
잇푸도(라멘), 토리소바자
긴(라멘), 카마타케우동,
키지(오코노미야키), 토리
산와(오야코동), 하나다코
(타코야키), 하루코마(초밥)

DAY 3 오사카성, 오사카➡ 한국

숙소 체크아웃→짐 맡기기→소토보리·오테몬→사쿠라몬→미라이자오사카죠·타임캡슐→텐슈카쿠→각인석 광장·자결터→고쿠라쿠바시→아오야몬→짐 찾기→칸사이 국제공항

Course 02

숙박비 2일×6,000엔
=1만 2,000엔
생활비 3일×5,000엔
=1만 5,000엔
입장료 6,300엔
교통비 2,000엔
항공권 40만 원~
Total 3만 5,300엔+40만 원~

오사카 2박 3일 B

명소와 맛집 위주로 알찬 여행을 즐기려는 이에게 적합한 일정. 주요 명소의 입장료와 오사카 시내 교통비가 포함된 오사카 주유 패스를 구매하는 것이 경제적이다. 일정을 제대로 소화하려면 우리나라에서 10:00 이전, 오사카에서는 17:00 이후에 출발하는 항공편을 이용해야 한다.

DAY 1

DAY 2

DAY 3

DAY 4

DAY 1 한국 ➡ 오사카, 오사카키타

칸사이 국제공항 도착→숙소 체크인 또는 짐 맡기기→오사카 주택 박물관→헵 파이브→오사카 스테이션 시티→그랑 프론트 오사카→우메다 스카이 빌딩→공중정원 전망대(야경)
강추 맛집 그릴 캐피털 토요테이(햄버그 스테이크), 로지우라 커리 사무라이(수프 카레), 잇푸도(라멘), 토리소바자긴(라멘), 카마타케우동, 키지(오코노미야키), 토리산와(오야코동), 하나다코(타코야키), 하루코마(초밥)

DAY 2 오사카성, 베이 에어리어·미나미

오사카 역사 박물관→소토보리·오테몬→사쿠라몬→미라이자오사카죠·타임캡슐→텐슈카쿠→각인석 광장·자결터→고쿠라쿠바시→아오야몬→카이유칸→텐포잔 마켓 플레이스→나니와쿠이신보요코쵸→텐포잔 대관람차→유람선 산타마리아→우라난바
강추 맛집 홋쿄쿠세이(오므라이스), 보테츄(오코노미야키), 아이즈야(타코야키), 엔야(꼬치구이)

DAY 3 오사카미나미, 오사카 ➡ 한국

숙소 체크아웃→짐 맡기기→
도톤보리→우키요코지 골목→
호젠지요코쵸→에비스바시→
신사이바시스지→짐 찾기→
칸사이 국제공항

강추 맛집 규카츠 교토 카츠규, 넥스트 시카쿠(라멘), 이치란(라멘), 도톤보리 이마이(우동), 키타타케우동, 오코노미야키 미즈노, 원조 쿠시카츠 다루마(꼬치튀김), 카츠동 치요마츠, 코가류(타코야키), 튀김 정식 마키노

Course 03

숙박비 3일×6,000엔
=1만 8,000엔
생활비 4일×5,000엔=2만 엔
입장료 6,300엔
교통비 3,000엔
항공권 40만 원~
Total 4만 7,300엔+40만 원~

오사카·고베 3박 4일

오사카와 고베의 주요 명소를 단시간에 돌아보는 일정. 첫째날과 둘째날은 오사카 주유 패스, 셋째날은 한신 투어리스트 패스를 구매하면 교통비와 입장료를 절약할 수 있다. 일정을 제대로 소화하려면 우리나라에서 10:00 이전, 오사카에서는 17:00 이후에 출발하는 항공편을 이용해야 한다.

DAY 1

한국 ➡ 오사카, 오사카 베이 에어리어·미나미

칸사이 국제공항 도착→숙소 체크인 또는 짐 맡기기→카이유칸→텐포잔 마켓 플레이스→나니와쿠이 신보요코쵸→텐포잔 대관람차→유람선 산타마리아→도톤보리→우라난바
강추 맛집 홋쿄쿠세이(오므라이스), 보테쥬(오코노미야키), 아이즈야(타코야키), 오코노미야키 미즈노

DAY 2   오사카 미나미·키타

난바 파크스 → 도톤보리→우키요코지 골목→호젠지요코쵸→에비스바시→신사이바시스지→헵 파이브 → 오사카 스테이션 시티→그랑 프론트 오사카→ 우메다 스카이 빌딩→공중정원 전망대(야경)
강추 맛집 규카츠 교토 카츠규, 넥스트 시카쿠(라멘), 도톤보리 이마이(우동), 키타타케우동, 오코노미야키 미즈노, 그릴 캐피털 토요테이(햄버그 스테이크)

DAY 3   고베 산노미야·베이 에어리어

키타노→키타노마치 광장→연두색 집→풍향계의 집→키타노텐만 신사→비늘의 집→라인의 집→난킨마치→피시 댄스→고베 항 지진 메모리얼 파크→메리켄 파크→고베 하버 랜드(야경)
강추 맛집 고베규동 히로시게, 모리야(스테이크), 카츠동 요시베, 토리소바자긴(라멘)

DAY 4   오사카 성, 오사카 ➡ 한국

숙소 체크아웃→짐 맡기기→소토보리·오테몬→사쿠라몬 → 미라이자오사카죠·타임캡슐→텐슈카쿠→ 각인석 광장·자결터→고쿠라쿠바시→아오야몬→짐 찾기→칸사이 국제공항

칸사이 일주 4박 5일

Course 04

숙박비 4일×6,000엔
=2만 4,000엔
생활비 5일×5,000엔
=2만 5,000엔
입장료 7,000엔
교통비 5,500엔
항공권 40만 원~
Total 6만 1,500엔+40만 원~

오사카·고베·히메지는 물론 온천 휴양지 아리마온센까지 돌아보는 코스. 첫째 날 공항에서 시내로 들어갈 때와 넷째 날 히메지를 오갈 때는 히메지 투어리스트 패스, 둘째 날 오사카 시내를 돌아볼 때는 지하철 1일권, 셋째 날 고베를 오갈 때는 한신 투어리스트 패스를 구매하면 교통비를 절약할 수 있다.

DAY 1 한국➡오사카, 오사카 미나미

칸사이 국제공항 도착→숙소 체크인 또는 짐 맡기기→난바 파크스→도톤보리→우키요코지 골목→호젠지요코쵸→에비스바시→신사이바시스지→도톤보리(야경)
<u>강추 맛집</u> 규카츠 교토 카츠규, 라멘 대전쟁, 넥스트 시카쿠(라멘), 이치란(라멘), 도톤보리 이마이(우동), 오코노미야키 미즈노

DAY 2 오사카성·키타

오사카 역사 박물관→소토보리·오테몬→사쿠라몬→미라이자 오사카죠·타임캡슐→텐슈카쿠→각인석 광장·자결터→고쿠라쿠바시→아오야몬→오사카 주택 박물관→헵 파이브→오사카 스테이션 시티→그랑 프론트 오사카→우메다 스카이 빌딩→공중정원 전망대(야경)
<u>강추 맛집</u> 그릴 캐피털 토요테이(햄버그 스테이크), 로지우라 커리 사무라이(수프 카레), 잇푸도(라멘), 키지(오코노미야키)

DAY 3 고베산노미야·베이에어리어

키타노→키타노마치 광장→연두색 집→풍향계의 집→키타노텐만 신사→비늘의 집→라인의 집→난킨마치→피시 댄스→고베 항 지진 메모리얼 파크→메리켄 파크→고베 하버 랜드(야경)
<u>강추 맛집</u> 고베규동 히로시게, 모리야(스테이크), 카츠동 요시베

DAY 4 히메지·아리마온센

히메지 성→코코엔 정원→아리마 강→유모토자카→텐진 원천→우와나리 원천→탄산 원천→온센지→온천 즐기기

DAY 5 오사카 텐노지, 오사카➡한국

숙소 체크아웃→짐 맡기기→츠텐카쿠→신세카이→아베노하루카스→짐 찾기→칸사이 국제공항

mission 01
도장 깨기

놓치면 후회
칸사이 Best 8

→ 미션 완수 체크!

1 도톤보리

오사카 최대의 유흥가이자 맛집 거리. 키치한 감성의 기발한 간판과 조형물이 시선을 사로잡는다. p.84

2 오사카 성

오사카의 상징으로 유명한 성. 400여 년의 역사를 간직한 여러 볼거리가 호기심을 자극한다. p.186

3 유니버설 스튜디오 재팬

할리우드 영화를 테마로 만든 박진감 넘치는 어트랙션과 흥미진진한 볼거리로 가득한 초대형 테마 파크. p.74

4 카이유칸

세계 5위 규모의
대형 수족관.
유유히 헤엄치는 몸길이
5m의 고래상어와
만날 수 있다. p.210

5 텐진바시스지 상점가

총길이 2.6km의 일본에서 가장 긴 쇼핑
아케이드. 활기 넘치는 오사카의 일상을
체험할 수 있다. p.146

6 키타노

아기자기한 유럽풍 건물이 모여 있는 언덕.
고베 개항의 역사를 간직한 유서 깊은 명소다.
p.228

7 히메지 성

유네스코 세계문화유산에 등재된 일본에서
가장 아름다운 성. 옛 모습이 고스란히 보존돼
있다. p.288

8 신세카이

레트로 감성이 충만한 서민의 거리.
1970~1980년대 오사카의 모습을 고스란히
간직하고 있다. p.198

mission 02
도장 깨기

여긴 꼭 가야 해
인스타 핫플 Best 9

> 미션 완수 체크!

1 에비스바시 쿠리코 런너 광고판으로 유명한 오사카의 명소. 광고판을 배경으로 두 팔을 번쩍 치켜올리고 인증샷을 남기자. p.85

2 우키요코지 골목
도톤보리의 옛 풍경을 재현한 골목. 골목을 따라 촘촘히 걸린 붉은 초롱이 로맨틱한 배경을 만들어준다. p.88

3 나카자키쵸
인스타 감성이 넘치는 카페의 거리. 1970년대 모습을 간직한 레트로한 분위기가 매력. p.144

4 오사카 주택 박물관
200년 전 오사카의 거리를 옛 모습 그대로 재현해 재미난 인증샷을 남길 수 있다. p.143

5 키타노마치 광장

고베의 인스타 맛집. 색색의 꽃이 광장을
화사하게 수놓는 봄~가을 풍경이 특히
아름답다. p.228

6 조폐 박물관 벚꽃축제

400여 그루의 벚나무가 일제히 꽃망울을
터뜨리는 봄이면 화사한 벚꽃축제가 열린다.
p.193

7 비늘의 집   동화 속 풍경이 연상되는 이국적 건물. 두 개의 둥근 탑이
불쑥 솟은 독특한 외관이 눈길을 끈다. p.231

8 소라쿠엔

일본 정취를 담뿍 머금은 고즈넉한 정원.
봄이면 정원 전체가 주홍빛 진달래에
뒤덮이는 장관을 이룬다. p.238

9 메리켄 파크

초록빛 잔디와 푸른 바다가 멋진 조화를 이루는
해변공원. BE KOBE 조형물이 인증샷 포인트로
인기가 높다. p.255

mission 03
도장 깨기

감동의 쓰나미
전망·야경 포인트 Best 7

미션 완수 체크!

1 하루카스 300 300m 고공에서 내려다보는 풍경.
오사카 제일의 전망과 야경을 뽐내는
뷰포인트다. p.201

2 공중정원 전망대 시선을 가로막는 벽이 없어 360도로 탁 트인
전망을 자랑하는 173m의 야외 전망대. p.139

3 난바 파크스

미나미의 화려한 야경을 감상할 수 있는
난바 파크스 9층 공중정원. p.92

4 오사카 시 중앙공회당

1918년 완공된 네오 르네상스 양식의 석조 건물.
야경 포인트로 인기가 높다. p.149

5 마야 산 키쿠세이다이 전망대

해발 690m 지점에 위치한 전망대. 고베는 물론 오사카의
풍경까지 한눈에 들어온다. p.264

6 롯코 산 전망대

해발 480m 지점에 위치한 전망대.
언제든 손쉽게 찾아갈 수 있는 야경 포인트다. p.265

7 고베 하버 랜드

로맨틱한 항구의 야경을 만끽할 수
있는 특급 포인트. p.257

톡톡 튀는 감성
애니 포토 존 Best 8

↱ 미션 완수 체크!

1 **팝 컬처
신사이바시**

인기 애니·게임 캐릭터와 피규어로
가득한 파르코 백화점 6층. 등신대 피규어와 기념사진을
찍을 수 있는 가오나시 포토존이 인기다. p.125

2 **지브리가잇파이 동구리 공화국**

루쿠아 8층의 스튜디오 지브리 오피셜 매장.
《마녀배달부 키키》의 빵집에서 인증샷을 찍어보자. p.165

닌텐도 오사카

다이마루 백화점 13층.
실물 크기 슈퍼 마리오·동물의
숲 피규어가 있다. p.168

포케몬 카페

일본에 단 두 개뿐인 포케몬 카페.
포케몬 캐릭터로 꾸민
앙증맞은 음식도 선보인다. p.135

명탐정 코난 동상

만화 〈명탐정 코난〉의
등장인물을 한자리에 모아 놓은
실물 크기 동상. p.194

반파쿠 기념공원

반파쿠 기념공원의 상징인 태양의 탑.
만화 〈20세기 소년〉의 배경으로도 등장한다.
p.178

테즈카 오사무 기념관

만화의 신 테즈카 오사무의 생애를 소개하는
박물관. 아톰·레오·리본의 기사 등
인기 캐릭터와 만날 수 있다. p.181

철인 28호 모뉴먼트

일본 로봇 만화의 시조새
〈철인 28호〉의 실물 크기 모형.
18m의 거대한 덩치를 자랑한다.
p.263

입에서 살살 녹는
초밥 Best 21

- [ ] **마구로 まぐろ**
  참치

- [ ] **오토로 大とろ**
  참치 대뱃살

- [ ] **사몬 サーモン**
  연어

- [ ] **타이 たい**
  도미

- [ ] **칸파치 かんぱち**
  잿방어

- [ ] **코하다 こはだ**
  전어

- [ ] **보탄에비 ぼたんえび**
  모란새우

- [ ] **아마에비 甘えび**
  단새우

- [ ] **즈와이가니 ズワイガニ**
  대게

초밥의 역사, 쥠 초밥 vs 누름 초밥

초밥은 생선을 밥 속에 넣어 보관하던 동남아의 저장법이 일본에 전래되면서 탄생한 요리다. 초기에는 생선 뱃속에 밥을 넣어서 삭혀 먹었지만, 점차 식초와 소금으로 간하는 기술이 발달하며 지금과 같은 형태의 요리로 완성됐다.

현재의 초밥 즉 '쥠 초밥 握り寿司(니기리즈시)'이 보편화한 것은 에도 시대 이후인데, 즉석에서 초밥을 하나씩 쥐어서 만들어주는 길거리 음식에서 유래했다. 에도(지금의 도쿄)에서 만들기 시작한 까닭에 쥠 초밥을 '에도즈시(에도 초밥)'라고 부르기도 한다.

오사카에서는 원래 사각 틀 안에 재료를 넣고 눌러서 만드는 전통 방식의 '누름 초밥 箱寿司(하코즈시)'을 즐겨 먹었다. 하지만 근래에 들어 쥠 초밥이 보편화하면서 지금은 누름 초밥 전문점을 찾아보기 어려운 실정이다.

재료의 선도를 중시하는 쥠 초밥과 달리 누름 초밥은 숙성의 맛을 강조하기 때문에 특유의 시큼함과 비린내가 강하다. 기존 초밥에 익숙한 이에게는 은근히 부담스러울 수 있다는 사실에 유의하자. 누름 초밥 전문점으로는 1841년 창업한 요시노즈시(p.171)가 유명하다.

쥠 초밥, 니기리즈시

누름 초밥, 하코즈시

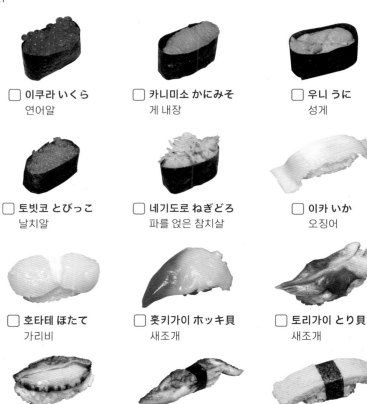

☐ **이쿠라 いくら**
연어알

☐ **카니미소 かにみそ**
게 내장

☐ **우니 うに**
성게

☐ **토빗코 とびっこ**
날치알

☐ **네기도로 ねぎどろ**
파를 얹은 참치살

☐ **이카 いか**
오징어

☐ **호타테 ほたて**
가리비

☐ **홋키가이 ホッキ貝**
새조개

☐ **토리가이 とり貝**
새조개

☐ **아와비 あわび**
전복

☐ **아나고 穴子**
붕장어

☐ **타마고 玉子**
계란

회전초밥 이용법

주머니가 가벼울 때는 저렴한 회전초밥을 이용하자. 값은 한 접시에 110~880엔 수준이며, 초밥이 담긴 접시의 색과 무늬로 가격을 구분한다. 저렴한 회전초밥이 모여 있는 곳은 오사카 · 고베의 상점가와 유흥가다.

초밥은 컨베이어 벨트 위에 놓인 것 가운데 마음에 드는 것을 골라 먹는다. 원하는 메뉴가 있을 때는 주방장에게 따로 주문해도 된다. 요새는 자리마다 비치된 주문 전용 태블릿 · 패드로도 주문할 수 있는데, 한국어 · 영어가 지원돼 언어적인 문제로 고생

회전초밥

할 가능성이 없다. 다 먹은 초밥 접시는 한쪽에 차곡차곡 쌓아두면 자리에서 일어날 때 점원이 접시의 숫자를 센 다음 음식값을 계산해준다.

초밥을 맛있게 먹는 비결은 '담백한 흰살 생선→붉은 살 생선→기름진 등푸른 생선'의 순으로 먹으며 서서히 미각을 자극하는 것이다. 간장을 찍을 때는 초밥을 눕혀 생선살 부분만 살짝 적시는 것이 요령. 그래야 밥이 부서지지 않는다. 간간이 녹차로 입을 헹구면서 초밥을 먹으면 좀 더 산뜻한 맛을 즐길 수 있다. 테이블 위에 놓인 생강 초절임은 빈 접시에 덜어 먹으면 되는데 역시 입안을 개운하게 해주는 역할을 한다.

본고장의 맛
오사카 6대 라면

> 미션 완수 체크!

1 라멘 대전쟁

피스톨 ビストル 890엔. 닭과 해산물로
우려낸 깔끔하면서도 농후한 국물이 훌륭하다.
면·국물과 환상의 조화를 이루는 부드러운
차슈 역시 라면의 맛을 더한다. p.100

2 토리소바자긴

토리 소바 鶏 Soba 950엔. 닭 육수 베이스의
담백하면서도 진한 맛이 일품이며 고운 거품이
부드러운 식감을 더한다. 사이드 메뉴도 놓치지
말자. 오사카 본점은 닭 튀김, 고베 분점은 소고기
초밥이 맛있다. p.156 · 258

Since 1982

이치란

라멘 ラーメン 980엔. 돼지 사골의 진한 톤코츠 라면임에도 불구하고 비전(祕傳)의 기술로 우려낸 국물과 매콤한 소스 때문에 잡내 없는 얼큰함을 뽐낸다. p.101·157

5 잇푸도

아카마루신아지 赤丸新味 950엔. 돼지 사골의 진한 맛이 일품인 매콤한 하카타 라면. 마늘을 넣으면 더욱 시원하게 즐길 수 있다. p.157

4 넥스트 시카쿠

카키파이탄 코에루 牡蛎白湯 Koeru 1,000엔. 평범함을 거부하는 굴 라면. 바다향을 머금은 진한 굴 내음의 감칠맛 넘치는 국물이 환상적이다. p.101

Since 1982

6 킨류 라멘

라멘 ラーメン 800엔. 돼지·닭 뼈를 푹 고아낸 국물은 진하면서도 담백하다. 마늘·부추를 넣으면 한결 개운하게 먹을 수 있다. p.100

끝내주는 국물
오사카 5대 우동

미션 완수 체크!

1 키타타케 우동

치쿠다마텐붓카케 우동 ちく玉天ぶっかけ 930엔. 차가운 우동에 잘게 썬 쪽파와 생강·어묵튀김·계란·레몬을 얹어 낸다. 쫄깃한 면발과 감칠맛 나는 국물의 조화가 끝내준다. 면이 예전에 비해 살짝 가늘어진 점이 조금 아쉽다. p.102

2 카마타케 우동

치쿠다마텐붓카케 우동
ちく玉天ぶっかけ 800엔~.
키타타케 우동의 분점이며,
예전과 동일한 굵기로 면을 뽑는다.
오리지널 치쿠다마텐붓카케
우동의 쫄깃함을 맛보려면
이곳을 이용해도 좋다. p.157

Since 1946

3

도톤보리 이마이

유부 우동 きつねうどん 880엔. '국물의 이마이'로
통할 만큼 유명한 우동집. 담백하면서도 깊은 맛의
국물이 혀를 사로잡는다. p.103

Since 1893

4
우사미테이
마츠바야

오지야우동 おじやうどん
820엔. 우동에 밥까지 말아줘
한 끼 식사로 든든하다.
표고버섯·장어·어묵·닭고기·
파·계란 등의 고명을 푸짐하게
얹어낸다. p.102

Since 1949

5
치토세

니쿠우동 肉うどん 800엔.
가다랑어와 소고기로 우려낸
진한 국물에 소고기 고명을
듬뿍 얹어준다. 연예인들이 해장
목적으로 즐겨 찾는다. p.103

오사카의 우동은 다르다?!

오사카에서 라면보다 대중적인 음식은 바로 우동이다. 도쿄 일대의 우동 국물이 진하고 들쩍지
근한 맛이 강한 반면, 다시마·카츠오부시·고등어·멸치로 우려내는 오사카의 우동 국물은 맑
고 개운한 편이라 우리 입에 훨씬 잘 어울린다.
우동을 좀 더 얼큰하게 먹으려면 식탁 위에 놓인 시치미 七味를 뿌려보자. 고춧가루·깨 등 7가
지 향신료를 섞은 매콤한 조미료인데, 느끼한 일본 음식에 질렸을 때 듬뿍 뿌려 먹으면 좋다.

군침 도는
오사카 3대 타코야키

Since 1951

1 하나다코   네기마요 ネギマヨ 610엔~. 회로 먹어도 될 만큼 싱싱한 문어를 사용하는 타코야키. 파와 마요네즈를 수북이 얹어주며, 아삭아삭 씹히는 파가 청량감을 더한다. p.153

Since 1974

2 코가류

소스마요 ソースマヨ 500엔. 새콤달콤한 소스와 고소한 마요네즈가 뜨끈뜨끈한 타코야키와 환상의 조화를 이룬다. p.97

3 타코야키 쥬하치반

오모리네기소스마요 大盛りネギソースマヨ 750엔. 겉바속촉의 정석으로 만드는 타코야키. 수북이 얹어주는 생파의 알싸함과 아삭한 식감이 매력이다. p.97

잊기 힘든 맛
오사카 4대 오코노미야키

Since 1946

1

오코노미야키 미즈노

야마이모야키 山芋焼 1,730엔.
오코노미야키 반죽에 참마를
넣어 깊은 맛과 보들보들한
식감을 살렸다. p.94

Since 1950

키지 2

모단야키 もだん焼 913엔.
밀가루 반죽 대신 면을 넣고
계란과 오코노미야키 소스를
얹어 마무리한 오코노미야키.
오코노미야키 특유의
텁텁함이 적다. p.150

Since 1966

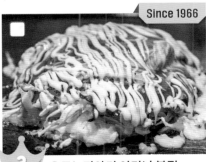

3 오코노미야키 어머니 본점

오모니야키 オモニ焼 1,200엔. 한국의 맛을
가미한 색다른 오코노미야키. 현지인에게도 인기가
높은 재일교포 맛집이다. p.207

Since 1947

4 오카루

오코노미야키 스페셜 お好み焼きスペ
シャル 1,300엔. 마요네즈로 재미난 그림을
그려주는 이색 서비스로 유명하다. 소박한
맛과 분위기도 매력이다. p.96

mission 10
도장 깨기

고소한 맛의 향연
칸사이 5대 튀김

Since 1929

1 원조 쿠시카츠 다루마

꼬치튀김 串かつ 1개 143엔~.
온갖 재료를 꼬치에 끼워 즉석에서
튀겨준다. 신선한 재료와 고소한 맛,
바삭한 식감이 훌륭한 조화를 이룬다.
p.95·203

2 튀김 정식 마키노

마키노 튀김 정식 まきの天ぷら定食 1,199엔.
즉석에서 재료를 손질해 튀기기 때문에
바삭바삭한 최상의 튀김을 맛볼 수 있다. p.108

Since 1864

3 모리야

크로켓 コロッケ 100엔. 고급 고베
소고기 크로켓을 선보이는 정육점.
고베 일대에서 가장 맛있는 크로켓을
파는 곳으로 정평이 나있다. p.259

Since 1956

4 나카무라야

크로켓 コロッケ 90엔. 텐진바시스지
상점가를 대표하는 튀김집. 문을
열자마자 긴 줄이 늘어서며, 재료가
떨어지면 바로 문을 닫는다. p.147

Since 1912

5 타케나카 정육점

크로켓 コロッケ 170엔. 명품으로 유명한
고베 소고기로 만든다. 군것질거리로
인기가 높으며, 톡 쏘는 청량감의 아리마
사이다와 먹으면 더욱 맛있다. p.278

겉바속촉의 정석
오사카 4대 돈가스

1 카츠동 치요마츠

특상 돈가스 덮밥 特上 2,400엔.
어마무시한 양으로 유명한 돈가스 덮밥.
맛도 훌륭한데 저온 조리한 최고급 돈육으로
겉바속촉의 완벽한 돈가스를 만든다. p.106

규카츠 교토 카츠규

살치살 규카츠 牛ロースカツ膳 1,859엔.
미디엄 레어로 튀겨 겉은 바삭하면서도 육즙이
풍부하다. 고기 본연의 식감과 풍미를 온전히
즐길 수 있다. p.107

2 톤카츠 다이키

특선 등심 돈가스 特選ロース 1,930엔~.
두툼한 고기를 겉바속촉으로 튀긴 간판 메뉴.
육즙을 가득 머금은 핑크빛 고기가 군침을 돌게
한다. p.106

4 규카츠 모토무라

규카츠 정식 牛かつ定食 1,930엔~.
겉만 살짝 익힌 고기를 개인 화로에 취향대로
구워먹는다. 바삭한 튀김옷에 소기름이 배어들어
특유의 감칠맛을 더한다. p.107

100년의 시간
오사카·고베 3대 노포

Since 1922

1

홋쿄쿠세이 오므라이스 オムライス 1,080엔~. 오사카 최초로 오므라이스를
선보인 식당. 촉촉한 계란과 농후한 토마토 향의 새콤달콤한 소스가
완벽한 조화를 이룬다. p.105

Since 1897

2

그릴 캐피털 토요테이

백년양식 햄버그스테이크 百年洋食ハ
ンバーグステーキ 1,520엔~. 교토의
노포 레스토랑 토요테이의 분점. 풍부한
육즙이 혀를 사로잡는다. p.156·131

모리야

극상 설로인 스테이크 極上サーロイン
ステーキ 8,850엔~. 고베에서 가장 오
래된 스테이크 하우스. 환상적인 육질의
고베 소고기를 선보인다. p.240

Since 1885

3

놓치기 아쉬운
찐 맛집 Best 4

1 로지우라 커리 사무라이

치킨과 하루 채소 20가지 チキンと一日分の野菜20品目 1,925엔. 감칠맛이 폭발하는 홋카이도 수프 카레 전문점. 건강식을 추구하는 곳답게 채소를 듬뿍 담아낸다. p.154

2 고베규동 히로시게

소고기 덮밥 牛丼 1,980엔~.
최상품 고베 소고기로 만든다. 부드러운 육질과 농후한 맛이 일품이다. p.242

Since 1945

3 고고이치호라이 본점

부타만 豚饅 420엔~. 연간 2,800만 개가 팔리는 전설의 왕만두. 양파를 가미한 진하고 달콤한 육즙이 식욕을 자극한다. p.109

4 히츠마부시 나고야 빈쵸

히츠마부시 ひつまぶし 3,850엔~.
나고야 명물 장어덮밥. 겉은 바삭하면서도 속은 촉촉한 최상의 장어 요리를 선보인다. p.155

mission 14 도장 깨기

빵순이·빵돌이
오사카·고베 빵 Best 9

소금 버터 빵
塩バターパン 141엔

버터를 듬뿍 사용해 고소하면서
짭조름한 맛이 일품.
shop 캐스케이드 p.113·160

앙버터
あんばたー 195엔

쫄깃한 빵 안에 고소한 버터와
달콤한 팥이 듬뿍.
shop 캐스케이드 p.113·160

호두빵
もるとくるみパン 184엔

쫄깃한 빵 안에 알알이 박힌
고소한 호두.
shop 캐스케이드 p.113·160

프레츨 크루아상
Pretzel Croissant 388엔

짭짤한 프레츨과 고소한
크루아상의 맛을 동시에!
shop 더 시티 베이커리 p.160

앙버터
あんバター 300엔

쫄깃한 호두 빵에 수제 팥
페이스트와 버터가 듬뿍.
shop 팡야키도코로 리키 p.259

코루네
コルネ 300엔

바삭한 패스트리에 담긴 달콤한
커스터드 크림과 생크림.
shop 팡야키도코로 리키 p.259

손나바나나
そんなバナナ 303엔

완숙 바나나를 통으로 넣은
달콤한 맛의 바나나 빵.
shop 브란젤리 콤 시노와 p.245

소고기 카레빵
ビーフカレー 216엔

겉바속촉으로 튀긴 빵 안에
가득 담긴 소고기 카레.
shop 이스즈 베이커리 p.243

바게트
バゲット 432엔

고소한 풍미가 일품인 정통
프랑스식 바게트.
shop 비고노미세 p.245

달콤한 유혹
오사카·고베 스위트 Best 9

시아와세노 팬케이크
幸せのパンケーキ 1,200엔
허끝에서 사르르 녹는 포근한
식감. 수플레 팬케이크의 진수!
shop 시아와세노 팬케이크
p.110

과일 타르트
Tart 734엔～
촉촉한 파이와 프레시한 과일이
한데 어우러진 상큼한 타르트.
shop 킬페봉 p.160

타르트 멜리멜로
タルト·メリメロ 935엔
계절의 변화를 혀로 느끼게
하는 풍부한 맛의 과일 타르트.
shop 아라캉파뉴 p.244

레이디
Lady 600엔
마스카르포네 무스와 딸기
시럽의 상큼함이 매력 포인트.
shop 라브뉴 p.244

멜론 쇼트 케이크
メロンのショートケーキ 693엔
상큼 달콤한 멜론과 고소한
생크림의 조화가 멋진 케이크.
shop 파티세리 투스 투스 p.244

파블로 치즈 타르트
パブロとろけるチーズ タルト
1,180엔
촉촉한 크림 치즈가 담뿍 담긴
리치한 풍미의 타르트.
shop 파블로 p.110

프레시 후르츠 케이크
Fresh Fruits Cake
1,000엔～
달콤 고소한 생크림과 상큼한
생과일의 완벽한 조화.
shop 하브스 p.111

갓 구운 치즈 케이크
焼きたてチーズケーキ 965엔
촉촉한 질감과 적절한 단맛!
선물용으로도 인기 만점.
shop 리쿠로오지상노미세
p.112

도지마 롤 케이크
堂島ロール 1,620엔
입 안 가득 고소한 우유 향이
퍼지는 생크림 롤 케이크.
shop 살롱 드 몬 셰르 p.111

그윽한 맛과 향
오사카·고베 8대 커피

1 **멜 커피 로스터스**

탁월한 로스팅 기술의 스페셜티 커피 전문점. 고소한 커피향이 감도는 아담한 공간에서 직접 로스팅한 원두와 테이크아웃 커피를 판매한다. p.114

2 **타루코야**

40여 년 경력의 장인이 운영하는 원두 전문점. 고베에서 다섯 손가락 안에 꼽을 만큼 맛난 커피로 명성이 자자해 커피 업계 종사자가 즐겨 찾는다. p.246

3 **몬디알 카페 산니하치**

힙한 감성의 카페. 노천 테이블과 함께 안락한 의자가 비치돼 있어 주변에서 쇼핑을 즐기다 느긋하게 쉬어가기에도 좋다. p.114

4 **스트리머 커피 컴퍼니**

전미(全美) 라테 아트 챔피언이 운영하는 커피숍. 전통적인 이탈리안 커피보다 마일드한 시애틀 스타일의 커피를 선보인다. p.114

5 다운스테어스 커피

벤츠 매장과 콜라보로 운영하는 카페.
2008년 세계 라테 아트 챔피언 사와다 히로시가
어레인지한 커피를 맛볼 수 있다. p.158

6 블루 보틀 커피

'사람 냄새 나는 커피'를
모토로 정성껏 내린
커피가 매력. 최상의 맛을
즐길 수 있게 48시간
이내에 로스팅한 원두만
사용한다. p.159

7 카페 반호프

핸드드립 커피가 유명한 스페셜티 커피 전문점.
2019년 G20 오사카 서밋 때는 각국 정상과 VIP
를 위한 의전용 커피를 담당했다. p.159

8 브루클린 로스팅 컴퍼니

완벽하게 뉴욕을 재현한 커피숍. 원산지는 물론
농장에 이르기까지 엄선한 원두만 사용한다는
자부심이 대단하다. p.115

mission 17
도장 깨기

과거로의 시간여행
레트로 카페 Best 6

1 스타벅스 이진칸 점

1907년에 지어진 양식 목조주택을 리모델링한 스타벅스. 벽난로와 높은 천장, 고풍스러운 창, 2층으로 이어진 목조계단 등 건물이 지어질 당시의 모습을 완벽히 재현했다. p.246

Since 1934

2 마루후쿠 커피

양식 레스토랑의 오너 셰프가 창업한 커피숍. 현재 사용 중인 로스팅 기구와 드리퍼는 모두 창업주가 직접 고안한 것이다. 커피는 강배전 특유의 쓴 맛이 특징이다. p.115

Since 1921

3 히라오카 커피

시간이 정지한 듯 과거의 색채를 고스란히 간직한 커피숍. 로스팅은 물론 융 드립으로 커피를 내리는 방식까지 옛 전통을 삼 대째 우직하게 지켜오고 있다. p.158

Since 1951

4 아라비야 커피

짙은 갈색의 마호가니 카운터와 세월의 더께가 켜켜이 쌓인 소품이
창업 당시의 모습을 전해준다. 융 드립으로 내리는 커피는
마일드한 맛이 특징이다. p.115

Since 1948

5 니시무라 커피

커피 마니아라면 반드시 들르는 명소. 일본
최초로 스트레이트 커피를 선보인 곳이다.
외관은 물론 인테리어까지 유럽풍으로
꾸민 건물이 눈길을 끈다. p.247

릴로 커피 킷사

인테리어와 분위기를 100년 전 스타일로 꾸민 레트
로 카페. 빈티지한 커피 잔과 소품들이 마치 과거로
돌아간 듯한 기분을 느끼게 한다. p.113

로컬처럼 즐기는
오사카 주점가 Best 5

1 우라난바 고소한 꼬치구이 냄새와 취객의 밝은 웃음소리가 밤새 끊이지 않는 서민적인 주점가. 골목을 따라 저마다의 개성을 뽐내는 바·주점·식당이 옹기종기 모여 있어 현지인은 물론 여행자도 즐겨 찾는다. p.93

2 텐마 텐진바시스지 상점가 한복판에 위치한다. 오사카 토박이라면 모르는 이가 없는 '술집 순례의 성지'로 명성이 자자하다. 일식·중식·양식 등 메뉴가 다양한 것은 물론 값도 저렴하다. p.146

3 루쿠아 바루치카
발랄한 분위기의 지하 식당가. 초밥·꼬치튀김·라면 등 다양한 음식을 취급하는 식당과 주점 40여 개가 모여 있어 20~30대 직장인이 즐겨 찾는다. p.163

4 오이시이모노요코쵸
포장마차를 연상시키는 24개의 식당·주점이 모인 쾌적한 식당가. 쿠시카츠·꼬치구이·초밥 등의 인기 메뉴를 두루 취급해 선택의 폭이 넓다. p.163

5 신우메다 먹자골목
100여 개의 식당·주점이 모인 먹자골목. 서민적인 분위기가 매력이며, 70여 년 전에 조성된 만큼 오랜 전통의 노포가 많아 현지인도 즐겨 찾는다. p.163

맥주 ビール

일본인이 즐겨 마시는 가장 보편적인 술이다. 상쾌한 맛의 아사히, 부드러운 목 넘김의 삿포로, 깔끔한 뒷맛의 키린, 풍부한 향의 선토리, 깊은 맛의 에비스가 대표 브랜드이며, 지역별로 소량 생산하는 크래프트 맥주(치비루 地ビール)도 종류가 무척 다양하다. 쌉쌀한 맛을 원하면 어느 브랜드건 '카라구치 辛口'라고 표기된 것을 고르면 된다. 주점·식당에서는 500㎖ 1잔에 500~800엔, 주류 전문점·슈퍼마켓·편의점에서 파는 캔 맥주는 330㎖ 1캔 200~350엔 수준이다. 캔 맥주는 차갑게 식힌 잔에 거품이 생기도록 따라 마시면 더욱 맛있다.

핫포슈 発泡酒

원료로 50% 이상의 맥아를 사용하는 진짜 맥주와 달리 콩·밀가루·옥수수에서 추출한 알코올에 맥주 향을 가미한 짝퉁 맥주다. 진짜 맥주보다 맛과 향은 떨어지지만 알코올 도수는 맥주와 동일하면서도 값은 20~30% 저렴하다. 캔 하단에 '핫포슈 発泡酒' 또는 '핫포세이 発泡性'라고 표시돼 있어 진짜 맥주와 쉽게 구별되며 주류 전문점·슈퍼마켓·편의점에서 판다. 가격은 330㎖ 1캔 140~200엔 수준이다.

하이볼 ハイボール

위스키에 소다수를 섞어 만든 칵테일. 알코올 도수는 7~9%로 맥주보다 살짝 높다. 가벼운 위스키 향과 단맛이 특징이며, 선토리 위스키 '카쿠빈 角瓶'을 베이스로 만든 카쿠하이볼 角ハイボール이 특히 유명하다. 주점·식당에서는 300㎖ 1잔에 400~500엔, 주류전문점·슈퍼마켓·편의점에서 파는 캔 제품은 330㎖ 1캔 150~250엔 수준이다.

츄하이 チューハイ

소주에 과즙과 소다수를 섞어 만든 칵테일. 알코올 도수는 5~6%로 맥주와 비슷하지만 소주 베이스라 끝맛이 살짝 강하다. 레몬·사과·파인애플 등 맛이 다양하며 전반적으로 달콤한 느낌이라 가볍게 마시기 좋다. 주점·식당에서는 300㎖ 1잔에 400~500엔, 주류전문점·슈퍼마켓·편의점에서 파는 캔 제품은 330㎖ 1캔 130~250엔 수준이다.

니혼슈 日本酒

쌀로 빚은 일본의 전통주다. 양조장마다 개성이 풍부한 술을 생산해 다양한 맛과 향을 즐길 수 있다. 니혼슈는 쌀의 도정 비율에 따라 크게 음양주 吟醸酒와 대음양주 大吟醸酒로 구분하며, 60% 이상 도정한 쌀이 사용되는 대음양주가 고급술에 속한다. 알코올 도수는 14~19도이며 우리 입에는 조금 무겁게 느껴지기도 한다. 주점에서는 길이 한 뼘 정도의 도자기 병(톳쿠리 とっくり)에 담아서 파는데, 차갑게 식히거나 따뜻하게 데워 마신다. 슈퍼마켓·편의점에서도 팔지만 좀 더 다양한 니혼슈를 구하려면 주류 전문점을 이용하는 것이 좋다.

쇼츄 焼酒

우리나라의 전통 소주와 같은 증류주를 말한다. 재료로는 보리·쌀·고구마 등이 이용된다. 알코올 도수는 25도 정도. 스트레이트로 마시는 경우는 거의 없고 얼음이나 토닉 워터를 섞은 오미즈와리 お水割り, 또는 미지근한 물을 섞은 오유와리 お湯割り 등의 방식으로 희석시켜 마신다. 역시 주류 전문점·슈퍼마켓·편의점에서 판매한다.

이건 꼭 사야 해!
드러그 스토어 인기템 12

시세이도 뷰러
資生堂ビューラー 878엔
속눈썹을 확실하게 올려 크고
선명한 눈매로 만들어 주는
최고의 뷰러.

사나 두유 이소프라봉 아이
크림 SANA 豆乳 イソフラボ
ンアイクリーム 990엔
수분감이 풍부해 당김이 적고
피부 톤을 환하게 해준다.

카네보 세안 파우더
Kanebo Suisai Beauty
Clear Powder 2,160엔
각질·피지 제거에 탁월한
효능을 지닌 세안 파우더.

Wafood made 마스크 팩
ワフードメイド酒粕マスク
715엔
미백·보습 효과가 뛰어난
술지게미로 만든 마스크 팩.

센카 퍼펙트 휩
Senka Perfect Whip 550엔
조금만 사용해도 풍부한 거품이
만들어지는 클렌징 폼.
피부 자극도 적다.

키스 미 마스카라
Kiss Me Heroine Long &
Curl Mascara 1,320엔
길고 깔끔한 속눈썹을 연출.
쉽게 번지지 않아 안심하고
사용할 수 있다.

중저가 화장품 쇼핑

중저가 기초·색조 화장품과 미용용품은 드러그 스토어
Drug Store에서 판매하며, 핸즈·로프트 등 라이프스타
일 숍의 화장품 코너에도 쓸 만한 아이템이 많다.
드러그 스토어 체인점은 마츠모토키요시 マツモト
キヨシ, 코코카라파인 ココカラファイン, 코쿠민
Kokumin, 스기 드러그 スギ薬局, 츠루하 ツルハ, 다이
코쿠 드러그 ダイコクドラッグ 등이 있으며, 카네보·시
세이도·코세 등 일본 로컬 브랜드 화장품을 10~30% 할

인 판매한다. 같은 이름의 체인점이라도 지점마다 가격이 다르니 주의하자.
추천 아이템은 클렌징·헤어 케어·데오드란트·색조 화장품이며 상품이 다양해 선택의 폭이 넓다. 대부
분 로컬 브랜드라 가격 부담이 적은 것도 매력. 우리나라의 인터넷 쇼핑몰에서 인기 아이템을 미리 체크
해 가는 것도 성공 쇼핑의 노하우다.

유스킨 A 핸드크림
Yuskin A 990엔
강력한 보습력을 자랑하는 핸드
크림. 건조한 피부로 고생하는
가정주부나 악건성에게 강추!

비오레 클렌징 오일
ビオレメイク落としパーフ
ェクトオイル 1,320엔
일반 클렌징 오일과 달리 젖은
손이나 얼굴에도 사용 가능해
편리하다.

비오레 선블록 로션 BioréUV
Aqua Rich Watery Essence
SPF 50 PA++++ 880엔
산뜻한 느낌의 에센스 타입
선블록. 빠르게 스며들고 바른
후에도 가볍게 밀착된다.

비오레 사라사라 파우더 시트
Bioréさらさらパウダーシー
ト 300엔
끈적끈적한 피부를 보송보송하
게 닦아준다. 특히 한여름에
유용한 여성들의 필수품!

데오내추레 소프트 스톤
W デオナチュレソフトスト
ン W 1,080엔
딱풀 타입의 데오드란트.
바른 다음 바로 옷을 입어도
묻지 않아 편리하다.

호빵맨 모기 패치
ムヒパッチA 670엔
모기 물린 곳에 붙이면 가려움
증이 싹 사라진다. 여름철 야외
활동시 강추.

고급 화장품 쇼핑

고급 화장품은 우리나라와 마찬가지로 대형 백화점 1층에서 취
급한다. 루나솔·SK-2·시세이도 등 우리나라의 면세점에 입점
한 일본 화장품은 우리나라가 가장 저렴하므로 사봉 Sabon, 알
비온 Albion, 셀보크 Celvoke, 하쿠호도 白鳳堂, 닐스 야드 레
머디스 Neal's Yard Remedies, 킷카 CHICCA 처럼 우
리나라의 면세점에 없는 브랜드를 집중 공략하자.
칸사이 국제공항의 면세점은 시내 매장과 가격 차이가 크
지 않고 상품 종류도 빈약하므로 쇼핑을 자제하는 것이
좋다. 고급 핸드메이드 비누의 대명사인 LUSH는 일본에
서 자체 생산하기 때문에 우리나라보다 20~30% 저렴하
다. 단, 우리나라에서 파는 것과 성분은 같아도 상품명은
조금 다르니 주의하자.

백화점 화장품 코너

mission 20
도장 깨기

이건 꼭 사야 해!
슈퍼마켓 인기템 20

코로로
コロロ 142엔
천연과즙 100%의
과일 맛 젤리.

맛차 맛 킷캣
抹茶 Kit Kat 545엔
맛차 향이 감도는
초콜릿 쿠키.

후르체 딸기 디저트
フルーチェ イチゴ 193엔
우유만 붓고 저으면
완성.

푸린엘
プリンエル 160엔
누구나 간편하게 만들
수 있는 초간단 푸딩.

**블렌디 드립 팩
모카 커피**
Blendy ドリップパック
モカ·コーヒー 395엔
드립백 타입이라 편리.

츠지리 쿄라테
辻利京ラテ 270엔
뜨거운 물만 부으면 되
는 인스턴트 맛차 라테.

로열 밀크티
Royal Milk Tea 390엔
진한 향과 맛의 밀크티.
뜨거운 물만 부으면 OK!

반 호우텐 코코아
Van Houten Cocoa
462엔(100g)
고급 코코아 파우더.

오사카의 대형 슈퍼마켓 체인

※상품과 가격은 슈퍼마켓에 따라 다름.

☐ **슈퍼마켓 타마데**
スーパー玉出

오사카 로컬 브랜드의 저가 슈
퍼마켓. 일본 최저가를 자랑하
는 파격적 가격이 매력이며 24
시간 영업한다. 단, 고급진 상
품은 찾아보기 힘들다.

☐ **돈키호테**
ドン·キホーテ

저렴한 가격의 잡화점 겸 슈퍼
마켓. 식료품 외에 잡화와 패
션·가전 등 온갖 상품을 취급
해 쇼핑을 즐기기에도 좋다.
24시간 영업하는 매장도 있다.

☐ **슈퍼마켓 코요**
KOHYO

신선식품과 살짝 고급스러운
느낌의 식료품·주류가 쇼핑
포인트다. 값이 조금 비싸지만
양질의 상품을 구할 수 있는 것
이 장점이다.

잇페이챵 인스턴트 야키소바 一平ちゃん
夜店 の 焼そば 184엔
뜨거운 물에 3분! 간편한 인스턴트 야키소바.

머그 누들
マグヌードル 213엔
간식으로 좋은 미니 컵라면. 팬더 머리가 들어있다.

4가지 맛 모듬 오챠즈케
お茶漬亭 220엔
밥 위에 뿌리면 손쉽게 녹차말이 밥 완성!

노리타마 달걀 후리카케
のりたま 218엔
입맛 없을 때 밥 위에 뿌려 먹는 밥 친구.

시치미
七味唐からし 140엔
우동과 덮밥에 뿌려 먹는 일본식 고춧가루.

골든 커리 S&B
Golden Curry 322엔
일본식 카레를 만들 수 있는 바 타입의 카레.

튜브식 버터 明治チューブでバター⅓ 281엔
빵에 발라 먹기 편한 튜브 타입의 고소한 버터.

튜브식 단팥 井村屋つぶあんトッピング 288엔
빵에 발라 먹는 튜브 타입의 단팥.

우마이봉(30개입)
うまい棒 320엔
인기 만점. 다양한 맛의 바삭한 일본식 과자.

★ 슈가바타노키
シュガーバターの木 237엔
화이트 초콜릿을 넣은 버터 쿠키.

★ 잇푸도 컵라면
一風堂 278엔
돈코츠 라멘의 명가 잇푸도의 맛을 완벽 재현!

★ 몽고탕멘나카모토
蒙古タンメン 204엔
얼큰한 맛이 입맛을 당기는 컵라면.

★ 표시 상품은 이토 요카도 한정판매.

오사카의 대형 슈퍼마켓 체인

☐ 라이프
Life
현지인이 즐겨 찾는 대형 슈퍼마켓. 상품이 다양하고 가격도 저렴하다. 19:00 이후에는 그 날 만든 도시락·반찬을 20~30% 할인 판매한다.

☐ 교무 슈퍼
業務スーパー
박리다매형 초저가 슈퍼마켓. 냉동식품·가공식품 및 자체 브랜드의 PB 상품이 주력 아이템이다. 여타 슈퍼마켓보다 10~20% 저렴하다.

☐ 이토 요카도
Ito Yokado
일본 제일의 규모를 자랑하는 종합 슈퍼마켓. 저렴한 가격이 매력이며, 일반 식료품은 물론 한정판 PB 상품과 신선식품이 풍부하다.

이건 꼭 사야 해!
아이디어 상품 인기템 18

심 없는 스테이플러
Kokuyo ハリナックスコン
パクトα 803엔
누르기만 하면 심 없이 종이가
철해진다.
shop 로프트 p.167
핸즈(파르코) p.116

지워지는 형광펜 Frixion
消える蛍光ぺん 110엔
실수해도 걱정 없다. 펜 뒷부분
으로 쓱쓱 문질러주면 칠한
색이 감쪽같이 지워진다.
shop 로프트 p.167
핸즈(파르코) p.116

클립 패밀리
Clip family 528엔
사람·동물 등 재미난 모양의
클립. 책갈피처럼 사용
가능하며 포즈도 바꿀 수 있다.
shop 로프트 p.167
핸즈(파르코) p.116

고양이 스틱 마커
スティックマーカー 385엔
한 장씩 뽑아서 사용하는
포스트잇 스타일의 마커.
shop 로프트 p.167
핸즈(파르코) p.116

세우는 칫솔 커버 立つおさ
かな歯ブラシカバー 580엔
칫솔 머리에 씌우는 휴대용 커
버. 거꾸로 꽂으면 칫솔을 세워
서 보관할 수 있어 편리하다.
shop 핸즈(파르코) p.116

찍찍이 후크
便利キャッチフック 299엔
수세미·행주·수건을 자유로이 붙
였다 뗄 수 있는 벨크로 타입 후크.
주방·욕실에서 활용도가 높다.
shop 니토리 p.123

강낭콩 모양 병 세척 스폰지
ペットボトル洗い Beans
480엔
물과 함께 병 속에 집어넣고
흔들면 병이 깔끔하게 씻긴다.
세제는 필요 없다.
shop 핸즈(파르코) p.116

실리카겔 제습제
Zoo シリカゲル乾燥剤 324엔
통 속에 넣으면 국수나 파스타
를 뽀송뽀송한 상태로 유지시켜
준다. 깜찍한 모양은 덤!
shop 로프트 p.167
핸즈(파르코) p.116

미키마우스 접시
Disney メラミンセパレート
プレート 820엔
플라스틱 재질이라 가볍다.
음식이나 다과를 내놓을 때
사용하면 편리하다.
shop 프랑프랑 p.167

아이디어 상품의 보고 100엔 숍

100엔 숍에서도 다양한 기능의 잡화·문구·주방용품을 판다. 대형 잡화점에 비해 디자인과 품질은 떨어지지만, 고작 100엔(세금 포함 110엔)이면 충분한 엄청난 가성비가 매력이다. 로프트·핸즈 등 대형 잡화점부터 돌아본 뒤, 100엔 숍에서 비슷한 아이템을 찾는 것도 알뜰 쇼핑의 비결이다.

마스킹 테이프
Masking Tape 110엔
디자인이 무척 다양하다.
일본 전통 문양, 동화 캐릭터는
물론 벚꽃처럼 시즌 아이템이
그려진 것도 있다.
shop 세리아 p.119

테이프 타입 풀
テープのり 110엔
글자 수정 테이프처럼 종이에
대고 그으면 풀이 발라진다.
양면 테이프 스타일이라 마를
때까지 기다릴 필요가 없다.
shop 세리아 p.119

아플리케
アップリケ 110엔
모양과 디자인이 다양하다.
다리미로 다리기만 하면 바로
붙어 편리하다. 찢어진 옷을
수선할 때도 요긴하다.
shop 세리아 p.119

계란 삶기 홀 펀처
たまごの穴あけ器 110엔
매끈하게 계란을 삶을 수 있다.
펀처 위에 계란을 올려놓고
살짝 눌러 작은 구멍을 뚫은 뒤
삶으면 된다.
shop 세리아 p.119

릴 타입 스마트폰 충전 케이블
充電リールケーブル 110엔
길이 조절이 자유로운 릴 타입
충전 케이블. 30~40cm까지
늘어나며 여행시 유용하다.
shop 세리아 p.119

푸쉬형 세제 용기 Kitinto
Dishwashing Liquid 330엔
뚜껑을 살짝 누르면 용기에
담긴 세제가 위로 올라와
묻는다. 싱크대·세면대에 놓고
사용하면 편리하다.
shop 쓰리 코인즈 플러스 p.119

뚜껑이 회전되는 오일 용기
Kitinto Oil Bottle 330엔
용기 뚜껑을 회전시켜 토출구
부분을 가릴 수 있다. 깨끗하고
위생적으로 오일·소스를
사용할 수 있다.
shop 쓰리 코인즈 플러스 p.119

탄산음료 김 빠짐 방지 캡
炭酸キ~プキャップ 110엔
탄산음료 병의 뚜껑 대신 캡을
끼운 뒤 손가락으로 펌프를
누르면 공기가 주입돼 탄산이
빠지는 것을 막아준다.
shop 다이소 p.119

신발 건조용 규조토
硅藻土シューズドライ 110엔
축축한 신발에 넣어두면 수분을
흡수해 보송보송하게 만들어준
다. 전자레인지에 돌려 재사용
할 수 있다.
shop 다이소 p.119

mission 22
도장 깨기

쇼퍼 홀릭을 위한
오사카 7대 쇼핑 명소

↘ 미션 완수 체크!

1 파르코

오사카의 유행을 선도하는 백화점. 럭셔리한 스타일에 스트리트
패션 감성을 더해 힙한 분위기를 연출한다. 다양한 라이프스타일
숍이 모여 있어 쇼핑 만족도가 높다. p.116

2 호리에

오사카 패션의 중심지로 유명한 쇼핑가. 스트리트
패션과 빈티지 의류가 주력 아이템이며, 수프림 ·
메종 키츠네 등 인기 브랜드가 총집결한 스트리트
패션 마니아의 성지다. p.120

한큐 백화점 본점 3

럭셔리 명품부터 인기 디자이너 브랜드까지
풍부한 라인업을 자랑하는 럭셔리 백화점.
일본 전역의 맛집만 한 데 모아 놓은
식품관도 절대 놓치지 말자. p.166

4 한큐 백화점 남성관

남성 패션의 성지로 통하는 명품 백화점. 트렌디한
디자이너 브랜드는 물론 유럽의 마스터 브랜드까지
취급해 패션을 사랑하는 멋쟁이가 즐겨 찾는다. p.166

5 다이마루 백화점

럭셔리 명품과 유명 디자이너 브랜드는 물론
서브컬처 캐릭터 상품까지! 20~30대 취향 저격
브랜드만 쏙쏙 골라 놓은 알짜 쇼핑 명소다. p.121

6 난바 파크스

오사카 최대의 복합 쇼핑몰. 명품 브랜드보다
20~30대가 선호하는 트렌디한 패션·잡화
브랜드가 풍부하다. 인테리어·요리 등
라이프스타일 관련 숍도 충실하다. p.117

7 린쿠 프리미엄 아웃렛

오사카 최대의 아웃렛. 패션·스포츠·인테리어
소품을 취급하는 250여 개 매장이 입점해 있다.
취급 브랜드가 풍부하며 할인율이 높아 가성비
높은 실속 쇼핑을 즐길 수 있다. p.216

mission 23
도장 깨기

만족도 1000%
피규어·굿즈 숍 Best 4

1 보크스 오사카 쇼룸

오사카 최대의 피규어·프라모델·구체관절 인형
전문점. 온갖 종류의 피규어를 취급하며,
5층에는 구체관절 인형 전문 매장 돌
포인트 오사카도 있다. p.124

2 슈퍼 키즈 랜드

건프라 마니아의 성지로 통하는
대형 프라모델 전문점.
5개 층에 걸쳐 건프라는 물론
미니카·밀리터리·철도모형까
지 다양한 아이템을 취급한다.
p.124

3 만다라케

빈티지 만화 전문 헌책방.
수십~수백 만 원의 가격표가
붙은 희귀본 만화책, 빈티지
피규어·굿즈 등 재미난
구경거리와 레어템이 가득하다.
p.124

4 키디 랜드

어린이와 키덜트족의 천국으로
통하는 장난감 전문점. 스누피·
헬로 키티 등 고전 캐릭터는
물론 먼작귀 같은 최신 인기템
까지 온갖 아이템을 취급한다.
p.168

실패 없는 쇼핑
가전 양판점 Best 2

1 요도바시 카메라

키타 최대의 가전 양판점. 7개 층에 걸쳐 디지털
카메라·PC·생활가전·프라모델을 판매한다.
최신 가전제품을 마음대로 조작해 보고 구매할 수
있는 것이 매력이다. 5층에는 피규어·프라모델
코너도 있다. p.169

2 비쿠 카메라

미나미 최대의 가전 양판점. 최신 가전제품·카메
라를 비롯해 프라모델·주류·화장품·여행용품
등 다양한 상품을 취급한다. 가격이 저렴한 것이
장점이며, 피규어·프라모델은 정가의
5~20%를 할인 판매한다. p.125

가전양판점 쇼핑 노하우

가장 먼저 기억할 것은 이름만 '가전' 양판점일뿐 실제로는 생활전반에 걸친 다양한
제품을 취급하는 할인매장이란 사실! 화장품·주류·피규어 등 취급 품목이 점차 늘
어나고 있다.
저렴하게 제품을 구매하려면 가격 비교 사이트를 통해 우리나라에서 파는 가격부터
확인한다. 그리고 가전양판점 홈페이지에서 동일 제품의 가격을 알아본다. 모델 넘버로 검색하면
손쉽게 원하는 제품을 찾을 수 있으며, 일본어 홈페이지라도 구글·다음·네이버 번역기를 이용해 한글
로 볼 수 있다.
일반적으로 디지털 카메라·노트북 컴퓨터·스마트폰·메모리 카드는 우리나라가 일본보다 저렴하다.
또한 디지털 카메라 등 일본 내수용 제품은 한국에서 A/S를 받기 힘들다는 사실에도 유의해야 한다. 쇼
핑 메리트가 높은 아이템은 A/S 우려가 없는 카메라 액세서리·음향기기·골프용품·피규어 등이다.
구매를 결정했다면 가전양판점의 포인트 카드를 만들고 원하는 제품을 구매한다. 보통 구매 금액의 5~
25%를 포인트로 적립해 주며 이를 현금처럼 사용할 수 있다. 예를 들어 10만 엔짜리 물건을 구매할 때
20%를 포인트로 적립해준다면, 그 포인트를 이용해 2만 엔짜리 물건을 살 수 있는 것. 즉 2만 엔의 할인
혜택을 받는 셈이다. 단, 포인트 카드를 처음 만든 날은 포인트 적립은 돼도 포인트 사용은 다음날부터
가능하다. 쇼핑 금액 합계 5,000엔 이상이면 소비세 10%가 면세된다. 단, 면세를 받을 경우 포인트 적립
이 안 된다. 포인트가 11% 이상 적립될 경우 면세보다 포인트를 받는 쪽이 이득이다.

mission 25
도장 깨기

온전한 나만의 시간
온천 휴양지 Best 4

1 아리마온센

유서 깊은 온천 마을. 마을 곳곳에서 하얀 수증기와 함께 원천수가 솟아난다.
20세기 초의 풍경이 고스란히 남겨진 거리가 과거로의 시간 여행을
가능케 해준다. p.267

2 키노사키온센

1,400여 년의 역사를 간직한 유서 깊은 온천의 고장. 예스러운 온천이 여행의 묘미를 더하며, 게 산지로 유명해 제철인 가을 ~겨울에는 미식 여행을 즐기기에도 좋다. p.312

3 시라하마

칸사이 남부를 대표하는 리조트 단지. 해변을 따라 늘어선 호텔·온천여관 가운데는 붉은 노을 속에서 온천욕을 즐길 수 있는 로맨틱한 노천온천이 딸린 곳도 있다. p.310

4 나치카츠우라

1,000년 이상 불교 성지로 추앙받아온 온천 휴양지. 이름 그대로 '돌아가는 것도 잊을' 만큼 운치가 넘치는 천연동굴 온천, 망귀동 忘帰洞으로 잘 알려져 있다. p.311

OSAKA

#2

오사카
퀵 가이드

☑ 여행 포인트
철저히 식도락에 집중하자.
오사카는 일본을 대표하는
식도락의 메카다!

☑ 여행 기간
핵심 명소 위주로 본다면 2~3일,
오사카 전체를 보려면 적어도 4일
정도가 필요하다.

☑ 베스트 시즌
벚꽃이 만발하는 3~4월, 화창한
날이 이어지는 5월과 10~11월이
여행의 최적기다.

#must know

오사카는 어떤 곳?

오사카는 일본의 행정구역 가운데 규모는 가장 작지만 인구는 도쿄 다음으로 많은 서일본(西日本) 상업과 산업의 중심도시다. 오사카 만으로 흐르는 요도 강 淀川의 하구에 위치해 도심을 가로지르는 운하가 발달했고, 바로 이 운하가 현재의 상업도시 오사카를 만든 원동력이 됐다. 그래서 어떤 이들은 오사카를 가리켜 일본의 베니스라고 부르기까지 한다.

역사적 측면에서 보면 오사카는 토요토미 히데요시 豊臣秀吉(1537~1598)가 세운 오사카 성과 더불어 발전의 기틀을 마련했다고 볼 수 있다. 1583년 시작된 축성(築城) 작업과 함께 중심 시가지를 개발했고, 운하 정비사업으로 물자수송이 원활해지며 상업도시 오사카의 면모를 갖추게 된 것이다.

토요토미 히데요시 사후 권력이 토쿠가와 이에야스 德川家康(1543~1616)에게 넘어가고 정치적으로 안정기에 접어들자 오사카는 일본 전역에서 모든 물품의 표준시세를 결정하는 도매지로 급부상했다. 그리고 이를 통해 다이묘 大名(지방 영주)들은 부를 축적할 수 있었다. 상품·화폐 경제의 발달과 함께 부를 거머쥔 일부 상인은 권력자와 야합해 역사에 등장하기도 했다.

지금과 같은 거대 도시로의 발달은 19세기 말의 개항(開港)에서 비롯됐다. 밀물처럼 유입된 서구의 선진문물은 오사카의 공업 발전을 가속시켰고, 1914년 일어난 제1차 세계대전은 일본, 특히 오사카의 상공업 발전에 결정적인 촉매가 됐다. 만주사변과 제2차 세계대전으로 경제가 주춤하기도 했으나, 한국전쟁을 계기로 완전히 회복됐으며 오늘날은 일본의 상공업을 주도하는 도시로서의 자리를 굳건히 지키고 있다.

오사카 오피스 타운 키타의 야경

오사카는 일본 식도락의 메카

볼거리

오랜 역사를 자랑하는 도시답게 오사카에는 다양한 문화가 농축돼 있다. 지금과 같은 거대 도시로 거듭나는 데 가장 큰 역할을 한 오사카 성, 상업의 도시로 발전하는 데 지대한 영향을 미친 도톤보리 운하와 같은 역사적 유물이 고스란히 남아 있는가 하면, 19~20세기 서구화의 물결 속에서 탄생한 유러피언 양식의 석조 건물이 이채로운 볼거리를 선사한다. 또한 이 도시의 역사와 문화를 보여주는 다양한 박물관·미술관, 그리고 수백 년을 이어온 분라쿠·카부키 등의 전통공연을 관람할 수 있는 공연장도 여행자의 발길을 유혹한다.

먹거리

오사카에서 만끽할 수 있는 가장 오사카다운 즐거움은 바로 먹거리다. '먹다 죽는 것'도 마다 않는 오사카 사람들의 기질을 반영하듯 거리에는 온갖 다양한 먹거리가 넘쳐난다. 우리에게도 친숙한 일상적인 일본 음식은 물론 오사카에서 탄생한 전통의 먹거리도 여행자의 손길을 유혹하는데, 대표적인 것으로는 오사카 식 부침개에 해당하는 오코노미야키 お好み焼き, 문어 풀빵인 타코야키 たこ焼, 고소한 꼬치튀김 쿠시카츠 串カツ를 꼽을 수 있다. 다운타운에서는 해당 음식의 원조집을 어렵지 않게 찾아볼 수 있으니 홀가분하게 식도락 여행을 떠나보자.

쇼핑

칸사이의 유행을 선도하는 도시답게 오사카에는 다양한 숍이 있다. 패션·잡화·인테리어 등 젊은 감성에 어필하는 숍이 많아 이를 찾아보는 재미도 무척 쏠쏠하다. 굳이 거창한 명품이 아니어도 쇼핑의 기쁨을 더하는 상품은 무궁무진하니 상점가에 들러 자기만의 아이템을 찾아내는 즐거움을 놓치지 말자.

#must know

일본 입국

☑ 비행기에서 내려 입국 심사를 받고 짐을 찾기까지는 1~2시간이 걸린다.

☑ 입국자 정보를 사전에 입력하는 Visit Japan Web을 등록해 놓으면 편하다.

☑ Visit Japan Web 사전 등록시 일본 입국 카드 · 휴대품 신고서는 작성하지 않아도 된다.

입국 절차

비행기로 오사카까지 가는 데 걸리는 시간은 1시간 20분~1시간 40분. 도착하는 곳은 오사카 남쪽의 칸사이 국제공항 関西国際空港이며, 도착과 동시에 일본 입국 절차가 시작된다.

1 Visit Japan Web 사전 등록

미리 Visit Japan Web 등록부터 한다. 일본 입국에 앞서 여권 · 체류지 · 세관 정보를 사전 등록하는 것인데, 은근히 시간이 걸리고 인터넷 연결이 필요해 공항에 가서 하려면 번거롭기 짝이 없다. 늦어도 출발 3~4일 전까지는 등록을 마치는 것이 좋다. 자세한 이용법은 상단의 QR 코드에서 확인할 수 있다.

2 일본 입국 카드 · 휴대품 신고서 작성

비행기가 오사카에 도착할 즈음이면 승무원이 일본 입국 카드와 휴대품 신고서를 나눠준다. Visit Japan Web을 등록한 경우 작성할 필요가 없으니 받지 않아도 된다.

단, 미등록자는 입국시 반드시 필요한 서류이므로 받아서 꼼꼼히 내용을 기입한다. 자세한 작성 요령은 p.56을 참고하자. 미등록자의 경우 일본

에 도착해서 Visit Japan Web 등록을 시도하는 것보다 입국 카드와 휴대품 신고서를 직접 손으로 써서 제출하는 것이 훨씬 빠르고 간편하다는 사실을 알아두자.

3 입국 심사대 찾아가기

비행기에서 내려 도착 '到着 Arrivals' 표지판을 따라가면 모노레일 타는 곳이 나온다. 여기서 모노레일을 타고 공항의 메인 건물로 이동한 다음, 계단 또는 에스컬레이터를 이용해 한층 아래로 내려가면 입국 심사대 入国審査 Immigration에 다다른다.

입국 심사대는 일본인과 외국인용으로 줄이 나뉘어 있으니 표지판을 잘 보고 초록색의 '외국인 · 외국여권 外国人 · 外国旅券 Foreign Passports' 쪽에 줄을 선다.

4 입국 심사대 통과하기

여권과 Visit Japan Web의 '입국 심사용 QR 코드' 또는 기내에서 작성한 일본 입국 카드를 입국 심사대에 제시한다. 그리고 지문 날인과 사진 촬영을 마치면 간단한 확인을 거쳐 90일간의 체류 허가 스티커를 여권에 붙여준다.

가끔 질문을 던지기도 하는데 물어보는 내용은

칸사이 국제공항

#must know

대개 여행 목적과 여행 일수다. 여행 목적은 '관광 Sightseeing', 여행 일수는 1주일 정도라고 하면 된다. 질문이나 대답은 영어·일본어 가운데 자신 있는 언어로 한다.

5 수하물 찾기

입국 심사대를 빠져 나오면 '수하물 수취소 手荷物受取り Baggage Information' 표지판이 보인다. 이것을 따라 아래로 이어진 계단을 내려가면 짐 찾는 곳이다. 전광판에 비행기의 편명과 짐 찾는 곳의 번호가 표시돼 있을 테니 그곳으로 가서 짐을 찾는다. 예를 들어 KE007편을 타고 왔다면 KE007이라고 표시된 수하물 수취소로 가면 되는 것. 수많은 짐이 커다란 컨베이어 벨트 위에 올려진 채 천천히 돌아가는데 거기서 자기 짐이 나오기를 기다리면 된다.

6 세관 통과하기

짐을 찾은 뒤에는 바로 앞의 '세관 검사장 税関検査場 Customs Inspection Area'로 간다. 화살표를 따라가면 Visit Japan Web 등록자를 위한 전자신고용 검색대와 미등록자를 위한 수기 신고용 검색대로 나뉜다.

전자신고용 검색대에는 '세관 전자신고단말기 電子申告端末 Customs Electronic Declaration Terminal'이 있다. 여기에 여권, Visit Japan Web의 '세관 신고용 QR 코드', 얼굴 사진을 차례로 등록한 뒤 통과하면 된다.

수기 신고용 검색대에서는 신고 물품이 없다는 뜻인 녹색의 '면세 免税 Duty Free' 쪽으로 가서 세관원에게 여권과 휴대품 신고서를 제시하고 통과한다. 세관원이 여행 목적과 함께 위험물·식물·반입 금지 품목 소지 여부를 물어보기도 하는데, 몇 마디 대꾸만 해주면 바로 통과시켜준다. 간혹 짐을 풀어보라고도 하지만 요식 행위에 가까운 것이라 지퍼만 열어주면 된다.

7 일본 입국 완료

세관 검사장 앞의 출구를 나가면 공항 1층의 입국장이다. 입국장 양쪽에는 여행자 수표를 환전할 수 있는 은행이 있으며, 1층의 Kansai Tourist Information Center에서는 칸사이 스루 패스·오사카 주유 패스 등의 철도 패스를 교환·판매한다. 한국에서 철도 패스 교환권(바우처)을 받아온 경우 여기서 실물 패스로 교환한 뒤 시내로 들어간다.

칸사이 국제공항 입국 절차

① 비행기에서 내린다.

② 도착 표지판을 따라간다.

③ 모노레일 타는 곳이 나온다.

④ 모노레일을 타고 이동한다.

⑤ 종점에서 내려 아래층으로 내려간다.

⑥ 입국 심사대를 통과한다.

⑦ 수하물 수취대 번호를 확인한다.

⑧ 수하물을 찾고 세관을 통과한다.

⑨ 입국장을 나오면 드디어 일본 도착!

#key point

일본 입국 카드 & 휴대품 신고서 작성

앞서 언급한 것처럼 Visit Japan Web 미등록자의 경우 일본 입국시 반드시 입국 카드와 휴대품 신고서가 필요하다. 해당 서류는 항공기·선박의 기내 또는 공항·항구의 입국장에서 받을 수 있으며, 한국어·영어·일본어로 된 것 가운데 원하는 언어를 선택해서 이용한다.

일본 입국 카드에 기입할 내용은 간단한 신상 정보와 여행 일정인데, 반드시 '한자 또는 영문으로' 적어야 하며 절대로 빈 칸을 남기지 않는 것이 포인트다.

특히 주의를 기울여야 할 사항은 숙소와 관련된 내용이다. 딱히 정해진 곳이 없더라도 어디든 숙소 이름을 적어 놓아야 입국 심사시 문제가 발생하지 않는다. 입국 심사대에서 집중적으로 확인하는 사항이 숙소와 여행기간이라는 사실을 꼭 기억하자. 숙소 예약을 하지 않았을 때는 인터넷에서 적당한 호텔을 골라 호텔명·주소·전화번호를 적으면 된다.

휴대품 신고서에는 기본적인 신상정보와 휴대품 내역을 한자·영문으로 기입한 뒤 칸사이 국제공항(야간페리를 타고 왔을 때는 항구)의 세관을 통과할 때 제출한다.

일본 입국 카드 작성 요령

외国人入国記録 **DISEMBARKATION CARD FOR FOREIGNER** 외국인 입국기록
英語又は日本語で記載して下さい。 Enter information in either English or Japanese. 영어 또는 일본어로 기재해 주십시오.

[ARRIVAL]

氏 名 Name 이름	Family Name 영문 성 ❶ YU		Given Names 영문 이름 ❷ DO RA	
生年月日 Date of Birth 생년월일	❸ Day 日 월 1 9 Month 月 년 1 2 Year 년 년 2 0 0 2	現住所 Home Address 현 주 소 ❹	国名 Country name 나라명 KOREA	都市名 City name 도시명 SEOUL
渡航目的 Purpose of visit 도항 목적	❺ ☑ 観光 Tourism 관광 □ 商用 Business 상용 □ その他 Others 기타	□ 親族訪問 Visiting relatives 친척 방문	航空機便名·船名 Last flight No./Vessel 도착 항공기 편명·선명 ❻ KE007 日本滞在予定期間 Intended length of stay in Japan 일본 체재 예정 기간 ❼ 7일	
日本の連絡先 Intended address in Japan 일본의 연락처	❽ OSAKA KOKUSAI HOTEL		TEL 전화번호 06-1234-5678	

裏面の質問事項について、該当するものに☑を記入して下さい。 Check the boxes for the applicable answers to the questions on the back side.
뒷면의 질문사항 중 해당되는 것에 ☑ 표시를 기입해 주십시오.

❾ 1. 日本での退去強制歴·上陸拒否歴の有無
Any history of receiving a deportation order or refusal of entry into Japan
일본에서의 강제퇴거 이력·상륙거부 이력 유무 □ はい Yes 예 ☑ いいえ No 아니오

2. 有罪判決の有無 (日本での判決に限らない)
Any history of being convicted of a crime (not only in Japan)
유죄판결의 유무 (일본 내외의 모든 판결) □ はい Yes 예 ☑ いいえ No 아니오

3. 規制薬物·銃砲·刀剣類·火薬類の所持
Possession of controlled substances, guns, bladed weapons, or gunpowder
규제약물·총포·도검류·화약류의 소지 □ はい Yes 예 ☑ いいえ No 아니오

以上の記載内容は事実と相違ありません。 I hereby declare that the statement given above is true and accurate. 이상의 기재 내용은 사실과 틀림 없습니다.
署名 Signature 서명 사인

❶ 영문 성 ❷ 영문 이름 ❸ 생년월일 ❹ 우리나라의 거주지 주소

❺ 일본 방문 목적 ❻ 일본으로 갈 때 이용한 비행기 편명

❼ 일본 체류 예정일 ❽ 일본의 숙소와 전화번호

❾ '1 일본에서의 강제퇴거 이력·상륙거부 이력 2 유죄판결의 유무
3 규제약물·총포·도검류·화약류의 소지' 항목은 특별한 이상이 없는 한 모두 '아니오 No'에 체크하면 된다.

#key point

휴대품 신고서 작성 요령

(A面)

日本国税関
税関様式C第5360号

携帯品・別送品申告書

下記及び裏面の事項について記入し、税関職員へ提出してください。
家族が同時に検査を受ける場合は、代表者が1枚提出してください。

搭乗機(船舶)名・出発地	KE 007	(出発地 SEOUL)

入国日 Ⓐ 2, 0, 2, 3 年 0, 8 月 1, 5 日

氏名
フリガナ
Ⓑ YU DORA

住所
(日本での滞在先)
Ⓒ OSAKA KOKUSAI HOTEL

電話 0, 6, (1, 2, 3, 4), 5, 6, 7, 8

職業 Ⓓ STUDENT

生年月日 Ⓔ 2, 0, 0, 2 年 1, 2 月 1, 9 日

旅券番号 Ⓕ A, B, 1, 2, 3, 4, 5, 6, 7

同伴家族	20歳以上 名	6歳以上20歳未満 名	6歳未満 名

※ 以下の質問について、該当する□に「✓」でチェックしてください。

Ⓖ. 下記に掲げるものを持っていますか?　はい　いいえ

① 日本への持込みが禁止又は制限されているもの(B面を参照) □ ☑

② 免税範囲(B面を参照)を超える購入品・お土産品・贈答品など □ ☑

③ 商業貨物・商品サンプル □ ☑

④ 他人から預かったもの □ ☑

＊上記のいずれかで「はい」を選択した方は、B面に入国時に携帯して持ち込むものを記入してください。

Ⓗ. 100万円相当額を超える現金又は有価証券などを持っていますか?　はい　いいえ
□ ☑

＊「はい」を選択した方は、別途「支払手段等の携帯輸出・輸入申告書」の提出が必要です。

Ⓘ. 別送品 入国の際に携帯せず、郵送などの方法により別に送った荷物(引越荷物を含む。)がありますか?

□ はい (個) ☑ いいえ

＊「はい」を選択した方は、入国時に携帯して持ち込むものをB面に記載したこの申告書を2部、税関に提出して、税関の確認を受けてください。
税関の確認を受けた申告書は、別送品を通関する際に必要となりますので大切に保管してください。

《注意事項》
海外で購入したもの、預かってきたものなど日本に持ち込む携帯品・別送品については、税関に申告し、必要な検査を受ける必要があります。申告漏れ、偽りの申告などの不正な行為がありますと、処罰されることがありますので注意してください。

この申告書に記載したとおりである旨申告します。

署名 Ⓙ 사인

Ⓐ 일본 입국 일자

Ⓑ 영문 이름

Ⓒ 일본의 숙소와 전화번호

Ⓓ 직업

Ⓔ 생년월일

Ⓕ 여권번호

Ⓖ 다음과 같은 물건을 가지고 있습니까?

① 일본으로 반입이 금지되어 있는 물품 또는 제한되어 있는 물품.

② 면세 허용 범위를 초과한 물품·토산품·선물 등 물품.

③ 상업성 화물·상품 견본.

④ 남의 부탁으로 대리 운반하는 물품.

Ⓗ 100만 엔 상당액을 초과하는 현금 또는 유가증권 등을 가지고 있습니까?

Ⓘ 별송품

Ⓙ 사인

Ⓖ ~ Ⓘ의 항목에는 특별한 이상이 없는 한 '아니오 いいえ'에 체크하면 된다.

※ **직업**
학생 Student
직장인 Employee
주부 Housewife

#must know

칸사이
국제공항

- ☑ 규모가 큰 제1여객 터미널이 레스토랑·숍 등 편의시설과 면세점이 잘 갖춰져 있다.

- ☑ 대부분의 항공사는 제1여객 터미널, 제주항공·피치항공만 제2여객 터미널을 이용한다.

- ☑ 제1여객 터미널과 공항철도역은 바로 연결된다. 제2여객 터미널에서는 셔틀버스를 타고 에어로플라자까지 간 다음 공항철도로 갈아타야 한다.

칸사이 국제공항 関西国際空港

칸사이 국제공항은 제1여객 터미널, 제2여객 터미널, 공항철도 칸사이쿠코 역, 에어로플라자의 4개 건물로 구성돼 있다. 이 가운데 제2여객 터미널을 제외한 3개의 건물은 육교로 연결되며, 따로 떨어진 제2여객 터미널은 에어로플라자 1층에서 출발하는 무료 셔틀버스로만 연결된다.

제1여객 터미널 第1ターミナル

거의 모든 항공편이 출발·도착하는 제1여객 터미널은 1층 국제선 입국장, 2층 국내선 출발·도착, 3층 레스토랑·숍, 4층 국제선 출국장으로 이루어져 있다. 1층 국제선 입국장의 Kansai Tourist Information Center에서는 칸사이 지역에서 이용 가능한 철도 패스의 판매·교환을 한다.
터미널 1층에는 시내행 리무진 버스·택시 승강장이 있으며, 2층에는 공항철도 칸사이쿠코 역을

칸사이 국제공항 4층 출국장

연결하는 육교가 있다.
우리나라로 돌아올 때는 '국제선 출발 国際線出発 International Departures' 표지판을 따라 4층 출국장으로 간 다음, 항공사 카운터에서 탑승수속을 밟고 비행기에 오른다.

4층 출국장 항공사별 이용 카운터

대한항공 B	아시아나항공 C·D
에어서울 A	에어부산 A
진에어 E	티웨이항공 G·H
에어로K항공 A	전일본공수 A

수하물 무게 측정용 저울

무료 수하물 무게가 15kg 이내로 제한되는 저가 항공사 이용자는 탑승 수속 전에 무게를 확인해보자. 수하물 무게 측정용 저울은 4층 출국장의 C·F번 체크인 카운터 앞에 있다.

제2여객 터미널 第2ターミナル

제주항공·피치항공이 이용하는 제2여객 터미널은 입·출국이 같은 층(1층)에서 이루어진다.
시내를 연결하는 교통편은 리무진 버스와 택시뿐이며, 공항철도를 이용할 때는 입국장 앞에서 출발하는 무료 셔틀버스를 타고 에어로플라자까지 간 다음(7~9분 소요), 공항철도 칸사이쿠코 역으로 가야 한다.

칸사이 국제공항 구조도

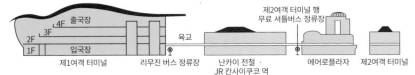

#must know

공항에서
시내로

☑ 칸사이 국제공항은 오사카 시내에서 남쪽으로 50km 떨어진 인공 섬에 있다.

☑ 미나미(난바)로 갈 때는 난카이 전철의 공항급행 또는 특급 라피토가 싸고 편하다.

☑ 키타(우메다·오사카 역)·텐노지로 갈 때는 JR의 쾌속열차 또는 특급 하루카가 편리하다.

칸사이 국제공항 철도 노선도

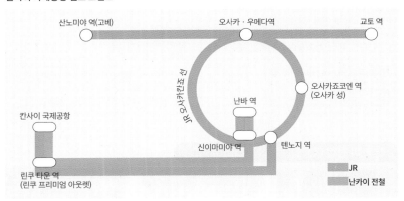

칸사이 국제공항에서 오사카 시내로 가는 교통편

교통편	행선지	소요시간	요금
난카이 전철	난카이 난바 역	공항급행 약 45분	970엔
		특급 라피토 약 38분	1,490엔
	신이마미야 역	공항급행 약 42분	970엔
JR	JR 난바 역	쾌속열차 53분	1,080엔
	JR 신이마미야 역	쾌속열차 50분	1,080엔
	JR 텐노지 역	쾌속열차 43분	1,080엔
		하루카 33분	1,840엔~
	JR 오사카 역	쾌속열차 1시간 5분	1,210엔
	JR 신오사카 역	하루카 49분	2,410엔~
리무진 버스	OCAT(JR 난바 역)	45분	1,100엔
	JR 오사카 역	50~95분	1,600엔
	신사이바시	50~70분	1,600엔
택시	오사카 시내	45~60분	1만 7,000엔~

#must know

난카이 전철 南海電鉄

공항급행 열차

오사카 시내, 특히 미나미(난바)로 갈 때 가장 싸고 빠른 방법이다. 열차는 공항급행 空港急行과 라피토 ラピート의 두 종류가 있다. 공항급행은 좌석 구조·시설이 지하철과 비슷한 일반열차인 반면, 라피토는 안락한 의자가 설치된 특급열차다. 때문에 라피토는 공항급행보다 요금이 520엔 비싸며, 7~10분 먼저 도착한다.

따라서 조금 불편해도 최대한 저렴하게 이동하려면 공항급행, 돈이 조금 들어도 편하고 빠르게 가려면 라피토를 타면 된다. 칸사이 스루 패스 소지자는 공항급행만 탈 수 있으며 라피토 이용 시 추가요금 520엔이 필요하다.

난카이 전철의 또 다른 장점은 편리한 시내교통이다. 종점인 난카이 난바 南海なんば 역은 지하철 미도스지 선·센니치마에 선·요츠바시 선의 난바 なんば 역(Y15·S16·M20)과 붙어 있어 시내 어디로든 쉽게 연결된다. 게다가 난카이 난바 역이 미나미의 한복판에 위치해 주변 명소를 찾아가기도 편하다. 예를 들어 난카이 난바 역에서 오사카의 명소인 도톤보리·신사이바시·덴덴타운까지는 도보 15분이면 충분하다.

칸사이쿠코 역 → 난카이 난바 역

공항급행 45분, 970엔
특급 라피토 38분, 1,490엔

칸쿠토쿠와리 라피토 킷푸
関空トク割 ラピートきっぷ

특급 라피토를 저렴하게 이용할 수 있는 할인 티켓. 난카이 전철 매표소에서 판매한다.
◆ 일반석 편도 1,350엔, 특석 편도 1,560엔

난카이 전철 이용법(제1여객 터미널 기준)

① 철도 표지판을 따라 2층으로 올라간다.

② 난카이 전철 칸사이쿠코 역으로 간다.

③ 매표소에서 티켓을 구매한다.

④ 난카이 전철 개찰구를 통과한다.

⑤ 플랫폼으로 내려간다.

⑥ 행선지를 확인하고 열차에 오른다.

⑦ 종점인 난바 역에서 내린다.

⑧ 난바 역의 개찰구를 나온다.

⑨ 오사카의 다운타운 난바 도착!

#must know

1 역 찾아가기

난카이 전철이 출발하는 칸사이쿠코 関西空港 역은 제1여객 터미널 맞은편 건물에 있다. 입국 장을 나와 좌우를 살펴보면 2층으로 연결된 에스 컬레이터와 함께 '철도 鉄道 Railways' 표지판이 보인다. 그 표지판을 따라 2층으로 올라가 밖으로 이어진 육교를 건너면 빨간색의 난카이 전철 매 표소와 개찰구가 있다.

2 티켓 구매

티켓은 개찰구 맞은편에 위치한 빨간 간판의 매 표소에서 취급하는데, 공항급행의 티켓은 자판 기, 특급 라피토의 티켓은 자판기 옆의 유인 매표 소에서만 판매한다.

공항급행의 티켓을 구매할 때는 자판기 화면에서 언어(한국어·일어) 버튼을 누르고, 난카이 난바 역까지의 요금에 해당하는 '난바·なんば 970엔' 버튼을 누른 뒤, 돈을 넣으면 티켓과 거스름돈이 나온다. 자세한 이용법은 아래 부분을 참조하자.

3 열차 탑승

이제 맞은편에 'NANKAI'라고 쓰인 빨간색의 난 카이 전철 개찰구로 간다. 그리고 구매한 티켓 또

는 칸사이 스루 패스를 개찰기에 넣고 안으로 들 어간 다음, 아래층으로 이어진 에스컬레이터를 타고 내려가면 난카이 전철의 플랫폼이다.

플랫폼 한가운데에 설치된 전광판에서 자신이 탈 열차의 종류와 출발 시각, 그리고 최종 행선지가 '난바 なんば'가 맞는지 꼼꼼히 확인하고 열차에 오른다.

4 종점 하차

29~45분 뒤 열차가 종점인 난카이 난바 역에 도 착하면 내린다. 그리고 개찰구를 빠져나오면 오 사카의 다운타운인 미나미(p.82) 한복판이다.

주의할 점은 난카이 난바 역의 내부 구조와 주변 지리가 은근히 복잡하다는 것이다. 지하철로 갈 아탈 때는 표지판을 따라 지하 1층으로 내려가면 미도스지·센니치마에·요츠바시 선의 매표소와 개찰구가 있다. 미나미 주변의 숙소를 이용할 때 는 역 1층으로 내려가 북쪽 출구 北口로 나가 면 비교적 쉽게 방향을 잡을 수 있다.

역 구조도를 확인해두면 길 찾기가 수월하다

난카이 전철 티켓 자판기 이용법

한국어

日本語

① 사용할 언어를 선택한다.

난바
신이마미야
텐가챠야
¥970

なんば　新今宮
天下茶屋
¥970

② 난바·なんば 970엔 버튼을 누른다.

③ 지폐 또는 동전 투입구 에 난바 역까지의 요금 인 970엔을 넣는다.

④ 티켓이 나온다. 함께 나 오는 거스름돈도 잊지 말자.

#must know

제이알 JR

JR은 난카이 전철보다 요금이 조금 비싸다. 그러나 난바 역까지만 운행하는 난카이 전철과 달리 난바·텐노지·오사카 역 등 시내 곳곳의 주요 역까지 직행편을 운행한다. 또한 오사카 시내를 순환 운행하는 노선인 JR 오사카칸죠 선과 바로 연결돼 이 노선 상에 있는 숙소·목적지를 찾아갈 때 편리하다는 장점이 있다.

열차는 우리나라의 지하철과 비슷한 보통열차 普通, 무궁화에 해당하는 쾌속열차 快速, 안락한 시설의 특급열차 하루카 はるか가 있다. 열차 종류

칸사이쿠코 역 → 난바 역

쾌속열차 53분 1,080엔

칸사이쿠코 역 → 텐노지 역

쾌속열차 43분 1,080엔
특급 하루카 33분 1,840엔

칸사이쿠코 역 → 오사카 역

쾌속열차 65분 1,210엔
특급 하루카 49분 2,410엔

에 따라 정차역이 다르니 주의하자. 또한 JR 난바 역(난카이 난바 역에서 도보 15분) 직행열차는 1시간에 1대꼴로 다닐 만큼 운행이 뜸하다는 사실도 알아두자. 직행열차가 없을 때는 JR 텐노지 天王寺 역에서 JR 난바 행 열차로 갈아탄다.

1 역 찾아가기

JR의 칸사이쿠코 関西空港 역은 난카이 전철과 같은 건물에 있다. 제1여객 터미널의 입국장(1층)에서 '철도 鉄道 Railways' 표지판을 따라 2층으로 올라간 다음 육교를 건너면 난카이 전철의 매표소를 지나 파란 간판의 JR 매표소가 보인다.

2 티켓 구매

보통·쾌속 열차의 티켓과 특급 하루카의 자유석 티켓은 자판기, 특급 하루카의 지정석 티켓은 유인 매표소에서 구매한다.

보통·쾌속 열차의 티켓을 구매할 때는 먼저 자판기 위에 붙은 노선도에서 목적지까지의 요금을 확인한다. 그리고 자판기에 해당 금액을 넣은 다음 액정 모니터에서 요금이 표시된 버튼을 누르면 티켓과 거스름돈이 나온다. 자세한 티켓 자판기 이용법은 p.63을 참조하자.

JR 이용법(제1여객 터미널 기준)

① 철도 표지판을 따라 2층으로 올라간다.

② JR 칸사이쿠코 역으로 간다.

③ JR 매표소에서 티켓을 구매한다.

④ JR 개찰구를 통과한다.

⑤ 행선지를 확인하고 열차에 오른다.

⑥ 자리를 잡고 앉는다.

⑦ 목적지에 도착하면 열차에서 내린다.

⑧ JR 역의 개찰구를 빠져 나온다.

⑨ 드디어 오사카 시내 도착!

must know

3 열차 탑승

매표소 맞은편에 'JR'이라고 쓰인 파란색의 JR 개찰구로 간다. 그리고 개찰구를 통과해 에스컬레이터를 타고 한 층 아래로 내려가면 플랫폼이 나타난다. 플랫폼의 전광판에서 출발하는 열차의 종류와 행선지를 확인한 뒤 열차에 오른다.

4 오사카 시내 도착

열차가 목적지에 도착하면 개찰구를 나온다. 그리고 역 구내에 설치된 지도와 출구 표지판을 참고로 숙소 또는 목적지를 찾아가면 된다. 지하철로 갈아탈 때는 역 구내에서 환승 のりかえ 표지판을 따라가면 된다.

주의하세요

JR을 타고 공항에서 시내로 들어갈 때는 문제가 없다. 하지만 오사카 시내에서 칸사이 국제공항으로 갈 때는 차량 편성에 주의하자.
칸사이 국제공항 방면 보통·쾌속열차는 8개의 차량으로 구성되는데, 도중의 히네노 日根野 역(JR-R45)에서 열차가 분리돼 앞쪽 4개 차량만 칸사이 국제공항으로 간다.

경제적인 JR 티켓 & 패스

아래의 티켓·패스는 한국 여행사·인터넷 쇼핑몰에서만 판매하며, 일본 현지 구매는 불가능하다.

특급 하루카 티켓
외국인 전용 하루카 할인 티켓
칸사이쿠코 역 → 텐노지 역 1,300엔
칸사이쿠코 역 → 오사카 역·신오사카 역 1,800엔

칸사이 미니패스 Kansai Mini Pass
칸사이의 JR 보통·쾌속열차를 자유로이 이용할 수 있다. 단, 특급 하루카는 탑승 불가능하다.
◆ 3일권 3,000엔

칸사이 패스 Kansai Area Pass
칸사이의 JR 보통·쾌속열차를 자유로이 이용할 수 있으며, 특급 하루카도 탑승 가능하다.
◆ 1일권 2,800엔, 2일권 4,800엔
  3일권 5,800엔, 4일권 7,000엔

칸사이 와이드 패스 Kansai Wide Area Pass
신칸센·특급을 포함한 칸사이의 모든 JR 열차를 자유로이 이용할 수 있다.
◆ 5일권 1만 2,000엔

JR 티켓 자판기 이용법

① 노선도에서 목적지까지의 요금을 확인한다.

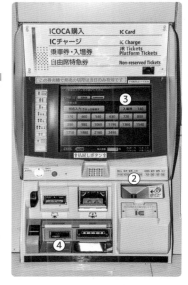

③ 화면에 요금 버튼이 표시되면 원하는 금액의 버튼을 누른다.

② 지폐 또는 동전 투입구에 목적지까지의 요금을 넣는다.

④ 티켓이 나온다. 함께 나오는 거스름돈도 잊지 말자.

#must know

리무진 버스 リムジンバス

리무진 버스는 호텔이나 역 등 주요 지점의 바로 앞에 내려주기 때문에 특정 목적지를 찾아갈 때 대단히 편리하다. 하지만 도로 사정에 영향을 많이 받아 도착 시각을 가늠하기 힘들다는 단점도 있다. 특히 출퇴근 시간에 걸리면 그야말로 속수무책! 교통체증이 비교적 덜한 낮 시간이나 밤 늦게 이용하는 것이 안전하다.

리무진 버스 탑승

리무진 버스 정류장은 공항 1층에 있으며 입국장에서 '버스 バス Bus' 표지판을 따라 밖으로 나가면 금방 눈에 띈다.
우선 정류장 앞의 매표소에서 티켓을 구매한다. 티켓 자판기와 안내 창구가 있는데 일본어를 모를 때는 직원의 도움을 받는 것이 좋다.
버스 정류장은 제1여객 터미널이 12개, 제2여객 터미널은 10개로 나뉘어 있다. 정류장 표지판에 버스의 행선지가 일본어·영어·한국어로 자세히 적혀 있으니 그것을 보고 자신이 타야 할 버스가 서는 곳에서 기다리면 된다.
종점에서 내릴 때는 상관없지만 도중에 내려야 할 때는 안내방송(일본어·영어·한국어)에 귀를 기울이자. 내리는 정류장을 잘 모를 때는 운전사에게 가고자 하는 호텔명·지명·주소를 영문이나 한자로 보여주고 내릴 곳을 알려달라고 하는 것이 안전하다.

칸사이 국제공항 → 난바 1,100엔
칸사이 국제공항 → JR 오사카 역 1,600엔
칸사이 국제공항 → 신사이바시 1,600엔
칸사이 국제공항 → 유니버설 스튜디오 재팬 1,600엔
칸사이 국제공항 → 아베노하루카스·텐노지 1,600엔

주요 행선지별 리무진 버스 정류장

◆ 제1여객 터미널
3번 베이 에어리어·난코·텐포잔
　　유니버설 스튜디오 재팬
5번 우메다·JR 오사카 역
7번 미나미·신사이바시·아베노하루카스·텐노지
11번 미나미·난바·OCAT

◆ 제2여객 터미널
1번 JR 오사카 역·우메다
4번 고베
6번 미나미·난바·OCAT
7번 유니버설 스튜디오 재팬
8번 신사이바시·아베노하루카스

택시 タクシー

편하기로는 택시가 제일이지만 눈이 돌아갈 만큼 비싼 요금 때문에 이용이 꺼려지는 교통편이다. 오사카 시내까지 들어가는 데 필요한 요금은 대략 1만 7,000엔 수준. 우리 돈 17만 원에 육박하니 어지간히 간이 크지 않고서는 엄두조차 내기 힘들다.

택시 이용하기

제1여객 터미널의 택시 정류장은 공항 1층, 리무진 버스 정류장 건너편에 있다. 곳곳에 '택시 タクシー Taxi' 표지판이 붙어 있으니 찾기는 어렵지 않다. 택시 정류장은 이용 가능한 행선지에 따라 1~7번으로 나뉘어 있는데, 택시를 예약한 경우에는 1·7번 정류장, 오사카·고베 방면으로 갈 때는 5번 정류장에서 타면 된다. 제2여객 터미널의 택시 정류장은 입국장을 나와 왼쪽에 있다.
택시의 문은 운전석에서 자동으로 열리고 닫히도록 조작하니 자신이 직접 문을 여닫을 필요는 없다. 택시를 탈 때 주의할 점은 목적지를 정확히 알려줘야 한다는 것이다. 영어가 잘 통하지 않아 목적지명을 한자나 일본어로 적어서 보여주는 것이 안전하다. 요금은 미터제이다.

일반 택시

기본요금 1.3km까지 600엔
추가요금 260m당 100엔
시간·거리 병산제 1분 35초당 100엔
심야 할증 22:00~05:00 20%

대형 택시

기본요금 1.3km까지 620엔
추가요금 225m당 100엔
시간·거리 병산제 1분 25초당 100엔
심야 할증 22:00~05:00 20%

#must know

국제
페리 터미널

☑ 일본에 도착하기 전에 Visit Japan Web 등록을 해놓는 것이 편하다.

☑ 국제 페리 터미널은 오사카 시내에서 남서쪽으로 8km 떨어진 곳에 위치한다.

☑ 오사카 시내의 다운타운인 미나미(난바)·키타(우메다)까지는 지하철로 8정거장이다(20~30분 소요).

국제 페리 터미널 国際フェリーターミナル

부산에서 출발한 팬스타 페리가 도착하는 곳은 오사카의 국제 페리 터미널이다. 오사카에서 유일하게 국제 여객선이 발착하는 항구로 일본의 유명 건축가 안도 타다오가 설계했다는 사실 외에 큰 특징은 없다.

'국제'라는 이름에 걸맞지 않게 시설이 무척 단출한데 1층에 팬스타 페리의 매표소 및 승선 수속 창구, 입국장·출국장, 3층에 조그만 전망대와 자판기가 있을 뿐이다. 이 주변에는 편의점조차 없으니 쇼핑·먹거리는 도보 20분 거리의 대형 쇼핑센터인 아시아 태평양 무역 센터 ATC를 이용하는 것이 좋다.

오사카에서 부산으로 돌아가는 팬스타 페리를 타

기 위해서는 한국을 떠날 때와 마찬가지로 항구세와 유류할증료가 필요하다.

◆ 항구세 700엔
◆ 유류할증료 2,000엔 ※시기에 따라 금액 변동이 심하다. 정확한 금액은 티켓 구입시 팬스타 페리에서 확인할 수 있다.

국제 페리 터미널 입국 절차

항구에서의 입국 절차는 공항과 동일하다. 차이가 있다면 여행자가 모든 짐을 가지고 타기 때문에 배에서 내려 수하물을 찾는 과정이 생략된다는 것뿐이다.

1 Visit Japan Web 등록
여행에 앞서 Visit Japan Web 등록을 마친다. 미등록자는 선내의 안내 데스크에서 일본 입국 카드와 휴대품 신고서를 받아다 꼼꼼히 기입한다.
자세한 작성 요령은 p.56을 참고하자.

2 입국 심사대 통과
배에서 내려 한 방향으로 이어진 통로를 따라가면 입국 심사대로 연결된다. '외국인 外国人 Foreign Passports'이라고 표시된 쪽에 서서 여권과 Visit Japan Web의 '입국 심사용 QR 코드' 또는 일본 입국 카드를 제시한다.
그리고 지문 날인과 사진 촬영을 마치면 간단한 확인을 거쳐 90일간의 체류 허가 스티커를 여권에 붙여준다. 공항보다 입국 심사가 살짝 까다로울 수 있는데, 여행 경비나 귀국시 이용할 배의 티켓을 보여줘야 할 때도 있다.

3 세관 통과
입국 심사를 마치고 나오면 바로 앞이 세관 검사대. 신고 물품이 없다는 뜻의 녹색의 '면세 免税 Duty Free' 쪽으로 가서 여권과 Visit Japan Web의 '세관 신고용 QR 코드' 또는 휴대품 신고서를 제시하고 간단한 짐 검사를 받으면 세관을 통과할 수 있다.

국제 페리 터미널

부산과 오사카를 오가는 팬스타 페리

#must know

오사카 시내 이동 방법

국제 페리 터미널에서 시내로 들어가는 방법은 지하철과 택시뿐이다. 가장 가까운 지하철역은 츄오 선의 코스모스쿠에아 コスモスクエア 역 (C10)이며, 시내까지 20~30분이면 충분해 이동에 큰 불편은 없다.

1 코스모스쿠에아 역 찾아가기

국제 페리 터미널의 입국장을 나오자마자 오른쪽으로 가서 건물 밖으로 나가면 오른편에 코스모스쿠에아 역까지 가는 무료 셔틀버스 정류장이 있다. 버스는 팬스타 페리의 운항 시각에 맞춰 운행하며 역까지 3~5분 걸린다.

버스를 놓쳤을 때는 국제 페리 터미널을 등지고 오른쪽으로 13분쯤 걸으면 코스모스쿠에아 역으로 갈 수 있다. 역까지 이어진 길은 평지나 다름없어 걷기에 큰 불편은 없다.

2 코스모스쿠에아 역 도착

셔틀버스는 코스모스쿠에아 역 2층의 버스 정류장에 도착한다. 역까지 걸어온 경우에도 계단을 이용해 2층의 버스 정류장 쪽으로 가야 한다.

그리고 버스 진행방향 정면의 2번 출입구를 통해 에스컬레이터를 타고 한 층 아래로 내려가면 지하철 코스모스쿠에아 역의 매표소가 나온다.

3 티켓 구매

시내로 들어가는 티켓은 매표소의 자판기에서 구매한다. 역무원은 지하철 이용 안내만 해줄 뿐 직접 티켓을 팔지 않으니 주의하자.

우선 자판기 위의 노선도에서 자신이 가고자 하는 역을 찾는다. 역 이름 옆에 쓰인 숫자는 해당 역까지의 요금이다. 목적지와 요금을 확인한 뒤 자판기에 돈을 넣는다. 그러면 액정 모니터 아래의 버튼에 숫자가 적힌 불이 들어온다. 그 가운데 조금 전에 확인한 요금과 동일한 숫자의 버튼을 누르면 표와 거스름돈이 나온다.

지하철을 여러 번 탈 생각이라면 여기서 미리 1일 승차권을 구매하는 것이 경제적일 수도 있다. 1일 승차권 구매 방법은 p.72를 참고하자.

코스모스쿠에아 역 → 신사이바시 역 20분 290엔
코스모스쿠에아 역 → 난바 역 22분 290엔
코스모스쿠에아 역 → 우메다 역 25분 290엔

◆ 1일 승차권 평일 820엔, 토·일·공휴일 620엔

국제 페리 터미널에서 시내로 들어가는 방법

① 항구에 도착하면 배에서 내린다.

② 입국 수속을 마치고 입국장을 나온다.

③ 지하철역으로 가는 셔틀버스를 탄다.

④ 코스모스쿠에아 역으로 간다.

⑤ 셔틀버스에서 내려 한 층 아래로 간다.

⑥ 매표소에서 티켓을 구매한다.

⑦ 개찰구를 지나 지하 2층으로 내려간다.

⑧ 1번 플랫폼으로 이동한다.

⑨ 지하철을 타고 목적지로 간다.

#must know

4 플랫폼 찾아가기

매표소 옆에 '지하철 츄오 선 타는 곳 地下鉄中央線のりば'이란 표지판이 붙은 개찰구를 통과해 정면을 보면 천장에 붙은 '츄오 선 中央線 Chuo Line' 표지판이 보인다. 그것을 따라 에스컬레이터를 타고 지하 2층으로 내려가 1번 플랫폼에서 지하철을 타면 오사카 시내로 들어갈 수 있다.

5 지하철 타기

지하철의 안내방송은 일본어·영어·한국어로 나온다(일부 역 제외). 하지만 지명이 낯설어 내릴 역 또는 갈아타는 역을 놓치기 십상이니 주의해야 한다.

지하철을 갈아탈 때는 노선명과 '갈아타는 곳 のりかえ' 표지판만 따라가면 된다. 예를 들어 오사카 남쪽의 다운타운인 미나미(난바)로 갈 때는 코스모스쿠에아 역에서 6번째 정거장인 혼마치 本町(Y13·C16·M18) 역에서 내려 미도스지 선으로 갈아타고 첫 번째 정거장인 신사이바시 心斎橋 역(N15·M19), 또는 두 번째 정거장인 난바 なんば 역(Y15·S16·M20)에서 내린다.

오사카 북쪽의 다운타운인 키타(우메다)로 갈 때 역시 코스모스쿠에아 역에서 6번째 정거장인 혼마치 本町(Y13·C16·M18) 역에서 미도스지 선으로 갈아타고 두 번째 정거장인 우메다 梅田 역(M16)에서 내린다.

6 지하철역 밖으로 나가기

지하철역 밖으로 나갈 때는 출구 쪽에 붙은 지도를 보고 방향을 잡은 뒤 나가는 것이 안전하다. 지하철 출입구가 워낙 많고 지하 구조가 복잡해 자칫하면 길을 잃기 십상이기 때문! 지도에는 역과 출구 번호는 물론 주요 건물과 명소의 위치가 꼼꼼히 표시돼 있어 이것을 보고 이동하면 길 찾기가 한결 수월하다.

출구 번호와 위치가 상세히 표시된 역 주변 지도

지하철 티켓 구매 방법(구형 자판기) ※신형 자판기는 p.69 참조.

① 노선도에서 목적지까지의 요금을 확인한다.

② 지폐 또는 동전 투입구에 목적지까지의 요금을 넣는다.

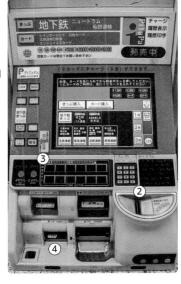

③ 요금 버튼에 불이 들어오면 노선도에서 확인한 것과 같은 금액의 버튼을 누른다.

④ 티켓이 나온다. 함께 나오는 거스름돈도 잊지 말자.

#must know

오사카
시내 교통

☑ 가장 활용도가 높은 대중교통은 지하철이다.

☑ 지하철 요금은 1회 190엔~. 지하철을 자주 이용한다면 1일 승차권(620·820엔)이 경제적이다.

☑ 시내버스는 노선 파악이 힘드니 지하철의 보조수단으로 이용한다.

지하철 地下鉄

오사카 구석구석을 연결하는 여행자의 발과 같은 존재다. 현재 9개 노선에 142개의 역이 있는데 동서·남북을 연결하는 노선들이 '井'자 모양으로 교차하도록 설계돼 중간중간 갈아타며 이동하면 목적지로 빠르게 갈 수 있다.

여행자의 이용 빈도가 높은 노선·역은 미도스지 선 御堂筋線(M)의 우메다(M16)·신사이바시(M19)·난바(M20)·도부츠엔마에(M22)·텐노지(M23) 역, 사카이스지 선 堺筋線(K)의 닛폰바시(K17)·도부츠엔마에(K19) 역, 츄오 선 中央線(C)의 오사카코(C11)·타니마치욘쵸메(C18) 역이다. 역명과 노선상의 위치를 미리 익혀 놓으면 움직이기가 한결 수월하다.

노선도에서 원 안에 알파벳과 숫자로 표시된 것은 역의 고유 번호다. 예를 들어 '우메다 梅田(M16)'라고 쓰인 것은 이 역이 미도스지 선(M)의 16번째 역임을 뜻한다. 고유 번호가 2개 이상 겹쳐서 표기된 역은 환승역이다. 초행자는 역 이름

지하철역의 고유 번호를 이용하면 역 찾기가 쉽다

오사카 지하철 로고와 출구

보다 고유 번호로 역을 찾는 것이 훨씬 쉽다는 사실을 기억하자.

요금·운행시간

요금은 거리에 비례해 오른다. 출발역에 따라 약간의 차이가 있지만 2정거장 이내 190엔, 3~7정거장 240엔, 8~12정거장 290엔, 13정거장 이상 340~390엔을 예상하면 된다. 지하철을 자주 이용할 때는 p.72의 1일 승차권이나 할인권을 구입하는 것이 경제적이다.

◆ 운행 05:00~24:00(노선마다 다름)

지하철 타기

우리나라의 지하철 이용법과 큰 차이가 없다. 티켓을 구매할 때는 무조건 자판기를 이용해야 한다. 자세한 자판기 이용법은 p.69를 참조하자.
1일 승차권·칸사이 스루 패스 소지자는 패스를

#must know

티켓처럼 사용하면 된다.

갈아탈 때는 노선·행선지명이 적힌 '환승 のりかえ' 표지판을 따라간다. 안내판·표지판은 일본어·영어 병기가 기본이며, 한글이 표기된 곳도 있다. 일부 역에서는 안내방송이 일본어·영어·한국어로 나오기도 한다.

밖으로 나갈 때는 출구 근처에 설치된 주변 지도 안내판을 보고 위치를 파악한 뒤 나가는 것이 좋다. 특히 난바·우메다처럼 지하 구조가 복잡하고 출구가 수십 개에 달하는 역에서는 길을 잃기 십상이니 주의하자.

♦ 티켓 자판기는 신형(파란색)과 구형(빨간색)이 있다. 서로 사용법이 조금 다른데, 한글이 지원되는 신형 자판기가 이용하기 편리하다.

주의사항

사무실이 밀집한 우메다·난바 역을 오가는 노선은 출퇴근 시간(07:30~09:00, 17:00~19:00)의 혼잡도가 무척 높다. 오전에는 열차의 머리 또는 꼬리 쪽에 여성 전용칸을 운행하는 노선도 있으니 남성 여행자는 주의하자. 여성 전용칸은 플랫폼 바닥과 차량에 핑크색 글자로 '여성 전용 女性専用'이라고 표시돼 있다.

택시 タクシー

택시는 주정차 금지구역이 아닌 곳 또는 택시 정류장에서 잡을 수 있다. 빈차 확인 요령은 우리나라와 같다.

택시를 쉽게 잡으려면 가까운 호텔·백화점을 찾아가는 것도 요령이다.

영어가 잘 통하지 않으니 목적지명을 일본어·한자로 보여주는 것이 좋다. 택시 문은 자동으로 열리고 닫히게 운전석에서 조작하므로 자신이 직접 여닫을 필요가 없다.

택시 요금은 운전석 옆에 표시돼 있다. 요금이 우리나라보다 조금 비싼데 지하철로 두 정거장쯤의 거리를 달리면 1,000엔 정도다. 기본요금 거리에서 서너 명이 함께 타면 지하철 요금과 비슷하게 이용할 수 있다.

♦ 기본요금 1.3km까지 600엔
추가요금 260m당 100엔
시간·거리 병산제 1분 35초당 100엔
심야 할증 22:00~05:00 20%

지하철 티켓 구매 방법(신형 자판기) ※구형 자판기는 p.67 참조.

① 노선도에서 목적지까지의 요금을 확인한다.

② 사용할 언어를 선택한다.

③ 승차권 구입 버튼을 누른다.

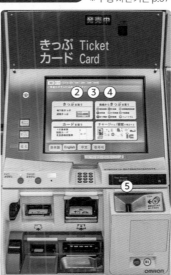

240

④ 노선도에서 확인한 것과 같은 금액의 버튼을 누른다.

⑤ 지폐 또는 동전 투입구에 돈을 넣으면 티켓이 나온다.

#must know

시내버스 市バス

여러 시내버스 노선이 오사카 전역을 거미줄처럼 연결한다. 지하철이 다니지 않는 지역까지 가는 것이 장점이지만, 오사카 지리에 익숙하지 않은 여행자가 이용하기에는 노선이 너무 복잡하고 도로 정체가 심하다. 짧은 구간에 한해 지하철을 대신하는 보조 수단으로 활용하는 것이 좋다. 버스를 저렴하게 이용하려면 p.72의 1일 승차권 또는 할인 패스를 구입한다.

요금·운행시간

요금은 버스 노선과 운행 구간에 따라 조금씩 다른데 시내에 한해서는 거리에 상관없이 일률적으로 210엔이다. 한국과 같은 환승 할인제도가 없으니 주의하자. 정류장에는 자세한 버스 운행 시각표가 붙어 있다.

♦ 운행 05:00~24:00(노선·정류장마다 다름)

시내버스 타기

버스는 우리나라와 반대로 뒷문으로 타고 앞문으로 내린다. 내릴 때는 벨을 눌러 버스를 세우고, 운전석 옆의 요금함에 돈을 넣은 뒤 내린다. 거스름돈이 나오지 않으니 정확한 요금을 내야 한다. 잔돈이 없을 때는 요금함에 설치된 동전 교환기를 이용한다.
1일 승차권·칸사이 스루 패스 소지자는 요금함의 카드 리더기에 패스를 통과시킨 뒤 내린다.

주의사항

정류장 안내방송은 일본어 위주로 나온다. 일부 정류장에 한해 영어로도 안내가 되지만 너무 큰 기대는 금물이다. 내리는 곳을 모를 때는 주위의 승객이나 운전사에게 한자·영어로 적은 목적지명을 보여주면서 도움을 청하거나 구글맵의 내비게이션 기능을 이용하는 것이 상책이다.

손잡이에 정차 벨이 붙어 있다

제이알 JR

JR은 서울의 지하철 2호선처럼 오사카 시내를 원형으로 순환 운행하는 오사카칸죠 선 大阪環状線, 유니버설 스튜디오 재팬을 연결하는 사쿠라지마 선 桜島線(유메사키 선 ゆめ咲線), 오사카 역~신오사카 역을 연결하는 교토 선 京都線, 키타신치 北新地를 경유해 오사카칸죠 선과 만나는 토자이 선 東西線의 4개 노선을 운행한다. 관광명소와 연결되는 역이 별로 없어 큰 도움이 되지는 않는다. 그나마 활용도가 높은 역은 오사카칸죠 선의 오사카·오사카죠코엔·츠루하시·텐노지·신이마미야·난바 역, 사쿠라지마 선의 니시쿠죠·유니버설 스튜디오 역 정도다.

요금·운행시간

요금은 이동 거리에 비례해 오른다. 일부 구간은 지하철보다 저렴한 경우도 있으니 지하철 요금과 비교해 보고 이용하는 것도 요령이다.

♦ 운행 04:54~00:48(노선·역마다 다름)
♦ 요금 140엔~

JR 타기

우리나라의 지하철과 이용법이 비슷하다. 단, 유인 매표소가 있어도 티켓을 팔지 않기 때문에 티켓을 구매하려면 자판기를 이용해야 한다. 우선 자판기 위에 설치된 노선도에서 가고자 하는 목적지까지의 요금을 확인한다. 그리고 자판기에 돈을 넣으면 액정 모니터에 요금이 적힌 버튼이 표시된다. 거기서 조금 전에 확인한 요금과 같은 버튼을 누르면 티켓과 거스름돈이 나온다.
안내방송은 일본어 위주이며 주요 역에 한해 영어 방송이 나온다. 갈아탈 때는 노선·행선지명이 적힌 '환승 のりかえ' 표지판을 따라간다.

주의사항

평일 07:30~09:00, 17:30~19:00의 출퇴근 시간에는 혼잡도가 높다. 되도록 이 시간대는 피해서 이용하는 것이 상책! JR 오사카 역과 텐노지 역은 경유하는 열차가 많아 플랫폼 구조가 무척 복잡하니 환승시 주의해야 한다.

#must know

교통카드 & 할인 패스

☑ 교통카드 이코카 ICOCA를 구매하면 대중교통을 이용하기 편하다.

☑ 1일 3회 이상 지하철·버스를 탈 때는 1일 승차권 또는 오사카 원데이 패스를 구매하는 것이 경제적이다.

☑ 지하철·버스 1일 승차권에 인기 관광명소의 입장권이 포함된 오사카 주유 패스도 있다.

이코카 ICOCA

오사카에서 판매하는 교통카드 가운데 일반 여행자가 구매 가능한 교통카드는 이코카 ICOCA다. 이코카 한 장으로 오사카를 비롯한 일본 전역의 대중교통을 자유로이 이용할 수 있다.

알아두세요

일본은 우리나라와 달리 각 지역의 교통기관 운영 사마다 자사의 교통카드를 판매한다. 도쿄의 스이카 Suica·파스모 Pasmo, 홋카이도의 키타카 Kitaka, 큐슈의 스고카 Sugoca 등이 대표적인데, 타지역 교통카드도 이코카와 동일하게 사용할 수 있다.

이코카 구매 및 충전

이코카는 일부 역을 제외한 JR·사철·지하철역 유인 매표소 및 자판기에서 판매한다. 칸사이 국제공항을 이용할 경우 JR 칸사이쿠코 역의 매표소에서 구매하면 출국시 환불처리가 용이하다.
최초 구매액은 2,000엔이며 카드 보증금 500엔과 사용 가능 금액 1,500엔이 포함돼 있다.
충전은 JR·사철·지하철역의 티켓 자판기·정산기 또는 편의점에서 한다. 충전 단위는 500·1,000·2,000·3,000·5,000·1만 엔이며, 최대 충전액은 2만 엔까지다.

이코카 사용하기

사용법은 우리나라의 교통카드와 동일하다. JR·사철·지하철에서는 개찰구의 단말기에 이코카를 갖다대면 카드 잔액이 표시되며 개찰구가 열린

Kansai One Pass

칸사이 국제공항의 JR 칸사이쿠코 역 유인 매표소에서 판매하는 외국인 전용 이코카. 아톰·헬로키티가 그려진 오사카 한정판이라 기념품으로도 손색이 없다.

♦ 3,000엔(보증금 500엔, 사용 가능 금액 2,500엔 포함)

다. 버스·전차를 탈 때도 요금함 옆의 단말기에 카드를 갖다대면 자동으로 요금이 결제된다. 단, 우리나라처럼 교통요금 환승 할인이 되지 않으니 주의하자.
편의점·슈퍼마켓·숍·레스토랑·음료 자판기에서도 이코카를 사용할 수 있는데, 결제시 단말기에 카드를 갖다대기만 하면 된다.

이코카 환불

이코카의 유효기간은 마지막 사용일로부터 10년이며, 환불시 보증금과 카드 잔액을 돌려받을 수 있다. 환불 신청을 하면 카드 잔액에서 환불 수수료 220엔을 공제하고 남은 돈과 보증금을 돌려준다. 단, 잔액이 220엔 미만일 때는 보증금 500엔만 환불된다. 따라서 잔액을 '0엔'이 되도록 사용한 다음 환불 신청을 하면 환불 수수료를 전혀 물지 않아도 된다.
이코카 환불 요청은 구입한 곳과 동일한 교통기관 운영사의 유인 매표소에서만 가능하다. 예를 들어 JR 역에서 구매했다면 JR 역, 지하철역에서 구매했다면 지하철역으로 가야 한다.

must know

1일 승차권 1日乗車券

'엔조이 에코 카드 エンジョイ 에코카드'라고도 부른다. 지하철은 물론 시내버스까지 맘대로 탈 수 있으며 3~5회만 사용하면 본전이 빠진다. 게다가 1일 승차권을 제시하면 주요 명소의 입장료를 5~15% 할인해 준다. 1일 승차권을 저렴하게 구매하려면 토·일·공휴일을 노리자. 이날 파는 1일 승차권은 조건·이용법이 평일용과 동일하지만, 가격이 200엔 저렴하다.

◆ 평일 820엔, 토·일·공휴일 620엔

1일 승차권 구매

1일 승차권은 지하철역 매표소의 자판기에서 판매한다. 액정 모니터에서 사용할 언어를 선택하고, '카드 カードを買う' 버튼을 누른 뒤 '1일 승차권 1日乗車券 エンジョイエコカード' 또는 '1일 승차권(주말 및 공휴일) 1日乗車券 エンジョイエコカード'(土·日·祝)' 버튼을 누른다. 마지막으로 금액 버튼을 누르고, 해당 금액을 넣으면 명함 크기의 티켓이 나온다. 이코카 소지자는 돈 대신 이코카를 넣으면 해당 금액이 자동 차감된다.

1일 승차권 이용법은 일반 티켓과 동일하며 겉면에 사용일자가 찍혀 있다.

입장료 할인시설

국립 국제미술관, 사키시마 코스모타워 전망대, 산타마리아 호, 수상버스 아쿠아라이너, 스파월드, 시텐노지, 오사카 덕 투어, 오사카 베이 타워 공중정원 온천, 오사카 성 니시노마루 정원, 오사카 성 텐슈카쿠, 오사카 시립 과학관, 오사카 시립 자연사 박물관, 오사카 역사 박물관, 우메다 스카이 빌딩 공중정원 전망대, 카미카타우키요에관, 캡틴 라인, 텐노지 동물원, 텐포잔 대관람차
※할인시설은 수시로 변경됨.

1일 승차권 구매 방법 (신형 자판기)

① 사용할 언어를 선택한다.

② 카드 버튼을 누른다.

③ 1일 승차권 또는 1일 승차권(주말 및 공휴일) 버튼을 누른다.

④ 금액 버튼을 누른다.

⑤ 돈을 넣거나 이코카를 넣는다.

⑥ 1일 승차권과 거스름돈이 나온다.

#must know

오사카 주유 패스 大阪周遊パス

'오사카 어메이징 패스 Osaka Amazing Pass'라고도 부른다. 짧은 기간 박물관·미술관 위주로 돌아보려는 이에게 유리하다. 패스의 유효기간 동안 지하철·시내버스를 맘대로 이용할 수 있는 것은 물론, 오사카 시내 주요 명소 52곳을 무료로 들어갈 수 있다(패스 사용 당일 1회에 한해 입장 가능). 일부 레스토랑과 숍에서는 가격 할인 혜택도 제공된다.

오사카 주유 패스 구매

종류는 1일권과 2일권(이틀 연속 사용)이 있으며 한국의 여행사 또는 오사카의 지하철역 유인 매표소에서 판매한다. 한국 여행사에서 구매시 일본에서 구매할 때보다 가격이 조금 더 저렴할 수 있다.
유의할 점은 패스의 본전 뽑기다. 입장료가 400~2,100엔 수준이므로 되도록 입장료가 비싼 시설을 많이 이용해야 이득이다. 입장료가 필요한 관광시설에 관심이 없다면 오히려 1일 승차권을 구입하는 것이 현명한 선택이다.

◆ 1일권 2,800엔, 2일권 3,600엔

무료 입장 가능 시설

우메다 스카이 빌딩 공중정원 전망대, 우메다 스카이빌딩 천공 미술관, 헵 파이브 대관람차, 오사카 주택 박물관, 오사카 시립 과학관, 나카노시마 리버 크루즈, 국립 국제미술관, 톤보리 리버 크루즈, 톤보리 리버 재즈 보트, 카미카타유키요에칸, 도톤보리 ZAZA ZAZA 개그 라이브, 원더 크루즈, 텐포잔 대관람차, 지라이온 뮤지엄, 유람선 산타마리아 데이 크루즈, 유람선 산타마리아 트와일라이트 크루즈, 캡틴 라인, 레고 랜드 디스커버리 센터 오사카, 사키시마 코스모 타워 전망대, 보트 레이스 스미노에, 오사카 성 텐슈카쿠, 오사카 성 니시노마루 정원, 오사카 수상버스 아쿠아라이너, 오카와 벚꽃 크루즈, 요리미치 선셋 크루즈, 오사카 성 고자부네, 오사카 성 야구라, 오사카 역사 박물관, 오사카 기업가 박물관, 피스 오사카, 사쿠야코노하나칸, 츠텐카쿠, 츠텐카쿠 타워 슬라이더, 텐노지 동물원, 케이타쿠엔, 시텐노지, 오사카 시립 나가이 식물원, 오사카 시립 자연사 박물관, 반파쿠 기념 공원
※무료 이용 가능 시설은 수시로 변경됨.

Osaka Metro 1day(2day) pass

오사카 메트로 원데이 패스는 p.72의 1일 승차권과 사용법 및 할인시설이 동일한 외국인 전용 패스다. 한국의 여행사와 칸사이 국제공항 1층 입국장의 Kansai Tourist Information Center에서 판매하며, 일본에서 구매할 때는 여권을 제시해야 한다.
토·일·공휴일에는 1일 승차권(620엔)이 훨씬 저렴하므로 요금이 비싸지는 평일에 이용하는 것이 현명하다.

◆ 1일권 700엔, 2일권 1,300엔

회수 카드 回数カード

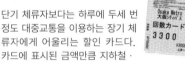

단기 체류자보다는 하루에 두세 번 정도 대중교통을 이용하는 장기 체류자에게 어울리는 할인 카드다. 카드에 표시된 금액만큼 지하철·시내버스를 이용할 수 있으며, 지하철역 매표소에서 3,300엔짜리 카드를 3,000엔에 판다. 조금이라도 싸게 사려면 '킨켄야 金券屋'라고 부르는 할인 티켓 전문점을 이용하자. 3,300엔짜리 카드를 2,960엔 정도에 판다. 할인 티켓 전문점은 난바·우메다의 상점가에서 쉽게 찾을 수 있다.
사용법은 일반 티켓과 동일하다. 개찰기에 카드를 넣으면 뒷면에 사용한 구간과 요금이 찍혀 나온다. 요금이 모자랄 때는 내리는 역의 개찰기 옆에 있는 정산기 精算機에 카드와 부족한 금액만큼의 돈을 넣으면 개찰기를 통과할 수 있는 별도의 티켓이 나온다.

칸사이 스루 패스 スルッとKANSAI

JR을 제외한 칸사이 전역의 사철·버스를 이용할 수 있는 철도 패스다. 오사카 시내의 지하철·시내버스도 자유로이 이용 가능하다. 오사카만 여행할 때는 활용도가 떨어진다. 오사카와 고베·교토·나라를 묶어서 돌아볼 때 구매하면 좋다. 구매 방법은 상단의 오사카 메트로 원데이 패스와 동일.

◆ 한국내 구매 2일권 4,380엔, 3일권 5,400엔
　일본 현지 구매 2일권 4,480엔, 3일권 5,600엔

유니버설 스튜디오 재팬

유니버설 스튜디오 재팬은 미국의 '오리지널' 유니버설 스튜디오를 오사카에 그대로 옮겨다 놓은 초대형 테마파크다. 54만㎡의 광활한 부지에는 할리우드 영화를 테마로 만든 박진감 넘치는 어트랙션과 흥미진진한 볼거리가 가득해 하루종일 신나는 시간을 보낼 수 있다.

볼거리 ☆☆☆☆☆   먹거리 ☆☆☆☆☆
쇼 핑 ☆☆☆☆☆   유 흥 ☆☆☆☆☆

ACCESS

JR 키타에 위치한 JR 오사카 大阪 역의 1·2번 플랫폼에서 유니버설 스튜디오 재팬 행 열차를 타고 JR 유니바사루시티 ユニバーサルシティ 역(JR-P16) 하차(12분, 190엔). 또는 오사카 시내에서 JR 오사카칸죠 선 大阪環状線을 타고 JR 니시쿠죠 西九条 역(JR-O14)으로 가서 유니버설 스튜디오 재팬 행 열차로 갈아탄 다음, JR 유니바사루시티 ユニバーサルシティ 역 하차.

사철 미나미에 위치한 오사카난바 大阪難波 역(HS41) 3번 플랫폼에서 고베산노미야 神戸三宮·아마가사키 尼ヶ崎 행 열차를 타고 니시쿠죠 西九条 역(HS45) 하차(8분, 220엔). 니시쿠죠 역과 연결된 JR 니시쿠죠 西九条 역(JR-O14)으로 가서 유니버설 스튜디오 재팬 행 열차로 갈아타고 JR 유니바사루시티 ユニバーサルシティ 역(JR-P16) 하차(4분, 170엔).

지하철 츄오 선 中央線의 벤텐쵸 弁天町 역(C13)에서 JR 오사카칸죠 선으로 갈아탄 뒤, 한 정거장 다음의 JR 니시쿠죠 西九条 역(JR-O14)에서 내려 유니버설 스튜디오 재팬 행 열차로 갈아타고 JR 유니바사루시티 ユニバーサルシティ 역(JR-P16) 하차(11분, 170엔).

best course `10시간`

1. **JR 유니바사루시티 역**

   `도보 4분`   `HOT`

2. **슈퍼 닌텐도 월드**

3. **위저딩 월드 오브 해리 포터**

4. **애머티 빌리지**

5. **쥬라기 공원**

6. **미니언 파크**

7. **뉴욕 에어리어**

8. **할리우드 에어리어**

#must know

유니버설 스튜디오 재팬 파크 맵

유니버설 스튜디오 재팬

입구에 해당하는 할리우드 에어리어를 중심으로 뉴욕 에어리어·미니언 파크·샌프란시스코 에어리어·쥬라기 공원·워터 월드·슈퍼 닌텐도 월드·애머티 빌리지·위저딩 월드 오브 해리 포터·유니버설 원더 랜드 등의 10개 테마 랜드가 모여 있다. 하루 만에 전체를 다 보는 것은 불가능하니 가고자하는 테마 랜드·어트랙션을 미리 골라서 가는 것이 현명하다.

◆ 개관 시간은 시즌별로 다르다.
  정확한 시간은 홈페이지 참조.
◆ 1일권 8,600엔~, 4~11세 5,600엔~
  1.5일권 1만 3,100엔~, 4~11세 8,600엔~
  2일권 1만 6,300엔~, 4~11세 1만 600엔~
※입장료는 입장일에 따라 다르며, 할로윈·크리스마스 등 시즌별로 이용 가능한 스페셜 티켓도 있다. 자세한 정보는 홈페이지 참조.

유니버설 스튜디오 재팬 3대 꿀팁

❶ 여의도 면적의 1/5에 해당할 만큼 넓고 이용객도 많다. 제대로 놀기 위해서는 아침 일찍, 개장 시간에 맞춰 가야 한다.
❷ 입구에서 안내 팸플릿을 꼭 챙기자. 지도와 함께 어트랙션의 위치, 퍼레이드 시각, 먹을거리 정보가 꼼꼼히 실려 있다.
❸ 스마트폰 사용자는 미리 유니버설 스튜디오 재팬 앱을 설치하자. 어트랙션 대기시간 및 퍼레이드·이벤트 스케줄 확인이 가능하며, 일부 어트랙션의 정리권·추첨권도 받을 수 있다.

유니버설 익스프레스 패스®

인기 어트랙션을 편하게 이용하려면 유니버설 익스프레스 패스를 구매하자. 하염없이 기다려야 가까스로 이용 가능한 어트랙션도 이 패스가 있으면 빠른 시간 안에 이용할 수 있다. 이용 가능한 어트랙션의 종류와 수에 따라 유니버설 익스프레스 패스 4·7 및 기간 한정 패스가 있으며 입장권과 별도로 추가 구매해야 한다.

◆ 7,800엔~ ※가격은 종류와 입장일에 따라 다르다.
  자세한 금액은 홈페이지 참조.

유니버설 익스프레스 패스 이용 가능 어트랙션

마리오 카트: 쿠파의 도전장, 요시 어드벤처, 해리 포터 앤드 더 포비든 저니, 플라이트 오브 더 히포그리프, 미니언 메이헴, 할리우드 드림 더 라이드, 할리우드 드림 더 라이드 백드롭, 더 플라잉 다이노소어, 쥬라기 공원 더 라이드, 죠스, 어메이징 어드벤처 오브 스파이더맨 더 라이드 4K3D

must see

슈퍼 마리오 굿즈를 판매하는 원업 팩토리(왼쪽 위).
스릴 만점 레이스의 마리오카트: 쿠파의 도전장(오른쪽 위).

슈퍼 닌텐도 월드
Super Nintendo World

누구나 마리오가 돼 게임 속 세상으로 모험 여행을 떠나는 테마랜드. 층층이 쌓아올린 알록달록한 블록, 토관 속에서 튀어나오는 무시무시한 뻐끔 플라워, 사악한 기운이 감도는 악당 쿠파의 성채 등 슈퍼 마리오 브라더스의 게임 속 세상을 완벽하게 현실로 재현했다. 진짜 마리오 카트를 타고 박진감 넘치는 레이스를 펼치는 마리오 카트: 쿠파의 도전장, 마리오처럼 요시의 등에 올라타고 보물을 찾아 떠나는 요시 어드벤처, 파워 업 밴드(유료)를 착용하고 '?' 마크의 블록을 두드려 코인을 모으는 파워 업 밴드 키 챌린지 등 흥미진진한 어트랙션이 호기심을 자극한다. 유니버설 스튜디오 재팬 앱과 연동되는 파워 업 밴드는 자신이 모은 코인·스탬프를 가지고 입장객끼리 게임을 즐길 수 있어 더욱 흥미롭다.

주의하세요

이용자가 많을 때는 슈퍼 닌텐도 월드가 포함된 유니버설 익스프레스 패스, 입장 확약권, 정리권·추첨권 소지자만 입장 가능한 경우도 있다. 유니버설 익스프레스 패스·입장 확약권은 WEB 티켓 스토어 또는 한국의 여행사에서 판매하며, 정리권·추첨권은 유니버설 스튜디오 재팬 앱으로 한정수량 무료 발급된다.

요시 어드벤처

애머티 빌리지
Amity Village

영화 죠스의 무대가 된 애머티 빌리지를 유람선으로 돌아보는 🏠죠스가 인기 어트랙션이다. 깊은 물속에서 불쑥불쑥 튀어나오는 죠스의 거대한 주둥아리, 그리고 유람선 가이드와 벌이는 격렬한 사투(?)가 흥미진진하다.

대롱대롱 매달린 죠스를 배경으로 멋진 기념사진을 찍어보자.

#must see

위저딩 월드 오브 해리 포터
The Wizarding World of Harry Potter

해리 포터의 마법 세계를 현실에 그대로 재현했다. 울창한 침엽수림을 지나 입구로 들어서면 하얀 수증기를 내뿜는 호그와트 행 특급열차와 함께 마법사들이 사는 호그스미드 마을이 나타난다. 영국풍의 뾰족 지붕과 마법으로 만든 삐뚤빼뚤한 굴뚝이 인상적이며, 지붕마다 새하얀 눈이 소복이 쌓여 사시사철 한겨울 분위기를 자아낸다. 건물마다 영화 속 장면을 연상시키는 다양한 볼거리가 숨겨져 있으며, 숍에서는 그리핀도르 망토와 마법 지팡이 등 재미난 기념품을 판다. 식당에서는 이곳의 명물인 달콤한 버터 비어 Butter Beer를 맛볼 수 있다는 사실도 잊지 말자!
호그와트 성에서는 해리 포터와 함께 하늘을 날며 짜릿한 퀴디치 게임을 즐기는 해리 포터 앤드 더 포비든 저니, 롤러코스터 플라이트 오브 더 히포그리프 등의 어트랙션을 탈 수 있다.

마법세계가 펼쳐지는 호그와트 성(왼쪽 위). 호그스미드 마을(오른쪽 위). 플라이트 오브 더 히포그리프(아래).

샌프란시스코 에어리어
San Francisco Area

샌프란시스코의 거리가 펼쳐지는 테마 랜드. 피셔맨즈 워프와 차이나타운 등 이국적인 풍경이 눈길을 사로잡는다. 바로 앞에는 샌프란시스코의 해변 분위기가 물씬 풍기는 활기찬 식당과 카페도 있다.

활기 넘치는 샌프란시스코 에어리어의 거리.

#must see

미니언 파크
Minion Park

세계 최대의 미니언 에어리어. 미니언들 때문에 뒤죽박죽이 된 거리와 곳곳에서 말썽을 피우는 미니언의 모습을 찾아보는 재미가 쏠쏠하다. 숍에서는 '지구상 최강 귀요미' 미니언의 인형·캐릭터 상품은 물론 미니언의 모습을 본뜬 과자 등 기발한 먹거리도 판다. 특대 사이즈의 미니언 팝콘 통은 누구나 탐내는 인기 아이템! 메인 어트랙션은 미니언과 함께 신나는 모험 여행을 떠나는 버추얼 시뮬레이터 미니언 메이헴, 꽁꽁 언 얼음 위를 미끄러지듯 달리는 프리즈 레이 슬라이더다. 미니언이 모여 펼치는 흥겨운 거리 공연도 놓쳐선 안 될 이곳의 명물이다.

미니언이 활보하는 미니언 파크(위). 신나는 모험 여행 미니언 메이헴(왼쪽).

유니버설 원더 랜드
Universal Wonder Land

온가족이 함께 즐기는 신나는 놀이동산. 헬로 키티·스누피·엘모 등 우리에게도 친숙한 인기 캐릭터가 모여 사는 동화 속 마을을 테마로 꾸몄다. 총 3개의 존으로 구성되는데 스누피 스튜디오 존은 까칠한 고집쟁이 감독 스누피의 영화 촬영 세트, 헬로 키티 패션 애비뉴는 할리우드에서 막 돌아온 패셔니스타 헬로 키티가 오픈한 화사한 부티크, 세서미 스트리트 펀 월드 존은 엘모·쿠키 몬스터 등 세서미 스트리트의 인기 캐릭터들과 함께 뛰노는 놀이터를 테마로 다양한 볼거리와 즐길거리를 제공한다. 스누피를 타고 신나는 하늘 여행을 즐기는 날아라 스누피, 헬로 키티와 함께 이야기를 나누며 기념사진도 찍을 수 있는 헬로키티 리본 컬렉션 등이 최고의 인기 어트랙션이다.

어린이의 놀이동산 세서미 스트리트 펀 월드 존(위).
신나는 하늘여행 날아라 스누피(아래).

#must see

할리우드 에어리어
Hollywood Area

가장 많은 어트랙션이 모인 지역. 칠흑 같은 어둠 속을 종횡무진 누비며 스릴 만점의 우주여행을 즐기는 미니 롤러코스터 스페이스 판타지 더 라이드, 특수 제작된 좌석에 앉아 하늘을 나는 듯한 황홀한 체험을 하는 롤러코스터 할리우드 드림 더 라이드, 짜릿한 스릴의 역주행 롤러코스터 할리우드 드림 더 라이드 백드롭, 괴물 슈렉의 모험을 그린 입체 영화 슈렉 4-D 어드벤처, 세서미 스트리트의 캐릭터가 총출동하는 4D 영화 세서미 스트리트 4-D 무비 매직, 비틀 주스의 괴물들이 신나는 록 뮤지컬을 선보이는 유니버설 몬스터 라이브 록큰롤 쇼, 해리 포터·트랜스포머·미니언즈 등 인기 캐릭터가 총출동하는 유니버설 스펙클 나이트 퍼레이드 베스트 오브 할리우드 등이 있다. 할리우드 에어리어에는 다양한 음식을 파는 레스토랑과 온갖 기념품을 판매하는 숍이 모여 있다는 사실도 잊지 말자.

흥겨운 뮤지컬 씽 온 투어(왼쪽). 할리우드 드림 더 라이드(오른쪽 위). 할리우드 드림 더 라이드 백드롭. 스페이스 판타지 더 라이드(아래).

뉴욕 에어리어
New York Area

뻥 뚫린 대로를 따라 뉴욕의 마천루가 재현돼 있으며 곳곳에서 흥겨운 쇼와 퍼포먼스가 펼쳐진다. 인기 어트랙션은 스파이더맨과 함께 악당을 좇아 뉴욕의 거리를 종횡무진 누비는 버추얼 시뮬레이터 어메이징 어드벤처 오브 스파이더맨 더 라이드 4K3D다(2024년 1월 22일 종료 예정).

박진감 넘치는 액션의 어메이징 어드벤처 오브 스파이더맨 더 라이드

#must see

짜릿한 쾌감의 어트랙션 쥬라기 공원 더 라이드.

▌쥬라기 공원
Jurassic Park

공룡의 낙원 쥬라기 공원에서 흥미진진한(?) 모험을 즐기는 ✿쥬라기 공원 더 라이드가 인기 만점이다. 보트를 타고 난장판이 된 쥬라기 공원을 돌아보다 막판에 물바다로 곤두박질치는 짜릿함이 압권이다. 조금이라도 덜 젖으려면 최대한 보트 가운데 쪽에 앉자. 익스트림 마니아라면 공중에 대롱대롱 매달린 채 질주하는 짜릿한 쾌감의 신개념 롤러코스터 더 플라잉 다이너소어도 놓쳐선 안 될 듯!

▌워터 월드
Water World

영화 워터 월드를 실감나게 재현한 쇼 ✿워터 월드가 상연된다. 물살을 가르는 제트스키의 현란한 움직임과 무대 위로 솟구쳐 오르는 실물 크기의 비행기, 요란한 폭음과 함께 곳곳에서 솟아오르는 거대한 불길이 쇼의 재미를 더한다.

물벼락 주의!

✿표시는 물벼락 맞을 우려가 있는 어트랙션과 쇼다. 옷이 젖지 않게 우비를 준비하자. 쥬라기 공원 더 라이드 입구에서 1회용 우비도 판다.

미나미
ミナミ

오사카 시내 남쪽의 다운타운이란 의미로
'미나미(南)'라고 불린다. 유행의 첨단을 걷는
세련된 쇼핑가와 화려한 네온 불빛이 반짝이는
유흥가, 온갖 산해진미가 넘쳐나는 식당가,
가전·잡화를 취급하는 대형 상가 등
다채로운 볼거리와 즐길거리로 충만해
호기심 가득한 여행자의 발길이 끊이지 않는다.
생동감 넘치는 미나미의 거리를 거닐며
현대적인 매력으로 가득한 멋과 맛의 도시,
오사카의 진면목을 만끽하자.

볼거리 ☆☆☆☆☆   먹거리 ☆☆☆☆☆
쇼 핑 ☆☆☆☆☆   유 흥 ☆☆☆☆☆

ACCESS

지하철 미나미 남부의 쇼핑가인 난바로 갈 때는 미도스
지 선 御堂筋線(M)·센니치마에 선 千日前線(S)·요츠바
시 선 四つ橋線(Y)의 난바 なんば 역(M20·S16·Y15)에서
내린다. 출구가 많아 길을 헤매기 십상이니 역 구내의 안내
도를 잘 보고 나가자. 도톤보리는 14번 출구, 난바 파크스는
1번 출구와 가깝다.
미나미 북부의 쇼핑가인 신사이바시로 갈 때는 미도스지 선
(M)·나가호리츠루미료쿠치 선 長堀鶴見緑地線(N)의 신
사이바시 心斎橋 역(M19·N15)에서 내린다. 신사이바시
스지 상점가는 4B번 또는 미나미 南 10·11번 출구와 바로
연결된다.

사철 킨테츠 전철 近鉄電鉄(A)·난카이 전철 南海電鉄
(NK)의 난바 なんば 역(A01·NK01) 하차. 출구가 무척 많
으니 주의하자. 사철 역은 지하철 난바 역과 지하도로 연결
된다.

#must see

도톤보리
道頓堀

◆ 10:30~심야(숍·식당마다 다름)
◆ 지하철 난바 なんば 역(M20·S16·Y15) 14번 출구에서 도보 2분. 또는 지하철 닛폰바시 日本橋 역 (S17·K17) 2번 출구 도보 4분.

1~7 미나미 제일의 맛집 거리이자 오사카 최대의 유흥가다. 이 도시의 키치한 감성을 유감없이 발휘한 재미난 모양의 간판과 조형물이 여행자의 시선을 사로잡는다.

주목할 곳은 도톤보리 강 남쪽에 위치한 세 곳의 대형 상점가

인 도톤보리 상점가 道頓堀商店街, 에비스바시스지 상점가 戎橋筋商店街, 센니치마에 상점가 千日前商店街.

2367 침샘을 자극하는 맛집·주점·카페는 물론, 온갖 아이템을 취급하는 숍·드러그 스토어·기념품점이 즐비해 전 세계의 여행자들로 발 디딜 틈 없이 붐빈다.

도톤보리 강 북쪽의 소에몬초 宗右衛門町는 바·클럽·성인업소가 모인 고급 유흥가다. 해질 무렵이면 그들만의 방식으로 오사카의 밤을 즐기는 샐러리맨들의 모습이 이채롭다.

세상의 모든 유흥가가 그렇듯 도톤보리의 거리도 낮과 밤이 현격한 차이를 보인다. 어둠이 깔리면 울긋불긋한 네온 불빛에 뒤덮인 채 밤 문화의 메카로 변신해 진가를 발휘하는 것!

4 각양각색의 간판이 화려한 조명을 받아 한껏 분위기를 돋우며, 거리 가득한 흥겨운 소음과 골목마다 진을 치고 손님을 잡아끄는 호객꾼의 모습이 오사카 최대의 환락가에 와 있음을 실감케 한다.

지하철 노선 M 미도스지 선   S 센니치마에 선   Y 요츠바시 선   K 사카이스지 선

#must see

┃ 에비스바시
戎橋

♦ 24시간 ♦ 지하철 난바 なんば 역 (M20·S16·Y15) 14번 출구에서 도보 3분.

3 5 오사카를 찾는 이라면 반드시 들르는 필수 코스. 다리 위에서 바라보는 마라톤 주자 광고판 '쿠리코 런너 クリコランナー'가 워낙 유명해 여행자의 발길이 끊이지 않는다. 누구나 하는 것처럼 광고판을 배경으로 두 팔을 번쩍 치켜들고 기념사진을 찍어보자.

1 2 6 오사카 할로윈 이벤트의 중심지답게 기상천외한 코스프레의 물결이 끊이지 않는 할로윈 데이(10월 31일)의 뜨거운 밤도 절대 놓쳐선 안 된다!

4 다리 아래로 유유히 흐르는 강은 토쿠가와 바쿠후 德川幕府의 명으로 야스이 도톤 安井道頓이 공사를 시작해(1612년) 그의 동생이 완성시킨 물자 수송용 인공 수로, 도톤보리 강이다. '도톤(道頓)이 판(堀) 하천(川)'을 뜻하는 '도톤보리 강 道頓堀川'이란 지명은 여기서 유래했다.

지금은 유람선이 오가지만 산업화가 한창이던 1960~1970년대에는 공장과 유흥업소에서 토해내는 폐수가 넘쳐나는 죽음의 강이었다.

2002년 한일 월드컵 때는 일본의 16강 진출, 2003년에는 오사카의 홈팀 한신타이거즈의 리그 우승에 감격한 팬들이 에비스바시에서 강으로 뛰어드는 위험천만한 장면을 연출했는데, 그때까지도 강의 오염도는 상상을 초월하는 수준이었다. 꾸준한 정비사업으로 지금은 맑은 물이 흐르며, 산책로에서는 야외공연과 이벤트가 수시로 열린다.

지하철 노선 M 미도스지 선 S 센니치마에 선 Y 요츠바시 선

#close up

★ 타코야키 맛집

쿠쿠루 토톤보리 ★ **2**
파출소 ●

도톤보리 강
Ⓢ sundrug

5

6

7

도톤보리

1

3

미도스지

다이코쿠바시

Ⓡ 스타벅스

지하철 난바 역 14번 출구
📍
에비스바시 상점가 ●

도톤보리 최대의
옥외 전광판

Ⓢ 츠루하 드러그

코믹한 간판의 거리 도톤보리

도톤보리의 역사가 담긴 재미난 간판과 조형물이
최대의 볼거리. 타코야키·오코노미야키·라면 맛집이 모인
'초인기 먹방 스트리트'란 사실도 잊지 말자.

01 오사카쇼치쿠자
大阪松竹座

1923년에 지어진 오사카 최초의 영
화관. 네오 르네상스 양식의 외관이
멋스럽다.

02 쿠쿠루 도톤보리
くくる道頓堀

1986년에 만든 길이 2.7m의 문어
모형. 타코야키 맛집으로 유명하다.

03 톤보리 스테이션
トンボリステーション

대형 광고 스크린. 도톤보리의 풍경
을 라이브로 보여주기도 한다. 맞은
편 파출소 앞에 서면 스크린 가득 비
춰지는 자기 얼굴을 볼 수 있다.

04 도톤보리 구리코 광고판
道頓堀グリコサイン

2014년에 만든 가로 10.35m, 세로
20m의 광고판. 오사카의 상징으로
도 유명하다. 제과업체 구리코 glico
에서 운영하며, 처음 광고판을 설치
한 1935년 이래 디자인이 여섯 번
바뀌었다. 14만 4,000개의 LED로
만든 스크린에 관광명소를 배경으로
달리는 마라톤 주자의 애니메이션이
상영된다(일몰 30분 후~24:00).

05 카니도라쿠
かに道楽

1962년에 만든 폭 8m, 높이 4m,
무게 850㎏의 게 인형. 온갖 게 요
리를 취급하는 고급 레스토랑이다.

06 카루 아저씨
カールおじさん

2008년에 만든 길이 18m, 높이
4m의 간판. 1968년 탄생한 일본의
국민 과자 '카루 카루'의 광고판이
다. 카루 아저씨 오른쪽의 모니터
에 주목하자. 모니터 맞은편에 서 있
으면 자기 얼굴이 비춰지는 모습을
볼 수 있다. 매시 정각에는 카루 아
저씨 모자 속에서 개구리가 튀어나
오는 깜짝 쇼도 한다.

07 오사카오쇼
大阪王将

2012년에 만든 가로 3.5m, 높이
4m의 군만두 간판. 1969년 오사카
에서 창업한 군만두 체인점이다.

쿠쿠루 도톤보리

카니도라쿠

오사카오쇼

#close up

★ 타코야키 맛집

소에몬쵸 유흥가

⑮ ⑯ 앗치치 혼포 ★

카니도라쿠
나카점

타코하치
도톤보리 총본점

코나몬 뮤지엄
★ ⑧

⑪ ⑫

타코야키 도라쿠
와나카

이마이

타코야키 쥬하치반 ★

⑨ ⑩

⑬

★ 혼케오타코   ® 쿠라 스시

● 우키요코지

⑭ ★ 타코쇼

● 호젠지요코쵸

08 코나몬 뮤지엄
コナモンミュージアム

1986년에 만든 길이 4.5m의 문어 모형. 갓 구운 타코야키를 맛볼 수 있는 것은 물론, 타코야키 모형 만들기 등 독특한 체험도 가능하다.

09 쿠이다오레타로
くいだおれ太郎

1950년에 만든 높이 2.7m의 북 치는 피에로 인형. 당시로서는 상상을 초월하는 거액인 1,000만 엔의 제작비가 투입된 도톤보리 '최초의 움직이는 간판'이다. 쿠이다오레 레스토랑의 마스코트이자 도톤보리의 상징으로 유명했으나, 2008년 레스토랑이 폐업해 지금은 인형만 남아 이 자리를 지키고 있다.

10 구리코야 와쿠와쿠 스포트
ぐりこ・やわくわくスポット

도톤보리의 인기 기념사진 포인트. 실제 사람 크기로 축소된 구리코 런너의 간판이 놓여 있다. 기념사진을 찍는 관광객으로 늘 북적이며, 바로 옆에는 제과업체 구리코의 오사카 한정판 기념품 숍이 있다.

11 겐로쿠즈시
元禄寿司

1998년에 만든 길이 3.5m의 초밥 모형. 1958년 일본 최초로 회전초밥을 선보인 겐로쿠즈시의 2호점이다. 맥주공장 컨베이어 벨트에서 영감을 받아 회전초밥을 만들었다고.

12 원조 쿠시카츠 다루마
元祖串カツたるま

2007년에 만든 높이 4m의 대두(?) 인형. 다루마 대신 だるま大臣이란 애칭으로 통한다. 오사카 제일의 쿠시카츠(꼬치튀김)를 맛볼 수 있다.

13 킨류라멘
金龍ラーメン

1992년에 만든 길이 6m, 무게 300kg의 용 간판. 진한 국물의 라면으로 인기가 높다.

14 센니치마에 상점가
千日前商店街

고양이 마스코트 그림이 눈길을 끄는 상점가. 세계 여행, 일본 명소, 명화 등 다양한 테마로 만든 깜찍한 그림을 시즌마다 바꿔 단다.

15 도톤보리 대관람차 에비스 타워
道頓堀大観覧車えびすタワー

높이 77m의 대관람차. 돈키호테의 마스코트 펭귄과 상업의 신 에비스가 조각된 코믹한 외관이 눈길을 끈다. 곤돌라가 회전하는 15분 동안 미나미를 비롯한 오사카의 빌딩 숲이 훤히 내려다보인다. 1층에는 초저가 슈퍼마켓 돈키호테가 있어 관광객으로 늘 북적인다.

♦ 14:00~20:00 ♦ 600엔

16 톤보리 유람선
とんぼりリバークルーズ

도톤보리 강을 느긋하게 돌아보는 유람선. 돈키호테 에비스 타워 앞을 출발해 캐널 테라스 호리에까지 2km를 왕복하는 동안(20분 소요) 가이드가 이 일대의 역사를 흥미진진하게 들려준다. 일몰 시간 즈음 타면 선상에서 노을과 야경을 동시에 감상할 수 있다는 사실도 알아두면 좋을 듯!

♦ 11:00~21:00의 매시 정각과 30분 출항 ♦ 7·8월 중 휴항일 있음. 자세한 날짜는 홈페이지 참조
♦ 성인 1,200엔, 초등학생 400엔

코나몬 뮤지엄

센니치마에 상점가

톤보리 유람선

#must see

우키요코지 골목
浮世小路

♦ 24시간 ♦ 지하철 난바 なんば 역
(M20·S16·Y15) 14번 출구에서
도보 5분.

1~3 20세기 초 도톤보리의
풍경을 재현한 골목. 비좁은 골
목을 따라 붉은 초롱이 촘촘히
걸려 있으며, 양옆에 이 지역의
옛 모습을 담은 그림과 인형을
전시해 놓았다. 사라져가는 풍
경을 추억하고자 만든 것으로
제작 기간만 6년이 걸렸다. 전
체 길이는 48m 정도이며 골목
끝은 호젠지요코쵸와 연결된다.

호젠지요코쵸
法善寺横丁

♦ 주점·식당 11:00~심야
♦ 지하철 난바 なんば 역(M20·
S16·Y15) 14번 출구에서 도보 3분.

6 오사카의 예스러운 분위기가
담뿍 느껴지는 거리. 폭 3m 남
짓한 좁은 골목을 따라 60여 개
의 주점과 식당이 모여 있는데,
바로 옆에 시끌벅적한 도톤보리
가 있다는 사실이 믿기지 않을
만큼 고즈넉한 기운이 감돈다.
샐러리맨이 모여드는 저녁이면
은은히 빛나는 초롱 불빛이 호
젠지요코쵸 특유의 서정적 분위

기를 연출하는 모습도 볼만하다.
5 골목 한가운데에는 지명의
유래가 된 호젠지 法善寺가 있
다. 1637년 창건된 정토종의 사
찰로 뱃사람이 무사안녕과 풍어
를 기원하던 곳이다.

4 7 8 사당 앞으로는 초록빛
이끼에 뒤덮인 부동명왕상에 물
을 끼얹으며 소원을 비는 행렬
이 이어진다. 불상에서 자신이
아픈 부위와 같은 곳에 물을 뿌
리며 쾌유를 빌면 몸이 나으며,
좌우의 동자상에도 물을 뿌리며
소원을 빌면 연애·사업운이 트
인다는데 특히 '물' 관련 사업에
효험이 탁월하다고.

지하철 노선 | **M** 미도스지 선 **S** 센니치마에 선 **Y** 요츠바시 선 **K** 사카이스지 선

#must see

신사이바시스지
心斎橋筋

♦ 10:30~21:00(숍마다 다름)
♦ 휴업 연말연시(숍마다 다름)
♦ 지하철 난바 なんば 역(M20·S16·Y15) 14번 출구에서 도보 5분. 또는 지하철 신사이바시 心斎橋 역(M19·N15)의 4B번. 미나미 南 10·11번 출구 바로 앞.

1 오사카 남부 쇼핑가의 핵심을 이루는 매머드급 쇼핑 아케이드. 현대적인 외관과 달리 200여 년의 역사를 자랑하는 유서 깊은 쇼핑가다. 18세기에는 다이마루 백화점의 전신인 포목점

고후쿠야마츠야 呉服屋松屋가 들어서 오사카 제일의 상점가로 명성을 날렸다.

2~**5** 20~30대가 즐겨 찾는 H&M·유니클로 등 패션 브랜드와 액세서리 숍, 관광객에게 인기가 높은 드러그 스토어 등 200여 개의 숍이 밀집해 하루 종일 행인의 발길이 끊이지 않는다. 특히 평일 오후와 주말이면 숍을 순례(?)하는 인파로 600m 남짓한 길이의 아케이드 내부가 꽉 차는 진풍경을 연출한다. 할로윈 데이(10월 31일)에는 코스프레의 물결이 밤새 이어지는 광경도 볼만하다.

미도스지
御堂筋

♦ 11:00~20:00(숍마다 다름)
♦ 휴업 연말연시(숍마다 다름)
♦ 지하철 신사이바시 心斎橋 역(M19·N15)의 4번, 미나미 南 12번, 키타 北 10번 출구 바로 앞.

6~**8** 미나미를 대표하는 고급 쇼핑가. 지하철 신사이바시 역 주변으로 대형 백화점과 명품 숍이 즐비해 쇼핑 명소로 인기가 높다. 도로변에 은행나무 가로수 887그루가 심겨 있어 11월 무렵이면 이 일대가 샛노랗게 물드는 장관이 펼쳐진다.

 지하철 노선 M 미도스지 선 S 센니치마에 선 Y 요츠바시 선 N 나가호리츠루미료쿠치 선

#must see

아메리카무라
アメリカ村

- ◆ 11:00~20:00(숍마다 다름)
- ◆ 휴업 연말연시(숍마다 다름)
- ◆ 지하철 신사이바시 心斎橋 역 (M19·N15) 7번 출구에서 도보 4분. 또는 지하철 요츠바시 四ツ橋 역 (Y14) 5번 출구에서 도보 1분.

1 2 10~20대가 즐겨 찾는 개성 만점 패션의 거리. '아메무라'란 애칭으로 통하는 이곳은 40년 전까지만 해도 창고가 늘어선 허름한 뒷골목에 지나지 않았으나, 미국 서부와 하와이에서 수입한 구제의류 숍이 들어서며 지금의 활기찬 거리로 거듭났다. 미국을 뜻하는 '아메리카'란 이름도 그때 붙여진 것. 흥미로운 점은 일본에서 패션과 젊음의 거리로 통하는 도쿄의 하라쥬쿠와 시부야에 빗대 오사카 사람은 이곳을 '서쪽의 하라쥬쿠' 또는 '서쪽의 시부야'라고 부른다는 사실이다.

3~5 메인 쇼핑가는 아메리카무라 한복판의 삼각공원 三角公園을 기준으로 '十' 모양으로 펼쳐져 있다. 숍의 숫자는 2,500여 개에 이르며 개성 넘치는 의류·액세서리·스포츠 용품·음반 매장이 즐비해 윈도우쇼핑의 즐거움을 더한다. 10대 후반에서 20대 초반까지를 겨냥한 캐주얼 패션이 주를 이루며 가격도 부담없는 수준이다. 저렴한 구제의류나 독특한 캐릭터 상품·잡화를 취급하는 숍도 있으니 재미삼아 가볍게 둘러봐도 좋다.

6 7 삼각 공원에서는 주말이면 흥겨운 버스킹이나 거리 공연이 펼쳐진다. 바로 옆에 50여 년 전통의 타코야키 명가 코가류 甲賀流가 있다는 사실도 잊지 말자.

지하철 노선 **M** 미도스지 선 **N** 나가호리츠루미료쿠치 선 **Y** 요츠바시 선

#must see

호리에
堀江

◆ 11:00~20:00(숍마다 다름)
◆ 휴업 연말연시(숍마다 다름)
◆ 지하철 요츠바시 四ツ橋 역(Y14) 6번 출구에서 도보 3분. 또는 지하철 니시오하시 西大橋 역(N14) 4번 출구에서 도보 6분.

1~7 셀렉트 숍·인테리어 전문점·카페가 모인 세련된 쇼핑가. 앞서 소개한 아메리카무라가 펑키한 스타일의 숍들로 가득한 반면 이곳엔 어번 리서치·HARE·히스테릭 글래머·폴 스미스 등 20~30대를 위한 중급 이상의 브랜드가 모여 있어 살짝 고급스러운 쇼핑을 즐기기에 좋다.

1 2 4 메인 쇼핑가는 일본의 유명 스트리트 패션 브랜드와 도쿄 스타일의 대형 셀렉트 숍이 모인 오렌지 스트리트 오렌지·스트리트(타치바나도리 立花通り), 그리고 개성 만점의 잡화점이 점점이 자리한 호리에 공원 堀江公園 주변이다. 주말·공휴일에는 적잖이 붐비니 여유로이 쇼핑을 즐기려면 평일 낮에 갈 것을 추천한다.

미나미센바
南船場

◆ 12:00~20:00(숍마다 다름)
◆ 휴업 연말연시 ◆ 지하철 요츠바시 四ツ橋 역(Y14) 1A번 출구에서 도보 1분. 또는 지하철 신사이바시 心斎橋 역(M19·N15) 3번 출구 도보 3분.

3 오사카의 유행이 한눈에 들어오는 패션 중심지. 20대 후반의 유한 계층이 타깃인 럭셔리 여성 부티크와 레스토랑·카페가 밀집해 있다. 호리에에서 찾기 힘든 고가 아이템이 충실하며 '오리지널 오사카' 브랜드 숍만 모여있단 사실도 흥미롭다.

#must see

┃ 난바 파크스
┃ なんばパークス

◆ 숍 11:00~21:00, 레스토랑 11:00~23:00 ◆ 연중무휴 ◆ 지하철 난바 なんば 역(M20·S16·Y15) 1번 출구에서 도보 5분. 또는 난카이 전철의 난바 なんば 역(NK01) 중앙 출구 中央口·남쪽 출구 南口와 바로 연결된다.

1~4 '오랜 역사 속에서 탄생한 미래 도시 오사카'를 콘셉트로 디자인한 대형 복합 쇼핑몰. 거대한 협곡을 본뜬 웅장한 외관은 도쿄의 롯폰기 힐즈, 후쿠오카의 캐널 시티 하카타, 홍콩의 랑함 플레이스 Langham Place 등 독특한 디자인의 대형 쇼핑몰을 설계한 미국인 건축가 존 저드 Jon Jerde(1949~2015)의 작품이다. 건물 사이를 S자형으로 구비쳐 지나가는 도로는 협곡, 색색의 줄무늬가 들어간 외벽은 지구의 오랜 역사가 녹아든 지층을 의미한다.

5 1~5층은 수백 개의 숍이 모인 쇼핑가, 6~8층은 레스토랑, 8~9층은 공중정원으로 꾸며 놓았다. 절대 놓쳐선 안 될 볼거리는 공중정원인 파크 가든 Parks Garden이다. 2014년 CNN이 선정한 '세계 10대 공중정원' 가운데 하나인 이곳은 총면적 1만 1,500㎡의 부지에 7만여 그루의 나무가 심겨 있어 사시사철 초록빛 자연을 만끽할 수 있다. 정원 안쪽의 무대에서는 수시로 이벤트가 열리며, 해진 뒤에는 색색의 조명에 물든 난바 파크와 오사카 시내의 화려한 야경도 감상할 수 있다.

6 원래 여기엔 오사카 야구장이 있던 까닭에 이곳을 홈그라운드로 사용하던 프로야구팀의 역사를 소개하는 난카이 호크스 메모리얼 갤러리 南海ホークスメモリアルギャラリー(9층)도 마련돼 있다.

지하철 노선 ┃ **M** 미도스지 선 ┃ **S** 센니치마에 선 ┃ **Y** 요츠바시 선

#must see

▎우라난바
ウラなんば

- ◆ 11:00~심야(업소마다 다름)
- ◆ 휴업 연말연시(업소마다 다름)
- ◆ 지하철 난바 なんば 역(M20·S16·Y15) 1번 출구에서 도보 6분. 또는 난카이 전철의 난바 なんば 역(NK01) 중앙 출구 中央口에서 도보 5분.

1~4 미나미의 밤이 무르익는 주점가. 소박하면서도 왁자한 분위기가 매력이다. 좁은 골목을 따라 저마다의 개성을 뽐내는 바·주점·식당이 옹기종기 모여 있어 현지인은 물론, 이 거리의 밤이 궁금한 여행자도 즐겨 찾는다.

주목할 곳은 센니치마에도구야스지 상점가 인근의 센니치지조손도리 千日地蔵尊通り, 도구야스지요코쵸 道具屋筋横丁, 패밀리요코쵸 ファミリー横丁, 니시우라난바스지 西ウラなんば筋 등의 주점골목이다.

5 고소한 꼬치구이 냄새와 취객의 밝은 웃음소리가 밤새 끊이지 않는 서민적인 풍경이 펼쳐지며, 야외 테이블에 서서 술을 마시는 타치노미 立飲み 주점처럼 지극히 일본적인 풍경도 만날 수 있다.

6 본격적으로 분위기가 무르익는 시간은 퇴근 직후인 18:00 이후. 일식·중식·양식 등 취급하는 메뉴가 다양하니 창 너머로 가게 분위기를 살피고 들어가는 것도 요령이다.

'난바 なんば(미나미 남부) 뒷골목'을 뜻하는 '우라난바'란 명칭은 2010년 무렵 이 일대의 업주 11명이 상권 활성화를 목적으로 업소 안내도를 만들고 '우라난바 지도 ウラなんばマップ'라 명명한 데서 유래했다. 업소의 수와 범위가 나날이 확장 중이니 홈페이지에서 지도를 다운 받아 돌아봐도 좋다.

(지하철 노선) **M** 미도스지 선 **S** 센니치마에 선 **Y** 요츠바시 선

#must eat

▌오코노미야키 미즈노
お好み焼美津の

♦ 990엔~ ♦ 11:00~22:00
♦ 지하철 난바 なんば 역(M20·
S16·Y15) 14번 출구에서 도보 6분.

#Since 1946 오사카 제일의 맛과 전통으로 명성이 자자한 오코노미야키 전문점. 반죽에 참마를 넣어 깊은 맛과 보들보들한 식감을 살렸다. 즉석에서 오코노미야키를 구워주는데, 눈앞에서 지글지글 음식이 익어가는 모습이 먹는 즐거움 못지않은 시각적 재미를 선사한다.
#참마로 만든 야마이모야키가 간판 메뉴. 버터에 구운 고기·해산물 등의 속 재료에 참마 반죽을 추가해 고소하면서도 진한 맛이 매력이다. 속 재료는 돼지등심 豚ロース(부타로스), 삼겹살 豚バラ(부타바라), 패주 貝柱(가이바시라), 오징어 いか(이카), 새우 えび(에비), 굴 かき(카키, 겨울 한정판매) 등 여섯 가지 가운데 두 가지를 고를 수 있다. 추천 조합은 '돼지등심·패주', '패주·오징어', '패주·새우'다.
#오코노미야키 메뉴는 돼지·새우·오징어·패주·문어·다진고기 등 여섯 가지 재료를 넣은 미즈노야키, 일본식 볶음면인 야키소바는 돼지고기·김치·파를 넣은 부타·키무치·네기 야키소바가 맛있다.
#프리미엄 맥주 에비스·삿포로 쿠로 라벨 공인점이라 오코노미야키와 환상의 궁합을 이루는 맛난 생맥주도 마실 수 있다.
#꿀팁 점심·저녁 피크 타임은 30분~2시간 대기가 기본. 예약을 받지 않아 오픈런은 필수다. 비교적 한산한 15:00~17:00 사이를 노려도 좋다.
대기하는 동안 음식 주문부터 받는다. 일단 자리에 앉으면 추가 주문이 불가능하며, 원칙적으로 1인당 1개 이상의 음식 또는 음료를 시켜야 한다.

▌최애 메뉴
야마이모야키 山芋焼 1,730엔
미즈노야키 美津の焼 1,500엔
야키소바 焼きそば 990엔~
부타·키무치·네기 야키소바
豚·キムチ·ねぎ焼きそば 990엔

#must eat

원조 쿠시카츠 다루마
元祖串かつだるま

♦ 1,600엔~ ♦ 11:30~22:30
♦ 지하철 난바 なんば 역(M20·S16·Y15) 14번 출구에서 도보 6분.

#Since 1929 오사카 명물 꼬치튀김 쿠시카츠 串かつ 원조집. 온갖 재료를 꼬치에 끼워 즉석에서 튀겨주는데 신선한 재료와 고소한 맛, 바삭한 식감이 훌륭한 조화를 이룬다. 식용유·쇼트닝을 사용하는 여타 식당과 달리 소 기름으로 튀기는 것이 맛의 비결이라고.

#30여 가지 꼬치튀김 가운데 강추 메뉴는 돈가스·치즈·연근·문어·자연산 새우·가리비다. 꼬치튀김 못지않은 인기의 도테야키도 놓치지 말자. 일본 된장·미림에 푹 조린 소 힘줄과 곤약의 달콤하면서도 담백한 맛 때문에 전채로 인기가 높다.

#메뉴 선택이 망설여질 때는 도톤보리 세트(꼬치튀김 9개+도테야키), 호젠지 세트(꼬치튀김 12개+도테야키), 신세카이 세트(꼬치튀김 15개+도테야키) 등의 세트 메뉴를 주문하는 것도 요령이다.

#비법 전수된 특제 소스에 꼬치튀김을 찍어 먹으면 더욱 맛있다. 소스가 은근히 짜니 개인 접시에 조금씩 덜어 찍어 먹는 것이 맛있게 먹는 비결이다. 꼬치튀김에 곁들이는 양배추도 소스에 찍어 먹으면 특유의 단맛이 한층 살아난다.

#양배추·맥주·우롱차는 필수! 튀김의 특성상 느끼함을 잡아줄 사이드 메뉴가 절실하다. 입 안을 개운하게 해주는 양배추 きゃべつ(캬베츠 110엔) 또는 맥주(506엔~)·우롱차(330엔) 등 기름기를 중화시켜주는 음료를 곁들이면 더욱 맛나게 쿠시카츠를 즐길 수 있다.

최애 메뉴

도테야키 どて焼き 440엔
돈가스 とんかつ(톤카츠) 143엔
치즈 チーズ 143엔
연근 レンコン(렌콘) 143엔
문어 たこ(타코) 143엔
자연산 새우 天然えび
(텐넨에비) 286엔
가리비 ほたて(호타테) 286엔

must eat

▌치보
千房

♦ 1,850엔~ ♦ 11:00~22:00
♦ 지하철 난바 なんば 역(M20·S16
·Y15) 14번 출구에서 도보 8분.

#Since 1973 오사카에서 다섯
손가락 안에 드는 오코노미야
키의 명가. 일본 전역에 수백 개
의 지점을 거느린 대형 체인점
이며, 시설이 쾌적해 연인·가
족 단위 손님이 즐겨 찾는다.
#쇼맨십을 겸비한 주방장이 뜨
겁게 달군 철판을 무대로 선보
이는 다채로운 요리가 매력이
다. 카운터석에 앉아 인증샷을
남겨도 좋을 듯!
#인기 절정의 메뉴는 연간 15
만 장이 팔리는 도톤보리야키

다. 보통 오코노미야키의 1.5배
나 되는 푸짐한 양에 돼지고기·
새우·오징어·치즈 등 내용물
도 충실하다.
오코노미야키에 밀가루 반죽 대
신 면을 넣어 굽는 믹스히로시
마야키, 철판에 구운 돼지고기
와 양배추를 계란에 돌돌 말아
소스·마요네즈로 맛을 낸 오사
카식 철판구이 톤페이야키도 먹
음직하다. 오코노미야키에 파·
계란을 추가 토핑 ねぎ玉のせ
(330엔)해서 먹어도 맛있다.

최애 메뉴

도톤보리야키 道頓堀焼 1,850엔~
믹스히로시마야키 ミックス広島
焼 1,680엔~
톤페이야키 とんぺい焼 650엔~

▌오카루
おかる

♦ 850엔~ ♦ 12:00~14:30, 17:00~
21:30 ♦ 휴업 목요일, 매월 셋째
수요일 ♦ 지하철 난바 なんば 역
(M20·S16·Y15) 15—A번 출구에서
도보 4분.

#Since 1947 소박한 맛과 분
위기의 오코노미야키 가게. 마
요네즈로 오사카의 유명 건물
이나 만화 캐릭터를 그려주는
이색 서비스로 유명하다.
#오코노미야키 스페셜
お好み焼きスペシャル 1,300엔
돼지고기·소고기·오징어·새
우·문어 등 재료가 아낌없이
들어간다. 진한 소스와 고소한
마요네즈의 궁합도 좋다.

지하철 노선 M 미도스지 선 S 센니치마에 선 Y 요츠바시 선

must eat

| 코가류
甲賀流

♦ 500엔~ ♦ 영업 10:30~20:30
♦ 지하철 신사이바시 心斎橋 역
(M19·N15) 7번 출구에서 도보
7분. 또는 지하철 요츠바시 四ツ橋
역(Y14) 5번 출구에서 도보 2분.

#Since 1974 아메리카무라의
터줏대감. 직접 만든 소스·마
요네즈 맛이 대박이다.
#소스마요 ソースマ크 500엔
사과·양파 베이스의 새콤달콤
한 소스와 고소한 마요네즈가
갓 구운 타코야키와 환상의 궁
합을 이룬다.
#네기소스 ねぎソース 600엔
타코야키에 송송 썬 파를 듬뿍
얹어 개운한 맛이 일품!

| 타코하치
たこ八

♦ 450엔~ ♦ 10:00~01:00
♦ 지하철 난바 なんば 역(M20·S16
·Y15) 14번 출구에서 도보 6분.

#Since 1979 장인 정신이 살아
숨쉬는 타코야키 숍. 일본 전역
에서 들여온 최상품 사과·토마
토·양파·마늘로 직접 만든 소
스가 이집이 자랑하는 맛의 비
결이다. 2층에서는 오코노미야
키 등의 메뉴도 취급한다.
#타코야키 たこ焼 450엔
촉촉한 반죽에 큼직한 문어 살
이 알알이 박혀 씹는 맛이 일품
이다. 세 종류의 밀가루와 참마
를 배합한 특제 반죽에 갖은 조
미료를 더해 풍미를 살렸다.

| 타코야키 쥬하치반
たこ焼き 十八番

♦ 500엔~ ♦ 11:00~22:00
♦ 지하철 난바 なんば 역(M20·S16
·Y15) 14번 출구에서 도보 4분.

#Since 1990 새로운 스타일의
타코야키 숍. 맛국물·우유·문
어·생강·새우를 넣은 반죽에
튀김 부스러기를 추가해 겉은
바삭하면서도 속은 촉촉한 색
다른 식감을 만들어낸다.
#오모리네기소스마요
大盛りネギソースマ크 750엔
듬뿍 얹은 생파의 아삭한 식감
과 청량감이 매력이다.
#오하코 おはこ 1,000엔
타코야키 대표 메뉴 세 종류를
먹기 좋게 박스에 담아준다.

(지하철 노선) **M** 미도스지 선 **S** 센니치마에 선 **Y** 요츠바시 선 **N** 나가호리츠루미료쿠치

#must eat

마구로 まぐろ 참치

오토로 大とろ 참치 대뱃살

사몬 サーモン 연어

타이 たい 도미

칸파치 かんぱち 잿방어

코하다 こはだ 전어

보탄에비 ぼたんえび 모란새우

아마에비 甘えび 단새우

타마고 玉子 계란

겐로쿠즈시
元禄寿司

♦ 1,000엔~ ♦ 11:15~22:30
♦ 휴업 수요일 ♦ 지하철 난바
なんば 역(M20·S16·Y15) 14번
출구에서 도보 5분.

#Since 1958 일본 최초의 회
전초밥 겐로쿠즈시의 2호점. 고
급 초밥에 비할 퀄리티는 아니
지만 가성비(1접시 143엔~) 맛
집으로 인기가 높다.
컨베이어 벨트를 타고 이동하
는 초밥 가운데 원하는 것을 골
라 먹거나, 사진이 실린 메뉴판
을 보고 주문하면 돼 일본어를
몰라도 걱정 없다. 자리가 없을
때는 인근의 신사이바시·센니
치마에 지점도 이용 가능하다.

쿠라스시
くら寿司

♦ 1,000엔~ ♦ 11:00~23:00,
토·일요일 10:20~23:00
♦ 지하철 난바 なんば 역(M20·S16
·Y15) 14번 출구에서 도보 6분.

#도톤보리 최대의 회전초밥.
1접시 125엔부터란 저렴한 가
격과 쾌적한 시설이 돋보인다.
일반적인 회전초밥과 이용법은
동일하며, 좌석마다 비치된 태
블릿(한글 지원)으로 원하는 초
밥을 주문해도 된다.
초밥 다섯 접시당 1회씩 추첨을
해 캐릭터 상품 등의 경품을 주
는 이색 서비스도 제공한다. 여
럿이 함께 이용 가능한 테이블
석도 완비했다.

다이키스이산
大起水産

♦ 1,000엔~ ♦ 11:00~23:00
♦ 지하철 난바 なんば 역(M20·S16
·Y15) 14번 출구에서 도보 5분.

#도톤보리의 인기 회전초밥 가
운데 하나. 파격적인 가격(1접
시 110엔~)과 깔끔한 시설이
인상적이다.
대형 수산업체가 운영하는 곳
답게 여타 업소보다 양질의 재
료를 사용하는 것이 최대의 매
력이다.
초밥은 컨베이어 벨트를 타고
이동하는 접시 가운데 원하는
것을 고르거나 종업원에게 직
접 주문한다.

(지하철 노선) **M** 미도스지 선 **S** 센니치마에 선 **Y** 요츠바시 선

#must eat

이쿠라 いくら 연어알

카니미소 かにみそ 게 내장

우니 うに 성게

토빗코 とびっこ 날치알

네기도로 ねぎどろ 파를 얹은 참치살

이카 いか 오징어

아나고 穴子 붕장어

호타테 ほたて 가리비

아와비 あわび 전복

스시잔마이
すしざんまい

♦ 1,000엔~ ♦ 11:00~05:00
♦ 지하철 난바 なんば 역(M20·S16
·Y15) 14번 출구에서 도보 5분.

#합리적 가격대의 중급 초밥
집. 일본 전역에서 들여오는 신
선한 재료만 사용하며, 단품 메
뉴 107엔부터란 저렴한 가격이
매력이다. 초밥 사진이 실린 메
뉴판이 있어 주문하기도 쉽다.
#세트 메뉴가 충실해 선택의
고민을 덜어준다. 참치를 부위
별로 두루 맛볼 수 있는 모듬 메
뉴도 취급해 참치 러버라면 관
심 가져볼만하다. 심야 영업하
기 때문에 밤늦게까지 식사를
즐길 수 있는 것도 매력이다.

진세이
尽誠

♦ 2만 엔~ ♦ 18:00~23:00
♦ 휴업 일요일 ♦ 지하철 신사이바
시 心斎橋 역(M19·N15) 6번 출구
에서 도보 5분.

#미슐랭 원 스타의 고급 초밥
집. 1년 전에 예약해도 자리 잡
기가 하늘의 별 따기만큼 어렵
다. 자리가 고작 여섯 개뿐인 초
미니 식당이지만, 빼어난 맛과
따뜻한 서비스로 일본 전역에
서 손님이 찾아온다.
#매일 아침 시장에서 엄선해온
제철 재료만 사용하는 것이 맛
의 비결. 재료 본연의 맛을 온전
히 끌어내는 장인의 기술 또한
나무랄 데가 없다.

스시 시즈쿠
鮨 Shizuku

♦ 2만 엔~ ♦ 18:00~23:00
♦ 휴업 수요일 ♦ 지하철 나가호리
바시 長堀 역(K16·N16) 7번 출구
에서 도보 5분.

#최상의 재료만 엄선한 고급
초밥집. 수십 년 경력의 달인이
쥐어주는 초밥은 맛은 물론 정
갈한 모양까지 감탄을 자아내
게 한다. 계절과 식감에 맞춰 완
벽하게 세팅된 그릇에 내놓는
음식은 먹기가 아까울 정도.
음식이 나오는 틈틈이 재료와
먹는 방법에 대한 설명도 잊지
않는 친절한 배려가 돋보인다.
자리가 8개뿐이라 사전 예약은
필수다.

지하철 노선 M 미도스지 선 S 센니치마에 선 Y 요츠바시 선 K 사카이스지 선 N 나가호리츠루미료쿠치 선

#must eat

라멘 대전쟁
ラーメン大戦争

♦ 890엔~ ♦ 11:00~22:30
♦ 지하철 신사이바시 心斎橋 역
(M19·N15) 1번 출구에서 도보 9분.

#오사카 라면계의 다크호스. 간
장 베이스의 쇼유 라면 醬油ラ
ーメン에만 심혈을 기울이는
맛집이다. 팝 스타 브루노 마스
가 오사카 공연 당시 3일 내내
찾아와 극찬을 아끼지 않은 곳
으로도 유명하다.
#일본 3대 토종닭으로 꼽는 나
고야코친 名古屋コチン과 패
주 貝柱로 우려낸 국물은 깔끔
하면서도 농후한 감칠맛이 미
각을 자극한다.
#얇게 저민 핑크빛의 레어 차슈

레어차슈도 놓치기
힘든 매력인데, 오랜 시간 저온
조리해 생햄처럼 부드럽고 촉
촉한 식감과 육향이 살아있다.
차슈는 원하는 만큼(5장까지 무
료) 토핑해준다. 5장을 주문하
면 그릇을 빙 둘러가며 차슈가
장미꽃처럼 장식한 '인스타 먹
방용 라면'이 나온다.
#초강추 메뉴는 피스톨. 감칠맛
이 폭발하는 맑은 국물에 직접
뽑은 면을 말아준다. 국물에 매
운 맛 ピリ辛(11엔)과 마늘 に
んにく(11엔)을 추가해 얼큰하
게 먹으면 더욱 맛있다. 추가 면
사리는 1회에 한해 무료다.

최애 메뉴

피스톨 ピストル 890엔

킨류라멘
金龍ラーメン

♦ 800엔~ ♦ 24시간
♦ 지하철 난바 なんば 역(M20·S16
·Y15) 14번 출구에서 도보 6분.

#Since 1982 미나미에서 제일
유명한 라면집. 거대한 용 모양
간판이 눈길을 끈다. 노천 테이
블에 앉아 현지의 맛을 즐길 수
있으며 김치가 무료다. 100m
거리에 위치한 본점은 실내석
을 완비했으며 밥도 무료!
#라면 ラーメン(라멘) 800엔
돼지·닭 뼈를 푹 우려낸 국물
은 진하면서도 담백하다. 마
늘·부추(무료)를 넣으면 한결
개운한 맛을 즐길 수 있다.

지하철 노선 | **M** 미도스지 선 **S** 센니치마에 선 **Y** 요츠바시 선 **N** 나가호리츠루미료쿠치 선

#must eat

이치란
一蘭

♦ 980엔~ ♦ 10:00~22:00
♦ 지하철 난바 なんば 역(M20·
S16·Y15) 14번 출구에서 도보 7분.

#Since 1982 한국인 입맛에
딱 맞는 매콤한 국물의 라면집.
후쿠오카 본점을 필두로 100여
개의 지점을 거느린 대형 프랜
차이즈다. 공장 생산방식으로
바뀌면서 맛이 예전 같진 않지
만, 그럼에도 불구하고 한 번쯤
맛볼 가치는 충분하다.
#라면을 먹는 데만 집중하도록
좌석을 독서실처럼 1인석으로
꾸몄다. 주문용지에 면발의 강
도, 국물 맛, 매운 정도를 원하
는 대로 체크해서 주문하는 방
식인데, 뒷면에 한국어도 표기
돼 있다. 선택에 실패하지 않으
려면 무조건 '기본 基本'에만 체
크하자.
#메뉴는 오직 하나 라면뿐이다.
돼지 사골의 진한 톤코츠 豚骨
라면 임에도 불구하고 비전(祕
傳)의 기술로 우려낸 국물과 매
콤한 소스 때문에 잡내 없는 얼
큰함을 뽐낸다. 반숙계란을 곁
들이면 더욱 맛있으며, 사리·공
기밥을 추가해도 좋다.

최애 메뉴

라면 ラーメン(라멘) 980엔
반숙계란 半熟塩ゆでたまご
(한쥬쿠시오유데타마고) 140엔
사리 替玉(카에다마) 150엔~
밥 ごはん(고항) 200엔~

넥스트 시카쿠
ネクストシカク

♦ 1,000엔~ ♦ 11:00~21:30
♦ 휴업 화요일 ♦ 지하철 난바 なん
ば 역(M20·S16·Y15) E9번 출구
에서 도보 3분.

#평범함을 거부하는 굴 라면 전
문점. 화려한 미디어 아트 영상
에 물든 인테리어와 세련된 좌
석·식기 등이 고급진 분위기를
더한다. 현금은 받지 않으며, 신
용카드·교통카드·디지털 페이
만 사용할 수 있다.
#카키파이탄 코에루 牡蛎白湯
Koeru 1,000엔, 진한 굴향의
감칠맛 가득한 국물이 환상적!
#소고기 초밥 炙り肉寿司(아
부리니쿠즈시) 380엔

#must eat

키타타케 우동
き田たけうどん

♦ 930엔~ ♦ 11:00~15:00
♦ 휴업 월요일 ♦ 지하철 닛폰바시 日本橋 역(S17·K17) 5번 출구에서 도보 12분.

#직접 뽑는 쫄깃한 수타면으로 인기가 높은 사누키 우동 전문점. '카마타케 우동'이란 이름으로 널리 알려진 맛집이었으나, 2017년 돌연 폐업했다가 2022년 가을 지금의 이름으로 재오픈했다. 간판조차 없는 조그만 가게지만 연일 문전성시를 이룬다. 영업시간마저 짧아 오픈런은 필수다.

#불변의 인기 메뉴는 차가운 우동에 국물을 자작하게 붓고 잘게 썬 쪽파와 생강, 일본식 어묵 치쿠와, 반숙계란 튀김, 레몬을 얹어내는 치쿠다마텐붓카케 우동이다. 쫄깃한 면발과 감칠맛나는 국물의 조화가 훌륭하다. 옅은 다시마 국물에 담아낸 우동을 국수장국에 찍어 먹는 히야시오사카츠케멘도 색다른 맛으로 인기가 높다.

#우동에 곁들이기 좋은 다양한 니혼슈 日本酒(400엔~)를 잔으로도 파니 술을 좋아한다면 한 번쯤 도전해봐도 좋을 듯!

최애 메뉴
치쿠다마텐붓카케 우동
ちく玉天ぶっかけ 930엔
히야시오사카츠케멘
ひやし大阪つけ麺 900엔

우사미테이 마츠바야
うさみ亭 マツバヤ

♦ 600엔~ ♦ 평일 11:00~18:00
♦ 휴업 일·공휴일 ♦ 지하철 신사이바시 心斎橋 역(M19·N15) 1번 출구에서 도보 9분.

#Since 1893 일본 최초로 유부 우동을 선보인 식당. 유부 초밥에서 착안해 지금의 유부 우동이 탄생했다. 깊고 깔끔한 맛의 국물은 다시마·가다랑어포·꽁치·버섯으로 우려낸다.

#오지야우동 おじやうどん 820엔, 표고버섯·장어·어묵·닭고기·파·계란 등 고명을 푸짐히 얹어 무쇠냄비에 끓여낸다. 밥까지 말아줘 한 끼 식사로 든든하다.

#must eat

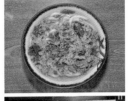

도톤보리 이마이
道頓堀今井

♦ 880엔~ ♦ 11:00~21:30
♦ 휴업 수요일 ♦ 지하철 난바 난
바 역(M20·S16·Y15) 14번 출구
에서 도보 5분.

#Since 1946 '국물의 이마이'
로 통할 만큼 유명한 우동집. 창
업 당시의 맛을 우직하게 지켜
오고 있다. 최상품 홋카이도 산
천연 다시마. 쿠마모토 산 눈퉁
멸·가다랑어포를 푹 우려낸 국
물은 담백하면서도 깊은 맛이
혀를 사로잡는다.
#반드시 맛봐야 할 메뉴는 유
부 우동이다. 쫄깃한 우동 위에
유부 두 장과 채 썬 파를 얹어내
는 무척 심플한 메뉴지만, 국물

을 담뿍 머금은 유부에서 배어
나는 달콤한 감칠맛과 파의 청
량감이 입맛을 돋운다.
왕새우 튀김을 얹은 튀김 우동,
진한 풍미의 오리고기 우동, 닭
고기·어묵·새우·배추·당근·
버섯 등 갖은 재료를 넣어 끓여
먹는 우동 전골도 맛있다.

최애 메뉴

유부 우동 きつねうどん
(키츠네우동) 880엔
튀김 우동 天ぷらうどん
(텐푸라우동) 1,600엔
오리고기 우동 かちん鴨うどん
(카친카모우동) 1,600엔
우동 전골 うどん寄せ鍋コース
(우동요세나베코스) 2인분 이상만
주문 가능. 1인 4,800엔~

치토세
千とせ

♦ 800엔~ ♦ 10:30~14:00(재료
소진시 영업 종료) ♦ 휴업 화요일
♦ 지하철 닛폰바시 日本橋 역
(S17·K17) 5번 출구에서 도보 9분.

#Since 1949 인근 극장가의
연예인들이 해장 목적으로 즐
겨 찾으며 유명해진 우동집.
#니쿠우동 肉うどん 800엔
가다랑어와 소고기로 우려낸
진한 국물에 소고기 고명을 듬
뿍 얹어준다. 살짝 퍼진 스타일
의 면이 조금 아쉽다.
#니쿠스이 肉吸い 800엔
니쿠우동에서 우동 면을 빼고
반숙계란을 넣어준다. 해장 메
뉴로 즐겨 먹는다.

#must eat

겐핀
玄品

♦ 2,600엔~ ♦ 12:00~22:30
♦ 지하철 난바 なんば 역(M20·S16
·Y15) 14번 출구에서 도보 4분.

#합리적인 가격의 복어 요리 전
문점. 일본 전역에 수십 개의 지
점을 거느린 대형 체인점으로
우아한 분위기와 친절한 서비
스가 매력이다. 콜라겐·타우린
이 풍부하고 맛도 좋은 양식 참
복(자주복) とらふぐ을 주재료
로 다채로운 요리를 선보인다.
#꼭 맛봐야 할 메뉴는 복지리.
뭉텅뭉텅 썬 복어 살을 대파·
배추·버섯·두부·당면과 함께
보글보글 끓여 먹는다. 담백한
맛이 일품이며, 남은 국물에 죽

을 끓여 먹어도 맛있다.
#경제적으로 다양한 요리를 즐
기기엔 코스 메뉴가 좋다. 쫄깃
한 데친 복어 껍질, 담백한 복어
회, 고소한 복어 튀김, 복지리,
죽, 디저트가 포함된 다이고 코
스의 가성비가 훌륭하다. 평일
12:00~15:00에는 일부 메뉴가
빠진 대신 가격이 저렴한 런치
코스도 선보인다.
#복어 지느러미를 니혼슈에 담
가 불을 붙여 마시는 뜨끈한 히
레슈도 놓치지 말자. 구수한 바
다향이 입 안 가득 맴돈다.

최애 메뉴
복지리 てっちり(텟치리) 2,600엔
다이고 코스 醍醐コース 6,500엔
히레슈 ひれ酒 880엔

후구쿠지라
ふぐくじら

♦ 2,178엔~ ♦ 16:00~01:00
♦ 지하철 닛폰바시 日本橋 역
(S17·K17) 2번 출구에서 도보 4분.

#마츠다 부장 맛집으로 알려진
복어·고래고기 전문점. 한국인
손님이 많다보니 살짝 한국식
에 가까운 음식도 선보인다. 선
술집 스타일이라 식사보다 술
을 즐기기에 적당하다.
#토라후구잔마이 풀 코스
とらふぐ三昧フルコース
7,480엔, 데친 복어 껍질·복지
리·회·튀김·구이·죽·디저트
가 모두 포함된 7품 메뉴. 마늘
과 고춧가루를 듬뿍 넣어 매콤
한 복어 구이가 특히 맛있다.

지하철 노선) M 미도스지 선 S 센니치마에 선 Y 요츠바시 선 K 사카이스지 선

#must eat

▌홋쿄쿠세이
北極星

♦ 1,080엔~ ♦ 11:30~21:30
♦ 지하철 난바 なんば 역(M20·S16
·Y15) 25번 출구에서 도보 6분.

#Since 1922 오사카 최초로
오므라이스를 선보인 식당. 위
가 약해 항상 오믈렛과 맨밥만
먹는 단골손님을 위해 이곳의
오너 셰프였던 창업주가 만든
음식이 지금의 오므라이스다.
오믈렛 재료를 넣고 볶은 밥을
계란으로 감싼 것이라 이름도
'오므(오믈렛)+라이스'라고 붙
여졌다고.
#1951년에 지어진 타카시마야
백화점의 VIP 접대용 다실(茶
室)을 리모델링해 식당으로 이

용 중이다. 예스러운 분위기가
감도는 다다미 방에 앉아 일본
식 정원을 바라보며 식사를 즐
기는 재미도 쏠쏠하다.
#100년 전통의 오므라이스는
혀끝에서 스르르 녹는 촉촉한
계란과 농후한 토마토 향의 새
콤달콤한 소스가 완벽한 조화
를 이룬다. 햄·치킨·버섯·쇠
고기·쇠고기 카레·게살 등 여
섯 가지 맛이 있으며, 치즈·새
우튀김을 추가로 토핑할 수 있
다. 점심에는 샐러드와 닭튀김·
햄버그스테이크·크로켓이 포
함된 세트 메뉴도 선보인다.

최애 메뉴

오므라이스 オムライス
1,080~1,420엔

▌메이지켄
明治軒

♦ 800엔~ ♦ 10:30~15:00,
17:00~20:30 ♦ 휴업 수요일
♦ 지하철 신사이바시 心斎橋 역(M19
·N15) 4B번 출구에서 도보 5분.

#Since 1925 오사카 토박이가
즐겨 찾는 레트로 감성의 유서
깊은 경양식 레스토랑.
#오므라이스 オムライス 800엔
하루 400그릇 이상 팔리는 간
판 메뉴. 재료의 풍미가 온전
히 배어든 특제 소스로 밥을 볶
아 씹을 때마다 다채로운 맛이
입 안 가득 퍼진다. 겉을 감싼
보드라운 계란이 소스와 함께
혀 위에서 살살 녹아내리는 느
낌도 훌륭하다.

#must eat

카츠동 치요마츠
かつ丼 ちよ松

◆ 1,750엔~ ◆ 11:00~15:00, 17:30~21:30 ◆ 휴업 부정기적
◆ 지하철 닛폰바시 日本橋 역 (S17·K17) 2번 출구에서 도보 4분.

#오사카 제일의 맛과 양을 자랑하는 돈가스 덮밥. 일본 유수의 돼지고기 산지인 카고시마·미야자키 산 고급 돈육만 고집한다. 육즙을 가둔 상태로 고기가 충분히 익도록 12~24시간 저온 조리한 뒤 단시간에 튀겨 겉바속촉의 완벽한 돈가스를 만든다. 라드를 섞은 특제 기름으로 풍미와 고소함을 더했다.
#두께 5cm의 특상 돈가스 덮밥은 24시간 저온 조리한 특수부

위 400g, 상 돈가스 덮밥은 12시간 저온 조리한 등심 350g을 얹어준다.
반찬으로 '초미니' 피클이 딸려 나오는데 어마무시한 양의 돈가스에는 역부족이다. 완식이 목표라면 미리 피클(200엔), 우롱차(480엔), 맥주(480엔)를 추가 주문하는 것이 현명하다.
#오너 셰프가 스모 선수 출신이라 기본적으로 양이 많다. 자리가 12개뿐인 조그만 식당에 쉬지 않고 손님이 밀려드니 기다리기 싫다면 오픈런은 필수!

최애 메뉴
특상 돈가스 덮밥 特上(토쿠죠)
2,400엔
상 돈가스 덮밥 上(죠) 1,750엔

톤카츠 다이키
とんかつ 大喜

◆ 980엔~ ◆ 11:00~14:30, 17:30~21:30 ◆ 휴업 연말연시
◆ 지하철 나가호리바시 長堀 역 (K16·N16) 7번 출구에서 도보 4분.

#미슐랭에도 소개된 돈가스 맛집. 카고시마 산 최상품 돼지고기를 속까지 부드럽게 익도록 10~35분 저온으로 튀긴다.
#특선 등심 돈가스 特選ロース(토쿠센로스) 1,930엔~, 두툼한 고기를 겉바속촉으로 튀긴 간판 메뉴. 육즙을 가득 머금은 핑크빛 고기가 군침을 돌게 한다. 고기의 풍미를 더하는 돈가스 소스, 겨자 소스를 찍어 먹으면 더욱 맛있다.

지하철 노선   S 센니치마에 선   K 사카이스지 선   N 나가호리츠루미료쿠치 선

#must eat

규카츠 교토 카츠규
牛カツ京都勝牛

◆ 1,859엔~ ◆ 11:30~21:00
◆ 휴업 화요일 ◆ 지하철 난바 난
바 역(M20·S16·Y15) 14번 출구
에서 도보 5분.

#육즙 가득한 규카츠 전문점.
엄선한 소고기 등심과 살치살
만 고집한다. 60~120초만 튀
겨 미디엄 레어로 내놓는 규카
츠는 겉은 바삭하면서도 육즙
이 풍부해 고기 본연의 식감과
풍미를 온전히 즐길 수 있다. 개
인 화로를 달라고 해 취향대로
구워먹어도 된다.

#살치살 규카츠 牛ロースカツ
膳(규로스카츠젠) 1,859엔, 진
한 맛과 부드러운 육질이 매력!

규카츠 모토무라
牛かつもと村

◆ 1,930엔~ ◆ 11:00~22:00
◆ 지하철 난바 난바 역(M20·S16
·Y15) 18번 출구에서 도보 3분.

#인기 절정의 규카츠 전문점.
우지(牛脂)와 조미료를 첨가한
성형육의 부드럽고 진한 맛이
특징이다. 튀김옷을 입혀 딱 1
분만 튀겨낸 고기는 겉은 바삭
하지만, 속은 날 것에 가까워 좌
석마다 비치된 개인 화로에 취
향대로 구워먹는다. 바삭한 튀
김옷에 소기름이 배어들어 특
유의 감칠맛을 더한다.

#규카츠 정식 牛かつ定食(규
카츠테이쇼쿠) 130g 1,930엔,
195g 2,600엔, 260g 3,060엔.

야키니쿠 키탄
焼肉 㐂舌

◆ 1,180엔~ ◆ 11:00~15:00,
17:00~23:00 ◆ 지하철 난바 난
바 역(M20·S16·Y15) 14번 출구
에서 도보 4분.

#고급 야키니쿠 레스토랑. 120
여 년의 역사가 녹아든 고즈넉
한 목조건물이 인상적이다.
유명 산지에서 엄선해온 소고
기를 다양한 조리법으로 맛볼
수 있다. 저녁 메뉴는 제법 비싸
지만, 점심에는 와규 덮밥을 합
리적인 가격에 선보인다.

#와규 스테이크 덮밥 黒毛和
牛熟成イチボ肉タタキステ
ーキのお重 2,080엔(런치 한
정), 히츠마부시 스타일 메뉴.

#must eat

튀김 정식 마키노
天ぷら定食まきの

◆ 869엔~ ◆ 튀김 11:00~21:30, 텐동 11:00~15:30, 17:00~21:00 ◆ 지하철 난바 なんば 역(M20·S16·Y15) 20번 출구에서 도보 3분.

#고소한 냄새가 후각을 자극하는 튀김 전문점. '합리적인 가격의 맛난 튀김'이란 모토에 어울리는 다양한 메뉴를 선보인다. 즉석에서 재료를 손질해 튀기기 때문에 바삭바삭한 최상의 튀김을 맛볼 수 있다. 갓 튀긴 튀김을 먹기 좋게 하나씩 내주는 친절한 서비스도 한껏 대접받는 기분을 느끼게 한다.

#20여 가지 튀김 가운데 베스트 메뉴는 닭·새우·오징어·가지·단호박·고구마다. 식사를 겸하기엔 새우·오징어·버섯·닭·보리멸·호박 튀김이 포함된 마키노 튀김 정식이 적당하다. 제철 재료가 포함된 계절별 정식 메뉴판도 있다.

#텐동(튀김덮밥)은 붕장어·새우·오징어·굴·새송이버섯·김·고추·가지 튀김을 푸짐하게 얹은 텐동 로를 추천한다. 느끼함을 잡아주는 산초·생강초절임을 곁들이면 좋으며, 밥을 조금 남겨 도미 국물에 말아먹는 다시챠즈케로 먹어도 맛있다.

최애 메뉴

마키노 튀김 정식 まきの 天ぷら定食 (마키노텐푸라테이쇼쿠) 1,199엔 텐동 로 天丼口 1,749엔~

닛폰바시 이치미젠
日本橋 一味禅

◆ 680엔~ ◆ 11:00~20:00 ◆ 휴업 월요일 ◆ 지하철 닛폰바시 日本橋 역(S17·K17) 5번 출구에서 도보 11분.

#대식가도 만족할 넉넉한 양의 튀김덮밥집. 좌석이 10개뿐인 조그만 가게라 점심·저녁에는 상당히 붐빈다. 도톤보리와 쿠로몬 시장에도 분점이 있다.

#마호노교텐동 魔法の驚天丼 1,250엔, 커다란 그릇에 공기밥 두 그릇 분량의 밥을 담고 붕장어·새우·소고기·채소·어묵·떡 튀김을 듬뿍 얹어준다. 달콤짭조름한 소스가 고소한 튀김과 잘 어울린다.

지하철 노선 M 미도스지 선 S 센니치마에 선 Y 요츠바시 선 K 사카이스지 선

#must eat

▌상미
実身美

◆ 990엔~ ◆ 11:00~21:00
◆ 휴업 일요일 ◆ 지하철 신사이바시 心斎橋 역(M19 · N15) 미나미 南 10번 출구에서 도보 1분.

#유기농 건강식 콘셉트의 카페 겸 캐주얼 레스토랑. 현미밥과 심심하게 간을 한 스튜 · 된장국 · 샐러드 · 두부 · 절임반찬 위주의 건강식으로 메뉴를 구성해 다이어트와 미용에 관심이 높은 여성이 즐겨 찾는다. #오늘의 런치 日替わり健康ごはん(히가와리켄코고항) 1,210엔, 매일 반찬이 바뀌며 제철 채소를 듬뿍 사용해 늘 신선한 맛을 즐길 수 있다.

▌크래프트 버거 컴퍼니
Craft Burger Co.

◆ 1,000엔~ ◆ 11:30~22:30
◆ 지하철 요츠바시 四ツ橋 역(Y14) 6번 출구에서 도보 2분.

#육즙이 폭발하는 수제 버거 전문점. 홋카이도 산 소고기를 재료로 만든 신선한 패티, 매장에서 직접 굽는 쫄깃한 빵, 싱싱한 채소 등 양질의 재료를 아낌없이 사용한다. 불린 겨자씨를 소스에 넣어 씹을 때마다 톡톡 터지는 재미난 식감을 살린 점도 흥미롭다. 시원한 생맥주를 곁들여 먹어도 맛있다. #크래프트 버거 Craft Burger 프티 사이즈 650엔, 레귤러 사이즈 1,100엔

▌고고이치호라이 본점
551蓬莱本店

◆ 420엔~ ◆ 10:00~21:30
◆ 휴업 매월 첫째 · 셋째 화요일
◆ 지하철 난바 なんば 역(M20 · S16 · Y15) 1번 출구에서 도보 3분.

#Since 1945 부담 없는 가격과 맛난 요리로 인기가 높은 중화요리 전문점. 만두만 구매하려면 1층의 테이크아웃 코너를 이용하는 것이 편리하다. #부타만 豚饅 420엔(2개) 연간 2,800만 개가 팔리는 전설의 돼지고기 왕만두. 양파가 가미된 진하고 달콤한 육즙이 식욕을 자극한다. 따뜻할 때 매콤한 겨자 소스를 찍어 먹으면 더욱 맛있다.

지하철 노선 **M** 미도스지 선 **S** 센니치마에 선 **Y** 요츠바시 선 **N** 나가호리츠루미료쿠치 선

#must eat

파블로 치즈 타르트

A HAPPY PANCAKE THE HANARE

시아와세노 팬케이크
幸せのパンケーキ

♦ 1,200엔~ ♦ 12:00~18:00 ♦ 휴업 월요일 ♦ 지하철 신사이바시 心斎橋 역(M19 · N15) 1번 출구에서 도보 12분.

#수플레 팬케이크의 진수를 맛볼 수 있는 곳. 16명만 들어가도 꽉 차는 조그만 가게지만 오픈과 동시에 긴 줄이 늘어설 만큼 인기가 높다.

#초강추 메뉴는 시아와세노 팬케이크. 혀끝에서 사르르 녹는 포근한 식감과 균형 잡힌 은은한 단맛이 환상적이다.

짭짤하면서도 고소한 마누카 꿀 휘핑 버터와 달콤한 메이플 시럽이 딸려 나오는데, 처음에 는 팬케이크만 맛보며 부드러운 식감을 즐기다가 마누카 꿀 휘핑 버터와 캐러멜 시럽을 발라 맛의 변화를 더하는 것이 제대로 먹는 요령이다.

오믈렛 · 베이컨 · 스크램블 에그가 포함된 밀 팬케이크 Meal Pancake(1,200~1,580엔)는 맛이 좋은 것은 물론 한 끼 식사로도 손색이 없다.

#꿀팁 팬케이크 메뉴에 330엔을 추가하면 커피 · 홍차 · 주스 등 음료도 딸려 나온다. 자리가 없을 때는 규모가 큰 신사이바시점을 이용해도 된다.

최애 메뉴

시아와세노 팬케이크
幸せのパンケーキ 1,200엔

파블로
Pablo

♦ 980엔~ ♦ 11:00~21:00, 토 · 일요일 10:00~21:00 ♦ 지하철 신사이바시 心斎橋 역(M19 · N15) 4B번 출구에서 도보 5분.

#신사이바시 제일의 치즈 타르트 숍. 언제나 긴 줄이 늘어서 있지만 테이크아웃 전문점이라 줄이 금방 줄어든다.

#파블로 치즈 타르트 パブロと ろけるチーズタルト(파부로토로케루치즈타루토) 1,180엔 지름 15cm의 큼직한 타르트 안에 촉촉한 크림치즈가 듬뿍 담겨 있다. 지나치게 달거나 느끼하지 않아 아무리 먹어도 물리지 않는다.

#must eat

살롱 드 몬 셰르
Salon de Mon Cher

♦ 378엔~ ♦ 10:00~19:00
♦ 지하철 신사이바시 心斎橋 역 (M19 · N15)의 미나미 南 16번 출구 바로 앞에 있다.

#생크림 롤케이크로 명성이 자자한 베이커리 겸 살롱. 유럽풍으로 한껏 멋을 낸 이국적인 인테리어가 인상적이다.
테이크아웃 전용인 입구 쪽 매대에서는 롤케이크를 비롯한 각종 케이크와 과자를 취급하며, 안쪽으로는 반짝반짝 빛나는 샹들리에가 걸린 아늑한 살롱이 이어진다.
#절대 놓치지 말아야 할 메뉴는 100% 유지방으로 만든 생크림을 듬뿍 넣은 도지마 롤 케이크다. 신선한 홋카이도 산 우유만 사용해 한 입 베어 물면 고소한 우유 향이 입 안 가득 퍼진다.
#분위기 만점의 살롱에서는 간판 메뉴인 도지마 롤 케이크와 폭신한 식빵에 보들보들한 계란을 끼워 만든 오사카식 계란 샌드위치가 제공되는 오사카 세트도 맛볼 수 있다 (음료 포함).

도지마 롤 케이크

최애 메뉴

도지마 롤 케이크 堂島ロール
(도지마로루) 1컷 378엔,
반 롤 860엔, 1롤 1,620엔
오사카 세트 Osaka Set 1,628엔~

하브스
Harbs

♦ 880엔~ ♦ 11:00~20:00
♦ 지하철 신사이바시 心斎橋 역 (M19 · N15) 4A번 출구에서 도보 5분. 신사이바시 파르코 백화점 3층에 있다.

#일본 제일의 케이크를 맛볼 수 있는 숍. 계절마다 바뀌는 20여 종의 케이크를 취급한다.
#새콤달콤한 맛의 조화가 환상적인 생과일 케이크가 특히 인기다. 향긋한 과일의 풍미가 넘치며, 한 입 떼어 무는 순간 혀 위에서 사르르 녹는 달콤한 크림이 온몸에 상큼한 기운을 전해준다. 난바 파크스 3층에도 분점이 있다.

지하철 노선 **M** 미도스지 선 **N** 나가호리쓰루미료쿠치 선

#must eat

갓 구운 치즈 케이크

우지엔
宇治園

◆ 800엔~ ◆ 11:00~19:00
◆ 지하철 신사이바시 心斎橋 역
(M19 · N15) 6번 출구에서 도보 1분.

#Since 1869 교토의 유명 녹차 브랜드 우지엔의 플래그십 스토어. 1층은 전통 녹차·다구 (茶具)·기념품을 판매하는 티룸, 2층은 녹차를 비롯한 각종 디저트를 선보이는 카페다.
#초인기 메뉴는 1층 테이크아웃 코너에서 판매하는 몬테베르다. 달콤한 아이스크림 위에 몽블랑을 듬뿍 얹어주는데, 즉석에서 압착기를 눌러 몽블랑을 만드는 모습이 흥미롭다. 달콤 쌉싸름한 맛차 抹茶 맛과 달콤 구수한 호지차 ほうじ茶 맛가운데 하나를 선택할 수 있다.
#2층 카페의 인기 메뉴 역시 압착기로 즉석에서 만들어주는 몽블랑 세트다. 고소한 몽블랑과 달콤한 크림이 멋진 하모니를 이루며, 쌉싸름한 차·커피와 먹으면 풍미가 한층 살아난다.
#1층 티룸에서는 전통 문양의 케이스에 담긴 녹차도 판매한다. 예쁜 모양만큼이나 맛도 좋아 기념품·선물로 강추한다.

최애 메뉴

몬테베르 モンテヴェール 800엔
몽블랑 세트 笑みが溢れるモンブランセット(에미가코보레루몬부란셋토) 음료 포함 1,320엔

리쿠로오지상노미세
りくろーおじさんの店

◆ 965엔~ ◆ 09:00~20:00
◆ 지하철 난바 なんば 역(M20·S16 ·Y15) 1번 출구에서 도보 2분.

#Since 1956 연일 문전성시를 이루는 인기 절정의 케이크 숍. 선물용으로도 안성맞춤이라 공항으로 가기 직전에 구입하는 사람도 많다.
#갓 구운 치즈 케이크
焼きたてチーズケーキ(야키타테치즈케키) 965엔. 덴마크에서 직수입한 양질의 크림치즈, 신선한 홋카이도 산 우유·버터로 빚어내는 촉촉한 식감과 기분 좋은 단맛이 일품이다. 홍차·커피와 먹으면 더욱 맛있다.

지하철 노선　M 미도스지 선　S 센니치마에 선　Y 요츠바시 선　N 나가호리츠루미료쿠치 선

must eat

소금 버터 빵

앙버터

▌ 메오토젠자이
夫婦善哉

◆ 815엔~ ◆ 10:00~22:00
◆ 지하철 난바 なんば 역(M20·S16
·Y15) 14번 출구에서 도보 4분.

<u>#Since 1883</u> 일본식 단팥죽집.
1940년 여기서 모티브를 얻은
소설 〈메오토젠자이〉가 발표돼
널리 알려졌다.
<u>#메오토젠자이 夫婦善哉</u>
815엔, 달디 단 단팥죽에 새알
심을 하나씩 얹어준다. '부부(夫
婦) 단팥죽(善哉)'이란 이름처
럼 1인분을 주문하면 두 그릇이
나오는데, 한 그릇씩 나눠 먹으
면 부부금슬이 좋아진다고 해
호젠지요코초의 명물로 명성이
자자하다.

▌ 캐스케이드
Cascade

◆ 08:00~21:00 ◆ 지하철 난바 난
바 역(M20·S16·Y15) 1번 출구에
서 도보 1분. 난바 마루이 なんばマ
ルイ 백화점 지하 1층에 있다.

<u>#Since 1962</u> 빵 맛으로 명성이
자자한 베이커리. 매장에서 직
접 빵을 굽기 때문에 언제나 갓
구운 고소한 빵을 맛볼 수 있다.
테이블과 좌석이 비치돼 있어
매장내 취식도 가능하다.
<u>#소금 버터 빵 塩バターパン</u>
(시오바타팡) 141엔, 버터를 듬
뿍 사용해 고소하면서도 짭조름
한 맛이 끝내주는 간판 메뉴.
<u>#앙버터 あんばたー</u> 195엔, 고
소한 버터와 달콤한 팥의 조화.

▌ 릴로 커피 킷사
Lilo Coffee Kissa

◆ 650엔~ ◆ 평일 13:00~22:00,
토요일 11:00~22:00, 일·공휴일
11:00~21:00 ◆ 휴업 연말연시
◆ 지하철 신사이바시 心斎橋 역
(M19·N15) 4B번 출구 도보 6분.

<u>#100년 전 스타일</u>로 꾸민 레트
로 카페. 빈티지한 커피 잔과 소
품이 마치 과거로 돌아간 듯한
기분을 느끼게 한다.
<u>#원두를 선택</u>하면 원하는 방식
으로 커피를 내려준다. 향과 산
미를 두루 즐기기엔 페이퍼 드
립, 원두 본연의 맛을 느끼기엔
아메리칸 프레스, 블랙으로 마
시기엔 에어로프레스, 향을 즐
기기엔 사이폰이 좋다.

(지하철 노선) **M** 미도스지 선 **S** 센니치마에 선 **Y** 요쓰바시 선 **N** 나가호리츠루미료쿠치 선

#must eat

▌멜 커피 로스터스
Mel Coffee Roasters

♦ 630엔~ ♦ 10:00~18:00
♦ 휴업 월요일 ♦ 지하철 요츠바시
四ッ橋 역(Y14) 2번 출구에서
도보 3분.

#탁월한 로스팅 기술의 스페셜
티 커피 전문점. 고소한 커피향
이 감도는 아담한 공간에서 직
접 로스팅한 원두와 테이크아
웃 커피를 판매한다.
#드립 커피·라테 630엔~
원두의 개성을 온전히 살려 풍
부한 향과 맛을 즐길 수 있는 추
천 메뉴. 재팬 핸드 드립 챔피언
십 심사위원을 역임한 오너가
커피에 대해 친절히 설명해주
는 것도 놓치기 힘든 매력이다.

▌스트리머 커피 컴퍼니
Streamer Coffee Company

♦ 640엔~ ♦ 09:00~19:00
♦ 지하철 신사이바시 心斎橋 역
(M19·N15) 7번 출구에서 도보 4분.

#전미(全美) 라테 아트 챔피언
이 운영하는 커피숍. 전통적인
이탈리안 커피보다 마일드한
시애틀 스타일 커피를 선보인
다. 모던 심플을 테마로 꾸민 로
프트 풍의 인테리어가 멋스럽
다. 흡연소가 위치한 입구 쪽 자
리는 담배 연기가 심하니 주의!
#Streamer Latte 640엔
우유의 고소함과 절묘한 밸런
스를 이루는 깔끔한 맛이 인상
적이다. 깜찍한 라테 아트는 보
너스!

▌몬디알 카페 산니하치
Mondial Kaffee 328

♦ 600엔~ ♦ 08:30~21:00
♦ 지하철 요츠바시 四ツ橋 역(Y14)
4번 출구에서 도보 2분.

#색다른 인테리어가 돋보이는
힙한 감성의 카페. 노천 테이블
과 함께 안락한 의자가 비치돼
있어 주변에서 쇼핑을 즐기다
느긋하게 쉬어가기에도 좋다.
원두는 직접 로스팅한 것만 사
용한다. 파니니·샌드위치·샐
러드 등의 메뉴도 취급해 가볍
게 식사를 즐기기에도 좋다.
#Cafe Latte 600엔
라테 아트 챔피언이 만들어주
는 고소한 카페 라테.

지하철 노선   **Y** 요츠바시 선   **M** 미도스지 선   **N** 나가호리츠루미료쿠치 선

#must eat

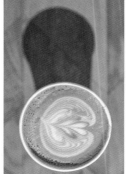

브루클린 로스팅 컴퍼니
Brooklyn Roasting Company

♦ 440엔~ ♦ 10:00~20:00
♦ 지하철 에비스초 恵美須町 역
(K18) 1−B번 출구에서 도보 9분.

#완벽하게 뉴욕을 재현한 커피
숍. 실제로 2011년 뉴욕의 브루
클린에서 오픈한 커피숍의 오
사카 지점이며 커피는 물론 분
위기까지 본점과 똑같다. 원산
지는 물론 농장에 이르기까지
엄선한 원두만 사용한다는 자
부심이 대단하다.
#Drip Coffee 440~495엔
#Latte 594엔, 카운터에 그날
제공하는 원두의 종류 · 맛 · 향
이 자세히 적혀 있으니 그것을
참고로 고르면 된다.

아라비야 커피
アラビヤコーヒー

♦ 550엔~ ♦ 11:00~18:00,
토 · 일 · 공휴일 10:00~19:00
♦ 휴업 수요일(부정기적) ♦ 지하철
난바 なんば 역(M20 · S16 · Y15)
14번 출구에서 도보 2분.

#Since 1951 옛 맛과 분위기를
고스란히 간직한 커피숍. 짙은
갈색의 마호가니 카운터와 세월
의 더께가 켜켜이 쌓인 소품이
창업 당시의 모습을 전해준다.
#블렌드 커피 ブレンド
コーヒー(브렌도코히) 550엔
커피의 맛과 향이 도드라지는
융 드립으로 내려준다. 일반적
인 오사카 스타일에 비해 마일
드한 맛이 특징이다.

마루후쿠 커피
丸福珈琲店

♦ 600엔~ ♦ 08:00~23:00
♦ 지하철 난바 なんば 역(M20 · S16
· Y15) 15−A번 출구에서 도보 7분.

#Since 1934 레트로 감성이
충만한 미나미에서 가장 오래
된 커피숍. 양식 레스토랑의 오
너 셰프가 식후에 어울리는 깔
끔하고 진한 커피를 찾다가 지
금의 커피숍을 열었다. 현재 사
용 중인 로스팅 기구와 드리퍼
는 모두 창업주가 직접 고안한
것이다.
#블렌드 커피 ブレンド珈琲
(브렌도코히) 600엔, 변함 없는
맛과 향의 간판 메뉴. 강배전 특
유의 쓴 맛을 강조했다.

지하철 노선   M 미도스지 선   S 센니치마에 선   Y 요츠바시 선   K 사카이스지 선

#must buy

▮파르코
PARCO

◆ 10:00~20:00 ◆ 지하철 신사이바시心斎橋 역(M19·N15) 4B·5번 출구 바로 앞.

#오사카의 유행을 선도하는 트렌디한 백화점. 초호화 럭셔리 브랜드에 스트리트 패션 감성을 더해 여타 백화점과 차별화된 '힙한' 분위기를 연출한다.
#writer's pick 바오바오 이세이 미야케·사카이·언더커버·파세타즘 FACETASM·그라운드 와이 등 독창적인 일본 디자이너 브랜드에 집중하자. '탱커' 시리즈를 선보이는 가방 브랜드 포터 익스체인지와 운동화 라인업이 돋보이는 스트리트 패션

편집숍 베이트 BAIT도 인기다. 유명 애니 캐릭터 숍, 레고 스토어, 장난감 전문점 키디랜드 Kiddy Land가 총집결한 6층은 키덜트 팬에게 추천한다. Muji·프랑프랑·핸즈 등 다양한 색깔의 라이프스타일 숍도 모여 있어 쇼핑 만족도가 높다.
#휴먼 메이드 Human Made (1층) 베이프 Bape의 설립자 니고 NIGO가 론칭한 패션 브랜드. 빈티지 스타일을 재해석한 스트리트 패션으로 인기 상종가를 치고 있다.
#스튜디오스 Studious(3층) 일본 디자이너 브랜드만 소개하는 독특한 콘셉트 숍. 색다른 디자인과 감성이 돋보이는 아이템을 만날 수 있다.

#지브리가잇파이 동구리공화국 ジブリがいっぱい どんぐり共和国(6층) 스튜디오 지브리 오피셜 매장. 토토로·키키 등 깜찍한 캐릭터 상품이 가득하다. 화분·시계·달력·찻잔 등의 잡화는 활용도가 높고 예쁘기까지 해 일석이조! 인증샷 포인트 '가오나시 포토존'도 놓치지 말자.
#핸즈 Hands(9~11층) 기발한 아이디어 상품과 DIY 관련 아이템이 풍부한 생활잡화 전문 라이프스타일 숍. 특히 문구·뷰티·주방용품 코너에 주목하자.

☑ 쇼핑 포인트

하이엔드·스트리트 패션·캐릭터 상품·인테리어·잡화

지하철 노선 M 미도스지 선 N 나가호리쓰루미료쿠치 선

#must buy

난바 파크스
なんばパークス

♦ 11:00~21:00 ♦ 지하철 난바 なんば 역(M20·S16·Y15) 1번 출구에서 도보 7분, 또는 난카이 전철의 난바 なんば 역(NK01) 중앙 출구 中央口와 바로 연결된다.

#오사카 최대의 복합 쇼핑몰. 명품 브랜드보다 20~30대가 선호하는 트렌디한 패션·잡화 브랜드가 풍부하다. 인테리어·반려동물 용품·음반·요리 등 라이프스타일 관련 숍이 충실한 것도 특징이다.

#writer' pick 빔즈 하우스·어반 리서치 도어스·Ships·United Arrows 등 유명 셀렉트 숍이 집결해 오사카의 패션

트렌드가 한눈에 들어온다. 프랑프랑·모모 내추럴·ACTUS·더블데이·로프트 같은 인테리어·잡화 매장에도 눈길을 끄는 아이템이 많다.

#플레이 꼼 데 가르송 Play COMME des GARCONS(2층) 아방가르드한 스타일을 대표하는 패션 브랜드 꼼 데 가르송의 세컨드 브랜드. 우리나라에서는 하트 와펜 카디건으로 인기다.

#알펜 아웃도어스 Alpen Outdoors(3~4층) 캠핑·트레킹·등산용품이 가득한 아웃도어용품 셀렉트숍. 의류·텐트·침낭·캠핑용품 등 풍부한 상품 구성을 자랑하며, 가격도 우리나라보다 저렴하다.

#빌리지 뱅가드 Village Van-

guard(5층) '놀 수 있는 책방'이 콘셉트인 서점 겸 잡화점. 만화책을 중심으로 잡화·장난감·화장품이 뒤섞여 있으며, 기발하고 유머러스한 상품이 많다.

#루피시아 Lupicia(5층) 150여 종의 라인업을 자랑하는 차(茶) 전문점. 샴페인과 딸기 향의 RoséRoyal, 복숭아 향의 Momo Oolong Super Grade가 초강추 아이템이다.

#나카가와마사시치쇼텐 中川政七商店(5층) 1716년 창업한 전통 공예품점. 전통과 모던 라이프스타일을 접목한 생활소품을 취급한다.

☑ 쇼핑 포인트

패션·인테리어·식품·화장품·잡화

must buy

사나 두유 이소프라봉 아이크림
SANA 豆乳 イソフラボン
アイクリーム 990엔

비오레 사라사라 파우더 시트
Bioré さらさら
パウダーシート 300엔

데오내추레 소프트 스톤 W
デオナチュレ ソフトストン W
1,080엔

비오레 선블록 로션
Bioré UV Aqua Rich Watery
Essence SPF 50 PA++++ 880엔

센카 퍼펙트 휩
Senka Perfect Whip
550엔

비오레 클렌징 오일
ビオレメイク落としパーフェクト
オイル 1,320엔

▌마츠모토키요시
マツモトキヨシ

◆ 10:00~22:00 ◆ 지하철 난바 なん
ば 역(M20 · S16 · Y15) 14번 출구에
서 도보 4분.

#일본 최대의 드러그 스토어
체인점. 올리브 영과 약국이 합
쳐진 형태로 의약품 · 화장품 ·
미용 · 식료품 등 다양한 아이템
을 취급한다.
정가대비 10~30% 할인된 가
격이 인기의 비결이며, Kate ·
켄메이크 · Visée 등 퀄리티 높
은 중저가 메이크업 제품이 풍
부하다.

☑ 쇼핑 포인트
의약품 · 화장품 · 건강 · 잡화

▌스기 드러그
スギドラッグ

◆ 10:00~23:00 ◆ 지하철 신사이바시
心斎橋 역(M19 · N15) 5번 출구에
서 도보 1분.

#다양한 아이템을 취급하는 드
러그 스토어 체인점. 신사이바
시 상점가 한복판에 위치해 이
용하기 편리하다. 상품 구성은
마츠모토키요시와 비슷하지만,
가격이 다르니 꼼꼼한 비교는
필수다. 도톤보리 상점가에 위
치한 도톤보리히가시 점은 상대
적으로 손님이 적어 이용하기
편리하다는 사실도 알아둘 것.

☑ 쇼핑 포인트
약품 · 건강 · 화장품 · 잡화

▌앳 코스메 스토어
@Cosme Store

◆ 11:00~22:00 ◆ 지하철 난바 なん
ば 역(M20 · S16 · Y15) 14번 출구에
서 도보 3분.

#화장품 마니아에게 강추! 일본
최대의 화장품 · 뷰티 정보 플랫
폼 앳코스메의 쇼룸이다.
사용자 후기를 기반으로 셀렉트
한 아이템에 순위를 매겨 전시 ·
판매한다. 고가의 백화점 브랜
드와 중저가 제품을 직접 비교
해볼 수 있어 쇼핑 실패 확률이
대폭 줄어든다.

☑ 쇼핑 포인트
화장품 · 화장소품

지하철 노선 **M** 미도스지 선 **S** 센니치마에 선 **Y** 요츠바시 선 **N** 나가호리츠루미료쿠치 선

#must buy

뚜껑이 회전되는 오일 용기
Kitinto Oil Bottle
쓰리 코인즈 플러스 330엔

신발 건조용 규조토
硅藻土シューズドライ
다이소 110엔

마스킹 테이프
Masking Tape
세리아 110엔

계란 삶기 홀 펀처
たまごの穴あけ器
세리아 110엔

탄산음료 김 빠짐 방지 캡
炭酸キ～プキャップ
다이소 110엔

릴 타입 스마트폰 충전 케이블
充電リールケーブル
세리아 110엔

▎세리아
Seria

♦ 11:00~21:00 ♦ 지하철 신사이바시 心斎橋 역(M19·N19) 미나미 南 16번 출구 근처. 크리스타 나가호리 지하상가에 있다.

#양질의 아이템이 매력인 100엔 숍. 일반적인 100엔 숍에 비해 품질이 좋고, 디자인이 예쁜 것이 매력이다. 생활을 편리하게 해주는 기발한 아이디어 상품도 지름신을 부른다. 가격 부담이 없어 기념품을 구입하기에도 좋다. 난바 마루이 백화점 4층에도 지점이 있다.

☑ **쇼핑 포인트**
인테리어 · 생활 · 잡화 · 기념품

▎쓰리 코인즈 플러스
3 Coins + plus

♦ 11:00~21:00 ♦ 지하철 난바 なんば 역(M20·S16·Y15) 1번 출구에서 도보 5분. 난바 시티 본관 지하 2층에 있다.

#가성비 높은 인테리어 · 잡화 전문점. '동전 3개'란 브랜드명처럼 상품 대부분이 100엔짜리 동전 3개인 300엔(소비세 별도)이다. 여타 100엔 숍에 비해 디자인과 품질이 좋고, 패션 · 잡화에서 반려동물 용품까지 아우르는 폭넓은 상품 구성도 매력이다.

☑ **쇼핑 포인트**
인테리어 · 잡화 · 화장품 · 식품

▎다이소
DAISO

♦ 10:00~23:00 ♦ 지하철 난바 なんば 역(M20·S16·Y15) 1번 출구에서 도보 8분.

#우리에게도 친숙한 저가형 잡화점. 1~5층에 걸쳐 주방용품 · 화장품 · 잡화 · 식료품 등 온갖 아이템이 가득하다. 가격은 개당 110~540엔이며, 주방소품 · 문구류에 쓸 만한 아이템이 많다. 일본에서만 파는 식료품과 아이디어 상품에도 주목하자. 도톤보리와 신사이바시에도 대형 매장이 있다.

☑ **쇼핑 포인트**
주방 · 잡화 · 식료품 · 인테리어 · 기념품

─────────────────────

(지하철 노선) M 미도스지 선 S 센니치마에 선 Y 요츠바시 선 N 나가호리츠루미료쿠치 선

#must buy

▌호리에
堀江

♦ 11:00~20:00(숍마다 다름)
♦ 휴업 연말연시 ♦ 지하철 요츠바시
四ツ橋 역(Y14) 6번 출구 도보 3분.

#확고한 취향의 패션 마니아를
위한 쇼핑가. 오렌지 스트리트
Orange Street를 중심으로 패
션 부티크·빈티지 숍·인테리
어 잡화점이 모여 있다.

#wirter' pick 주요 아이템은
스트리트 패션과 빈티지 의류
다. 특히 수프림·더블탭스 후
즈·베이프·메종 키츠네·칼하
트 등 인기 브랜드가 집결해 스
트리트 패션 마니아의 성지로
통한다.

최신 유행 아이템을 발 빠르게
선보이는 셀렉트 숍도 많은데
우리나라에서 품절된 상품을 구
할 수도 있으니 열심히 발품을
팔아보자. 80~90년대 빈티지
부터 명품·디자이너 브랜드까
지 다양한 스타일을 취급하는
구제 전문점도 즐비해 개성파
멋쟁이도 즐겨 찾는다.

#메종 미하라 야스히로
Maison Mihara Yasuhiro
지드래곤 신발로 인기 급상승한
패션 브랜드. 스트리트 감성의
아방가르드한 스타일을 선보인
다. 빈티지한 느낌의 스니커즈
가 인기다.

#히스테릭 글래머
Hysteric Glamour
섹시&글래머러스를 표방하는
콘셉트 스토어. 퇴페미가 가미

된 아트적인 감각의 프린트 티
셔츠가 대표 아이템.

#오버라이드 Override
퀄리티 높은 모자 전문점. 최고
급 수제 모자부터 합리적 가격
의 유행 스타일까지 다양한 제
품을 취급한다.

#소라 Sora
아웃도어 패션 셀렉트 숍. 스트
리트 모드로 멋스럽게 코디하기
좋은 아이템이 가득하다.

#미나리마 MINALIMA 大阪
《해피 포터》의 그래픽 디자이너
가 오픈한 아트 갤러리. 책·일
러스트·문구도 판매한다.

☑ 쇼핑 포인트

스트리트 패션·빈티지 패션·잡화·
인테리어

(지하철 노선) Y 요츠바시 선   N 나가호리츠루미료쿠치 선

#must buy

다이마루 백화점
大丸

◆ 10:00~20:00 ◆ 지하철 신사이바시 心斎橋 역(M19·N15) 4B·6번 출구 바로 앞에 있다.

#명품 쇼핑가 미도스지를 대표하는 유서 깊은 백화점. 유행을 선도하는 곳이란 이미지에 걸맞게 최고급 명품부터 유명 디자이너 브랜드, 서브컬처 캐릭터 상품까지 20~30대 젊은층의 취향 저격 브랜드만 쏙쏙 골라 놓은 알짜 쇼핑 명소다.
#writer' pick 에르메스·샤넬·프라다·셀린느·비비안 웨스트우드·아미 Ami·디젤·마가렛 호웰 등 인기 브랜드 위주의 라인업이 돋보이며, 파

텍 필립·바쉐론 콘스탄틴·브레게·블랑팡 등 '넘사벽' 가격대의 최고급 시계 브랜드도 다수 입점해 있다. 화장품 브랜드도 충실한데, 우리나라에서 구하기 힘든 일본 브랜드 위주로 살펴보자. 추천 브랜드는 Amplitude·Celvoke·Snidel Beauty·Shiro 등이다. 9층의 포케몬 센터와 점프숍도 인기 만점(p.135)!
#모마 디자인 스토어 MoMA Design Store(4층) 뉴욕 현대미술관의 뮤지엄 숍. 쿠사마 야요이 등 유명 작가의 작품을 응용한 소품·잡화를 선보인다.

☑ 쇼핑 포인트
하이엔드 패션·화장품·잡화·식품

오사카 타카시마야
大阪 タカシマヤ

◆ 10:00~20:00 ◆ 지하철 난바 なんば 역(M20·S16·Y15) 1번 출구에서 도보 2분.

#명품 브랜드가 모인 대형 백화점. 요지 야마모토·Y-3·리미 푸·플리츠 플리즈 이세이 미야케 같은 아방가르드한 일본 디자이너 브랜드가 눈에 띈다.
메이크업 전문가도 열광하는 최고급 메이크업 브러시 하쿠호도 白鳳堂도 추천한다. 공항철도역과 연결돼 있어 출국 전 기념품 쇼핑을 하기에도 좋다.

☑ 쇼핑 포인트
하이엔드 패션·화장품·잡화·식품

지하철 노선 M 미도스지 선 S 센니치마에 선 Y 요츠바시 선 N 나가호리츠루미료쿠치 선

#must buy

유니클로 지유
UNIQLO GU

♦ 11:00~21:00 ♦ 지하철 신사이바시 心斎橋 역(M19·N15) 4B번 출구에서 도보 6분.

#유니클로 & 자매 브랜드 지유 GU의 통합 매장. 유니클로는 우리나라의 세일 시즌과 비슷한 수준의 저렴한 가격과 풍부한 상품이 매력이다. 시즌별 UT 티셔츠 시리즈와 이너웨어 라인업에 주목하자. 지유는 품질이 다소 떨어지지만, 파격적인 가격에 트렌디한 디자인이 많아 10~20대가 즐겨 찾는다

☑ 쇼핑 포인트
남성 패션·여성 패션·아동복

돈키호테
ドン·キホーテ

♦ 11:00~03:00 ♦ 지하철 난바 なんば 역(M20·S16·Y15) 14번 출구에서 도보 7분.

#한국인에게 인기가 높은 대형 할인 매장. 식료품부터 가전제품까지 온갖 아이템을 두루 취급한다. 중저가 상품 중심이라 실속파 쇼핑객이 즐겨 찾는다. 심야 영업을 하기 때문에 늦은 시간 선물·기념품을 구입하기에도 좋다. 손님이 많을 때는 도보 5분 거리의 분점을 이용하는 것도 요령이다.

☑ 쇼핑 포인트
화장품·의약품·식품·주류·잡화

아까짱혼포
アカチャンホンポ

♦ 10:00~20:00 ♦ 지하철 혼마치 本町 역(M18·C16·Y13) 2번 출구에서 도보 8분.

#한국에서 원정 쇼핑을 갈 만큼 유명한 유아·아동용품 전문점. 저렴한 가격과 산모·유아를 배려한 다양한 기능성 제품이 매력이다. 우리나라에서 구하기 힘든 소품 위주로 쇼핑하면 좋다. 유리 젖병·젖병 청소용 솔·체온계·손톱깎이·목욕용품·해열 시트·임부용 복대 등이 강추 아이템이다.

☑ 쇼핑 포인트
출산용품·유아용품·장난감·유아복

지하철 노선 Ⓜ 미도스지 선 Ⓢ 센니치마에 선 Ⓨ 요츠바시 선 Ⓝ 나가호리츠루미료쿠치 선 Ⓒ 츄오 선

#must buy

니토리
ニトリ

◆ 11:00~21:00 ◆ 지하철 난바 なんば 역(M20·S16·Y15) 25번 출구에서 도보 10분.

#'일본판 이케아'로 통하는 인테리어·잡화 전문점. SPA 브랜드의 운영 노하우를 차용해 스타일리시한 디자인의 제품을 합리적인 가격에 선보인다.
아기자기하고 기능성 높은 아이템이 풍부한데, 특히 주방·욕실·수납·세탁 용품은 이케아보다 한국식 라이프스타일에 잘 어울린다.

☑ 쇼핑 포인트
인테리어·잡화·주방·욕실용품

타임리스 컴포트
Timeless Comfort

◆ 11:00~19:00 ◆ 지하철 요츠바시 四ッ橋역(Y14) 6번 출구에서 도보 7분.

#인스타 감성 아이템이 가득한 라이프스타일 숍. 소박하면서도 멋스러운 식기, 실용성과 디자인을 겸비한 주방용품, 아늑한 욕실용품, 고품질 유기농 스킨케어 제품은 평범한 일상을 감각적인 공간으로 변화시켜준다. 멋스러운 공간을 둘러보며 인테리어 감각을 업그레이드하기에도 좋다.

☑ 쇼핑 포인트
주방·잡화·인테리어·화장품

비오탑 오사카
Biotop Osaka

◆ 11:00~20:00 ◆ 지하철 요츠바시 四ッ橋 역(Y14) 6번 출구에서 도보 5분.

#자연이 있는 삶을 테마로 운영하는 콘셉트 숍. 패션·화장품·잡화 매장과 카페·온실이 공존하는 멋스러운 공간이 돋보인다. Hyke · 케이트 Khaite · 꼼 데 가르송 등 유명 패션 하우스의 셀렉트 아이템을 중심으로 바이레도 · Maison Louis Marie 같은 신상 니치 향수와 스킨케어 제품을 선보여 인기가 높다.

☑ 쇼핑 포인트
패션·잡화·화장품

지하철 노선 M 미도스지 선 S 센니치마에 선 Y 요츠바시 선

#must buy

만다라케 그랜드 카오스
まんだらけ グランドカオス

◆ 12:00~20:00 ◆ 지하철 에비스쵸 恵美須町 역(K18) 1B번 출구에서 도보 5분.

#빈티지 만화 전문 헌책방. 수십~수백 만원의 가격표가 붙은 희귀본 만화책과 빈티지 장난감처럼 재미난 구경거리가 가득하다. 만화책 서가는 인기 만화·작가·출판사로 세분화돼 있다. 2층 프라모델 코너에서는 포장도 뜯지 않은 건프라 등 A급 중고를 대폭 할인 판매한다. 단, 아이템이 풍부하진 않다.

☑ 쇼핑 포인트
만화·동인지·피규어·프라모델

보크스 오사카 쇼룸
VOLKS 大阪ショールーム

◆ 11:00~20:00 ◆ 휴업 부정기적 ◆ 지하철 에비스쵸 恵美須町 역 (K18) 1A번 출구에서 도보 8분.

#오사카 최대의 피규어·프라모델·구체관절 인형 전문점. 눈여겨볼 곳은 온갖 피규어를 판매하는 1층, VOLKS 오리지널을 비롯해 다양한 프라모델을 취급하는 2층, 철도모형에 특화된 3층, 구체관절 인형 전문 매장인 5층의 돌 포인트 오사카 Doll Point 大阪다. 프라모델 제작 관련 용품도 취급한다.

☑ 쇼핑 포인트
피규어·프라모델·구체관절 인형

슈퍼 키즈 랜드
Super Kids Land

◆ 10:00~20:00 ◆ 지하철 에비스쵸 恵美須町 역(K18) 1B번 출구에서 도보 5분.

#건프라 마니아의 성지로 통하는 대형 프라모델 전문점. 건물 전면부에 그려진 실물 사이즈의 건담과 벽을 뚫고 나온 거대한 건담 주먹이 손님을 맞는 입구가 인상적이다. 1층 반다이 피규어·건프라·프라모델, 2층 자동차·밀리터리 프라모델, 3층 타미야 프라모델, 4층 미니카, 5층 철도모형 코너로 구성된다.

☑ 쇼핑 포인트
건프라·프라모델·미니카·철도모형

지하철 노선) K 사카이스지 선

#must buy

정글 메카 스토어
Jungle Mecha Store

◆ 12:00~20:00 ◆ 지하철 닛폰바시 日本橋 역(S17 · K17) 5번 출구에서 도보 11분.

<u>로봇 프라모델 전문점.</u> 규모가 크며 신품을 정가의 10~20% 할인 판매한다. 중고품은 제품의 상태를 A~D 등급으로 분류해 놓아 선택이 용이하다.
1층 건프라 · 트랜스포머 · 로봇 타마시이, 2층 로봇계 미소녀 프라모델 · 초합금 · 에반게리온 · 마크로스 · 보크스 FSS. 3층 중고 건프라 · 조이드 코너다.

☑ 쇼핑 포인트
중고 건프라 · 프라모델

팝 컬처 신사이바시
Pop Culture Shinsaibashi

◆ 10:00~20:00 ◆ 지하철 신사이바시 心斎橋 역(M19 · N15) 4B · 5번 출구 앞의 파르코 백화점 6층에 있다.

<u>애니 · 게임 캐릭터 굿즈 전문 매장.</u> 지브리 · 고질라 · 캡콤 · 울트라맨 · 크레용신짱 굿즈를 판매하는 13개 매장이 모여 있다. 주목할 곳은 토토로 · 키키 · 붉은 돼지 등 친숙한 캐릭터 굿즈가 가득한 '지브리가잇파이 동구리 공화국'이다. 인증샷 포인트로 인기인 가오나시 포토존과 대형 토토로 인형을 놓치지 말자.

☑ 쇼핑 포인트
스튜디오 지브리 · 애니 캐릭터 굿즈

비쿠 카메라
ビックカメラ

◆ 10:00~21:00 ◆ 지하철 난바 なんば 역(M20 · S16 · Y15) 18번 출구에서 도보 3분.

<u>미나미 최대의 가전 양판점.</u> 가전제품 · 카메라를 비롯해 프라모델 · 주류 · 화장품 · 여행용품 등 다양한 상품을 취급한다. 가전제품을 직접 시연해보고 구매할 수 있는 것이 매력이며 가격도 저렴하다. 특히 프라모델은 정가의 5~20%를 할인 판매한다. 합계 5,000엔 이상 구매시 면세도 된다.

☑ 쇼핑 포인트
가전제품 · 카메라 · 피규어 · 프라모델

지하철 노선) S 센니치마에 선   K 사카이스지 선   M 미도스지 선   N 나가호리츠루미료쿠치 선   Y 요츠바시 선

#close up

오타쿠의 거리 덴덴타운!

거리에 즐비한 피규어·애니·만화 숍이 쇼핑 욕구를 활활 불타오르게 하는 덴덴타운. 그러나 수많은 숍 때문에 어디서 무엇을 사야 하나 오히려 망설여지기만 한다. 성공 쇼핑을 위한 추천 숍과 공략 포인트를 꼼꼼히 살펴보자.

◆ 11:00~20:00(숍마다 다름) ◆ 휴업 연말연시
◆ 지하철 닛폰바시 日本橋 역(S17·K17) 5번 출구에서 도보 7분. 또는 지하철 에비스초 恵美須町 역(K18) 1-A·1-B번 출구 바로 앞.

01 정글
Jungle

#중고 피규어, 아이템을 신품·미개봉품·A~D등급으로 분류해 선택이 용이하다. 중급 규모의 매장이며, 일본 애니는 물론 미국계 피규어도 취급한다.

5 K-Books 난바이치반칸
K-Books なんば壱番館

#중고 애니 굿즈, 최신 인기 아이템을 두루 구비했으며 가격도 저렴하다. 시즌마다 구성을 달리해 언제나 새로운 아이템을 만날 수 있다.

2 히로 완구 연구소
ヒーロー玩具研究所

#중고 피규어, 특촬물과 미국 히어로 영화 피규어 전문이다. 특히 스타워즈·트랜스포머·마블 코믹스·슈퍼 로봇 시리즈를 좋아하는 이에게 강추한다.

6 스루가야
駿河屋

#중고 만화·라노벨·피규어. 아이템이 풍부하며 할인율도 높다. 1층 게임 소프트, 2층 만화·DVD, 3층 라노벨·건프라, 4층 피규어·동인지 코너다.

3 에스에프비시
SFBC

#서바이벌 게임 용품. 각종 에어건과 전 세계에서 수입한 군복·군장·군화를 판매한다. 단, 에어건은 수입금지 품목이라 국내 반입이 불가능하다.

7 지 스토어
Gee! Store

#애니 캐릭터 티셔츠. 귀멸의 칼날·원피스 등 인기 캐릭터와 미소녀가 프린트된 티셔츠가 주력 아이템이다. 머그컵 등의 캐릭터 굿즈도 판매한다.

4 아스트로 좀비스
Astro Zombies

#피규어·애니 캐릭터 굿즈. 스타워즈·스파이더맨·배트맨 등 마블·DC 코믹스에 특화돼 있다. 호러·SF 영화의 특수분장 가면도 취급한다.

8 소프맵
Sofmap

#게임·피규어. 중고도 취급하는 대형 매장. 반다이의 초정밀 피규어를 판매하는 타마시이 네이션즈(5층)와 애니 굿즈(6층) 코너에 주목하자.

지하철 노선 S 센니치마에 선   K 사카이스지 선

#close up

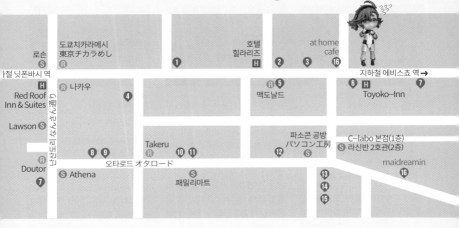

로손

도쿄치카라메시
東京チカラめし

호텔
힐라리즈 H

at home
cafe

① ② ③ ⑯

철 닛폰바시 역
H
Red Roof
Inn & Suites

R 나카우

④

R ⑤

맥도날드

지하철 에비스쵸 역 →

⑥ ⑦

Toyoko-Inn

Lawson

파소콘 공방
パソコン工房

C-labo 본점(1층)
R 라신반 2호관(2층)

Takeru

⑧ ⑨

⑩ ⑪

⑫ S

maidreamin

⑯

오타로드 オタロード

S Athena

패밀리마트

⑬

⑭

⑮

Doutor

⑦

---

⑨ 토레쟈라스
とれじゃらす

#가샤폰 · 피규어. 1층 드래곤
볼 · 원피스 · 귀멸의 칼날 피규
어, 2층 특촬물 가샤폰 · 미소녀
캐릭터 굿즈, 3층 아이언맨 · 배
트맨 · 스타워즈 피규어 코너다.

⑬ 아니메이트
アニメイト

#만화책 · 애니 굿즈. 오사카
최대의 애니 굿즈 전문점. 최신
아이템을 가장 먼저 선보인다.
종류가 풍부해 기념품 · 선물을
구입하기에도 좋다(1 · 2층).

⑩ 슈퍼 포테이토 레트로 관
スーパーポテトレトロ館

#중고 레트로 게임. 메가드라이
브 · 네오지오 · 패미콤 등 한 시
대를 풍미한 게임기와 소프트
를 취급한다. 아이템이 풍부해
레트로 게임 마니아에게 강추!

⑭ 라신반
らしんばん

#중고 애니 굿즈. 취급 품목은
많지만 상품이 풍부하진 않다.
신품보다 10~20% 저렴한 가
격이 매력이다(3층). 맞은편엔
피규어 전문의 2호관도 있다.

⑪ 게이머즈
Gamers

#만화 · 잡지 · DVD · 애니 굿즈.
오사카에서 신상품 입고가 빠
른 매장 가운데 하나다. 남성향
아이템만 취급하며 만화 · 라노
벨은 출판사별로 구분돼 있다.

⑮ 멜론 북스
Melon Books

#신간 만화. 미나미 최대의 만
화 전문 서점. 남성향 만화 · 잡
지 · 동인지를 취급한다. 신간
입고가 빠르지만 종류가 풍부
하진 않다(4층).

⑫ 코토부키야
Kotobukiya

#애니 캐릭터 굿즈. 신상품 입
고가 빠르다. 1층 지브리 · 스
타워즈 · 마블 · DC 코믹스,
2층 프레임 암즈 · 애니 피규어,
4층 미니 돌피 매장이다.

⑯ 메이드 카페
メイドカフェー

오타로드를 따라 다양한 테마
의 메이드 카페가 모여 있다.
메이드의 수준 · 서비스 · 이벤
트로 호평인 곳은 at home
cafe와 maidreamin이다.

지하철 노선 S 센니치마에 선   K 사카이스지 선

info plus

01 난바
なんば

◆ 숍 11:00~20:00, 레스토랑 11:00 ~22:00(숍·레스토랑마다 다름) ◆ 지하철 난바 なんば 역(M20·S16 ·Y15) 1번 출구에서 도보 1분.

신사이바시와 함께 오사카 남부를 대표하는 대형 쇼핑가. 영 캐주얼 백화점 난바 마루이 なんばマルイ와 복합 쇼핑몰 난바 파크스 なんばパークス를 필두로 수백 개의 숍과 레스토랑·유흥업소가 밀집해 있으며, 칸사이 국제공항과 나라·고베를 연결하는 교통의 요지이기도 해 하루종일 수많은 사람들로 북적이는 활기찬 모습을 보여준다. 천장이 덮인 아케이드 스타일의 쇼핑가라 날씨에 상관없이 언제든 편히 구경할 수 있다.
메인 쇼핑가는 난바 마루이 백화점에서 신사이바시까지 이어지는 에비스바시스지 상점가 戎橋筋商店街와 지하철 닛폰바시 日本橋 역 방향으로 이어지는 난바난카이도리 상점가 なんば南海通商店街다. 의류·액세서리 숍은 물론 잡화·기념품 숍도 많다.

02 쿠로몬 시장
黒門市場

◆ 10:00~20:00 ◆ 휴업 일·공휴일 ◆ 지하철 닛폰바시 日本橋 역(S17· K17) 10번 출구에서 도보 1분.

오사카의 부엌으로 불리던 200년 역사의 시장. 원래 어패류와 식료품을 파는 재래시장이었으나, 지금은 외국인 관광객으로 북적이는 먹거리골목으로 바뀌었다. 쿠로몬이란 이름은 이곳에 자리했던 엔메이지 円明寺란 절에 '검은(黒) 산문 山門'이 세워져 있어 붙여졌다.

03 센니치마에도구야스지 상점가
千日前道具屋筋

◆ 10:00~20:00(숍마다 다름) ◆ 휴업 연말연시 ◆ 지하철 난바 なんば 역(M20·S16·Y15) 1번 출구에서 도보 7분.

주방용품 전문점 50여 개가 모인 상점가. 전문가용은 물론 일상적으로 사용 가능한 가정용 제품까지 온갖 아이템을 취급한다. 일본식 조리도구와 깜찍한 주방 소품을 찾아보는 재미도 쏠쏠한데, 특히 인기가 높은 것은 냄비, 도기, 가벼운 나무젓가락, 고양이·동물 모양의 예쁜 접시와 찻잔이다. 가격도 저렴해 쇼핑 만족도가 높다.
눈여겨볼 숍은 업소용 조리기구와 제과·제빵 기구가 충실한 센다 千田, 가정용 식기·젓가락 전문의 쿄야 京屋, 고양이 모양 접시 같은 깜찍한 디자인의 도기를 취급하는 타이세이숏키 太星食器, 프로용 식칼·회칼 전문점 사카이이치몬지미츠히데 界一文字光秀, 실물을 쏙 빼닮은 음식 모형을 파는 기념품점 R&M, Design Pocket Osaka 등이다.

04 국립 분라쿠 극장
国立文楽劇場

◆ 요금·공연 일정 홈페이지 참조 ◆ 지하철 닛폰바시 日本橋 역(S17·K17) 7번 출구에서 도보 1분.

유네스코 세계문화유산으로 지정된 오사카의 전통 인형극 분라쿠 文楽를 상연하는 극장. 전통 악기인 샤미센 三味線 선율에 맞춰 살아있는 사람처럼 움직이는 인형의 유려한 몸놀림이 감탄을 자아내게 한다. 극장은 일본 건축계의 거장 쿠로가와 키쇼 黒川紀章가 설계했다.

지하철 노선 **M** 미도스지 선 **S** 센니치마에 선 **Y** 요츠바시 선 **K** 사카이스지 선

info plus

⑤ 덴덴타운
でんでんタウン

◆ 10:00~20:00(숍마다 다름)
◆ 휴업 연말연시 ◆ 지하철 닛폰바시
日本橋 역(S17·K17) 5번 출구에서
도보 7분. 또는 지하철 에비스초
恵美須町 역(K18) 1A·1B번 출구
바로 앞에 있다.

서울의 용산 전자상가에 비견되
는 대규모 가전제품 할인상가.
원래는 헌책방 골목이었다. 태
평양 전쟁이 끝난 1945년, 당
시 최고의 인기 상품인 라디오
를 취급하는 숍이 모여 가전 상

가를 형성하기 시작했으며, 지
금은 컴퓨터·조명·오디오·가
전제품·게임 등을 취급하는 숍
200여 개가 모인 전문상가로 발
전했다.
최근 '오타쿠 문화'의 중흥(?)
과 더불어 관련 숍의 비중이 점
차 커지고 있는 것이 눈에 띄는
특징이다. 아니메이트·스루가
야·게이머즈 등 유명 체인점을
중심으로 애니·만화·게임·피
규어·프라모델 전문점이 성업
중이며, 기상천외한 테마의 메
이드 카페에 눈길을 끈다. 쇼핑
정보는 p.126을 참조하자.

⑥ 난바야사카 신사
難波八阪神社

◆ 일출~일몰 ◆ 지하철 난바 なん
ば 역(M20·S16·Y15) 6번 출구에
서 도보 9분.

엽기적인 사자 모양 제단이 유
명한 신사. 우두천왕이 강림해
오사카의 역병을 퇴치한 것을
기리고자 11세기에 창건됐다.
1945년의 공습으로 소실된 신
사를 재건할 당시(1974년) 우두
천왕과 동일시되는 일본의 신
스사노오노미코토를 모시기 위
해 지금의 제단을 만들었다.

⑦ 오가닉 빌딩
オーガニックビル

◆ 지하철 신사이바시 心斎橋 역
(M19·N15) 3번 출구에서 도보 6분.

이탈리아 건축가 가에타노 페
체가 설계한 독특한 건물. 건물
을 감싸 안은 132개의 화분과
붉은색 외관이 눈길을 끈다. 전
세계에서 수집한 132종의 식물
이 자라는 화분은 자연과 함께
살아 숨쉬는 건물을 뜻한다. 식
용 다시마 가공업체에서 기업
이념인 '자연과의 공존'을 표현
하고자 사옥으로 지었다.

① 카니도라쿠
かに道楽

◆ 3,300엔~ ◆ 11:00~22:00
◆ 지하철 난바 なんば 역(M20·S16
·Y15) 14번 출구에서 도보 3분.

#Since 1971 온갖 게 요리를
선보이는 고급 레스토랑. 입구
를 장식한 초대형 게 간판은 일
본에서 모르는 사람이 없을 만
큼 유명하다.
유수의 게 산지인 동해와 홋카
이도에서 잡은 대게·레드 킹 크
랩·털게를 재료로 회·초밥·전
골·구이 등 50여 가지의 다채

로운 요리를 선보인다. 사전에
문의하면 도톤보리 강이 내려
다보이는 전망 좋은 자리도 내
준다. 본점에 자리가 없을 때는
인근 지점도 이용할 수 있다.
#카니스키 かにすき 6,600엔
창업 이래 한결 같은 맛을 유지
해온 전골 요리. 간장으로 맑게
간을 한 국물에 대게·버섯·두
부·채소를 넣고 푹 끓여 게살
특유의 맛과 향을 살렸다.
#레드 킹 크랩 구이 焼タラバ
がに(야키타라바카니) 3,300엔
게살의 보드라운 육질과 씹을
수록 배어나는 달콤함이 매력.

지하철 노선 **M** 미도스지 선 **S** 센니치마에 선 **Y** 요츠바시 선 **K** 사카이스지 선 **N** 나가호리츠루미료쿠치 선

#info plus

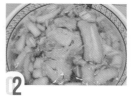

2 카무쿠라
神座

◆ 740엔~ ◆ 10:00~07:30
◆ 지하철 난바 なんば 역(M20·S16·Y15) 14번 출구에서 도보 6분.

#Since 1976 오사카 토박이가 즐겨 찾는 라멘집. 호텔 셰프 출신의 오너가 '지금까지 일본에 없던 맛'을 추구하며 만들었다.
#오이시이라멘
おいしいラーメン 740엔, 배추를 듬뿍 넣어 시원한 맛을 살렸다. 부추절임(무료)과 파·숙주(무료)를 얹어 먹어도 맛있다.

3 잇푸도
一風堂

◆ 850엔~ ◆ 10:30~23:00
◆ 지하철 난바 なんば 역(M20·S16·Y15) 5번 출구에서 도보 5분.

#Since 1985 돼지 뼈로 우린 진한 국물이 일품인 하카타 라멘 전문점. 마늘을 넣으면 국물이 한결 개운해진다. 매콤한 숙주무침 등의 반찬이 무료다.
#시로마루모토아지
白丸元味 850엔, 담백한 국물.
#아카마루신아지
赤丸新味 950엔, 얼큰한 국물.

4 츠루톤탄
つるとんたん

◆ 780엔~ ◆ 11:00~06:00
◆ 지하철 닛폰바시 日本橋 역(S17·K17) 2번 출구에서 도보 4분.

#쫄깃한 면의 사누키 우동 전문점. 세숫대야를 방불케 하는 큰 그릇에 우동이 담겨 나온다.
#유부 우동 大判きつねのおうどん(오반키츠네노오우동) 780엔, 담백한 국물이 일품이다. 가는 면(細麵 호소멘)과 굵은 면(普通麵 후츠멘) 가운데 원하는 것을 골라 주문한다.

5 무겐
無限

◆ 1,500엔~ ◆ 11:30~15:30
◆ 지하철 난바 なんば 역(M20·S16·Y15) 1번 출구에서 도보 8분.

#가성비 높은 숯불구이 햄버그스테이크 전문점. 적당히 익힌 고기를 개인 화로에 취향대로 구워먹는 방식이며, 정해진 시간 동안 무제한으로 먹을 수 있다(30분 1,500엔, 1시간 2,000엔). 육즙이 적어 소스를 적당히 곁들여 먹어야 한다. 샐러드와 밥은 무료로 제공된다.

6 키와미야
極味や

◆ 1,188엔~ ◆ 11:30~15:00, 17:00~21:30 휴업 목요일
◆ 지하철 에비스쵸 恵美須町 역(K18) 1B번 출구에서 도보 11분.

#촉촉한 육즙의 햄버그스테이크 전문점. 겉만 살짝 익힌 고기는 조금씩 뜯어서 뜨겁게 달군 돌 위에 올려 익혀 먹는다.
#Hamburg Steak 1,188엔~ 엄선한 소고기에 양파를 섞어 만든다. 쫄깃하면서도 부드러운 식감이 매력이다.

7 타케루
タケル

◆ 920엔~ ◆ 11:30~22:00
◆ 지하철 닛폰바시 日本橋 역(S17·K17) 5번 출구에서 도보 11분.

#저렴한 가격의 스테이크 하우스. 12가지 스테이크와 햄버그 스테이크 메뉴를 취급한다. 소금과 후추로 가볍게 밑간을 한 고기를 미디엄 레어로 구워주며, 계란·치즈·카레·소시지 등 사이드 메뉴 추가도 가능하다.
#타케루 스테이크 タケル ステーキ 130g 1,210엔~

지하철 노선 **M** 미도스지 선 　**S** 센니치마에 선 　**Y** 요츠바시 선 　**K** 사카이스지 선

#info plus

8

그릴 캐피털 토요테이
グリルキャピタル東洋亭

♦ 1,480엔~ ♦ 11:00~22:00
♦ 지하철 난바 なんば 역(M20 · S16 · Y15) 1번 출구에서 도보 5분. 오사카 타카시마야 백화점 7층에 있다.

#Since 1897 교토의 노포 레스토랑 토요테이의 미나미 분점.
#백년양식 햄버그스테이크
百年洋食ハンバーグステーキ 1,480엔~, 풍선처럼 빵빵하게 부푼 쿠킹호일에 담겨 나오는 감칠맛 넘치는 육즙의 고기가 입맛을 사로잡는다.

9

하리쥬
はり重

♦ 7,500엔~ ♦ 12:00~21:30
♦ 휴업 일요일 ♦ 지하철 신사이바시 心斎橋 역(M19 · N15) 7번 출구에서 도보 3분.

#Since 1919 스키야키 · 샤부샤부 노포. 전통가옥 특유의 고풍스러운 인테리어가 고급진 맛을 더한다. 분위기를 즐기려면 저녁, 경제적으로 식사를 즐기려면 점심에 가는 것이 좋다.
#스키야키 すき焼き 런치 7,500엔~, 디너 11,700엔~

10

오후료리 츄테이
欧風料理 重亭

♦ 850엔~ ♦ 11:30~15:00, 16:30 ~20:00 ♦ 지하철 난바 なんば 역 (M20 · S16 · Y15) 11번 출구에서 도보 3분.

#Since 1946 옛 맛을 우직하게 지켜오는 경양식 레스토랑. 레트로 감성이 묻어나는 예스러운 인테리어가 정겹다.
#햄버그스테이크 ハンバーグステーキ 1,300엔, 푸짐한 양과 소박한 맛이 일품인 간판 메뉴.
#오므라이스 オムライス 850엔

11

지유켄
自由軒

♦ 800엔~ ♦ 11:00~20:00
♦ 휴업 월요일 ♦ 지하철 난바 なんば 역(M20 · S16 · Y15) 1번 출구에서 도보 5분.

#Since 1911 창업 당시의 모습이 그대로 박제된 카레집.
#명물 카레 名物カレー(메이부츠카레) 800엔, 여타 카레라이스와 달리 카레에 비빈 밥에 날계란을 얹어준다. 전기밥솥이 없던 시절 항상 따뜻한 카레라이스를 내놓고자 만든 메뉴.

12

도톤보리니쿠게키죠
道頓堀肉劇場

♦ 740엔~ ♦ 11:00~23:00
♦ 지하철 난바 なんば 역(M20 · S16 · Y15) 25번 출구에서 도보 1분.

#푸짐한 양으로 승부하는 고기덮밥집. 숯불에 구워 불 맛이 은은하게 배인 고기가 식욕을 자극한다. 반찬으로 담백한 계란국과 숙주나물이 딸려 나온다.
#갈비 덮밥 カルビ丼
(카루비동) 890엔~
#닭목살 덮밥 鶏せせり丼
(토리세세리동) 740엔~

13

니쿠잔마이
肉ざんまい

♦ 3,000엔~ ♦ 18:00~23:00
♦ 지하철 난바 なんば 역(M20 · S16 · Y15) 15–A번 출구에서 도보 5분.

#저녁에만 반짝 영업하는 야키니쿠집. 1인 이용도 가능해 혼고기 · 혼술을 즐기기에 좋다. 우설 · 안창살 · 갈비 · 대창 등 대부분의 메뉴가 1인분 770~1,650엔으로 가격 부담이 적은 것도 놓치기 힘든 매력. 다양한 맛을 즐길 수 있게 고기를 모둠으로 내주는 세트 메뉴도 있다.

지하철 노선 　M 미도스지 선　S 센니치마에 선　Y 요츠바시 선　N 나가호리츠루미료쿠치 선

info plus

14 하카타모츠나베 오야마
博多もつ鍋 おおやま

◆ 1,793엔~ ◆ 11:00~22:45 ◆ 휴업 부정기적 ◆ 지하철 난바 なんば 역(M20·S16·Y15) 1번 출구에서 도보 7분. 난바 파크스 6층에 있다.

#후쿠오카 명물 모츠나베(곱창 전골) 전문점. 점심에는 저렴한 런치 메뉴도 선보인다. 단, 2인분 이상만 주문 가능하니 주의! #하카타모츠나베 博多もつ鍋 1인분 1,793엔~, 소 곱창에 부추·마늘·양배추를 듬뿍 얹어 낸다. 잡내가 없고 부드럽다.

15 다이닝 아지토
Dining あじと

◆ 780엔~ ◆ 11:30~14:30, 17:00~23:00 ◆ 휴업 부정기적 ◆ 지하철 난바 なんば 역(M20·S16·Y15) 1번 출구에서 도보 9분.

#'농장에서 식탁으로'가 모토인 경양식 레스토랑. 모든 식재료를 계약 농장에서 공급 받아 항상 신선한 맛을 즐길 수 있다. 점심에는 카레·스테이크(780~1,680엔) 등의 캐주얼 메뉴, 저녁에는 일식·양식을 믹스한 코스 요리(5,000엔~) 취급.

16 카츠동요시베
かつ丼吉兵衛

◆ 500엔~ ◆ 11:00~21:00 ◆ 지하철 난바 なんば 역(M20·S16·Y15) E9번 출구에서 도보 3분.

#Since 1979 고베의 돈가스덮밥 맛집 카츠동요시베의 분점. #소스카츠동 ソースかつ丼 500~1,650엔, 소스를 뿌린 돈가스 덮밥. 아들아들한 돼지고기와 바삭한 튀김옷이 멋진 조화를 이룬다. 목살 肩ロース과 등심 背ロース을 선택할 수 있는데 목살이 더 맛있다.

17 카미나리 스시
雷寿司

◆ 1,800엔~ ◆ 16:00~24:00 ◆ 휴업 월요일 ◆ 지하철 난바 なんば 역(M20·S16·Y15) 15-A번 출구에서 도보 5분.

#합리적 가격의 초밥집. 회전초밥 가격으로 양질의 초밥을 맛볼 수 있어 인기다. #니기리모리아와세 にぎり盛り合わせ 1,800엔, 초밥 9점. #오늘의 초밥 오마카세 本日のおすすめネタおまかせコース 3,800엔, 초밥 12점.

18 팡토에스프레소토
パンとエスプレッソと

◆ 180엔~ ◆ 08:00~19:00 ◆ 지하철 나가호리바시 長堀橋 역(N16·K16) 1번 출구에서 도보 5분.

#레트로 감성의 베이커리 카페. 1931년에 지어진 은행 건물을 리모델링했다. 육중한 금고와 옛 모습을 고스란히 복원한 인테리어가 멋스럽다. 커피 등의 음료와 식사 메뉴를 판매하며, 빵만 구매하는 것도 가능하다. #무 ムー 400엔, 대표 메뉴. 리치한 버터향의 미니 식빵.

19 크레페리 알시옹
Crêperie Alcyon

◆ 1,100엔~ ◆ 11:30~22:00 ◆ 지하철 난바 なんば 역(M20·S16·Y15) 15-A번 출구에서 도보 2분.

#프랑스의 맛과 분위기를 즐기기에 좋은 레스토랑. 1층에서는 달콤한 디저트 크레이프도 판다. #갈레트 Galette 1,100엔~ 테두리는 바삭하고 가운데 부분은 촉촉하게 구운 크레이프 위에 햄·채소·치즈·계란 등 갖은 재료를 얹은 프랑스 브르타뉴 지방의 전통요리.

지하철 노선 M 미도스지 선　S 센니치마에 선　Y 요츠바시 선　N 나가호리즈루미료쿠치 선　K 사카이스지 선

info plus

20 스미비야키토리 엔야
炭火焼とり えんや

- ◆ 2,000엔~ ◆ 17:00~00:30
- ◆ 지하철 난바 なんば 역(M20·S16 ·Y15) E9번 출구에서 도보 3분.

#야키토리 주점. 입구부터 고소한 꼬치구이 냄새가 후각을 자극한다. 특유의 활기찬 분위기가 매력이며, 가격도 합리적이라 부담없이 오사카의 밤을 즐길 수 있다. 회를 비롯한 여러 안주도 취급한다. 난바에 3개의 지점이 있는데, 어디건 무척 붐비니 서둘러 가야 한다.

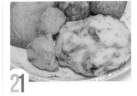

21 다이토라
大寅

- ◆ 205엔~ ◆ 10:00~20:00
- ◆ 지하철 난바 なんば 역(M20·S16 ·Y15) 1번 출구에서 도보 3분.

#Since 1876 숙련된 장인의 기술로 만든 오사카 전통 어묵. 갯장어·조기를 재료로 정성껏 만든 어묵은 쫄깃한 식감과 달콤함. 감칠맛이 적절히 어우러진 고급진 맛을 뽐낸다.
#다마네기텐 玉ねぎ天 238엔 흰살 생선 특유의 담백한 맛에 양파를 가미한 간판 메뉴.

01 이치비리안 도톤보리점
いちびり庵道頓堀店

- ◆ 11:00~19:30 ◆ 휴업 부정기적
- ◆ 지하철 난바 なんば 역(M20·S16 ·Y15) 14번 출구에서 도보 5분.

#다양한 아이템을 파는 기념품점. 난바에 있는 이치비리안의 4개 지점 가운데 규모가 가장 크며 상품도 풍부하다. 특히 오사카의 대표 먹거리인 오코노미야키·타코야키를 테마로 만든 과자·인형·열쇠고리가 기념품으로 인기다. 오사카 한정판 헬로키티같은 레어템도 취급한다.

02 펫 파라다이스
Pet Paradise

- ◆ 11:00~20:00 ◆ 지하철 난바 なんば 역(M20·S16·Y15) 14번 출구에서 도보 7분.

#깜찍한 강아지 옷을 취급하는 애견용품점. 스누피·미키마우스 등 애니 캐릭터를 테마로 만든 아이템이 풍부하다. 다양한 스타일의 애견 의류와 사료·장난감·목줄 등 강아지를 키우는데 필요한 아이템도 두루 취급한다. 2층에는 패션 브랜드 라인의 Hannari도 있다.

03 주피터
Jupiter

- ◆ 10:00~21:00 ◆ 지하철 나가호리바시 長堀橋 역(K16·N16) 2-A번 출구 방향으로 도보 3분. 크리스타 나가호리 지하상가 안에 있다.

#희소성 높은 아이템을 합리적 가격에 파는 수입 식료품점. 3,000엔 이하의 와인과 우리나라의 반값인 원두커피가 강추 아이템! 하와이안 코나·블루 마운틴 등 고급 커피도 취급한다. 윌리엄슨·웨지우드 등 엄선된 브랜드의 홍차도 눈여겨보자.

04 아란지아론조
アランジアロンゾ

- ◆ 11:00~18:00 ◆ 휴업 수요일
- ◆ 지하철 신사이바시 心斎橋 역(M19·N15) 3번 출구에서 도보 5분.

#깜찍한 캐릭터 상품으로 유명한 아란지아론조의 본점. 규모는 작지만 쇼핑 욕구를 자극하는 예쁜 아이템이 풍부하다. 귀여운 그림의 손가방·문구·잡화는 기념품이나 선물용으로도 안성맞춤이다. 다른 어디서도 구할 수 없는 본점만의 한정판 아이템을 절대 놓치지 말자.

지하철 노선 **M** 미도스지 선　**S** 센니치마에 선　**Y** 요쓰바시 선　**K** 사카이스지 선　**N** 나가호리츠루미료쿠치 선

info plus

5 애플 스토어
アップルストアー

◆ 10:00~21:00 ◆ 지하철 신사이바시 心斎橋 역(M19·N15) 7번 출구에서 도보 3분.

#애플의 전제품을 판매하는 쇼룸. 우리나라의 애플 스토어보다 신제품 출시일이 빠르고 취급 제품이 다양하다. 1층 아이폰·아이패드·애플워치·맥북, 2층 액세서리 및 AS 상담·이벤트 플로어로 이루어져 있다. 영어가 가능한 직원도 있어 이용하기 편리하다.

6 신사이바시 오파
心斎橋 OPA

◆ 11:00~21:00 ◆ 지하철 신사이바시 心斎橋 역(M19·N15) 7번 출구를 나오면 바로 오른쪽에 있다.

#20대 여성 타깃의 발랄한 패션 백화점. 오사카의 최신 패션 트렌드를 한눈에 파악할 수 있는 것이 매력이다. 로컬 브랜드의 중저가 상품이 메인 아이템이라 부담 없는 실속 쇼핑을 즐기기에 적합하다. 패션 매장은 지하 1층부터 6층까지 총 7개 층에 걸쳐 있다.

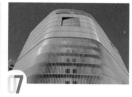

7 난바 마루이
なんばマルイ

◆ 11:00~20:00 ◆ 지하철 난바 なんば 역(M20·S16·Y15) 1번 출구에서 도보 1분.

#10~20대 여성 취향의 중저가 패션·잡화 백화점. 착한 가격에 디자인도 예쁜 손수건과 스타킹을 선물·기념품으로 추천한다. 수입식품 전문점 칼디 커피 팜 KALDI Coffee Farm에서는 50여 종의 원두커피를 취급하며 가격도 저렴하다. 아기자기한 잡화가 풍부한 Seria도 인기다.

8 난바 워크
なんばウォーク

◆ 10:00~21:00 ◆ 지하철 난바 なんば 역(M20·S16·Y15)과 지하도로 연결된다.

#800m 길이의 지하상가. 지하철 난바 역에서 닛폰바시 역까지 이어진다. 잡화·의류·패션 소품을 파는 240여 개의 숍이 모여 있다. 유명 브랜드는 별로 없어 소소한 잡화를 구입하기에 적당하다. 상가 곳곳에 부담 없는 가격대의 식당과 휴식 공간도 마련돼 있다.

9 크리스타 나가호리
クリスタ長堀

◆ 11:00~21:00 ◆ 휴업 12/31~1/1, 2월의 셋째 월요일
◆ 지하철 신사이바시 心斎橋 역(M19·N15)과 지하도로 연결된다.

#길이 500m의 지하상가. 지하철 신사이바시 역에서 나가호리바시 역까지 이어진다. 중저가 패션·주얼리·잡화를 취급하는 숍 100여 개가 모여 있다. 크게 눈에 띄는 숍은 없지만 지하상가란 특성상 궂은 날도 편히 돌아볼 수 있는 것이 장점이다.

10 난바 시티
なんば CITY

◆ 11:00~21:00 ◆ 휴업 부정기적
◆ 지하철 난바 なんば 역(M20·S16·Y15) 1번 출구에서 도보 4분.

#대형 쇼핑센터. 공항철도가 출발하는 난바 역과 연결돼 있어 공항을 오갈 때 이용하면 편리하다. 패션·액세서리·잡화·가전을 취급하는 300여 개의 숍이 입점해 있는데, 특히 20~30대 여성 패션 매장의 비중이 높다. 남관 南館 2층에는 세리아·핸즈비·Muji 매장도 있다.

지하철 노선 M 미도스지 선 S 센니치마에 Y 요쓰바시 선 N 나가호리쓰루미료쿠치 선

#info plus

1 포케몬 센터 오사카 DX
ポケモンセンターオーサカDX

♦ 10:00~20:00 ♦ 지하철 신사이바시 心斎橋 역(M19·N15) 4B·6번 출구에서 도보 5분. 다이마루 백화점 9층에 있다.

#포케몬 오피셜 매장. 인기 캐릭터의 봉제인형이 메인 아이템이며, 스마트폰 액세서리·의류·문구 등 다양한 굿즈를 취급한다. 바로 옆에는 일본에 단두 개뿐인 포케몬 카페도 있다(예약 필수). 포켓몬 모양의 깜찍한 요리·음료가 눈길을 끈다.

2 점프 숍
Jump Shop

♦ 10:00~20:00 ♦ 지하철 신사이바시 心斎橋 역(M19·N15) 4B·6번 출구에서 도보 5분. 다이마루 백화점 9층에 있다.

#주간지 소년 점프의 캐릭터 굿즈만 취급하는 숍. 최신 아이템을 가장 먼저 선보인다. 특히 귀멸의 칼날·원피스·하이큐·드래곤볼 팬이라면 들러볼 만하다. 캐릭터가 그려진 티셔츠·인형·피규어·만화책을 두루 취급해 기념품 장만에도 좋다.

3 북 오프 플러스
Book Off Plus

♦ 10:00~22:00 ♦ 지하철 난바 なんば 역(M20·S16·Y15) 14번 출구에서 도보 2분.

#일본 최대의 헌책방 체인점. 만화·소설·잡지를 비롯해 피규어·프라모델·CD·DVD·게임 소프트 등 다양한 중고 상품을 취급하며 가격도 저렴하다. 특히 만화책은 한 권당 110엔부터 시작하는 착한 가격이 매력이다. 난바 파크스와 지하철 신사이바시 역 근처에도 지점이 있다.

4 이온 푸드 스타일
Aeon Food Style

♦ 24시간 ♦ 지하철 나가호리바시 長堀 역(K16·N16) 7번 출구에서 도보 3분.

#편의점 기능을 겸비한 도심형 슈퍼마켓. '혼자서도 편리하게'란 콘셉트에 걸맞게 1인 가구를 위한 소포장 제품과 도시락·반조리 식품이 풍부하다. 튀김·꼬치구이 같은 안주를 장만하기에도 좋다. 1층 식료품·신선식품·주류·도시락, 2층 과자·조미료·인스턴트 식품 코너다.

5 라이프
Life

♦ 09:30~24:00 ♦ 지하철 다이코쿠초 大国町駅역(M21·Y16) 2번 출구에서 도보 4분.

#현지인이 즐겨 찾는 대형 슈퍼마켓. 규모가 큰 만큼 취급하는 상품이 다양하고 가격도 저렴하다. 19:00 이후에는 그날 만든 도시락·반찬을 20~30% 할인 판매한다. 1층 신선식품·식료품·도시락·과일, 2층 드러그스토어·욕실·주방·잡화 코너로 이루어져 있다(면세 가능).

6 교무 슈퍼
業務スーパー

♦ 09:00~21:00 ♦ 지하철 에비스초 恵美須町 역(K18) 1−B번 출구에서 도보 9분.

#박리다매 원칙의 초저가 슈퍼마켓. 냉동식품·가공식품 및 자체 브랜드의 PB 상품이 주력 아이템이다. 여타 슈퍼마켓보다 현지 10~20% 가격이 저렴해 현지인이 즐겨 찾는다. 특히 음료·조미료·즉석식품 구입에 유리하다. 단, 제품이 풍부하진 않으니 지나친 기대는 금물!

키타
キタ

오사카 북쪽의 다운타운인 '키타'는 미나미와
쌍벽을 이루는 쇼핑가이자 식도락가다.
하늘을 찌를 듯 높이 솟은 빌딩 숲을 따라 줄지어
선 명품 숍, 오픈과 동시에 문전성시를 이루는
대형 쇼핑몰, 해질녘이면 꼬치 굽는 냄새와
함께 취객의 비틀거리는 발걸음이 이어지는
유흥가의 풍경은 도톤보리·신사이바시의
분위기와 비슷하면서도 미묘하게 다른 뉘앙스로
여행자의 호기심을 자극한다.

볼거리 ★★★☆☆   먹거리 ★★★★☆
쇼 핑 ★★★★☆   유 흥 ★★★☆☆

ACCESS

지하철 미도스지 선 御堂筋線의 우메다 梅田 역(M16),
타니마치 선 谷町線의 히가시우메다 東梅田 역(T20), 요쓰
바시 선 四つ橋線의 니시우메다 西梅田 역(Y11) 하차. 출
구가 많고 지하 구조가 무척 복잡하니 역 구내의 안내도에서
출구 위치와 방향을 꼼꼼히 확인하고 나가는 것이 안전하다.

사철 한큐 전철·한신 전철 阪急電鉄·阪神電鉄의 우메
다 역(HK01·HS01) 하차. 지하도를 통해 지하철 우메다·
히가시우메다·니시우메다 역과 연결된다. 역시 지하도가
무척 복잡하니 주의할 것!

JR 오사카칸죠 선 大阪環状線 또는 교토 선 京都線·토
카이도혼 선 東海道本線의 오사카 大阪 역 하차.

best course 6시간~

1 텐진바시스지
로쿠쵸메 역
3번 출구

도보 2분

2 오사카 주택 박물관

지하철 3분 + 도보 8분

3 헵 파이브

도보 8분

쇼핑 스팟

4 오사카 스테이션 시티

도보 2분

쇼핑 스팟

5 그랑 프론트 오사카

도보 9분

6 우메다 스카이 빌딩

도보 5분

야경

7 공중정원 전망대

#must see

■ 우메다 스카이 빌딩
梅田スカイビル

◆ 지하철 우메다 梅田 역(M16) 5번 출구에서 도보 12분.

나카시젠노모리
◆ 10:00∼21:00 ◆ 무료

타키미코지 식당가
◆ 11:00∼22:00(식당마다 다름)
◆ 휴업 연말연시

1 우메다 어디서나 눈에 띄는 파란색의 고층 빌딩(173m). 개선문처럼 가운데가 뻥 뚫린 독특한 생김새와 하늘빛을 머금은 듯 파랗게 빛나는 외관은 미래를 지향하는 도시 오사카의

포부를 상징한다. JR 교토 역과 삿포로 돔 등 유명 건축물을 탄생시킨 건축가 하라 히로시 原広司(1936∼)의 설계로 1993년 완공됐으며, 대칭을 이룬 두 동의 건물이 지상 170m(40층) 지점에서 하나로 연결된다. 오픈 당시 영국의 유명 가이드북 출판사 DK에서는 파르테논 신전, 콜로세움과 더불어 세계를 대표하는 이색 건축물 가운데 하나로 선정하기도 했다.

4 옥상에는 공중정원 전망대가 위치하며, 1층에는 나카시젠노모리 中自然の森라는 인공정원이 있다. 규모는 작지만 숲·

연못·폭포를 아기자기하게 배치해 지친 다리를 쉬어가기에 적당하다.

2 3 5∼7 지하에는 1920년대 분위기를 살린 타키미코지 滝見小路 식당가가 있다. 미용실·주점 등의 가게는 물론 우체통·자동차 같은 소품까지 그대로 재현해 타임머신을 타고 과거로 돌아간 듯한 기분을 들게 한다. 우체국 등 모든 시설을 실제로 이용할 수 있다는 사실도 흥미롭다.

식당가에는 오사카의 오코노미야키 5대 맛집 가운데 하나인 키지 きじ(p.150)도 있다.

지하철 노선 M 미도스지 선

must see

공중정원 전망대
空中庭園展望台

♦ 09:30~22:30(계절에 따라 다름)
♦ 휴관 부정기적 ♦ 성인 1,500엔,
초등학생 이하 700엔, 3세 이하 무료
♦ 지하철 우메다 梅田 역(M16) 5번
출구에서 도보 12분. 매표소는 우메
다 스카이 빌딩 39층에 있다.

1~**4** 우메다 스카이 빌딩 옥상
에 위치한 야외 전망대(173m).
시야를 방해하는 장애물이 하나
도 없는 탁 트인 전망을 뽐낸다.
삐죽삐죽 솟은 우메다의 빌딩
숲과 오사카 항, 고베 너머까지
길게 뻗은 웅장한 산맥이 한눈

에 들어와 인스타 맛집으로도
정평이 났다.
일몰 1~2시간 전쯤 올라가면
오사카의 전경은 물론, 사방천
지를 황금빛으로 물들이는 노을
과 도시 전체가 색색의 불빛으
로 반짝이는 멋진 야경까지 한
꺼번에 감상할 수 있다.
7 전망대 한편에는 사랑이 지속
되길 기원하는 하트 모양 자물쇠
가 걸린 연인의 성지도 있다.
5 6 150m 허공에 아슬아슬하
게(?) 걸린 채 우메다 스카이 빌
딩과 공중정원 전망대를 연결하
는 공중 에스컬레이터의 짜릿한
스릴도 놓치기 힘든 경험이다.

여긴 어디? 키타 or 우메다?

우메다 스카이 빌딩이 위치한 지
역의 통칭은 '키타 キタ'. 그러나
공식 행정구역명은 '우메다 梅田'
다. 오사카 남쪽의 번화가를 남쪽
이란 뜻의 미나미 ミナミ(南)라
부르면서 북쪽의 번화가도 자연스
레 북쪽을 뜻하는 키타 キタ(北)
라 부르게 된 것.
우메다의 명칭은 원래 매립지를
뜻하는 '우메다 埋田'에서 유래했
다. 갯벌로 뒤덮인 이 일대를 매립
하고(1874년) JR 오사카 역을 세
우면서 지금의 이름이 붙었는데,
후일 고상한 이미지를 부여하고자
한자만 매화 밭을 뜻하는 '우메다
梅田'로 바꿨다.

지하철 노선 M 미도스지 선

#must see

▌ 오사카 스테이션 시티
大阪ステーションシティ

◆ 숍 10:30~20:30, 식당가 11:00~
23:00 ◆ 휴업 부정기적
◆ 지하철 우메다 역(M16)
3–A·3–B번 출구 방향으로 가면
Osaka Station City 표지판이 있다.
그것을 따라가면 오사카 스테이션
시티의 지하 1층과 바로 연결된다.
또는 JR 오사카 역 바로 앞에 있다.

1~**6** 키타의 대표적인 볼거리
이자 쇼핑 명소. 7년여에 걸친
도심 재개발 사업 끝에 탄생한
교통·쇼핑 복합 단지.
5 6 JR 오사카 역을 중심으로

사우스 게이트 South Gate 빌
딩과 노스 게이트 North Gate
빌딩의 세 개 건물이 나란히 이
어져 있으며, 각각의 건물에
는 루쿠아(p.165), 루쿠아 이레
(p.167), 다이마루(p.175) 등 유
행의 첨단을 걷는 대형 백화점
이 입점해 있다.
1 2 4 건물 곳곳에는 물·자
연·시간·환경·정보를 테마로
만든 8개의 크고 작은 광장이
있어 도심 속의 쾌적한 휴식처
를 제공한다.
1 특히 눈길을 끄는 곳은 탁 트
인 전망을 자랑하는 천공의 농
원 天空の農園(노스 게이트 빌

딩 14층)과 바람의 광장 風の
広場(노스 게이트 빌딩 11층)이
다. 난간 너머로는 오사카 시내
가 한눈에 내려다보이며, 밤늦
게까지 개방해(07:00~21:00)
야경 포인트로도 인기가 높다.
3 JR 오사카 역 5층에 위치한
시공의 광장 時空の広
場 역시 재미난 볼거
리다. 역 전체를 뒤덮
은 거대한 철골 천장
이 머리 위로 올려다보
이며, 광장 양 끝에는 철
도의 정시성(定時性)을
상징하는 금시계와 은
시계를 세워놓았다.

금시계

(지하철 노선) **M** 미도스지 선

#must see

▌그랑 프론트 오사카
グランフロント大阪

◆ 숍 11:00~21:00, 식당가 11:00~
23:00 ◆ 휴업 부정기적 ◆ 지하철
우메다 梅田 역(M16) 3–A · 3–B번
출구 또는 5번 출구에서 도보 5분.
오사카 스테이션 시티 · JR 오사카
역과는 육교로 연결된다.

1~**6** 오사카 최대의 쇼핑 · 문
화 복합시설. JR 오사카 역의
철도 차량 기지를 재개발한 것
으로 쇼핑이 메인인 남관 南館
과 쇼룸을 테마로 꾸민 북관 北
館의 두 건물로 이루어져 있다.

1~**3** 남관에는 패션 · 액세서
리 · 인테리어 숍 수백 개가 입점
해 있다. 1층의 우메키타 광장
うめきた広場에서는 시즌마다
다채로운 이벤트가 열리며, 9층
에는 키타 시내를 내려다보며
휴식을 취할 수 있는 아담한 공
중정원을 꾸며놓았다.
북관에는 첨단기술을 체험할 수
있는 쇼룸 The Lab.(2 · 3층)과
쇼룸 형식으로 꾸민 다양한 숍
이 모여 있어 구경하는 재미가
쏠쏠하다.

4■**5** 6층에는 화려한 분위기의
Umekita Floor 식당가가 위
치한다. 바 · 주점도 있어 가볍게
술을 즐기기에도 좋다.

우메다 지하는 던전?!

우메다는 지하철 · 사철 · JR 노선
이 집중된 교통의 중심지다. 각종
철도의 출발 · 종착지로 오사카의
현관 구실을 하는 곳답게 유동인
구는 1일 200만 명에 달한다.
이들이 이용하는 지하 공간은 마
치 미로처럼 복잡하게 얽혀 있다.
정도가 가장 심한 곳은 JR 오사카
역과 지하철 · 사철 우메다 역 밑으
로 이어진 지하상가 화이티 우메
다 ホワイティ梅田! 내부에 또 하
나의 우메다가 있다 해도 과언이
아닌데, 총연장 1.6km, 지하 면적
만 1만 7,000㎡에 달해 이 안에서
길을 잃으면 제아무리 오사카 사
람이라도 빠져나오기 힘들다.

(지하철 노선) **M** 미도스지 선

#must see

헵 파이브
HEP FIVE

◆ 11:00~21:00 ◆ 지하철 우메다 梅田 역(M16) 2번 출구 도보 4분.
대관람차 ◆ 11:00~23:00
◆ 600엔, 5세 이하 무료

1 4 5 옥상에 지름 75m짜리 대관람차가 설치된 독특한 건물. 영 캐주얼 감성의 백화점과 오락시설을 한 자리에 모아놓아 오사카의 10~20대가 즐겨 찾는 핫플로 유명하다.
1 입구부터 시선을 사로잡는 길이 20m의 빨간색 고래 모형은 일본에서 음악가 겸 디자이너로 명성이 자자한 아티스트 이시이 타츠야 石井竜也의 작품이다. 대관람차(7층)는 한 바퀴 도는 데 15분 정도 걸린다. 정상(106m)에서는 오사카 시내는 물론 멀리 고베까지 한눈에 들어올 만큼 발군의 전망을 뽐낸다.
한국식 스티커 사진기 40대를 모아 놓은 에그남 eggnam(9층)은 특히 10~20대 여성이 열광하는 명소다. **6** 인기 애니 캐릭터·인형 뽑기 게임기와 수백대의 가샤폰 자판기를 모아놓은 크로스 스토어 Cross Store (8·9층)도 놓치지 말자.

챠야마치
茶屋町

◆ 11:00~21:00(숍마다 다름)
◆ 지하철 우메다 梅田 역(M16) 2번 출구에서 도보 4분.

2 3 키타 북쪽에 위치한 세련된 쇼핑가. ZARA 등 유명 패션 브랜드는 물론, 영 캐주얼 중심의 로드 숍이 모여 있어 20~30대가 즐겨 찾는다. 메인이 되는 곳은 시크한 매력의 중고가 패션 브랜드가 집중된 쇼핑몰 누 챠야마치 Nu Chayamachi와 누 챠야마치 플러스 Nu Chaya-machi Plus다.

지하철 노선 M 미도스지 선

#must see

오사카 주택 박물관
大阪くらしの今昔館

◆ 10:00~17:00 ◆ 화요일, 12/29~
1/2 휴관 ◆ 성인 600엔, 대학생·
고등학생 300엔, 중학생 이하 무료
◆ 지하철 텐진바시스지로쿠쵸메
天神橋筋六丁目 역(T18·K11)
3번 출구와 지하로 연결된다.
엘리베이터를 타고 8층으로 올라가
면 매표소와 입구가 있다.
기모노 체험 ◆ 30분 1,000엔
음성 가이드 ◆ 100엔

1~6 19~20세기 오사카 소
시민의 삶과 주택·거리의 변천
사를 소상히 보여주는 박물관.

10층 전망대에서 출발해 9층, 8
층의 순서로 내려가며 관람한다.
영화 세트처럼 1830년대 오사
카의 거리를 생생히 재현한 9층
전시장이 핵심 볼거리다.
전문가의 고증을 거쳐 전통공법
그대로 만든 상점과 주택은 직
접 내부로 들어가 구석구석을
살펴볼 수 있다. 당시의 가구·
가재도구를 완벽히 재현해 마치
타임머신을 타고 과거로 돌아간
듯한 기분마저 들게 한다.
조명과 효과음으로 아침부터 저
녁까지 변화하는 거리의 풍경을
재현하는 모습도 흥미롭다. 특
히 봄~여름 시즌에는 '텐진마

츠리 축제'를 테마로 밤하늘을
수놓는 불꽃놀이 장면이 흥미로
운 볼거리를 선사한다.
전통 기모노 차림으로 박물관
내부를 거니는 기모노 체험(1일
100명 한정)도 가능한데, 개성
넘치는 인증샷을 남길 수 있으
니 도전해봐도 좋을 듯.
2 '모던 오사카 파노라마'가 테
마인 8층 전시장에서는 정밀 축
소모형을 통해 오사카 다운타운
의 거리와 주택, 생활상의 변천
사를 보여준다. 지금은 사라져
버린 텐노지의 대형 유원지 루
나 파크처럼 희귀한 전시물이
눈길을 끈다.

(**지하철 노선**) **T** 타니마치 선 **K** 사카이스지 선

#close up

나카자키쵸 카페 산책

**옛 정취를 담뿍 머금은 고즈넉한 카페의 거리.
골목골목 숨겨진 아기자기한 카페와 숍을 둘러보며
오사카의 숨은 매력에 빠져보자.**

①~⑫ 키타의 북동쪽에 위치한 나카자키쵸 中崎町는 오사카 토박이가 즐겨 찾는 카페의 거리다. 갑갑한 빌딩 숲에 둘러싸인 채 수많은 인파로 북적이는 키타와 달리 이곳엔 차분한 주택가가 펼쳐져 있다.
주택가를 거미줄처럼 연결하는 좁고 구불구불한 골목길을 걷노라면 1960~1970년대 오사카의 모습을 고스란히 간직한 낡은 주택과 상점 간판이 소박하면서도 정겨운 모습으로 다가온다.
골목 사이사이에는 저마다의 개성을 뽐내는 카페와 잡화점이 자리해 골목길 산책의 묘미를 더한다.
최근에는 영역을 확장하며 독특한 분위기의 숍들이 속속 늘어나고 있다는 사실도 무척 반갑다. 지나치게 현대적인 그리고 몰개성한 서구화의 길을 걷는 오사카의 모습에 식상한 여행자라면 잠시 숨을 돌릴 겸 여기 들러 커피 한 잔을 즐겨도 좋다.

♦ 지하철 나카자키쵸 中崎町 역 (T19) 2·4번 출구에서 도보 1~5분. 또는 키타의 헵 파이브 도보 11분.

(지하철 노선) **T** 타니마치 선

01 에이트큐 카페
89 Cafe

말괄량이 삐삐의 오두막 같은 소박한 카페. 초등학교 교실처럼 꾸민 공간에서 느긋하게 책을 볼 수 있는 '그림책 카페'로 유명하다. 디저트를 주문하면 초콜릿 시럽으로 접시에 앙증맞은 그림을 그려준다. 커피·차 등의 음료는 물론 가벼운 식사 메뉴도 선보인다.

♦ 12:00~17:00
♦ 휴업 월·목요일·연말연시

#close up

02 미쇼
みしょう

일본식 빙수 전문점. 생과일·몽블랑 등 다양한 재료를 토핑해준다. 한국식 팥빙수와는 다른 독특한 맛을 즐길 수 있다. 오래된 민가를 리모델링해서 만든 아늑한 공간과 감성적인 분위기가 매력이다. 은근히 손님이 많아 예약하고 가는 것이 좋다. 예약은 인스타그램으로만 받는다.

♦ 12:00~19:00 ♦ 휴업 일요일

03 킷사토카시 타비노네
喫茶と菓子タビノネ 中崎町

3 'Old & New' 콘셉트의 감성 카페. 도넛을 손에 든 소녀의 깜찍한 모습을 담은 벽화와 아기자기한 소품 때문에 '사진빨' 잘 받는 인스타 맛집으로 알려져 있다. 레트로 감성이 묻어나는 오므라이스·팬케이크·크림소다를 맛볼 수 있다.

♦ 10:00~19:00 ♦ 휴업 화요일

04 나카자키 카페
ナカザキカフェ

11 주택가 한복판에 있는 아늑한 카페. 달콤한 프렌치 토스트를 비롯해 각종 디저트를 맛볼 수 있다.

♦ 11:00~19:00 ♦ 휴업 금요일

05 시마코 카페
しまこカフェ

12 귀여움이 묻어나는 카페. 과일·쿠키로 깜찍하게 꾸민 시폰 케이크가 대표 메뉴. 영업일시 변동이 심해 홈페이지 확인은 필수!

♦ 11:00~16:00 ♦ 휴업 일요일

06 푸딩 전문 우사기노모리
プリン専門 兎の杜

7 코지한 분위기의 푸딩 맛집. 깜찍한 토끼 그림과 인형으로 꾸민 발랄한 인테리어가 돋보인다.

♦ 12:00~19:00 ♦ 휴업 수요일

07 잼 팟
Jam Pot

핸드메이드 잡화·액세서리 숍. 60여 명의 전문 디자이너가 만드는 깜찍한 아이템을 취급한다.

♦ 12:00~19:00 ♦ 임시 휴업 중, 자세한 영업일시는 홈페이지 참조.

08 야마타츠
ヤマタツ

인기 군것질 포인트. 갓 튀긴 코로케 コロッケ(90엔)가 맛있다.

♦ 10:00~18:30 ♦ 휴업 수요일

09 라멘 키쿠한
らぁ麺 きくはん

인기 절정의 라멘 맛집. 닭·돼지·해산물로 우려낸 진하고 감칠맛 넘치는 국물이 매력 포인트!

♦ 11:30~15:30, 17:30~21:30
♦ 휴업 월요일

지하철 노선 T 타니마치 선

#close up

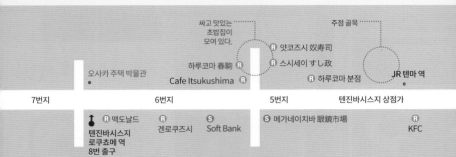

```
                              싸고 맛있는                          주점 골목
                              초밥집이
                              모여 있다.
                                          R 얏코즈시 奴寿司
                       하루코마 春駒 R    R 스시세이 すし政              JR 텐마 역
오사카 주택 박물관 •
Cafe Itsukushima R                        R 하루코마 분점

─────────────────────────────────────────────────────────────────────
7번지                        6번지                  5번지        텐진바시스지 상점가
─────────────────────────────────────────────────────────────────────
       R 맥도날드          R          S                S 메가네이치바 眼鏡市場            R
       텐진바시스지         겐로쿠즈시   Soft Bank                                    KFC
       로쿠쵸메 역
       8번 출구
```

일본에서 가장 긴 상점가 걷기

총길이 2.6㎞의 텐진바시스지 상점가는 일본에서
가장 긴 쇼핑 아케이드다. 소박하면서도 활기 넘치는 상점가를
거닐며 현지인의 소소한 일상을 체험해보자.

01 텐진바시스지 상점가
天神橋筋商店街

활기찬 기운이 넘치는 서민적인 상
점가. 키타에서 동쪽으로 1km 가량
떨어져 있다. 지하철 미나미모리마
치 역~오기마치 역~텐진바시스지
로쿠쵸메 역 등 세 개 역을 지나며
2.6km나 이어진다.
생필품을 파격적인 가격에 선보이
는 숍과 저렴한 식당, 맛난 군것질거
리를 파는 가게 등 총 600여 개의 상
점이 모여 있어 재미삼아 둘러보기
에도 좋다. 상점가는 '번지수 丁目
(쵸메)'로 블록이 구분된다. 처음 만
들어진 에도 시대에는 1~10번지까
지 있었으나 지금은 8번지까지만 남
아 있다. 각 블록의 입구와 천장은

해당 번지수를 상징하는 조형물로
꾸며 놓았는데, 특히 눈길을 끄는 것
은 1·2번지 입구의 분라쿠 인형과
3번지의 천장을 장식한 색색의 토리
이 鳥居다.
4·5번지 사이에 위치한 JR 텐마
天満 역 주변은 '술집 순례의 성지'
로 명성이 자자한 주점골목이다. 일
식·중식·양식 등 메뉴가 다양한 것
은 물론 값도 저렴해 오사카의 주당
이라면 모르는 이가 없을 정도다.

♦ 10:00~21:00 ♦ 휴업 연말연시
♦ 지하철 미나미모리마치 南森町 역
(K13)·오기마치 扇町 역(K12)·
텐진바시스지로쿠쵸메 天神橋筋六
丁目 역(K11) 하차.

02 칸테레오기마치 스퀘어
カンテレ扇町スクエア

독특한 조형미를 뽐내는 파란색 반
사 유리의 건물. 오사카를 대표하는
지역 방송국 칸사이 TV 関西テレ
ビ와 어린이 과학관 키즈 플라자 오
사카 キッズプラザ大阪가 모인 복
합 문화시설이다.
색색의 장난감 블록을 쌓아올린 듯
한 재미난 외관은 어린이를 위한 놀
이와 문화의 공간이란 의미를 함축
적으로 표현했다. 1층에는 칸사이
TV의 마스코트와 캐릭터 상품을 파
는 기념품점도 있다.

♦ 지하철 오기마치 扇町 역(K12)
2—B번 출구를 나와 바로 왼쪽.

텐진바시스지 상점가

텐마 주점골목

칸테레오기마치 스퀘어

지하철 노선 K 사카이스지 선 T 타니마치 선

#close up

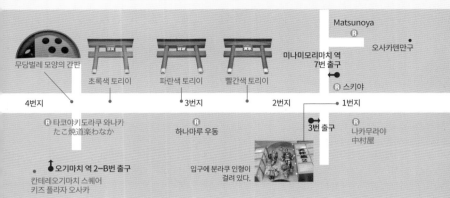

Matsunoya
R
오사카텐만구

미나미모리마치 역
7번 출구

R 스키야

무당벌레 모양의 간판

초록색 토리이　파란색 토리이　빨간색 토리이

4번지　　　　　3번지　　　　　2번지　　　　1번지

R 타코야키도라쿠 와나카
たこ焼道楽わなか

하나마루 우동

3번 출구

R 나카무라야
中村屋

오기마치 역 2-B번 출구
칸테레오기마치 스퀘어
키즈 플라자 오사카

입구에 분라쿠 인형이
걸려 있다.

03 타코야키도라쿠 와나카
たこ焼道楽わなか

#since 1961 세계적인 맛집 가이드북 〈미슐랭〉에도 소개된 타코야키 전문점. 타코야키(8개 600엔)도 훌륭하지만, 타코야키를 넣은 센베 과자 타코센 たこせん(200엔)이 간판 메뉴다.

◆ 11:00~21:00 ◆ 휴업 화요일
◆ 지하철 오기마치 扇町 역(K12) 1번 출구에서 도보 1분.

04 나카무라야
中村屋

#since 1956 텐진바시스지 상점가를 대표하는 튀김집. 갓 튀긴 고로케 コロッケ(90엔)가 맛있다. 문을 열자마자 긴 줄이 늘어서며, 재료가 떨어지면 바로 문을 닫으니 서둘러 가야 한다.

◆ 월~금요일 09:00~18:30, 토요일 09:00~17:00 ◆ 휴업 일·공휴일
◆ 지하철 미나미모리마치 南森町 역(K13·T21) 7번 출구에서 도보 1분.

타코야키도라쿠 와나카

05 오사카텐만구
大阪天満宮

949년 창건된 유서 깊은 신사. 학문의 신 스가와라 미치자네 菅原道真를 모시는 곳이라 입시철이면 오사카 전역에서 수험생과 학부모가 구름떼처럼 모여들어 문전성시를 이룬다.

본전 안쪽에는 입신출세를 뜻하는 용 조각을 새긴 등용문 登龍門이 있으며, 신사 곳곳에는 합격을 기원하는 의미가 담긴 집 모양의 나무판인 에마 絵馬가 주렁주렁 걸려 있다.

7월 24~25일에는 성대한 텐진마쓰리 天神祭가 열리는데, 오사카의 3대 여름 축제 가운데 하나로 꼽힐 만큼 풍성한 볼거리를 제공한다.

◆ 일출~일몰 ◆ 지하철 미나미모리마치 南森町 역(K13·T21) 7번 출구에서 도보 2분.

오사카텐만구

스가와라 미치자네는 누구?

845년 교토에서 태어난 스가와라 미치자네는 5살 때 시조를 읊고, 11살 때 한시를 지었을 만큼 똑 소리 나는 신동이었다. 재능은 나이를 더할수록 빛을 발해 여러 관직을 두루 섭렵했고, 55살 때는 우리나라의 우의정과 맞먹는 우대신(右大臣)에 임명됐으며 민중을 보살피는 정치가로 명망이 높았다. 하지만 그에 비례해 주위의 질시 또한 만만치 않았다.

결국 그는 음모에 휘말려 변방으로 좌천됐고, 2년 뒤 억울하게 세상을 떴다. 장례식날 유체는 우마차에 실려 장지로 향했는데 갑자기 소가 걸음을 멈추더니 꼼짝도 않았다. 별 수 없이 그의 제자가 그곳에 그를 묻고 안라쿠지 安楽寺라는 절을 세웠다.

그 뒤 공교롭게도 스가와라 미치자네의 좌천에 가담한 인물들이 아무 연고 없이 죽고 교토에 재난이 끊이지 않자 조정에서는 죽은 스가와라 미치자네가 내린 벌로 알고 안라쿠지에 그를 신으로 모시는 다자이후 신사를 세웠다.

시간이 흐름에 따라 스가와라 미치자네에 대한 신앙이 깊어졌고 다자이후 신사는 텐만구로 승격됐다. 그리고 그의 유체를 싣고 가던 우마차의 소도 신앙의 대상이 돼 텐만구라면 어디나 합격의 소원을 비는 소의 동상이 있다.

지하철 노선 　K 사카이스지 선　T 타니마치 선

#close up

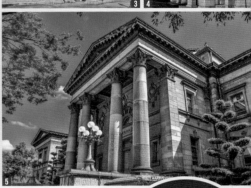

나카노시마 레트로 건축 투어

키타의 남쪽에 위치한 나카노시마 일대는 20세기 초 오사카의 풍경이 보존된 지역이다. 강변 산책로를 거닐며 한 세기 전 이 도시의 모습을 떠올려보는 것도 흥미롭다.

01 나카노시마
中之島

1 2 키타에서 남쪽으로 700m 정도 떨어진 곳에 위치한 작은 섬. 이름 그대로 '강 한가운데에(中之) 떠 있는 섬(島)'이라 예부터 물자 운송의 주요 경로로 이용됐다.

에도 시대에는 쌀 시장이 개설돼 '천하의 부엌'이란 별칭을 얻었으며, 19세기 후반에는 여러 관공서가 들어서 오사카 정치·경제의 중심지 역할도 했다. 지금도 19세기의 석조건물이 옛 모습 그대로 남아 있으니 잠시 들러보자. 산책·조깅을 즐기기 좋은 강변 산책로도 정비돼 있다.

◆ 지하철 요도야바시 淀屋橋 역(M17) 1번 출구에서 도보 1분.

02 일본은행 오사카 지점 구관
日本銀行大阪支店旧館

3 4 발권 및 통화 정책을 운용하는 중앙은행인 일본은행의 오사카 지점. 네오 바로크 양식과 네오 르네상스 양식이 혼용된 중후한 외관은 벨기에의 국립은행 건물을 본뜬 것이다.

한국은행 본점과 도쿄 역·일본은행 본점을 지은 건축가 타츠노 킨고 辰野金吾(1854~1919)의 설계로 1903년 완공됐다.

원래 뽀얀 크림색의 화강암 건물이었으나 지난 100여 년 동안 짙은 매연에 찌들다보니 실제로는 칙칙한 회색빛으로 보인다는 사실도 재미있다.

◆ 지하철 요도야바시 淀屋橋 역(M17) 7번 출구에서 도보 1분.

03 오사카 부립 나카노시마 도서관
大阪府立中之島図書館

5 그리스 신전을 연상시키는 네오 바로크 양식의 건물. 재벌가인 스미토모 가문 住友家가 1904년에 기증한 도서관이다.

태평양 전쟁 당시 공습으로 이 일대의 건물이 상당수 파괴됐으나 운 좋게도 이곳만은 아무런 피해를 입지 않아 옛 모습이 고스란히 보존됐다. 장서는 50여 만 권에 이르며 고서(古書)도 다수 소장돼 있다.

◆ 09:00~20:00, 토요일 09:00~17:00 ◆ 휴관 일·공휴일, 12/29~1/4, 매월 둘째 목요일 ◆ 지하철 요도야바시 淀屋橋 역(M17) 1번 출구에서 도보 4분.

지하철 노선 **M** 미도스지 선

#close up

04 오사카 시 중앙공회당
大阪市中央公会堂

1~**3** 1918년 완공된 네오 르네상스 양식의 석조 건물. 나카노시마의 상징으로 잘 알려져 있다. 오사카 출신의 백만장자 주식중개인 이와모토 에이노스케 岩本栄之助가 기증한 100만 엔으로 지어진 이 건물 역시 옛 서울역을 설계한 타츠노 킨고 辰野金吾의 작품으로 유명하다. 아치형의 지붕과 외벽을 장식한 붉은 벽돌이 중후하면서도 예스러운 멋을 폴폴 풍기는데, 밤에 조명을 받으면 분위기가 한층 살아난다.

지하 1층에는 이와모토 에이노스케의 삶과 건물의 역사를 소개하는 조그만 전시실도 있다. 그는 건물이 완공되기 2년 전인 1916년, 제1차 세계대전으로 인한 주식 대폭락으로 막대한 손실을 입고 스스로 목숨을 끊었다. 이 때문에 건물 주위에서 그의 유령이 출몰한다는 으스스한 얘기도 전해온다.

◆ 지하철 요도야바시 淀屋橋 역 (M17) 1번 출구에서 도보 5분.
가이드 투어(예약 필수)
◆ 500엔 ◆ 1일 2회
10:00~10:30, 11:00~11:30

05 츠유텐 신사
露天神社

4~**6** 1,300년이 넘는 짱짱한 역사를 자랑하는 신사. 서기 700년 무렵 창건됐으며, 곡물의 신 스쿠나비코나 少彦名大神와 학문의 신 스가와라 미치자네를 모신다.

경내에는 이곳을 배경으로 일어난 비극적 러브 스토리 〈소네자키 정사 曾根崎心中〉의 한 장면을 재현한 동상과 합격·출세의 소원을 비는 소 동상이 놓여 있다. 본전 앞에는 두 개의 돌기둥이 있는데 밑둥 부분에 움푹 패인 탄흔은 태평양 전쟁 당시 날아든 유탄에 의해 생겼다.

1월 1일에는 신년 소원을 비는 참배객으로 문전성시를 이루며, 1월을 제외한 매월 첫째 금요일에는 경내에서 벼룩시장이 열린다.

신사 옆의 좁은 골목을 따라 들어가면 조그만 술집과 클럽이 모인 예스러운 유흥가가 펼쳐진다.

◆ 일출~일몰
◆ 지하철 히가시우메다 東梅田 역(T20) 6번 출구에서 도보 4분.

소네자키 정사(情死)는 1703년 츠유텐 신사에서 벌어진 동반자살 사건을 모티브로 만든 인형극이다. 주인공은 기생 하츠 はつ(21세)와 간장가게 점원 토쿠베이 徳兵衛(25세)로 이 둘은 현격한 신분 차이 때문에 이루어질 수 없는 사랑을 하고 있었다.

애태우는 시간에 비례해 시름만 깊어가던 어느 날, 엎친 데 덮친 격으로 토쿠베이는 간장가게 주인과 친구의 음모로 곤경에 처하고 만다. 자포자기하는 심정으로 하츠를 찾아간 그는 다음 생에는 부부의 연으로 만나기를 기원하며 하츠와 동반자살을 하는데, 츠유텐 신사에 놓인 동상은 바로 이 장면을 묘사한 것이다.

흥미로운 점은 인형극이 공개된 직후 1년 반 동안 오사카에서 900여 건의 모방 자살사건이 발생했을 만큼 엄청난 사회적 반향을 불러일으켰다는 사실이다. 즉 에도시대(1603~1867)가 낳은 엄격한 신분제도로 인해 애태우는 커플이 그만큼 많았다는 이야기!

지하철 노선 **M** 미도스지 선 **T** 타니마치 선

#must eat

▌키지
きじ

◆ 726엔~ ◆ 11:30~21:30
◆ 휴업 월·목요일, 연말연시
◆ 지하철 우메다 梅田 역(M16) 5번 출구에서 도보 10분. 우메다 스카이 빌딩 지하 1층의 타키미코지 식당가에 있다.

#Since 1950 오사카에서 다섯 손가락 안에 꼽히는 오코노미야키의 명가. 삼 대째 이어온 오사카 정통 오코노미야키를 선보인다. 손님들의 '감상'이 적힌 메모지와 명함이 벽에 빼곡하게 붙은 모습에서 뜨거운 인기를 실감할 수 있다. 카운터석에 앉아 오코노미야키 굽는 모습을 구경하는 재미도 남다르다.

#정통 오사카 스타일의 진한 오코노미야키 소스와 입에 착착 감기는 반죽이 군침 돌게 하며 고기·해산물 등 토핑 재료의 상태도 훌륭하다.
#간판 메뉴는 오징어·돼지고기를 넣은 볶음면에 계란과 오코노미야키 소스를 얹어 마무리한 모단야키다. 오코노미야키 특유의 텁텁함이 없는 것이 매력!
#오코노미야키 메뉴로는 푸짐한 재료의 타키미야키, 삼겹살을 추가한 부타다마, 새우·문어·어묵·곤약 등의 재료를 더한 믹스야키, 소 힘줄의 쫄깃한 식감을 살린 스지야키를 추천한다. 오코노미야키는 기름진 맛을 잡아주는 맥주·우롱차와 먹으면 더욱 맛있다.

#꿀팁 오픈런을 하지 않는 이상 최소 30분 대기는 필수다. 손님이 몰리는 주말과 저녁 피크 타임에는 1~2시간 대기가 기본이니 주의! 우메다 스카이 빌딩 공중정원 전망대의 사용 당일 입장권을 제시하면 스페셜 서비스가 제공된다.
오리지널의 맛과 분위기를 즐기려면 1950년 창업 당시의 모습을 간직한 본점으로 가보자. 신우메다 먹자골목에 있다.

최애 메뉴

모단야키 もだん焼 913엔
타키미야키 滝見焼 957엔
부타다마 豚玉 726엔
믹스야키 ミックス焼 957엔
스지다마 すじ玉 957엔

지하철 노선) M 미도스지 선

#must eat

▌하루코마
春駒

♦ 1,000엔~ ♦ 11:00~21:30
♦ 휴업 화요일(화요일이 공휴일인 경우 그 다음날 휴업)
♦ 지하철 텐진바시스지로쿠쵸메 天神橋筋六丁目 역(T18·K11) 8번 출구에서 도보 7분.

#Since 1953 신선한 재료와 합리적 가격으로 인기가 높은 초밥집. '초밥 격전지'로 통하는 텐진바시스지 天神橋筋 상점가에서도 가장 단골이 많다. #가격은 회전초밥과 비슷한 접시당 165~880엔 수준이다. 하지만 맛은 고급 초밥집에 필적할 만큼 뛰어나며 80여 종의 다양한 초밥을 취급한다.

#초밥 사진이 실린 메뉴판(한글·영문)에서 초밥을 고른 뒤 해당 번호와 수량을 종이에 적어서 주문하는 방식이라 일본어를 몰라도 이용하기 쉽다.
#꿀팁 식당이 무척 작아 줄 설 각오가 필수다. 본점에 자리가 없을 때는 도보 2분 거리의 분점을 이용하자. 본점에 비해 규모가 커 상대적으로 자리가 빨리 난다.

최애 메뉴

단새우 甘えび(아마에비) 330엔
도미 鯛(타이) 385엔
광어 ひらめ 히라메) 440엔
금눈돔 金目鯛(킨메다이) 495엔
성게 うに(우니) 550엔
참치 대뱃살 大どろ(오도로) 880엔

▌칸타로
函太郎

♦ 1,000엔~ ♦ 11:00~23:00
♦ 지하철 우메다 梅田 역(M16) 3-A·3-B번 출구 또는 5번 출구에서 도보 5분. 그랑 프론트 오사카 남관 7층에 있다.

#Since 1982 홋카이도의 유명 회전초밥 전문점 칸타로의 오사카 분점. 홋카이도에서 직송해 온 싱싱한 해산물과 갓 지은 밥으로 맛난 초밥을 만든다. 제철 생선을 재료로 한 메뉴가 충실하며, 가성비 맛집으로도 인기가 높다.
#한국어가 지원되는 액정 태블릿으로 초밥을 주문할 수 있어 이용하기 편리하다.

지하철 노선 ┃ T 타니마치 선 K 사카이스지 선 M 미도스지 선

#must eat

▍텐마사카바 스시킨
天満酒場 すし金

♦ 1,000엔~ ♦ 월~금요일·공휴일 전날 12:00~14:30, 17:00~22:00, 토·일·공휴일 12:00~22:00 ♦ 휴업 부정기적 ♦ 지하철 텐진바시스지로쿠쵸메 天神橋筋六丁目 역(K11) 12번 출구에서 도보 4분. 또는 JR 텐마 天満 역(JR-O10) 북쪽출구 北出口에서 도보 2분.

#합리적인 가격의 초밥과 다양한 술을 즐길 수 있는 '스시 이자카야'. 초밥 한 접시 99엔부터 시작하는 파격적인 가격이 매력이며, 신선한 제철 재료로 만든 40여 가지 초밥을 선보인다. 바다 내음 물씬 풍기는 성게·연어알 초밥이 특히 맛있다. 풍성하게 쌓아올린 생선회 위에 연어알과 송송 썬 쪽파를 흩뿌려 맛과 모양을 살린 나다레스시는 식사 메뉴로는 물론 안주로도 인기가 높다.

#각종 주류와 함께 생선회·튀김·어묵 등 다채로운 안주를 부담없는 가격에 선보여 오사카의 밤을 즐기기에도 안성맞춤이다. #깔끔한 인테리어도 돋보이는데, 1층은 혼술에 적합한 카운터석, 2층은 여럿이 이용하기 좋은 테이블석으로 꾸며놓았다.

최애 메뉴
성게·연어알 초밥
雲丹とイクラの贅沢寿司
(우니토이쿠라노제타쿠스시) 770엔
나다레스시 なだれ寿司 814엔

▍스시노 다리핀
寿司のだりぴん

♦ 1,000엔~ ♦ 화~금요일 12:00~14:30, 17:00~22:00, 토·일·공휴일 12:00~15:00, 16:00~22:00 ♦ 휴업 월요일 ♦ 지하철 우메다 梅田 역(M16) 5번 출구에서 도보 4분.

#신선한 재료와 착한 가격의 초밥집. 특제 로제 식초를 사용해 붉은 빛이 감도는 색다른 초밥을 선보인다. 설탕의 양을 줄인 저당질의 건강한 맛이 특징으로 샤리(밥알)의 식감이 꼬들꼬들하며, 특유의 새콤함이 재료의 맛을 한층 살려준다.
#전문가가 엄선한 니혼슈를 초밥과 함께 맛볼 수 있는 것도 놓치기 힘든 매력이다.

지하철 노선) K 사카이스지 선 　M 미도스지 선 　JR-O 오사카칸죠 선

#must eat

키타신치 스시 센코도
北新地 鮨 千功堂

♦ 9,900엔~ ♦ 평일 17:00~23:00,
토·일·공휴일 12:00~14:30,
16:00~23:00 ♦ 휴업 부정기적
♦ 지하철 우메다 梅田 역(M16)
F34번 출구에서 도보 15분.
또는 JR 키타신치 北新地 역
(JR-H44)에서 도보 2분.

#세련된 분위기와 고급진 맛의
초밥 전문점. 고급 식당가로 소
문난 키타신치 한복판에 위치
하지만, 의외로 합리적인 가격
에 최상의 맛과 분위기를 즐길
수 있어 인기가 높다.
#신선한 제철 재료를 정성껏 손
질해 내놓으며, 적초를 넣어 초
밥의 풍미를 한껏 살렸다.

카운터석에 앉아 숙련된 장인이
즉석에서 한 점씩 쥐어주는 초
밥을 맛보는 호사를 누리는 것
도 특별한 경험이다. 날랜 손놀
림으로 재료를 다듬고 초밥을
만드는 모습을 바로 눈앞에서
보는 재미는 덤이며, 재료에 대
한 친절한 설명도 들을 수 있다.
#고급 캇포요리 割烹料理와
함께 50여 종의 다양한 니혼슈
도 선보이는데, 초밥·요리와 어
울리는 술을 추천받아 맛보는
것도 요령이다. 카운터석 외에
아늑한 룸도 완비해 여럿이 식
사를 즐기기에도 좋다.

최애 메뉴
오마카세 초밥 おまかせ握り
(오마카세니기리) 15점 9,900엔

하나다코
はなだこ

♦ 610엔~ ♦ 10:00~22:00
♦ 휴업 부정기적 ♦ 지하철 우메다
역(M16) 2번 출구에서 도보 2분.

#Since 1951 회로 먹어도 될
만큼 싱싱한 문어를 사용하는
타코야키 전문점. 어깨를 다닥
다닥 붙이고 서서 먹어야 하는
불편함에도 불구하고 꼭 가야
할 맛집 리스트 1순위다.
#네기마요 ネギマキ 6개 610
엔, 8개 780엔, 10개 950엔
입천장을 홀랑 데일 만큼 뜨거
운 타코야키 안에 문어 살이 듬
뿍 들어있다. 파와 마요네즈를
수북이 얹어주는데, 아삭아삭
씹히는 파가 청량감을 더한다.

지하철 노선   M 미도스지 선   JR-H 토자이 선

#must eat

로지우라 커리 사무라이
Rojiura Curry Samurai

♦ 1,265엔~ ♦ 11:00~15:00, 17:00~21:30 ♦ 지하철 우메다 梅田 역(M16) 3-A·3-B번 출구 또는 5번 출구에서 도보 5분. 그랑 프론트 오사카 남관 7층에 있다.

#감칠맛이 폭발하는 수프 카레 전문점. 우리에게 익숙한 걸쭉한 카레와 달리 국물이 흥건한 홋카이도 스타일의 수프 카레를 선보인다.

#건강식을 추구하는 곳답게 카레에 8~20가지 채소를 듬뿍 담아낸다. 일반적인 카레와 달리 화학조미료·밀가루·식용유를 일절 사용하지 않고, 채소·닭뼈·돼지뼈·다시마·가다랑

어포를 꼬박 이틀 동안 우려낸 국물에 완숙 토마토와 달콤한 양파를 더해 풍미를 살렸다.

#추천 메뉴는 닭고기·채소가 듬뿍 담긴 '치킨과 하루치 채소 20가지' 수프 카레다. 수프의 맛, 맵기, 밥의 양을 자유로이 선택할 수 있는데, 맵기는 4단계 이상이 우리 입에 어울린다. 카레의 매운 맛을 중화시키는 요구르트 음료 라시와 같이 먹으면 더욱 맛있다.

최애 메뉴

치킨과 하루치 채소 20가지
チキンと一日分の野菜20品目
(치킨토이치니치분노야사이니슈힌모쿠) 1,925엔
플레인 라시 プレーンラッシー 495엔

수프 스톡 도쿄
Soup Stock Tokyo

♦ 490엔~ ♦ 08:00~22:00
♦ 휴업 부정기적 ♦ 지하철 우메다 梅田 역(M16) 3-A·3-B번 출구에서 도보 3분. 루쿠아 Lucua 쇼핑몰 지하 1층에 있다.

#20~30대 여성에게 인기가 높은 수프 전문점. 저염·저칼로리 건강식을 모토로 60여 가지 수프와 카레 메뉴를 선보이며, 맛과 영양도 뛰어나다.

#수프와 수프 세트 スープとスープのセット 1,400엔~. 수프 두 개에 밥 또는 빵 포함.

#수프와 카레 세트 スープとカレーのセット 1,480엔~. 수프·카레 1개씩과 밥 또는 빵.

지하철 노선 M 미도스지 선

#must eat

히츠마부시 나고야 빈쵸
ひつまぶし 名古屋 備長

♦ 3,850엔~ ♦ 11:00~15:00,
17:00~23:00 ♦ 휴업 부정기적
♦ 지하철 우메다 梅田 역(M16)
3-A·3-B번 출구 또는 5번 출구에
서 도보 5분. 그랑 프론트 오사카
남관 7층에 있다.

#나고야 명물 장어덮밥 히츠마
부시 레스토랑. 겉은 바삭하면
서도 속은 촉촉하게 구운 최상
의 장어 요리를 선보인다. 껍질
이 부드럽고 기름이 잘 오른 장
어만 엄선해 특제 소스를 바른
뒤, 최고급 비장탄 숯에 굽는 것
이 맛의 비결이라고.
#간판 메뉴는 히츠마부시다. 먹
기 좋게 자른 장어를 밥 위에 얹

어주는데, 삼등분해 세 가지 맛
으로 즐기는 것이 히츠마부시를
제대로 먹는 방법이다.
우선 밥그릇에 장어와 밥을 ⅓
정도 덜어내 장어의 맛을 온전
히 음미한다. 그리고 ⅓을 다시
덜어내 와사비와 송송 썬 파를
얹어 상큼한 풍미를 즐긴다. 마
지막으로 남은 밥에 조미료·
김·파·와사비를 모두 넣고 다
시 국물에 말아 오챠즈케 お茶
漬け로 먹는다. 김·파·와사비
는 원하는 만큼 리필된다.

최애 메뉴
히츠마부시 ひつまぶし
0.75마리 3,850엔, 1마리 4,800엔
1.5마리 6,450엔, 2마리 8,550엔
2.5마리 10,750엔

토리산와
鶏三和

♦ 1,089엔~ ♦ 11:00~21:00
♦ 지하철 우메다 梅田 역(M16)
3-A·3-B번 출구에서 도보 3분.
루쿠아 쇼핑몰 지하 1층에 있다.

#Since 1900 나고야의 유명 닭
고기 요리점 토리산와의 오사카
분점. 육질 좋기로 명성이 자자
한 나고야 토종닭으로 만든 덮
밥·튀김·꼬치구이를 선보인다.
#나고야 토종 닭고기덮밥
名古屋コーチン親子丼(나고
야코친오야코동) 1,089엔, 촉촉
한 닭고기·계란이 감칠맛 나는
소스와 잘 어우러진다. 함께 나
오는 담백한 닭고기 육수와 새
콤한 매실절임도 일품이다.

#must eat

▌그릴 캐피털 토요테이
グリルキャピタル東洋亭

◆ 1,520엔~ ◆ 11:00~22:00
◆ 지하철 우메다 梅田 역(M16) 6번 출구에서 도보 5분. 한큐 阪急 백화점 12층에 있다.

#Since 1897 교토의 노포 경양식 레스토랑 토요테이의 오사카 분점. 오랜 전통을 보여주듯 예스러운 분위기로 꾸민 인테리어가 인상적이다.

#간판 메뉴는 백년양식 햄버그스테이크. 풍선처럼 빵빵하게 부푼 쿠킹호일에 담겨 나오는 먹음직한 비주얼뿐만 아니라 감칠맛 넘치는 육즙의 고기가 입맛을 사로잡는다. 부드러운 식감과 깔끔한 맛에 더해 소스와

의 조화도 훌륭하다.
#감칠맛과 상큼함이 매력인 완숙 토마토 샐러드도 놓치기 아쉽다. 11:00~17:00에는 햄버그스테이크에 완숙 토마토 샐러드와 빵 또는 밥이 포함된 A 런치를 맛볼 수 있다.
B 런치에는 위의 메뉴에 커피·디저트, C 런치에는 수프·커피·디저트가 추가된다.

최애 메뉴

백년양식 햄버그스테이크
百年洋食ハンバーグステーキ
(햐쿠넨요쇼쿠함바구스테키)
단품 1,520엔, A 런치 1,720엔
B 런치 2,220엔, C 런치 2,620엔
디너 2,950엔~
(전채·디저트·음료 포함)

▌토리소바 자긴
鶏Soba 座銀

◆ 950엔~ ◆ 10:30~15:00, 17:30 ~22:00 ◆ 지하철 히고바시 肥後橋 역(Y12) 8번 출구에서 도보 3분.

#고급진 맛과 분위기의 식당. 라면을 요리의 경지로 한 단계 끌어올렸다 해도 과언이 아니다.
#토리 소바 鶏 Soba 950엔 포타주 스타일의 닭 육수 국물은 담백하면서도 진한 맛이 일품이며, 고운 거품이 부드러운 식감을 한층 더한다. 라면 위에 저민 차슈 두 장과 얇게 썬 우엉튀김을 먹기 좋게 얹어낸다. 차슈는 잡내 없는 부드러운 육질, 우엉은 바삭하면서도 고소한 맛이 국물과 잘 어울린다.

⬭ 지하철 노선) M 미도스지 선 Y 요츠바시 선

#must eat

▍잇푸도
一風堂

◆ 850엔~ ◆ 11:00~23:00
◆ 지하철 우메다 梅田 역(M16)
G1a번 출구에서 도보 6분.

#진한 돼지 사골국물이 일품인
하카타 라멘 전문점. 마늘을 넣
으면 조금 더 시원한 맛을 즐길
수 있으며, 생강절임과 매콤한
숙주무침 등의 반찬이 무료 제
공된다.
#시로마루모토아지 白丸元味
850엔, 담백한 국물
#아카마루신아지 赤丸新味
950엔, 얼큰한 국물
#키와미 카라카멘 極 からか
麺 990엔, 감칠맛을 더한 중화
풍의 매콤한 국물

▍이치란
一蘭

◆ 980엔~ ◆ 11:00~05:00
◆ 지하철 우메다 梅田 역(M16)
G1a번 출구에서 도보 8분.

#Since 1982 한국인 입맛에 딱
맞는 매콤한 국물의 라면집. 라
면을 먹는 데만 집중하도록 좌
석을 독서실처럼 1인석으로 꾸
몄다. 한국어 주문 용지에 면발
의 쫄깃함, 국물 맛, 맵기를 원하
는 대로 체크해서 건네면 돼 일
본어를 몰라도 OK! 처음이라면
무조건 '기본 基本'만 선택하는
것이 좋다.
#라면 ラーメン(라멘) 980엔
진한 톤코츠 라면임에도 잡내
없는 얼큰함이 매력이다.

▍카마타케 우동
釜たけうどん

◆ 800엔~ ◆ 11:00~20:00
◆ 지하철 우메다 梅田 역(M16) 2번
출구에서 도보 3분. 신우메다 먹자
골목 新梅田食道街에 있다.

#쫄깃한 수타면으로 인기가 높
은 사누키 우동 전문점. 도톰한
면발과 감칠맛이 응축된 국물의
조화가 절묘하다.
#치쿠다마텐붓카케 우동
ちく玉天ぶっかけ 소 800엔,
중 830엔, 대 980엔
차갑게 식힌 우동에 국물을 자
작하게 붓고 그 위에 잘게 썬 쪽
파와 매콤한 생강, 일본식 어묵
치쿠와, 반숙계란 튀김, 레몬을
얹어준다.

지하철 노선) M 미도스지 선

must eat

히라오카 커피
平岡珈琲店

♦ 500엔~ ♦ 10:00~18:00
♦ 휴업 화요일, 연말연시
♦ 지하철 요도야바시 淀屋橋 역
(M17) 8번 출구에서 도보 11분.

#Since 1921 시간이 정지한 듯 과거의 색채를 고스란히 간직한 예스러운 커피숍. 간장 양조업을 하던 창업주가 우연히 도쿄의 번화가 긴자에서 맛본 커피에 반해 가업을 접고 도쿄에서 오사카로 옮겨와 지금의 커피숍을 차렸다.
#긴자의 카페 파우리스타(1910년 창업)에서 배운 로스팅 기술은 물론 융 드립으로 커피를 내리는 방식까지 옛 전통을 삼 대째 지켜오고 있다. 카운터석에 앉으면 커피를 내리는 전 과정을 직접 살펴볼 수 있다.
#대표 메뉴는 과테말라 산 원두를 다크 로스팅해 쌉쌀한 맛과 그윽한 향을 살린 백년 커피. 우리에게 익숙한 커피와는 다른 탄탄한 중량감이 색다른 경험을 선사한다.
창업 당시의 레시피 그대로 100년 째 직접 만드는 수제 도넛과 함께 커피를 즐겨도 좋다. 도넛은 1일 70개만 한정 판매한다.

최애 메뉴

백년 커피 百年珈琲
(햐쿠넨코히) 500엔
도넛 揚げドーナツ
(아게도나츠) 220엔

다운스테어스 커피
Downstairs Coffee

♦ 440엔~ ♦ 09:00~20:00
♦ 지하철 우메다 梅田 역(M16) 3-A·3-B번 출구 또는 5번 출구에서 도보 5분. 그랑 프론트 오사카 북관 1층에 있다.

#벤츠 매장과 콜라보로 운영하는 카페. 최신형 벤츠 차량과 벤츠 로고가 새겨진 잡화·아웃도어 용품의 전시·판매도 겸한다. 차분한 공간에서 조용히 휴식을 취하기에도 좋다.
#라테 Latte 480엔, 2008년 세계 라테 아트 챔피언 사와다 히로시가 어레인지했다. 쌉싸름한 커피와 우유의 고소함이 절묘한 밸런스를 이룬다.

지하철 노선 M 미도스지 선

must eat

▌카페 반호프
Cafe Bahnhof

◆ 850엔~ ◆ 11:00~21:00
◆ 휴업 부정기적 ◆ 지하철 우메다 梅田 역(M16) 2번 출구에서 도보 5분. 한큐산반가이 阪急三番街 쇼핑몰 남관 南館 지하 2층 식당가에 있다. 찾기가 조금 힘드니 주의.

#커피 마이스터가 운영하는 스페셜티 커피 전문점. 2019년 G20 오사카 서밋 때는 각국 정상과 VIP를 위한 의전용 커피를 담당했다.
#한 잔 한 잔 정성을 담아 내리는 핸드드립 커피가 유명한데, 무겁지 않은 깔끔한 맛이 특징이다. 일반적인 커피숍과 달리 파나마·중국·르완다 등 희귀

한 제3세계 커피도 취급한다. 메뉴판에 커피의 풍미와 로스팅 정도가 상세히 적혀 있으니 그것을 참고로 주문하면 된다.

#로스팅은 강배전 深煎り, 중강배전 中深煎り, 중배전 中煎り, 약배전 浅煎り의 네 단계로 구분한다. 커피 본연의 풍미를 즐기려면 중강배전, 부드러운 향과 산미를 즐기려면 중배전 커피를 선택하는 것이 요령이다. 커피와 찰떡궁합인 몽블랑 등 쇼트 케이크도 맛있다. 세트로 주문하면 150엔 할인된다.

▌최애 메뉴

반호프 블렌드
BAHNHOF Blended Coffee
850엔

▌블루 보틀 커피
Blue Bottle Coffee

◆ 550엔~ ◆ 08:00~21:00
◆ 지하철 우메다 梅田 역(M16) 2번 출구에서 도보 11분.

#세계적인 명성의 커피숍 블루 보틀의 오사카 지점. 모던한 스타일을 살린 세련된 인테리어가 눈길을 사로잡는다. 2층에는 천장에 LED 스크린을 설치해 인공 하늘을 재현한 테이블도 있다. '사람 냄새 나는 커피'를 모토로 정성껏 내려주는 양질의 커피를 맛볼 수 있다. 최상의 맛을 즐길 수 있게 48시간 이내에 로스팅한 원두만 사용한다.
#블렌드 Blend 550엔~
#라테 Latte 627엔

#must eat

소금 버터 빵

호두빵

프레츨 크루아상

스콘

과일 타르트

▎캐스케이드
Cascade

♦ 07:30~22:00 ♦ 휴업 부정기적
♦ 지하철 우메다 역 梅田 역(M16)
2번 출구에서 도보 4분.

#Since 1962 빵 맛으로 명성이
자자한 베이커리. 매장에서 직
접 빵을 굽기 때문에 언제나 갓
구운 고소한 빵을 맛볼 수 있다.
샌드위치 등 가벼운 식사 메뉴
도 판매하며, 음료를 구매해 매
장에서 먹어도 된다.
#소금 버터 빵 塩バターパン
(시오바타팡) 141엔, 버터를 듬
뿍 사용해 고소하면서도 짭조름
한 맛이 끝내주는 간판 메뉴.
#호두빵 もるとくるみパン
(모루토쿠루미팡) 184엔

▎더 시티 베이커리
The City Bakery

♦ 388엔~ ♦ 07:30~20:00 ♦ 지하
철 우메다 梅田 역(M16) 3-A·3-B
번 또는 5번 출구에서 도보 10분.
그랑 프론트 오사카의 우메키타 광
장 うめきた広場 지하 1층에 있다.

#Since 1990 뉴욕 더 시티 베
이커리의 오사카 분점. 본고장
의 맛을 그대로 재현한 빵과 쿠
키로 큰 인기를 누리고 있다. 샌
드위치·햄버거 등의 가벼운 식
사 메뉴도 취급한다.
#프레츨 크루아상
Pretzel Croissant 388엔
짭짤한 프레츨과 고소한 크루아
상의 맛을 동시에 즐길 수 있는
인기 절정의 아이템.

▎킬페봉
キルフェボン

♦ 734엔~ ♦ 11:00~21:00
♦ 지하철 우메다 梅田 역(M16)
3-A·3-B번 출구 또는 5번 출구에
서 도보 8분. 그랑 프론트 오사카
남관 南館 2층에 있다.

#Since 1991 오사카 제일의 인
기를 구가하는 타르트 전문점.
차와 함께 타르트를 맛볼 수 있
는 카페와 테이크아웃 코너로
이루어져 있는데, 앉아서 먹으
려면 30분 이상 기다려야 한다.
#과일 타르트는 제철 과일을 듬
뿍 사용해 계절마다 메뉴가 바
뀌며, 다양한 맛을 즐길 수 있도
록 항상 20여 종의 타르트가 구
비돼 있다.

지하철 노선 M 미도스지 선

#must eat

떠먹는 치즈 케이크

바움쿠헨

우메다 치즈 라보
ウメダチーズラボ

♦ 250엔~ ♦ 10:00~20:00
♦ 지하철 우메다 梅田 역(M16) 7번
출구에서 도보 5분. 다이마루 大丸
백화점 지하 1층에 있다.

#치즈 러버에게 사랑받는 신감
각 치즈 케이크 숍. 다양한 치즈
의 맛과 향을 즐길 수 있다.
#떠먹는 치즈 케이크 スプーン
で食べるチーズケーキ(스푼
데다베루치즈케키) 1개 250엔
체다·고다·마스카포네·파마
산·고르곤졸라·까망베르의
6가지 맛이 있다.
#마시는 치즈 케이크
飲めるチーズケーキ
(노메루치즈케키) 500엔

클럽 하리에
クラブハリエ

♦ 1,296엔~ ♦ 10:00~20:00
♦ 지하철 우메다 梅田 역(M16) 11
~18번 출구 방향 개찰구에서 도보
2분. 한신 백화점 지하 1층에 있다.

#Since 1951 오사카 제일의 바
움쿠헨 베이커리. 일명 '나이테
빵'으로 통하는 바움쿠헨은 쇠
막대에 스폰지 케이크 반죽을
켜켜이 발라서 구운 뒤, 쇠막대
를 빼내고 동그랗게 자른 다음
겉에 시럽을 발라 완성시킨다.
#바움쿠헨 バームクーヘン
(바움쿠헨) 1,296~6,156엔
강렬한 단맛과 촉촉한 식감이
매력이다. 폐점 시간에 즈음해
서는 구매가 힘들 수도 있다.

마네켄
マネケン

♦ 150엔~ ♦ 10:00~21:00
♦ 지하철 우메다 梅田 역(M16)의
8번 출구를 나와 정면으로 30m 쯤
가면 오른쪽에 있다.

#Since 1986 정통 벨기에 와플
숍. 원료와 와플 기계 모두 벨기
에에서 수입해 본고장의 맛을
완벽히 재현한다. 싸구려 와플
과는 차원이 다른 촉촉한 식감
과 상쾌한 달콤함이 매력이다.
부담 없는 가격에 크기도 10cm
정도로 아담해 간식으로 먹기에
더할 나위 없이 좋다.
#플레인 プレーン 150엔
#초콜릿 チョコレート 170엔
#메이플 メープル 170엔

지하철 노선 M 미도스지 선

#must eat

커스터드 애플파이

링고
Ringo

♦ 450엔~ ♦ 10:30~20:30
♦ 지하철 우메다 梅田 역(M16)
3-A·3-B번 출구에서 도보 3분.
루쿠아 쇼핑몰 지하 1층에 있다.

#선풍적 인기의 애플파이 숍.
2016년 도쿄에서 첫선을 보인
이래 한 달에 13만 개씩 팔릴 만
큼 큰 인기를 누리고 있다.
#갓 구운 커스터드 애플파이
焼きたてカスタードアップ
ルパイ(야키타테카스타도앗푸
루파이) 1개 450엔, 4개 1,716엔
바삭한 파이 안에 진한 커스터
드 크림과 아삭아삭 씹히는 새
콤달콤한 사과가 듬뿍 들어 있
다. 따뜻하게 먹어야 맛있다.

쇼쿠사이 테라스
食祭テラス

♦ 400엔~ ♦ 10:00~20:00
♦ 지하철 우메다 梅田 역(M16) 11
~18번 출구 방향 개찰구에서 도보
2분. 한신 백화점 지하 1층에 있다.

#다양한 식도락 이벤트로 인기
가 높은 백화점 식품관. 14명의
식도락 전문 MD가 일본 전역
에서 발굴한 맛집·빵집을 소개
한다. 2주일마다 테마가 바뀌기
때문에(홈페이지 참조) 언제나
새로운 맛을 즐길 수 있다.
#빵 테라스 パンテラス 초인
기 베이커리만 엄선해 놓았다.
#오야츠노히키다시 おやつの
ひきだし 일본 전역의 명품 과
자를 한 자리에 모아놓았다.

한큐 백화점 식품관
阪急百貨店食品館

♦ 400엔~ ♦ 10:00~20:00
♦ 지하철 우메다 梅田 역(M16) 6번
출구 앞. 우메다 한큐 백화점 지하
1층에 있다.

#유명 베이커리·먹거리를 한자
리에 모아놓은 최고급 식품관.
100개 이상의 숍이 입점해 선택
의 폭이 넓다. 인기 베이커리에
는 항상 긴 줄이 늘어서 있어 현
재 오사카의 유행 아이템이 무
엇인지 한눈에 확인된다.
#Dojima Mon Cher
오사카 제일의 생크림 롤 케이크
#아라캉파뉴 ア·ラ·カンパー
ニュ 케이크·타르트·스위트
#후쿠사야 福砂屋 카스텔라

지하철 노선 **M** 미도스지 선

#must eat

루쿠아 바루치카
Lucua バルチカ

◆ 1,000엔~ ◆ 11:00~23:00
◆ 지하철 우메다 梅田 역(M16)
3-A·3-B번 출구에서 도보 5분.
루쿠아 쇼핑몰 지하 2층에 있다.

#발랄한 분위기의 지하 식당가.
초밥·꼬치튀김·라면 등 다양
한 음식을 취급하는 식당과 주
점 40여 개가 모여 있어 식사는
물론 술을 즐기기에도 좋다. 전
체가 금연구역인 것도 매력.
#Lucua Food Hall도 놓치지
말자. 고급 식료품을 취급하는
슈퍼마켓 Kitchen & Market이
특히 눈길을 끈다. 도시락을 구
매해 매장 가운데에 마련된 테
이블에서 먹어도 된다.

오이시이모노요코쵸
オイシイモノ横丁

◆ 1,500엔~ ◆ 11:00~24:00
◆ 지하철 우메다 梅田 역(M16) 5번
출구 바로 앞에 있다.

#쾌적한 먹자타운. 포장마차를
연상시키는 24개의 식당·주점
이 모여 있다. 오사카 명물인 쿠
시카츠·꼬치구이·초밥 등의 인
기 메뉴를 두루 취급해 선택의
폭이 넓으며, 가볍게 술을 즐기
기에도 좋다.
#특히 인기가 높은 식당은 오
뎅 전문점 ODD, 거의 대부분의
메뉴가 500엔 전후인 비스트로
사카바우오스케 ビストロ酒場
ウオスケ, 신선한 초밥을 취급
하는 칸타로 函太郎 등이다.

신우메다 먹자골목
新梅田食道街

◆ 600엔~ ◆ 휴업 연말연시
◆ 08:00~심야(식당마다 다름)
◆ 지하철 우메다 역(M16) 2번 출구
에서 도보 2분.

#Since 1950 100여 개의 식
당·주점이 모인 먹자골목. 태평
양 전쟁 직후 일본 국철 퇴직자
구제사업의 일환으로 조성한 식
당가에서 유래했다. 특유의 서
민적인 분위기가 매력이며, 오
랜 전통의 노포가 많아 현지인
도 즐겨 찾는다. 미로처럼 얽힌
통로를 따라가다 보면 예상 밖
의 맛집과 만나는 행운도 잡을
수 있다. 홈페이지에 식당가 지
도와 맛집 정보가 실려 있다.

(지하철 노선) M 미도스지 선

#must buy

▌그랑 프론트 오사카
Grand Front Osaka

◆ 11:00~21:00 ◆ 지하철 우메다 역 梅田 역(M16) 3–A·3–B번 출구 또는 5번 출구에서 도보 5분. 오사카 스테이션 시티와 JR 오사카 역에서 갈 때는 그랑 프론트 오사카와 바로 이어지는 2층의 연결통로를 이용한다.

#오사카 제일의 규모를 뽐내는 쇼핑·문화 복합시설. 패션·잡화 중심의 남관 南館, 쇼룸 스타일의 대형 매장으로 구성된 북관 北館, 레스토랑·식료품점이 모인 우메키타 광장 うめきた 広場 등 총 3개 파트로 나뉜다. #writer's pick 남관은 희소성 있는 고급 브랜드의 비중이 높다. 셀렉트 숍 Estnation·에디

션 Edition. 요시다 가방의 플래그십 스토어 포터 Porter, 크롬 하츠가 특히 볼 만하다.

#카네코 안경점 金子眼鏡店 (남관 2층) 1958년 창업한 안경 브랜드. 장인 정신이 깃든 고급 수제 안경을 선보인다.

#마가렛 호웰 Margaret Howell(남관 2층) 베이직하면서도 심플한 디자인으로 인기가 높은 영국 패션 브랜드. 양질의 소재가 주는 편안하고 자연스러운 착용감이 특징이다. 세컨드 라인의 MHL도 취급한다.

#딘 앤 델루카 Dean&Deluca (우메키타 광장 지하1층) 전 세계의 식자재를 엄선해 선보이는 뉴욕 프리미엄 식료품점. 소스·향신료·치즈·햄 등 이국적인 식

재료를 두루 취급한다. 세련된 패키지 디자인도 인상적이다.

#아식스 스토어 오사카 ASICS STORE OSAKA(북관 3층) 칸사이 최대의 아식스 플래그십 스토어. 여타 매장에서 보기 힘든 풍부한 상품 구성을 자랑한다. 사용자의 발 모양을 측정해 최적의 상품을 추천하는 서비스도 제공한다.

#무지 MUJI(북관 4층) '심플& 내추럴' 콘셉트의 라이프스타일 숍. 패션·주방·욕실·침구·식품 등 생활 전반을 아우르는 상품과 카페·식당까지 갖춘 대형 플래그십 스토어다.

☑ 쇼핑 포인트

패션·인테리어·잡화·식품

#must buy

▌루쿠아
Lucua

◆ 10:30~20:30 ◆ 지하철 우메다 梅田 역(M16) 3-A·3-B번 출구 방향으로 가면 Osaka Station City 표지판이 있다. 그것을 따라가면 루쿠아 지하 1층으로 연결된다. 또는 JR 오사카 역 바로 앞에 있다.

#패션과 트렌드에 민감한 20~30대 여성이 타깃인 패션 쇼핑몰. 세련된 셀렉트 숍과 페미닌한 패션 아이템, 귀여운 잡화가 풍부하다. 중가(中價) 브랜드 위주라 가성비를 추구하는 실속파가 즐겨 찾는다.
#writer's pick 빔즈·저널 스탠더드·United Arrows·어번리서치 등 유명 셀렉트 숍이 다수 입점해 오사카의 최신 유행을 파악하기 좋다. 프랑프랑·동구리 공화국·3coins+ 등 인기 잡화 매장이 모인 8층도 강추!
#컨버스 도쿄 Converse Tokyo(1층) 신발 브랜드 컨버스를 일본 감성으로 재해석한 멋스러운 패션 아이템을 선보인다. 별무늬 로고가 들어간 티셔츠·스웨트 셔츠·가방 등이 인기.
#빔즈 Beams(3층) 일본 대표 셀렉트숍. 수입 의류·잡화는 물론 오리지널 상품도 취급한다. 고급 정장부터 스트리트 패션까지 다양한 스타일이 공존한다.
#카시라 CA4LA(3층) 고급 모자 전문점. 유명 장인의 핸드메이드 제품부터 수입 브랜드까지 폭넓은 상품 구성을 자랑한다.

#비비안 웨스트우드 레드 레이블 Vivienne Westwood RED LABEL(5층) 펑키한 스타일을 표방하는 영국 패션 브랜드 비비안 웨스트우드의 세컨드 브랜드. 일본 한정판 라이센스 제품이며, 일본인의 체형과 선호도에 맞춘 디자인이라 우리가 소화하기에도 무리가 없다. 가격도 합리적인 수준이다.
#러쉬 Lush(8층) 친환경 천연화장품·욕실용품 브랜드. 이국적이고 강렬한 향으로 유명하다. 입욕제·샴푸바·세안제·마스크 팩이 인기이며, 우리나라보다 가격이 저렴하다.

☑ 쇼핑 포인트
패션·화장품·잡화·캐릭터 상품

지하철 노선 M 미도스지 선

#must buy

한큐 백화점 남성관
阪急メンズ大阪

♦ 11:00~20:00, 토·일·공휴일 10:00~20:00 ♦ 지하철 우메다 梅田 역(M16) G1a번 출구에서 도보 3분.

#남성 패션의 성지로 통하는 명품 백화점. 트렌디한 디자이너 브랜드는 물론 유럽의 마스터 브랜드도 풍부해 패션을 사랑하는 멋쟁이가 즐겨 찾는다. 소소한 디테일로 패션을 완성시켜주는 지갑·구두·시계 등 세련된 소품과 화장품·향수 같은 남성 그루밍 제품도 두루 갖춰 쇼핑 만족도가 높다.

☑ 쇼핑 포인트
하이엔드·패션·잡화·화장품

한큐 백화점 본점
阪急うめだ本店

♦ 10:00~20:00 ♦ 지하철 우메다 梅田 역(M16) 6번 출구 앞. 우메다 역과 지하로도 연결된다.

#일본 백화점 매출 2위에 빛나는 명품 백화점. 에르메스·루이뷔통·샤넬을 필두로 한 럭셔리 명품부터 이세이 미야케·꼼 데 가르송 등의 인기 디자이너 브랜드까지 풍부한 라인업을 자랑한다. 일본 전역에서 최고의 맛집만 고르고 골라 구성한 지하 1층 식품관도 절대 놓치지 말자.

☑ 쇼핑 포인트
하이엔드·패션·잡화·식품

한신 백화점 본점
阪神梅田本店

♦ 10:00~20:00 ♦ 지하철 우메다 역 梅田 역(M16) 11~18번 출구 방향의 개찰구를 나오자마자 대각선 오른쪽에 있다.

#대중적인 이미지의 대형 백화점. '음식의 한신'이라 불리며, 백화점의 얼굴인 1층 매장을 식품관으로 꾸밀 만큼 식도락에 진심인 점이 도드라진 특징이다. 일본 로컬 패션 브랜드와 Muji 같은 생활밀착형 브랜드가 충실하다. 프로야구 한신 타이거즈 기념품 숍도 흥미롭다.

☑ 쇼핑 포인트
패션·잡화·기념품·식품

지하철 노선) M 미도스지 선

#must buy

▍루쿠아 이레
Lucua 1100

◆ 10:30~20:30 ◆ 지하철 우메다 梅田 역(M16) 3−A·3−B번 출구 방향으로 도보 5분. 또는 JR 오사카 역 바로 앞에 있다.

#세련된 셀렉트 숍과 중저가 SPA브랜드가 공존하는 쇼핑몰. 잡화의 비중이 높고, 디퓨저·향수·주얼리 등 소품이 충실하다. 유기농 화장품·목제 소품 같은 친환경 아이템이 많은 것도 눈에 띄는 특징. 6층에는 몽벨·스노우 피크·A&F Country가 입점한 아웃도어 코너도 있다.

☑ 쇼핑 포인트
패션·화장품·잡화·아웃도어

▍로프트
LOFT

◆ 11:00~21:00 ◆ 지하철 우메다 梅田 역(M16) 2번 출구에서 도보 13분.

#감각적 디자인으로 승부하는 라이프스타일 숍. 드러그 스토어에서 취급하지 않는 전문 에스테틱 브랜드와 신상 아이템이 풍부한 뷰티 코너(2층), 센스 넘치는 식기와 홈 카페 용품이 충실한 주방용품 코너(3층), 깜찍한 디자인의 스티커·필기구·마스킹 테이프가 가득한 문구 코너(6층)를 추천한다.

☑ 쇼핑 포인트
문구·잡화·인테리어·화장품

▍프랑프랑
Francfranc

◆ 10:00~21:00 ◆ 지하철 우메다 梅田 역(M16) 2번 출구에서 도보 4분.

#2030 독신 여성이 타깃인 라이프스타일 브랜드. 화사한 컬러감에 디테일이 살아있는 로맨틱한 디자인이 특징이다. 가구·패브릭·욕실·주방·수납·잡화 등 취급 품목도 다양한데, 소녀 감성의 방 꾸미기에 특화된 아이템이 풍부하다. 테이블웨어와 욕실용품이 추천 아이템이다.

☑ 쇼핑 포인트
잡화·욕실·주방용품·인테리어

#must buy

▎다이마루 13층
大丸 13/F

✦ 10:00~20:00 ✦ 휴업 부정기적
✦ 지하철 우메다 梅田 역(M16) 7번
출구에서 도보 3분. JR 오사카 역과
바로 연결된다. 다이마루 백화점 13층
에 있다.

#캐릭터 굿즈 마니아의 핫플. 포
켓몬·슈퍼 마리오·동물의 숲·
원피스 등 인기 애니·게임 캐릭
터 굿즈 매장 6곳이 모여 있다.
주말·공휴일이면 엄청난 인파
로 북적이며, 포케몬 센터 오사
카와 닌텐도 오사카에서는 입장
시간이 정해진 '정리권 整理券'
을 배부하기도 한다. 자칫 입장
이 불가능할 수도 있으니 먼저
정리권부터 확보하고 돌아보자.

〔지하철 노선〕 M 미도스지 선

#포케몬 센터 오사카 Pokemon
Center Osaka, 봉제인형·피규
어·캐릭터 굿즈가 메인 아이템
이다. 특히 자녀를 동반한 가족
여행자의 성지로 인기가 높다.
#닌텐도 오사카 Nintendo
Osaka, 실제 크기로 만든 슈퍼
마리오·동물의 숲·스플래툰·
젤다의 전설 캐릭터 모형이 눈
길을 끈다. 봉제인형을 비롯한
캐릭터 굿즈·게임 소프트를 판
매하는데, 깜찍한 동물의 숲 텀
블러·주방용품이 인기다.
#무기와라 스토어 Mugiwara
Sotre, 원피스 오피셜 숍. 티셔
츠 등 다양한 아이템을 판다.

☑ 쇼핑 포인트
캐릭터 굿즈·인형·게임 소프트

▎키디 랜드
Kiddy Land

✦ 10:00~21:00 ✦ 지하철 우메다 역
梅田 역(M16) 2번 출구 도보 4분.

#어린이와 키덜트족의 천국으
로 통하는 장난감 전문점. 스누
피·헬로 키티 등 고전 캐릭터는
물론 먼작귀 같은 최신 인기템
까지 온갖 아이템을 취급한다.
먼작귀 코너 치이카와 랜드 ち
いかわらんど, 스튜디오 지브
리 오피셜 매장 동구리 공화국
どんぐり共和国, 고양이 캐릭
터 코너 neko mart가 특히 인
기다.

☑ 쇼핑 포인트
캐릭터 굿즈·인형·장난감·잡화

#must buy

만다라케
まんだらけ

♦ 12:00~20:00 ♦ 지하철 우메다 梅田 역(M16) G1a번 출구에서 도보 12분.

#키타 최대의 중고 만화 서점. 빈티지 코믹스와 피규어 · 캐릭터 상품이 충실하다. 2층은 청소년 · 순정만화 · 남성 동인지 · BL 소설, 3층은 여성 동인지 · 프라모델 · 게임 · 피규어 · 코스프레 의상 코너로 이루어져 있다. 3층 무대에서는 코스프레 의상의 직원들이 스페셜 공연을 열기도 한다.

☑ 쇼핑 포인트
만화 · 피규어 · 빈티지 아이템

요도바시 카메라
ヨドバシカメラ

♦ 09:30~22:00 ♦ 휴업 부정기적 ♦ 지하철 우메다 梅田 역(M16) 5번 출구 앞에 있다.

#키타 최대의 가전 양판점. 7개 층에 걸쳐 디지털 카메라 · PC · 생활가전 · 프라모델을 판매한다. 최신 가전제품을 마음대로 조작해 보고 구매할 수 있는 것이 최대의 매력이다. 5층의 호비 매장 ホビー은 프라모델 · 피규어 · 미니카 · 철도모형 · 제작공구가 충실하며 정상가의 10~25%를 할인 판매한다.

☑ 쇼핑 포인트
디지털 카메라 · 가전제품 · 프라모델

우메다 츠타야 서점
梅田蔦屋書店

♦ 10:30~21:00 ♦ 지하철 우메다 梅田 역(M16) 3-A · 3-B번 출구 방향으로 도보 10분. 루쿠아 이레 쇼핑몰 9층에 있다.

#북카페를 연상시키는 아늑한 서점. 서점 안에 스타벅스가 입점해 있어 커피를 마시며 책을 고를 수 있다. 뷰티 · 여행 · 요리 · 아트 · 디자인 등 비주얼한 책이 주를 이루며, '라이프스타일 제안'이 모토인 서점답게 진열된 책과 관련된 식료품 · 그릇 · 잡화 · 문구도 전시 · 판매한다.

☑ 쇼핑 포인트
서적 · 잡지 · 잡화 · 커피

지하철 노선 M 미도스지 선

info plus

01

한큐 32번가
阪急32番街

♦ 11:00~23:00
♦ 휴업 월 1회 월요일 또는 화요일
♦ 지하철 우메다 梅田 역(M16) 6번 출구에서 도보 5분.

한큐 그랜드 빌딩 27~31층의 전망식당가. 1977년 오픈한 키타에서 가장 오래된 전망식당가다. '32번가'란 명칭은 실제 번지수가 아니라 식당가가 '32층'에 위치해 붙여졌다. 오사카 시내가 훤히 내려다보이는 조그만 무료 전망대가 있다.

02

오사카 시립 동양도자기 미술관
大阪市立東洋陶磁美術館

♦ 2023년 현재 리뉴얼 공사 중. 2024년 상반기 오픈 예정
♦ 지하철 요도야바시 淀屋橋 역(M17) 1번 출구에서 도보 9분.

세계적으로도 진귀한 동양도자기 전문 미술관. 1~3층에 걸쳐 한국·중국·일본의 도자기를 전시하는데, 갤러리의 절반 가까이를 한국 도자기에 할애한 것이 눈에 띄는 특징이다. 이병창 콜렉션 李秉昌コレクション으로 불리는 301점의

한국 도자기는 1949년 초대 오사카 영사를 역임한 재일 사업가 이병창 박사(1915~2005)가 기증한 것들로 고려청자에서 조선백자에 이르기까지 뛰어난 작품성을 인정받은 도자기만 엄선해 전시한다.

세계 최초로 자연 채광 방식을 도입한 갤러리도 눈길을 끄는 인위적인 조명 없이도 도자기 본연의 색과 형태를 감상할 수 있도록 설계했다. 시즌마다 다채로운 특별전을 개최해 희귀한 도자기를 감상할 기회를 제공하는 것도 매력이다.

03

국립 국제미술관
国立国際美術館

♦ 10:00~17:00, 금·토요일 10:00~20:00 ♦ 휴관 월요일·연말연시
♦ 430엔, 대학생 130엔, 고등학생 이하 무료 ♦ 지하철 히고바시 肥後橋 역(Y12) 3번 출구 도보 10분.

포스트 모던 건축의 대가 시저 펠리가 디자인한 미술관. 곡선을 살린 강렬한 임팩트의 외관은 쭉쭉 뻗는 대나무처럼 무한한 발전을 거듭하는 현대미술을 상징한다. 주요 전시품은 일본 국내외 현대미술 작품이다.

04

오사카 시립과학관
大阪市立科学館

♦ 09:30~17:00 ♦ 휴관 월요일, 12/28~1/4 ♦ 400엔, 대학생·고등학생 300엔, 중학생 이하 무료
♦ 지하철 히고바시 肥後橋 역(Y12) 3번 출구에서 도보 10분.

자연과 우주에 대해 소개하는 과학관. 다양한 자료와 체험형 기구를 통해 전기와 에너지의 생성 원리, 신비한 우주의 모습을 보여준다. 지하 1층에는 밤하늘의 별자리를 재현하는 플라네타륨(600엔)도 있다.

05

소니 스토어
ソニーストア

♦ 11:00~20:00 ♦ 지하철 니시우메다 西梅田 역(Y11) 4-A번 출구와 바로 연결되는 허비스 플라자 엔트 ハービス Plaza Ent 백화점 4층에 있다.

소니의 디카·캠코더·오디오·아이보를 전시하는 쇼룸. 상품별로 구분된 10여 개의 전시대에는 이제 막 출시된 최신 모델이 가득하다. 모든 전시품은 도우미의 자세한 설명을 들으며 맘대로 조작해볼 수 있다.

지하철 노선 **M** 미도스지 선 **Y** 요츠바시 선

info plus

01 그랑 칼비
GRAND Calbee

♦ 10:00~20:00 ♦ 한큐 백화점 본점
휴점일 휴점 ♦ 지하철 우메다 梅田
역(M16) 6번 출구, 한큐 백화점 본점
지하 1층 식품관에 있다.

#유명 제과업체 칼비 Calbee
와 럭셔리 백화점 한큐의 콜라
보로 탄생한 고급 감자칩 매장.
일반적인 감자칩보다 두께가
3배 정도 두꺼워 식감과 맛이
뛰어나다. 일본에서도 오직 여
기서만 파는 한정판 아이템이라
기념품·선물로 인기가 높다.

02 요시노즈시
吉野鮨

♦ 3,456엔~ ♦ 10:00~14:00
♦ 휴업 토·일·공휴일 ♦ 지하철 요도
야바시 淀屋橋 역(M17) 8번 출구에
서 도보 9분.

#Since 1841 오사카 최고의 역
사를 자랑하는 초밥집. 초밥의
원형인 하코즈시 箱寿司를 전
통방식으로 만든다. 재료의 신
선함이 생명인 현재의 초밥과
달리 초절임한 재료의 숙성된
맛이 특징이다. 시큼한 맛이 강
해 호불호가 극명히 갈린다.

03 겐로쿠스시
元禄寿司

♦ 1,000엔~ ♦ 11:15~22:30
♦ 지하철 우메다 梅田 역(M16) J4번
출구에서 도보 6분.

#Since 1958 일본 최초의 회전
초밥 겐로쿠스시의 우메다 분
점. 선도와 맛은 고급 초밥에 비
할 바가 아니지만 가성비(1접시
143엔~) 맛집으로 인기가 높
다. 컨베이어 벨트를 타고 이동
하는 초밥 가운데 원하는 것을
골라 먹으면 돼 일본어를 몰라
도 걱정 없다.

04 쿠라스시
くら寿司

♦ 1,000엔~ ♦ 11:00~23:00
♦ 지하철 우메다 梅田 역(M16) J4번
출구에서 도보 3분. 우메다 OS 빌딩
梅田 OSビル 지하 1층에 있다.

#저렴한 가격의 회전초밥. 한
접시 132엔부터란 파격적인 가
격과 쾌적한 시설이 돋보인다.
좌석마다 비치된 태블릿으로
초밥을 주문할 수도 있다. 초밥
다섯 접시당 1회씩 추첨을 해
캐릭터 상품 등의 경품을 주는
이색 서비스도 제공한다.

05 간코
がんこ

♦ 1,000엔~ ♦ 11:00~22:00,
일·공휴일 11:00~21:00
♦ 지하철 우메다 梅田 역(M16) J4번
출구에서 도보 2분.

#선택의 폭이 넓은 식당. 초밥·
회·튀김 등 100여 가지 메뉴
를 취급하며 음식 맛도 무난하
다. 메뉴에 음식 사진이 붙어 있
어 언어적으로 고생할 가능성
도 적다. 점심에는 초밥에 된장
국·우동·소바·튀김이 포함된
세트 메뉴도 선보인다.

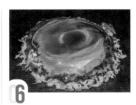

06 츠루하시후게츠
鶴橋風月

♦ 980엔~ ♦ 11:00~23:00
♦ 휴업 부정기적 ♦ 지하철 우메다
梅田 역(M16) 6번 출구에서 도보 10
분. 한큐 32번가의 29층에 있다.

#Since 1950 키타의 야경과 함
께 오코노미야키를 맛볼 수 있
는 곳. 29층에 위치해 창밖으로
도심의 풍경이 펼쳐진다.
#후게츠야키 風月焼き 1,550엔
진한 소스가 어우러진 오코노
미야키. 오징어·새우·돼지고
기·소고기를 듬뿍 넣어준다.

지하철 노선) **M** 미도스지 선

info plus

⑦ 아이즈야
会津屋

◆650엔~ ◆11:00~22:00
◆지하철 우메다 梅田 역(M16) 2번
출구에서 도보 5분. HEP Navio 1층
에 있다.

#Since 1933 일본 최초로 타코
야키를 만든 원조집. 일반적인
타코야키에 비해 크기가 작으
며, 소스나 카츠오부시를 사용
하지 않아 타코야키 본연의 맛
을 즐길 수 있다.
#원조 타코야키 元祖たこやき
(간소타코야키) 9개 500엔

⑧ 마츠바소혼텐
松葉総本店

◆1,000엔~ ◆14:00~22:00,
토·일·공휴일 11:00~21:30
◆휴업 월요일, 1/1~3
◆지하철 우메다 역(M16) 2번 출구
에서 도보 5분.

#Since 1949 서서 먹는 꼬치튀
김집. 꼬치 1개당 120~210엔
이며, 원하는 메뉴를 직접 주문
하거나 카운터에 놓인 것 가운
데 골라 먹는다. 식으면 맛이 없
으니 주방에서 갓 튀겨 나오는
꼬치만 고르는 것이 요령!

⑨ 쉐이크쉑 버거
Shake Shack Burger

◆924엔~ ◆10:00~22:00
◆지하철 우메다 梅田 역(M16) F34
번 출구 바로 앞에 있다.

#뉴욕 명물 쉐이크쉑 버거의 오
사카 분점. 항생제나 성장 촉진
제를 사용하지 않은 건강한 목
초를 먹여서 키운 앵거스 비프
의 냉장육만 고집하는 것이 맛
의 비결이다.
#치즈 버거 Shack Burger
싱글 924엔, 더블 1,287엔
#감자튀김 Fries 352엔~

⑩ 스낵 파크
スナックパーク

◆187엔~ ◆10:00~20:00
◆지하철 우메다 梅田 역(M16) 11
~18번 출구 방향 개찰구에서 도보
3분. 한신 백화점 지하 1층에 있다.

#오사카 명물 먹거리를 한자리
에 모아놓은 식품관. 13개의 음
식점이 있으며 가격도 싸다.
#이카야키 いか焼き 187엔
쫄깃한 오징어와 오코노미야키
소스를 넣은 전병.
#데라반 デラバン 242엔
이카야키에 계란을 넣은 전병.

⑪ 우메키타 플로어
Umekita Floor

◆1,500엔~ ◆11:00~23:30
◆지하철 우메다 梅田 역(M16) 5번
출구에서 도보 10분. 그랑 프론트 오
사카 북관 北館 6층에 있다.

#세련된 스타일의 레스토랑가.
일식·양식·해산물을 취급하
는 13개의 레스토랑과 주점이
모여 있다. 공용 테이블을 이용
할 때는 우선 자리를 선택한 뒤,
원하는 레스토랑에서 음식을
주문하고 테이블 번호를 알려
주면 음식을 가져다준다.

⑫ 노가미
乃が美

◆1,500엔~ ◆10:00~19:00
◆지하철 우메다 역 梅田 역(M16)
5번 출구에서 도보 2분.

#식빵 전문 베이커리. 폭신하면
서도 쫄깃한 식감과 고소한 맛
이 매력이다. 계란은 일절 사용
하지 않고, 엄선한 밀가루와 생
크림·버터·특제 마가린으로
독특한 식감과 맛을 살렸다.
#소교노가미 創業乃が美
#쿠로야마노가미 黒山乃が美
레귤러 972엔, 하프 486엔

info plus

13 르 브렛소
Le BRESSO

♦ 330엔~ ♦ 10:00~21:00 ♦ 지하철 우메다 역 梅田 역(M16) 5번 출구에서 도보 7분. 그랑 프론트 오사카 우메키타 광장 지하 1층에 있다.

#빵&커피 전문점. 10가지 식빵을 계절에 맞춰 내놓는다. 원하는 빵과 잼·버터·계란을 골라 토스트 또는 샌드위치로 주문하는 것도 가능하다.
#르 브렛소 브레드 LeBRESSO BREAD 700엔, 매일 먹어도 질리지 않는 쫄깃한 식빵.

14 오사카 도지마 몬 셰르
Osaka Dojima Mon Cher

♦ 378엔~ ♦ 10:00~19:00, 토·일·공휴일 10:00~18:00 ♦ 지하철 니시우메다 西梅田 역(Y11) 9번 출구에서 도보 8분.

#오사카 제일의 롤 케이크 베이커리. 홋카이도 산 생크림 등 최상품 재료만 고집한다.
#도지마 롤 케이크 堂島ロール(도지마로루) 1컷 378엔, 반 롤 860엔, 한 롤 1,620엔, 한 입 베어 무는 순간 고소한 우유 향이 입 안 가득 퍼진다.

15 유하임
Juchheim

♦ 1,080엔~ ♦ 10:00~20:00 ♦ 지하철 우메다 梅田 역(M16) 11~18번 출구 방향 개찰구에서 도보 2분. 한신 백화점 지하 1층에 있다.

#Since 1919 일본 최초로 바움쿠헨을 선보인 베이커리.
#바움쿠헨 バウムクーヘン(바우무쿠헨) 1,080~3,240엔 나이테 모양으로 구운 스폰지 케이크에 시럽·초콜릿을 발라 만든다. 촉촉한 식감과 달콤한 맛이 인상적이다.

16 그르니에
グルニエ

♦ 1,600엔~ ♦ 10:00~20:00 ♦ 지하철 우메다 梅田 역(M16) 2번 출구에서 도보 6분.

#딸기 밀푀유 맛집. 건물 한 귀퉁이를 차지한 조그만 숍이지만 달콤한 밀푀유를 맛보려는 이들로 늘 인산인해를 이룬다.
#스페셜 딸기 밀푀유 スペシャルいちごのミルフィーユ 1,800엔, 당도 13 브릭스 이상의 딸기와 커스터드 크림을 토핑한 바삭한 밀푀유.

17 다니엘
Daniel

♦ 1,300엔~ ♦ 10:30~19:00 ♦ 지하철 우메다 梅田 역(M16) 3-A·3-B번 출구에서 도보 5분. 루쿠아 쇼핑몰 1층에 있다.

#까눌레 맛집. 조그만 테이크아웃 숍이지만, 밀려드는 손님으로 항상 정신없이 붐빈다. 폐점 시간에 즈음해서는 매진되기 십상이라 서둘러 가야 한다.
#까눌레 カヌ레 10개 1,300엔 8가지 맛이 있으며, 10·20·35개 단위로만 판매한다

18 가토 페스타 하라다
Gateau Festa Harada

♦ 691엔~ ♦ 10:00~20:00 ♦ 지하철 우메다 梅田 역(M16) 11~18번 출구 방향 개찰구에서 도보 2분. 한신 백화점 지하 1층에 있다.

#Since 1901 인기 절정의 노포 파티세리. 다양한 양과자를 취급하며, 여기서만 판매하는 한신 타이거즈 한정판 러스크 같은 이색 아이템도 있다.
#구테 드 루아 グーテ・デ・ロワ 691엔, 프랑스빵과 버터로 만든 고소하고 바삭한 러스크.

지하철 노선 **M** 미도스지 선 **Y** 요츠바시 선

info plus

19 브루클린 로스팅 컴퍼니
Brooklyn Roasting Company

♦ 418엔~ ♦ 08:00~20:00, 토·일
요일 08:00~19:00 ♦ 휴업 12/30
~1/2 ♦ 지하철 키타하마 北浜 역
(K14) 1A·26번 출구에서 도보 5분.

#강변 테라스의 낭만을 즐기기
좋은 카페. 강 너머로 나카노시
마의 레트로한 건물과 키타하
마천루가 오버랩 되는 근사한
풍경이 펼쳐진다.
#Drip Coffee 440~495엔
#Latte 594엔
#Espresso 418엔

20 임뱅크먼트 커피
Embankment Coffee

♦ 600엔~ ♦ 12:00~18:00, 토·일
요일 09:00~18:00 ♦ 지하철 키타하
마 北浜 역(K14) 1A·26번 출구에서
도보 2분.

#19세기의 창고 건물을 리모델
링해 만든 로맨틱한 카페. 창밖
으로 운치 있는 강변 풍경이 펼
쳐진다. 약배전 특유의 풍미를
충분히 음미할 수 있도록 핸드
드립으로 정성껏 내려주는 스
페셜티 커피를 선보인다.
#Americano 600엔~

21 키타하마 레트로
北浜レトロ

♦ 800엔~ ♦ 11:00~19:00, 토·일
요일 10:30~19:00 ♦ 지하철 키타하
마 北浜 역(K14) 1A·26번 출구에서
도보 1분.

#영국식 티룸을 재현한 낭만적
인 카페. 문화재로 등록된 석조
건물(1912년)을 리모델링해 카
페로 이용 중이다. 2층에서는 창
너머로 나카노시마의 장미 정원
을 내려다보며 정통 영국식 애
프터눈 티(3,200엔)와 향긋한
홍차(800엔)를 맛볼 수 있다.

01 헵 파이브
HEP FIVE

♦ 11:00~21:00 ♦ 지하철 우메다 梅
田 역(M16) 2번 출구에서 도보 4분.

#오사카의 10~20대가 즐겨
찾는 발랄한 분위기의 쇼핑몰.
주력 아이템은 스트리트 패션
과 빈티지 패션이며, 가격이
저렴한 중저가 브랜드가 주를
이룬다. 빔즈 스트리트·niko
and·수퍼 스핀스·스투시 등
이 인기다. 점프숍·디즈니 스
토어·산리오 등 캐릭터 굿즈
매장도 있다.

02 누 챠야마치
Nu Chayamachi

♦ 11:00~21:00
♦ 지하철 우메다 梅田 역(M16) 2번
출구에서 도보 8분.

#패션 스트리트 챠야마치에 위
치한 복합 쇼핑몰. 합리적인 가
격에 멋스러운 아이템을 구매
할 수 있어 20~30대가 즐겨 찾
는다. 의류는 물론 멋쟁이라면
반드시 신경 써야 할 가방·슈
즈·안경 등 패션 소품도 풍부하
다. 프리미엄 안경점 하쿠산메
가네 白山眼鏡店 강추!

03 누 챠야마치 플러스
Nu Chayamachi Plus

♦ 11:00~21:00
♦ 지하철 우메다 梅田 역(M16) 2번
출구에서 도보 9분.

#누 챠야마치의 부속 쇼핑몰.
패션 아이템 중심의 누 챠야마
치와 달리 인테리어·잡화·식
료품이 충실하다. 유기농 식품
슈퍼마켓이나 향신료 전문점
처럼 식재료 관련 숍이 많은 것
도 흥미롭다. 커피·수입 식료
품 전문점 칼디 커피 팜 KALDI
Coffee Farm을 놓치지 말자.

지하철 노선 · K 사카이스지 선 · M 미도스지 선

info plus

❹ 다이마루
大丸

◆ 10:00~20:00 ◆ 지하철 우메다 梅田 역(M16) 7번 출구에서 도보 3분. JR 오사카 역과 연결돼 있다.

#다양한 연령대를 아우르는 종합 백화점. 차분한 분위기와 부족함 없는 상품 구색이 장점이다. DIY 전문점 핸즈 Hands가 입점한 10~12층, 포켓몬·닌텐도·원피스 등 인기 캐릭터 굿즈 매장이 모인 13층이 볼 만하다. 지하에는 맛난 먹거리가 총집합한 식품관도 있다.

❺ 에스트
EST

◆ 11:00~21:00, 일요일 11:00~20:00 ◆ 지하철 우메다 梅田 역(M16) 2번 출구에서 도보 3분.

#10~20대 사이에서 인지도가 높은 발랄한 분위기의 쇼핑몰. 최신 유행의 의류·신발·가방·모자·언더웨어를 취급하는 숍 70여 개가 모여 있다. 가격 부담이 상대적으로 적은 중저가 일본 로컬 브랜드의 비중이 높아 트렌드에 민감한 10~20대 여성이 즐겨 찾는다.

❻ 링크스 우메다
Links Umeda

◆ 10:00~21:00 ◆ 지하철 우메다 梅田 역(M16) 5번 출구에서 도보 5분. 요도바시 카메라와 같은 건물에 있다.

#중저가 패션·잡화 쇼핑몰. 부담없는 가격에 실용적인 아이템을 취급하는 숍이 모여 있어 실속파가 즐겨 찾는다. 인기 매장은 유니클로(1층), 잡화점 3 Coins(3층), 일본판 이케아 Nitori(7층), 스포츠 용품 전문점 Super Sports Xebio(6층) 등이다.

❼ 돈키호테
ドン・キホーテ

◆ 24시간 ◆ 지하철 우메다 梅田 역(M16) J4번 출구에서 도보 2분.

#한국인에게 인기가 높은 대형 할인 매장. 식료품부터 가전제품까지 온갖 아이템을 두루 취급한다. 중저가 상품 중심이라 특히 실속파 쇼핑객이 즐겨 찾는다. 24시간 영업하기 때문에 늦은 시간 선물·기념품을 구입하기에도 좋다. 세금 포함 총 5,500엔 이상 구매시 면세도 가능하다.

❽ 마루젠 & 쥰쿠도
Maruzen & Junkudo

◆ 10:00~22:00 ◆ 휴업 부정기적 ◆ 지하철 우메다 梅田 역(M16) 2번 출구에서 도보 12분.

#칸사이 최대의 서점. 지하 1층부터 7층까지 온갖 서적이 가득하다. 도서관처럼 책이 테마별로 가지런히 구분돼 있어 원하는 책을 찾기 쉬우며, 편하게 책을 읽을 수 있도록 곳곳에 의자를 마련해 놓았다.
#지하 1층에는 신간 입고가 빠른 만화책 매장도 있다.

❾ 점프 숍
Jump Shop

◆ 11:00~21:00 ◆ 지하철 우메다 梅田 역(M16) 2번 출구에서 도보 4분. 헵 파이브 6층에 있다.

#주간지 소년 점프에 연재되는 만화의 캐릭터 굿즈만 취급하는 숍. 특히 귀멸의 칼날·원피스·하이큐·드래곤볼 팬이라면 들러볼 만하다. 캐릭터 티셔츠·인형·피규어·만화책을 두루 취급해 기념품 장만에도 좋다. 최신 아이템은 다른 어느 곳보다 먼저 여기서 선보인다!

지하철 노선) M 미도스지 선

travel plus

아사히 맥주 공장 투어

130년이 넘는 역사를 간직한 유서 깊은 맥주 공장.
맥아와 호프가 황금빛 맥주로 변신하는 마법 같은 광경이 펼쳐진다.
환상적인 맛의 생맥주 시음도 놓칠 수 없다.

JR 10분

01 아사히 맥주 스이타 공장
アサヒビール吹田工場

♦ 10:00~17:00 ♦ 휴관 매월 둘째·
넷째 수요일, 연말연시
♦ 1,000엔, 19세 이하 300엔
♦ 예약 필수(인터넷 또는 전화)
♦ 사철 한큐 우메다 阪急梅田 역의
1~3번 플랫폼에서 키타센리 北千
里 행 열차를 타고 스이타 吹田 역
하차(15분 240엔, 칸사이 스루패스
사용 가능), 도보 8분.
♦ JR 오사카 역에서 교토 京都
방면 열차를 타고 JR 스이타 吹田 역
하차(10분, 180엔), 도보 10분.

1~5 일본 최대의 맥주 제조사 아
사히의 오사카 공장. 일본 전역에 6
개의 공장을 운영하는데, 1889년부
터 맥주를 생산한 이곳이 가장 오래
됐다. 공장 한편에는 창업 당시의 모
습을 고스란히 간직한 붉은 벽돌 건
물이 남아 유서 깊은 역사를 전한다.
일본 최초의 맥주 회사는 1876년 설
립된 삿포로 맥주다. 이후 오사카 기
반의 아사히 맥주, 도쿄 기반의 에비
스 맥주가 가세해 치열한 경합을 벌
이다 1906년 3개사를 통합한 '대일
본맥주'가 탄생하며 맥주 시장 점유
율 70%란 경이적인 기록을 세웠다.

1949년에는 회사가 분할돼 다시금
'아사히 맥주'로 돌아왔지만 지지부
진한 판매로 고전을 면치 못했다. 그
러던 1987년 신상품 '아사히 슈퍼 드
라이'가 초대박을 치며 현재까지 맥
주 업계 부동의 1위를 고수하고 있다.
4 6 내부는 가이드 투어로만 돌아
볼 수 있다. 투어가 진행되는 70분
동안 아사히 맥주의 역사와 제조 공
정을 살펴보게 된다. 투어가 끝나면
갓 뽑은 시원한 생맥주를 시음할 수
있는데(20분), 캔이나 병맥주로는
경험하기 힘든 크리미한 거품이 정
말 끝내준다.

travel plus

세계 최초의 컵라면 발상지

사철 18분

전 세계인의 먹거리로 자리잡은 인스턴트 라면의 고향.
라면 발명에 얽힌 흥미진진한 비하인드 스토리와
다채로운 체험시설이 호기심을 자극한다.

01 컵라면 박물관
カップヌードルミュージアム

◆ 09:30~16:30 ◆ 휴관 화요일, 연말연시 ◆ 무료 ◆ 한큐 우메다 역에서 타카라즈카 宝塚 행 급행열차를 타고 이케다 池田 역 하차(18분 280엔, 칸사이 스루패스 사용가능). 도보 7분.

1 5 '인스턴트 라면의 아버지' 안도 모모후쿠 安藤百福(1910~2007)의 업적을 기리는 박물관. 집에서도 편하게 맛난 라면을 먹고자 하던 그는 1년여에 걸친 연구 끝에 세계 최초의 인스턴트 라면인 '치킨 라멘 チキン ラーメン'을 발명했다(1958년). 갤러리에는 그가 연구에 몰두하던 허름한 판잣집과 당시의 모습을 담은 사진·자료가 전시돼 있다. 오늘날의 컵라면이 탄생하기까지의 비화를 소개하는 자료도 흥미롭다.

2 3 안도 모모후쿠가 창업한 닛신식품 日清食品은 연간 5조 원대의 매출액을 자랑하는 세계 최대의 라면 메이커로 성장했다. 닛신 식품이 지금까지 선보인 800여 종의 라면과 전 세계에서 연간 1,200억 개가 소비되는 다양한 라면을 살펴보는 재미도 쏠쏠하다.

#My CUPNOODLES Factory

6 세상에 단 하나뿐인 자신만의 컵라면을 만드는 체험시설이다. 자신이 직접 그림을 그린 컵라면 용기에 면을 넣고, 기본·카레·해산물·칠리 토마토 맛의 4개 수프 가운데 하나를 담은 다음, 어묵·치즈·새우·김치 등 12가지 토핑 재료 가운데 4가지를 골라 넣으면 완성된다(선착순 이용, 45분 소요, 500엔).

#Chicken Ramen Factory

4 세계 최초의 인스턴트 라면인 치킨 라멘을 만들어보는 체험시설(예약 필수, 90분 소요, 1,000엔).

travel plus

도심 속 오아시스 반파쿠 기념공원

만국 박람회장을 재활용해 만든 광활한 공원.
봄 벚꽃, 여름 녹음, 가을 단풍으로 이어지는 계절의 변화를 만끽하며
호젓하게 쉬어갈 수 있다.

지하철
18분

01 반파쿠 기념공원
万博記念公園

◆ 09:30~17:00
◆ 휴관 수요일, 12/28~1/1
◆ 260엔, 중학생 이하 80엔
◆ 지하철 미도스지 선의 종점인 센리츄오 千里中央 역(M08)에서 오사카 모노레일로 갈아타고 반파쿠 키넨코엔 万博記念公園 역(17) 하차(6분 250엔, 칸사이 스루패스 사용 가능).

■1~■5 오사카 만국 박람회의 대회장을 정비해 만든 광활한 공원.

1970년 당시 사상 최대의 국제 이벤트이자 일본 최대의 국가 프로젝트였던 까닭에 여의도 면적의 ⅓에 해당하는 264만㎡의 박람회장에는 77개 참가국의 전시관이 있었으며, 6개월의 박람회 기간 중 6,422만 명의 관람객이 입장하는 진기록을 수립했다. 지금은 그 자리에 거대한 녹지를 조성해 도심 속 초록빛 오아시스로 변모한 지 오래지만, 곳곳에 남겨진 건물과 조형물이 당시의 성대한 이벤트를 잘 보여준다.

공원을 한 바퀴 도는 데만 2시간, 적당히 구경하려 해도 3~4시간이 걸린다. 일반적으로 중앙 출입구→태양의 탑→자연문화원→소라도→일본정원→동쪽 출입구의 순으로 돌아보는 것이 효율적이다.

걷기 불편할 때는 공원을 순환 운행하는 꼬마기차 모리노트레인 森の トレイン(350엔)을 이용하자. 공원 입장권은 일본정원에 들어갈 때도 사용하니 주의할 것!

#태양의 탑 太陽の塔
■1 오사카 만국 박람회의 심볼인 높이 65m의 거대한 탑. 유명 예술가 오카모토 타로 岡本太郎(1911~1996)의 작품이다. 탑에는 3개의 얼

travel plus

굴이 있는데 앞의 하얀 얼굴은 현재, 뒤의 검은 얼굴은 과거, 그리고 꼭대기의 황금빛 얼굴은 미래를 상징한다. 내부에는 생명을 지탱하는 에너지를 형상화한 높이 45m의 생명의 나무 生命の樹가 있다.

#자연문화원 自然文化園

박람회의 국가별 전시관을 철거하고 만든 거대한 숲. 공원 전체 면적의 ⅔에 해당하며 울창한 숲으로 난 길을 따라 걷다보면 원래 그 자리에 있던 전시관을 소개하는 패널이 드문드문 나타난다. 총 60만 그루의 나무가 심겨 있으며 잔디 광장·연못·개울·산책로 등을 정비해 놓아 호젓하게 산책을 즐기기에 좋다.

#소라도 ソラード

2~4 자연문화원의 울창한 숲속으로 이어지는 구름다리. 3~10m 높이로 이어지는 구름다리를 걸으며 공중 산책의 즐거움을 만끽할 수 있다. 구름다리 끝에 위치한 전망대에서는 초록빛으로 가득한 공원 전체의 모습이 한눈에 들어온다.

#일본정원 日本庭園

1 박람회 개최 당시 만든 전통 일본 정원. 서쪽에서 동쪽으로 이어지며 과거에서 현재에 이르는 일본정원의 변천사를 보여준다. 산책로를 따라 걸으며 구경하는 것도 좋지만, 정원 한가운데의 휴게실 테라스에 앉아 정원 전체를 감상하는 것도 운치 있다.

02 라라포트 엑스포시티
ららぽーと EXPOCITY

◆ 10:00~21:00 ◆ 오사카 모노레일 반파쿠키넨코엔 万博記念公園 역(17)에서 도보 6분.

5 6 반파쿠 기념공원 앞에 위치한 대형 쇼핑센터. 다양한 연령대를 아우르는 300여 개의 숍·레스토랑이 입점해 있어 가족 단위 여행자가 즐겨 찾는다. 눈에 띄는 숍은 Loft·Muji·동구리 공화국·키디랜드·아까짱혼포 등이다.

03 빛의 교회
光の教会

◆ 견학 13:30~16:00(예약 필수)
◆ 무료 ◆ 오사카 모노레일 한다이뵤인마에 阪大病院前 역(52)에서 도보 13분.

7 건축가 안도 타다오의 대표작. 중세의 동굴 수도원을 모티브로 만든 교회에는 건물 전면부에 십자가 모양의 좁은 틈이 있다. 여기로 새어 들어오는 강렬한 빛이 교회 안으로 퍼지며 엄숙한 분위기를 연출한다. 오사카 일대에서 안도 타다오가 만든 가장 아름다운 건물 가운데 하나이니 팬이라면 절대 놓치지 말자.

travel plus

여성 가극단의 고향 타카라즈카

사철 40분

'막이 오르면 꿈이 시작된다'는 슬로건처럼
화려한 무대가 펼쳐지는 타카라즈카 대극장과
이국적인 기운이 감도는 거리가 색다른 볼거리를 선사한다.

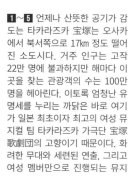

1~5 언제나 산뜻한 공기가 감도는 타카라즈카 宝塚는 오사카에서 북서쪽으로 17km 정도 떨어진 소도시다. 거주 인구는 고작 22만 명에 불과하지만 해마다 이곳을 찾는 관광객의 수는 100만 명을 헤아린다. 이토록 엄청난 유명세를 누리는 까닭은 바로 여기가 일본 최초이자 최고의 여성 뮤지컬 팀 타카라즈카 가극단 宝塚歌劇団의 고향이기 때문이다. 화려한 무대와 세련된 연출, 그리고 여성 멤버만으로 진행되는 뮤지

컬이 색다른 볼거리를 선사하니 공연장의 문을 두드려봐도 좋을 듯!

◆ 한큐 우메다 梅田 역의 4·5번 플랫폼에서 출발하는 타카라즈카 宝塚 행 특급 特急 또는 급행 急行 열차를 타고 종점인 타카라즈카 宝塚 역(HK56) 하차(40분 290엔, 칸사이 스루패스 사용가능).
◆ JR 오사카 大阪 역의 3~6번 플랫폼에서 타카라즈카 宝塚 행 쾌속 快速 열차를 타고 타카라즈카 宝塚 역 하차(25분, 330엔).

01 하나노미치
花のみち

◆ 한큐 전철 타카라즈카 宝塚 역에서 도보 3분.

1 3 타카라즈카에서 손꼽히는 벚꽃의 명소. 3~4월이면 벚나무 가로수가 일제히 꽃망울을 터뜨려 아름다운 벚꽃 터널을 이룬다.
도로변에는 이탈리아의 토스카나 지방을 모방해 만든 상가와 아파트가 있어 한껏 이국적인 분위기를 연출하며, 〈베르사유의 장미〉 등 인기 뮤지컬의 장면을 재현한 동상도 있다.

travel plus

02 타카라즈카 대극장
宝塚大劇場

♦ 한큐 전철 타카라즈카 宝塚 역에서 도보 10분.

2 타카라즈카 가극단의 고향. 뮤지컬 공연을 중심으로 다양한 콘서트와 공연이 열린다. 1층에는 인기 배우의 사진·캐릭터 상품을 파는 기념품 숍과 무대 의상을 입고 사진을 찍는 스튜디오가 있다.

03 타카라즈카 문화창조관
宝塚文化創造館

♦ 한큐 전철 타카라즈카 宝塚 역에서 도보 18분.

3 1935년 개교한 타카라즈카 음악학교의 구교사(舊校舍). 1999년 음악학교가 이전한 뒤에는 콘서트·연극 등 문화행사가 열리는 전시장으로 이용 중이다.

04 테즈카 오사무 기념관
手塚治虫記念館

♦ 09:30~17:00
♦ 휴관 월요일, 12/29~31 ♦ 700엔
♦ 한큐 전철 타카라즈카 宝塚 역에서 도보 13분.

1 4 6 〈아톰〉의 원작자, 테즈카 오사무 手塚治虫의 일생을 조명하는 박물관. 입구에는 아톰·블랙잭·레오 등 인기 캐릭터의 명판 25개와 〈불새〉의 동상이 있다.

5 7 그의 생애를 소개하는 1층에는 40개의 유리 캡슐 안에 그의 사진과 작품을 전시해 놓았다. 특히 눈길을 끄는 것은 초등학교 때 처음 그린 만화인데, 영화적인 구성과 탄탄한 데생 실력이 그만의 천재성을 유감없이 보여준다.

2층에는 그의 작품 500여 권이 전시돼 있으며, 지하 1층에는 관람자가 직접 애니메이션 제작에 참여하는 아니메 공방 アニメ工房도 있다.

05 네이처 스파 타카라즈카
ナチュールスパ宝塚

♦ 09:30~22:00, 토·일·공휴일 09:30~21:00 ♦ 휴관 목요일
♦ 여성 1,040엔, 남성 840엔
♦ 한큐 전철 타카라즈카 宝塚 역에서 도보 5분.

타카라즈카 유일의 대형 온천. 1~4층으로 이루어져 있으며, 층마다 각기 다른 효능과 시설의 온천이 있다. 남성용보다 여성용 온천의 시설이 훨씬 좋은데, 2층의 여성 전용 온천에는 온도와 물의 압력을 이용해 마사지 효과를 볼 수 있는 스파 풀 스파풀도 있다.

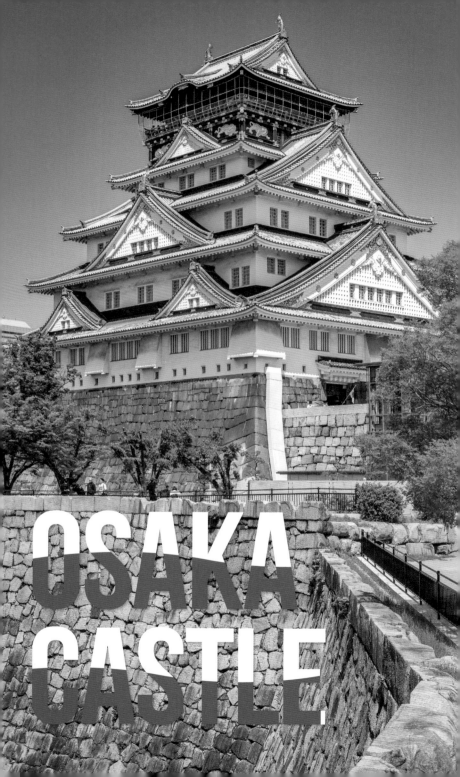

오사카 성
大阪城

평화로운 기운이 감도는 초록빛 공원과 깔끔하게
정돈된 오피스 타운이 펼쳐진 이곳은 대도시의
소음을 피해 한가로이 휴식을 취할 수 있는 명소다.
역사적으로는 일본 제2의 도시 오사카를 탄생시킨
곳으로도 의미가 깊다. 토요토미 히데요시의 야망
을 상징하는 위풍당당한 오사카 성과 그 주변을
둘러싼 빌딩 숲을 거닐며 과거에서 현재로 이어지
는 오사카의 파란만장한 역사를 되짚어보자.

볼거리 ★★★★☆   먹거리 ☆☆☆☆☆
쇼　핑 ☆☆☆☆☆   유　흥 ☆☆☆☆☆

best course 4시간~

1 타니마치욘쵸메 역 9번 출구

　도보 2분

2 오사카 역사 박물관

　도보 8분

3 소토보리·오테몬

　도보 5분

4 사쿠라몬

　도보 2분

5 미라이자 오사카죠· 타임캡슐

　도보 2분

6 텐슈카쿠

　도보 2분

7 각인석 광장·자결터

　도보 2분

8 고쿠라쿠바시

　도보 3분

9 아오야몬

ACCESS

지하철 오사카 성 남서쪽 출입구는 타니마치 선 谷町
線·츄오 선 中央線의 타니마치욘쵸메 谷町四丁目 역
(T23·C18), 오사카 성 북동쪽 출입구는 나가호리츠루미료
쿠치 선 長堀鶴見緑地線의 오사카비지네스파쿠 大阪ビ
ジネスパーク 역(N21)에서 가깝다. 주요 명소는 타니마치
욘쵸메 역 주변에 모여 있다.
오사카 성 공원으로 갈 때는 지하철 츄오선·나가호리츠루
미료쿠치 선의 모리노미야 森ノ宮 역(C19·N20)도 이용 가
능하다.

JR 오사카칸죠 선 大阪環状線의 오사카죠코엔 大阪城
公園 역(JR-O07) 또는 모리노미야 森ノ宮 역(JR-O06)을
이용한다. 오사카 성 공원은 모리노미야 역 바로 앞에 있다.

#must see

▌오사카 역사 박물관
大阪歷史博物館

◆ 09:30~17:00, 특별전 기간 금요일 09:30~20:00
◆ 휴관 화요일, 12/28~1/4
◆ 600엔, 대학생·고등학생 400엔, 중학생 이하 무료 ◆ 지하철 타니마치욘쵸메 谷町四丁目 역 (T23·C18) 9번 출구에서 도보 2분.

1~7 오사카의 태동에서 현재에 이르기까지 도시의 변천사를 보여주는 박물관. 10층 고대실, 9층 중근대실, 8층 고고학 탐험 갤러리, 7층 근현대실, 6층 특별 전시실로 구성돼 있다.

엘리베이터를 타고 10층까지 올라간 다음 한 층씩 내려가며 관람하면 시간 흐름에 따른 오사카의 역사가 머릿속에 일목요연하게 그려진다.

1 4 6 특히 눈길을 끄는 것은 실물 크기로 복원한 옛 건물과 당시의 모습을 재현한 마네킹·모형이다. 마치 타임머신을 타고 과거로 돌아간 듯한 착각에 빠질 만큼 정교하게 제작돼 몰입도를 높인다.
붉은 기둥을 따라 도열한 문무 대신과 여관(女官)들이 궁궐의 풍습·의례를 소개하는 7세기의 나니와 궁전 難波宮(10층), 정교하게 제작된 미니어처를 통해 옛 풍경과 서민의 일상을 소개하는 18~19세기의 오사카(9층), 한 세기 전 오사카의 유흥가와 거리를 영화 세트처럼 완벽히 재현한 19세기 말~20세기 중반의 오사카(7층)가 핵심 볼거리다. 모든 전시물에는 자세한 한국어 안내문이 붙어 있어 일본어를 몰라도 걱정 없다. 박물관의 또 다른 자랑거리는 오사카 성이 내려다보이는 전망대. 각 층으로 내려가는 에스컬레이터 앞에는 통유리 전망대가 있어 창 너머로 오사카 성과 주변 풍경이 한눈에 들어온다.

지하철 노선 **T** 타니마치 선 **C** 츄오 선

#must see

▌오사카 성 공원
大阪城公園

◆ 24시간 ◆ 무료 ◆ 지하철 타니마치 욘초메 谷町四丁目 역(T23·C18) 9번 출구에서 도보 5분. 또는 지하철 모리노미야 森ノ宮 역 (C19·N20) 1번 출구 바로 앞. JR 오사카죠코엔 大阪城公園 역(JR-O07)에서 도보 1분.

1 2 4 오사카 성을 둥글게 감싸 안은 초록빛의 드넓은 공원. 총면적은 여의도 크기의 ¼에 해당하는 약 200만㎡다. 1924년 흉물스럽게 방치된 오사카 성의 성터를 개조해 공원화 작업을 시작했으며, 1970년 오사카 엑스포를 계기로 수많은 나무를 심어 지금처럼 울창한 숲을 가지게 됐다. 공원 내부에는 산책로·음악당·분수대·야구장·호수 등 다양한 편의시설을 갖췄다.

물이 가득 고인 호수는 원래 오사카 성의 방어용 해자(垓字)였는데, 성이 세워질 당시 소토보리 外堀와 우치보리 内堀 두 개의 해자를 만들어 이중으로 적의 침입을 막았다. 하지만 지금은 호젓한 시민의 휴식처로 탈바꿈한 지 오래! 3~4월이면 산책로를 따라 벚꽃이 만발해 꽃놀이의 명소로도 인기가 높다.

#로드 트레인 ロードトレイン
◆ 09:30~17:30 ◆ 400엔
◆ 운휴 매월 첫째 목요일

3 공원을 일주하는 꼬마열차. JR 오사카죠코엔·모리노미야 역에서 고쿠라쿠바시 極楽橋까지 운행한다(편도 30분).

#고자부네 御座船
◆ 10:00~16:30 ◆ 1,500엔

5 성의 안쪽 해자인 우치보리를 돌아보는 유람선(20분). 가파른 성벽과 웅장한 성채를 바로 아래에서 감상할 수 있다. 금색으로 화려하게 치장한 배는 토요토미 히데요시의 전용선 호오마루 鳳凰丸를 재현했다.

지하철 노선) **T** 타니마치 선 **N** 나가호리츠루미료쿠치 선 **C** 츄오 선 **JR-O** 오사카칸죠 선

#must see

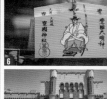

▌오사카 성
大阪城

◆ 24시간 ◆ 무료 ◆ 지하철 타니마치욘쵸메 谷町四丁目 역 (T23·C18) 9번 출구에서 도보 5분. 또는 JR 오사카죠코엔 大阪城公園 역(JR-O07)에서 도보 13분.

1~7 임진왜란을 일으킨 장본인 토요토미 히데요시 豊臣秀吉가 세운 거대한 성. 원래 이곳엔 권력의 비호를 받던 이시야마혼간지 石山本願寺란 대형 사찰이 들어서(1496년) 84년간 막강한 권세를 누리며 온갖 악행을 저질렀다.

5 6 하지만 새로이 실권을 장악한 오다 노부나가 織田信長에 의해 1580년 사찰이 철거됐고, 이후 집권한 토요토미 히데요시에 의해 폐허로 변한 이 자리에 성이 세워졌다. 그때가 1583년, 일본 통일을 목표로 한 토요토미 히데요시는 안정적인 권력기반을 다지고자 난공불락의 요새를 가지려 한 것이다.

2~4 공사에 소요된 기간은 무려 15년, 투입된 인력은 매일 3만여 명에 달했다. 게다가 지금 남아 있는 부분이 애초 크기의 5분의 1에 불과하다는 사실을 감안하면 과거의 위용과 하늘 높은 줄 모르던 그의 권력이 어느 정도였나 충분히 짐작 가고도 남을 것이다.

그동안 숱한 전란을 겪은 탓에 성의 대부분은 소실됐으며, 그나마 남은 것도 19세기 말의 메이지 유신으로 철저히 파괴됐다. 1931년에는 시민의 요청으로 텐슈카쿠 天守閣를 비롯한 일부 시설이 복원됐으나, 태평양 전쟁 때 성안에 군사시설이 들어선 탓에 연합군의 공습 목표가 돼 텐슈카쿠를 제외한 대부분의 건물이 재차 파괴되는 아픔을 겪었다. 지금의 성채는 1948년 이후 재건된 것이다.

history

오사카 성은 400여 년에 걸친 영욕의 세월을 보낸 곳답게 구석구석 역사적인 볼거리로 가득하다. 특히 일본 중세사의 일대사건인 토요토미 가문의 흥망성쇠, 그리고 토요토미 가문을 몰아내고 정권을 탈환한 뒤 종국에는 일본 통일에 성공한 토쿠가와 가문의 파란만장한 일대기가 어우러져 역사 여행의 재미를 더한다.

토요토미 히데요시 vs 토쿠가와 이에야스

농민이란 출신 성분에도 불구하고 일본을 호령하는 쇼군 將軍의 자리까지 오른 토요토미 히데요시는 임진왜란의 실패로 1598년 화병에 걸려 초라한 죽음을 맞았다. 그의 사후 권력은 자연스레 아들 토요토미 히데요리 豊臣秀頼(당시 6살)에게 이양됐으나, 막후에는 권력욕의 화신 토쿠가와 이에야스 德川家康가 웅크리고 있었다.

오사카 성을 둘러싼 전쟁의 서막

틈틈이 기회를 엿보던 이에야스는 1600년 전쟁을 일으켜 코흘리개 히데요리를 누르고 스스로 쇼군의 자리에 오른다. 하지만 토요토미 가문의 지지세력을 제압하는 데 실패해 결국 자기 손녀인 센히메 千姫(당시 7살)를 이종사촌지간인 히데요리(당시 11살)와 결혼시키는 '정치적 꼼수'를 부린다.

그리고 시간은 흘러 1611년 이에야스는 히데요리에게 그의 아버지인 히데요시가 세웠다가 폐허가 된 교토의 호코지 方広寺를 재건하자는 솔깃한 제안을 한다. 표면적으로는 히데요리에게 효(孝)를 실천할 기회를 제공한 것이었지만, 내심은 절을 재건하는 데 막대한 자금을 쏟아붓게 해 토요토미 가문의 재산을 탕진하게 만드는 것이었다.

오사카 겨울의 진과 여름의 진

호코지 재건 공사가 끝날 무렵 이에야스는 절에 놓인 종에 새겨진 평범한 문구를 악용해 히데요리에게 역모

죄를 씌우고 다시금 전쟁을 일으킨다. 그 전쟁이 바로 오사카 겨울의 진 大坂冬の陣(1614년 11월)이다. 승리의 확신을 품은 이에야스는 20만 대군과 함께 오사카 성으로 진격을 감행했다. 그러나 겹겹이 둘러싸인 오사카 성의 해자(垓字)를 넘지 못해 전쟁은 답보 상태에 빠졌고, 매서운 추위는 군의 사기를 나날이 떨어뜨렸다. 고통스러운 사정은 성안에 고립된 채 한정된 물자로 버텨야 하는 토요토미 일가도 마찬가지였다.

이때 이에야스는 바깥쪽 해자인 소토보리 外堀를 메우는 대신 상호불가침 조약을 맺자는 타협안을 제시해 양측이 합의에 이른다. 그러나 그 직후 이에야스는 조약의 내용을 무시한 채 해자 전체를 메우고 오사카 여름의 진 大坂夏の陣(1615년 5월)으로 불리는 전쟁을 일으켜 마침내 오사카 성을 함락시켰다. 궁지에 몰린 히데요리는 오사카 성의 구석에서 어머니와 자결했으며, 그를 따르던 무리 역시 이에야스에 의해 멸문지화를 당하는 참혹한 결말이 이어졌다.

토쿠가와 이에야스의 일본 통일

이후 완전한 일본 통일에 성공한 이에야스는 1620년부터 다이묘(지방 호족)들을 끌어들여 오사카 성의 재건에 박차를 가했다. 여기에는 성을 재건하는 데 그들의 재산을 탕진시켜 다이묘의 세력을 약화시키고 중앙집권화를 더욱 강화하려는 치밀한 계산이 깔려 있었다.

후일 이에야스는 수도를 에도(지금의 도쿄)로 옮겼고, 토쿠가와 가문은 대대로 쇼군을 배출하며 근대화가 시작된 1867년까지 유명무실한 일왕을 대신해 250년간 일본 제일의 권력으로 군림했다.

#close up

오사카 성 베스트 코스

수차례의 전란을 겪으며 파괴와 재건이 반복된 오사카 성. 그 와중에 규모가 상당부분 축소됐으나, 과거의 위풍당당한 면모를 과시하듯 지금도 광활한 면적을 차지하고 있다.

동서 1km, 남북 1km의 공간에는 해자·성벽·성채 등 여러 건물과 유적이 있어 일정한 코스로 돌아보는 것이 효율적이다. 지하철 타니마치욘쵸메 역에서 출발할 경우 지도에서 보이는 것처럼 '소토보리 → 오테몬 → 오테구치마스가타의 거석 → 타몬야구라·센간야구라 → 토요쿠니 신사 → 사쿠라몬 → 미라이자 오사카죠 → 타임캡슐 → 킨조 → 텐슈카쿠 → 잔넨세키 → 각인석 광장 → 히데요리 자결터 → 고쿠라쿠바시 → 아오야몬'의 순으로 보는 것이 편리하다.

지하철 오사카비지네스파쿠 역 또는 JR 오사카죠코엔 역에서 출발할 때는 앞의 코스를 아오야몬부터 시작해 거꾸로 돌아도 된다. 어느 방향이건 코스를 도는 데 2시간 쯤 걸린다.

01 소토보리
外堀

오사카 성의 가장 바깥쪽에 위치한 거대한 해자(垓字). 물이 가득 고인 해자는 적의 침입을 막기 위해 만든 인공 호수로 깊이 6m, 폭 75m에 이른다. 또한 그 둘레를 에워싼 급경사의 성벽은 거대한 바위를 24~32m 높이까지 가파르게 쌓아올려 적이 기어오르는 것을 막았으며, 웬만한 대포 공격에도 끄떡없을 만큼 견고하다. 이렇듯 완벽한 방어체제를 갖춘 덕에 오사카 성은 완공과 더불어 난공불락의 요새로 군림했다.

오사카 겨울의 진(1614년)을 감행한 토쿠가와 이에야스 역시 이 해자를 넘지 못해 엄청난 고생을 했다. 태평양 전쟁 때는 소토보리 주변의 가파른 성벽을 따라 대공포 진지가 구축돼 연합군의 주요 공습 목표로 사랑받기도 (?) 했다.

02 오테몬
大手門

1620년에 세운 오사카 성의 정문. 1783년 벼락에 맞아 원래의 문이 불타버린 뒤 1848년과 1967년 지금의 모습으로 재건했으며 높이는 약 6m다. 흥미로운 사실은 이런 스타일의 문을 코라이몬 高麗門, 즉 고려문이라 부른다는 것. 이유는 우리나라에서 전래된 건축양식이 도입됐기 때문이다.

#close up

03 오테구치마스가타의 거석
大手口枡形の巨石

성벽을 지탱하는 거대한 암석. 오테몬을 들어가면 바로 안쪽에 있다. 한가운데의 거석(巨石)은 면적 48㎡에 무게가 108톤이나 나간다. 그럼에도 불구하고 오사카 성에서는 겨우(?) 네 번째로 큰 것! 바로 옆에는 무게 85톤의 다섯 번째로 큰 돌이 있다. 이 거석들은 1620년 토쿠가와 이에야스가 오사카 성을 재건하기 위해 세토나이카이 瀬戸内海, 즉 오사카에서 서쪽으로 약 200km 떨어진 지역에서 실어왔다.

타몬야구라

센간야구라란 이름은 1580년 오다 노부나가가 이곳에 있던 이시야마혼간지를 공략할 당시 여기서 날아오는 화살을 피할 길이 없자 '천관(千貫 센간)의 금(金)', 즉 아무리 많은 비용을 들여서라도 반드시 탈환해야 할 군사적 요충지라고 말한 데서 유래했다.

04 타몬야구라·센간야구라
多聞櫓·千貫櫓

오테몬을 지나 바로 왼쪽에 있는 거대한 문. 오테몬의 2차 방어선으로 건물 상층부에서 화살·창·끓는 기름을 쏟아부어 적의 침입을 막았다.
타몬야구라 옆에 위치한 망루는 센간야구라다. 토요토미 히데요시가 만든 타몬야구라와 달리 토쿠가와 이에야스가 오사카 성을 재건할 때 만들었다. 흥미로운 점은 일본에서 다도(茶道)와 정원 설계의 명인으로 통하는 코보리 엔슈 小堀遠州가 이 망루의 공사 책임자였다는 사실이다.

05 토요쿠니 신사
豊國神社

텐슈카쿠 입구에 위치한 조그만 신사. 토요토미 히데요시와 그의 아들 히데요리, 그의 동생 히데나가를 신으로 모신다. 1879년 나카노시마 中之島(p.148)에 세워진 것을 1961년 이 자리로 옮겨왔다. 내부에는 그들의 신위를 모시는 사당과 토요토미 히데요시의 동상이 있다.

토요토미 히데요시

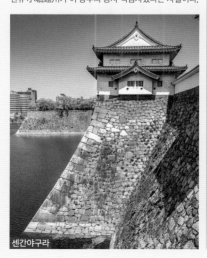

센간야구라

#close up

06 사쿠라몬
桜門

오사카 성의 중심인 텐슈카쿠로 들어가는 문. 오사카 성 재건공사가 한창이던 1626년에 세웠다. 당시 이 근처에 사쿠라, 즉 벚나무가 있어 지금의 이름이 붙었다. 1868년 화재로 불타 버린 뒤 1887년 지금의 모습으로 복원됐으며, 19세기 후반에 소실된 담벼락도 1969년 현재와 같은 형태로 재건했다.

문 앞의 해자는 만들어질 당시부터 물이 없었는데 그 이유는 지금까지도 풀리지 않는 수수께끼. 문 안쪽에는 마스가타 枡形란 공터가 있다. 유사시에 군사를 집결시키는 장소로 이 앞에도 거석이 박힌 성벽이 있다.

여기 있는 거석은 '문어 바위'란 뜻의 타코이시 蛸石라고 부른다. 거석 왼쪽에 문어 모양의 흐릿한 얼룩이 있어 지금의 이름이 붙은 것. 이 거석은 오사카 성 제일의 크기를 자랑하며 면적 60㎡에 무게가 130톤이나 나간다. 바로 오른쪽에는 세 번째로 큰 면적 54㎡, 무게 120톤의 거석도 있다.

타코이시

07 미라이자 오사카죠
Miraiza Osaka-Jo

텐슈카쿠를 볼 때 오른쪽에 있는 유럽식 건물. 텐슈카쿠를 재건한 1931년에 함께 지어졌으며 태평양 전쟁 때는 일본군 제4사단 사령부, 전후에는 오사카 경시청(경찰청)과 시립 박물관으로 사용됐다. 현재는 레스토랑·기념품 숍으로 이용 중이다.

08 타임캡슐
タイム·カプセル

1970년 오사카 엑스포를 기념해 제작한 타임캡슐. 당시의 문화를 상징하는 2,098점의 물건이 들어있으며, 지하 15m에 두 개의 타임캡슐을 매설했다. 하나는 지난 2000년 3월 15일 개봉했고 나머지 하나는 5,000년 뒤인 6970년 개봉할 예정이다.

09 킨조
金蔵

1626년에 지은 창고 건물. '금 창고'를 뜻하는 킨조 金蔵란 이름에서 미루어 짐작할 수 있듯 과거에는 금화·은화 등의 재물을 보관하는 금고 역할을 했다. 내부는 크고 작은 두 개의 방으로 이루어져 있는데, 화재 및 도난 방지를 위해 바닥에는 두꺼운 돌을 깔고 입구에는 두 개의 문과 육중한 강철 문을 설치했다.

#close up

재물을 보관하던 킨조

10 텐슈카쿠
天守閣

웅장한 외관을 뽐내는 오사카 성의 중심부. 토요토미 히데요시가 3년의 시간을 들여 지었다. 하지만 어지간히 운이 없었는지 수차례 소실과 재건을 반복했다. 처음 불탄 것은 토쿠가와 이에야스가 일으킨 전쟁인 오사카 여름의 진(1615년) 때다. 이후 1629년 재건됐으나 1665년 벼락을 맞아 다시 불타버렸다. 오랫동안 재건되지 않던 텐슈카쿠는 1931년 철근 콘크리트 공법으로 지금의 모습을 갖췄다.

텐슈카쿠 내부는 8층으로 구성돼 있으며 토요토미 히데요시와 오사카 성의 역사에 대해 소개하는 자료가 가득하다. 특히 눈에 띄는 것은 황금의 다실 黄金の茶室(3층)의 실물 크기 복원 모형인데, 방 전체에 번쩍이는 금을 입혀 두 눈을 휘둥그레지게 만든다. 8층 꼭대기의 전망대에서는 성 주변은 물론 오사카 도심이 한눈에 내려다보인다.

◆ 09:00~17:00, 3·4월의 벚꽃 시즌 09:00~19:00, 4월 말~5월 초의 골든 위크 09:00~18:00, 7월 중순~8월 09:00~19:00 ◆ 휴관 12/28~1/1
◆ 600엔, 중학생 이하 무료 ◆1일 승차권(엔조이 에코 카드)·칸사이 스루 패스 소지자는 매표소에서 티켓을 제시하고 할인권을 구매한다. ※오사카 주유패스 소지자는 매표소에 줄을 서지 않고 바로 입장할 수 있다.

11 잔넨세키
残念石

텐슈카쿠 정문 왼쪽에 놓인 두 개의 커다란 돌. 이 돌들은 원래 오사카 성 공사에 사용할 목적으로 60km 정도 떨어진 쇼도시마 小豆島에서 채굴됐지만, 실제로는 사용되지 못한 채 400여 년 간 채석장에 방치됐다. 그래서 이름도 '아쉬움을 가진 돌'을 뜻하는 잔넨세키 残念石라고 붙여진 것. 1908년 그 한(?)을 풀고자 쇼도시마의 청년들이 옛 방식대로 돌을 옮겨다 이곳에 세워 놓았다.

8층 전망대

#close up

고쿠라쿠바시와 유람선 고자부네

12 각인석 광장
刻印石広場

성을 세울 때 참여한 지방 호족인 다이묘의 가문(家紋)을 새긴 돌을 모아놓은 곳. 성벽을 세우는 돌 하나하나에 가문을 표시해 토요토미 히데요시의 명령을 충실히 이행했음을 증명했다. 텐슈카쿠의 정문을 바라볼 때 왼쪽 뒤로 이어진 언덕을 내려가면 있다.

토요토미 히데요시

에서는 우치보리 너머로 보이는 텐슈카쿠를 배경삼아 멋진 기념사진을 찍을 수 있다.

다리 옆에는 우치보리를 돌아보는 미니 유람선 고자부네 御座船의 선착장(10:00～16:30, 1,500엔), JR 모리노미야 · 오사카죠코엔 역 방면 로드 트레인의 승차장(09:30 ～17:30, 400엔)이 있다.

13 히데요리 자결터
豊臣秀頼 · 淀殿ら自刃の地

토요토미 히데요시의 아들 히데요리의 자결터를 표시한 석비. 임진왜란을 일으킬 무렵 토요토미 히데요시의 야망은 중국을 넘어 인도까지 뻗쳐 있었다. 하지만 우리의 영원한 스타(!) 이순신 장군의 등장으로 그의 야망이 좌절됐음은 누구나 아는 사실. 그 뒤 임종에 가까워서는 자기 뒤를 이을 여섯 살배기 아들 히데요리를 걱정하느라 눈조차 편히 감지 못할 정도로 초라한 죽음을 맞았다.

그의 사후에는 토쿠가와 이에야스의 정권 탈환전이 이어졌고, 히데요리는 오사카 성으로 밀려들어오는 토쿠가와 군의 위협 속에서 어머니와 함께 자결할 수밖에 없었다.

15 아오야몬
青屋門

토쿠가와 이에야스가 오사카 성을 재건하던 1620년에 세운 문. 메이지 유신 당시의 화재와 오사카 공습으로 불타버린 것을 1969년 재건했다. 지금은 커다란 문과 함께 텅 빈 공터만 남아 있지만, 원래 이 문 앞에는 유사시 군사가 집결하는 장소인 마스가타 枡形와 소토보리를 가로지르는 다리가 있었다.

14 고쿠라쿠바시
極楽橋

텐슈카쿠의 후문으로 이어지는 다리. 원래 폭 3m 정도의 목조 다리였으나 1868년 화재로 불타 버렸다. 지금의 다리가 놓인 것은 1965년이다. 다리 아래로 보이는 넓은 호수는 오사카 성의 안쪽 해자인 우치보리 内堀이며 규모는 바깥쪽 해자인 소토보리의 ½에 불과하다. 다리 위

#close up

벚꽃의 명소 조폐 박물관

오사카의 대표적인 벚꽃 명소이자 20세기 초의
레트로한 풍경을 만날 수 있는 곳. 호기심을 불러일으키는
희귀 화폐 콜렉션도 놓치기 힘든 볼거리다.

01 조폐 박물관
造幣博物館

◆ 09:00~16:45 ◆ 휴관 12/29~1/3
◆ 무료 ◆ 지하철 오사카비지네스파
쿠 大阪ビジネスパーク 역(N21)
2번 출구에서 도보 20분. 지하철 미
나미모리마치 南森町 역(T21·K13)
7번 출구 도보 10분.

1 일본 재무국에서 운영하는 조폐
박물관. 1911년에 완공된 화력 발전
소를 개조해서 만든 고풍스러운 벽
돌 건물이 인상적이다.

2~**4** 박물관은 3층으로 구성돼 있
으며 주요 볼거리는 2·3층에 집중돼
있다. 2층은 조폐국의 역사를 소개하
는 미니 시어터와 초창기 화폐 축조
기, 훈장·메달 전시장이다. 전시장 한
편에는 15.9119kg의 금괴, 33.4885
kg의 은괴, 500엔 동전 2,000개가 담
긴 주머니(14kg, 100만 엔)를 직접 들
어보는 체험 코너도 있다.

3층에서는 일본 화폐의 역사를 소개
한다. 시대별로 일목요연하게 정리
된 옛 화폐와 실물 금화, 주화 콜렉
션이 눈길을 끈다.

02 조폐 박물관 벚꽃축제
造幣局 桜の通り抜け

◆ 3월 말~4월 중순 10:00~19:30
◆ 무료 ◆ 교통편은 조폐 박물관과 동일.

5~**7** 1883년부터 명성을 이어
온 벚꽃놀이의 명소. 19세기 중반
한 세도가의 정원에서 벚나무를 옮
겨온 것을 계기로 조폐 박물관 일대
에는 600m 길이의 산책로에 400여
그루의 벚나무가 심겼다. 꽃이 만개
하는 3~4월이면 화사한 벚꽃축제
가 열린다(시기는 홈페이지 참조).

지하철 노선 **N** 나가호리츠루미료쿠치 선 　**T** 타니마치 선 　**K** 사카이스지 선

info plus

01

명탐정 코난 동상
名探偵コナン銅像

♦ 24시간 ♦ 무료
♦ 지하철 오사카비지네스파크 大阪ビジネスパーク 역(N21) 1번 출구에서 도보 2분.

만화 《명탐정 코난》의 실물 크기 동상. 인증샷 명소로도 잘 알려져 있다. 동상 뒤에는 〈명탐정 코난〉이 방영되는 요미우리 TV의 본사가 있는데, 괴도 키드와 유명한 탐정의 실물 크기 인형 등 만화 캐릭터를 로비 곳곳에 숨겨 놓아 이를 찾아보는 재미가 쏠쏠하다.

02

수상버스 아쿠아라이너
水上バス アクアライナー

♦ 10:15~17:00, 12~2월 10:15~16:00(45분 간격 운항)
♦ 오사카 성·나카노시마 일주 1,600엔, 초등학생 이하 800엔(3월 말~4월 중순 1,800엔, 초등학생 이하 900엔) ♦ JR 오사카죠코엔 大阪公園 역(JR-O07)에서 도보 5분. 또는 지하철 오사카비지네스파크 大阪ビジネスパーク 역(N21) 1번 출구에서 도보 5분.

지붕이 유리로 덮인 납작한 모양의 유람선. 오사카 성 근처의 오사카죠코 大阪城港 선착장을 출발

해 인근 지역을 한 바퀴 도는 동안 고층 빌딩으로 가득한 현대적인 오사카의 풍경을 감상할 수 있다. 기본 코스는 나카노시마까지의 운하를 돌아보는 오사카 성·나카노시마 일주 大阪城·中之島めぐり(40분 소요)이며, 3월 말~4월 중순에는 강변을 따라 벚꽃이 만발한 풍경을 감상하는 벚꽃 크루즈도 운항한다. 유명 호텔 레스토랑의 점심 식사가 포함된 식도락 크루즈도 이용 가능하다 (예약 필수).

03

BK 플라자
BK プラザ

♦ 10:00~18:00 ♦ 휴관 화요일, 12/29~1/3 ♦ 무료
♦ 지하철 타니마치욘쵸메 谷町四丁目 역(T23·C18) 9번 출구에서 도보 2분.

오사카 역사 박물관 옆에 위치한 NHK의 견학 홀. 1층에는 생방송 스튜디오, 어린이를 위한 방송 체험 코너가 있다. 엘리베이터를 타고 9층으로 올라가면 유리창 너머로 스튜디오 내부가 보이는 방송국 견학 코스도 있다.

04

나니와 궁 사적 공원
難波宮跡公園

♦ 24시간 ♦ 무료
♦ 지하철 타니마치욘쵸메 谷町四丁目 역(T23·C18) 10번 출구에서 도보 1분.

652년 완공된 나니와 궁전 難波宮의 유적을 복원한 공원. 686년의 화재와 784년의 나가오카쿄長岡京(교토 인근) 천도로 완전히 역사 속에서 사라진 궁전 터는 1953년 기적적으로 발굴됐다. 지금은 궁전 터의 일부를 복원해 공원으로 조성해 놓았다.

05

피스 오사카
ピースおおさか

♦ 09:30~17:00 ♦ 휴관 월요일, 공휴일 다음날, 매월 말일, 12/28~1/4 ♦ 250엔
♦ 지하철 모리노미야 森ノ宮 역(C19·N20) 1번 출구에서 도보 3분.

태평양 전쟁 당시 오사카의 참상을 묘사한 박물관. 50여 차례의 공습으로 폐허가 된 오사카와 전쟁 당시의 처참한 일상, 그리고 종전 직후 근대에 이르기까지 오사카의 복구과정을 소개하는 자료가 전시돼 있다.

지하철 노선 N 나가호리츠루미료쿠치 선 T 타니마치 선 C 츄오 선 JR-O 오사카칸죠 선

info plus

6 오사카 비즈니스 파크
大阪ビジネスパーク

♦ 지하철 오사카비지네스파크
大阪ビジネスパーク 역(N21) 4번
출구 바로 앞에 있다.

오사카 성 주변을 경제·상업 거점
으로 육성하고자 조성한 부도심.
에도 시대에는 하급무사의 거주
지로 이용되던 지역이다. 현재는
오사카 기반의 대기업 사옥이 모
여 있다. 트윈 21 빌딩·요미우리
TV·호텔 뉴 오타니 등의 고층 빌
딩이 눈길을 끌지만 큰 볼거리는
없다.

1 스타벅스
Starbucks

♦ 350엔~ ♦ 07:00~21:00
♦ 지하철 모리노미야 森ノ宮 역
(C19·N20) 3-B번 출구에서 도보
4분. 또는 JR 모리노미야 森ノ宮 역
(JR-O06)에서 도보 6분.

#호젓한 분위기가 매력인 스타
벅스. 주변이 온통 초록빛 공원에
둘러싸여 있어 조용히 휴식을 취
하거나, 오사카 성 주변을 둘러보
다 잠시 쉬어가기에 좋다. 상큼한
공기를 호흡할 수 있는 야외석도
완비했다.

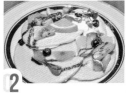

2 그램
gram

♦ 1,550엔~ ♦ 11:00~21:30
♦ 휴업 부정기적 ♦ JR 오사카죠코엔
大阪城公園 역(JR-O07)에서
도보 4분.

#수플레 팬케이크 열풍을 불러
일으킨 원조집이다.

#프리미엄 팬케이크 プレミア
ムパンケーキ(푸레미아무판케
키) 1,550엔, 솜사탕처럼 포근한
수플레 팬케이크를 3단으로 쌓
아준다. 1일 3회(11:00, 15:00,
18:00) 20인분씩만 판매한다.

3 조 테라스 오사카
Jo-Terrace Osaka

♦ 11:00~21:00(숍·레스토랑마다
다름) ♦ 휴업 연말연시 ♦ JR 오사카
죠코엔 大阪城公園 역(JR-O07)에
서 도보 2분.

#휴게·상업 복합시설. 6개로
나뉜 건물에 21개의 카페·레스
토랑·기념품점이 옹기종기 모여
있다. 초록빛 공원이 바라보이는
전망 좋은 테이블의 카페·레스토
랑도 있어 산책을 즐기다 느긋하
게 쉬어가거나 가볍게 식사를 즐
기기에 좋다.

1 모리노미야 큐즈 몰
もりのみや Q's Mall

♦ 10:00~20:00 ♦ 휴업 연말연시
♦ 지하철 모리노미야 森ノ宮 역
(C19·N20) 1번 출구에서 도보 1분.
또는 JR 모리노미야 森ノ宮 역
(JR-O06)에서 도보 5분.

#현지인이 즐겨 찾는 소규모 쇼
핑몰. 20여 개의 패션·잡화·인
테리어 숍이 입점해 있다. 레스토
랑·푸드코트도 있어 공원을 돌아
보다 식사를 즐기기에도 적합하
다. 쇼핑몰 안쪽에는 대형 슈퍼마
켓 Life도 있다.

2 세이와도 서점
正和堂書店

♦ 10:00~22:00
♦ 지하철 이마후쿠츠루미 今福鶴見
역(N24) 4번 출구에서 도보 3분.

#팬시한 북 커버로 명성이 자
자한 서점. 레모네이드 컵·커피
잔·빵 봉투 모양 등
아기자기한 디자인
의 북 커버(300엔~)
를 판매하며, 문고판
책 한 권을 사면 북
커버 한 개를 공짜
로 준다.

지하철 노선   N 나가호리츠루미료쿠치 선   C 츄오 선   JR-O 오사카칸죠 선

텐노지
天王寺

오사카 남동부에 위치한 텐노지는
천년고찰(千年古刹) 시텐노지 四天王寺와
더불어 유서 깊은 역사를 보여주는 지역이자
오사카의 대표적인 서민가다.
그래서인지 화려하고 세련된 멋보다는 수수하고
친근한 분위기가 색다른 매력으로 다가온다.
흥미로운 사실은 지금의 모습과 달리 한 세기
전까지만 해도 이곳이 오사카에서도
손꼽히는 유흥가였다는 것이다. 하지만 번화함을
자랑하던 거리도 세월의 흐름에 따라 서민적인
색채로 물든 채 이미 추억이 된 옛 시간을
돌이켜보게 할 뿐이다.

볼거리 ☆☆☆☆☆☆   먹거리 ☆☆☆☆☆☆
쇼 핑 ☆☆☆☆☆☆   유 흥 ☆☆☆☆☆☆

ACCESS

지하철 신세카이·쟌쟌요코쵸·스파 월드는 미도스지 선
御堂筋線·사카이스지 선 堺筋線의 도부츠엔마에 動物園
前 역(M22·K19), 신세카이·츠텐카쿠는 사카이스지 선의
에비스쵸 惠美須町 역(K18)에서 가깝다.
텐노지 공원으로 갈 때는 미도스지 선·타니마치 선 谷町線
의 텐노지 天王寺 역(M23·T27)도 이용할 수 있다.

JR 신세카이는 오사카칸죠 선 大阪環状線의 신이마미
야 新今宮 역(JR-O19) 동쪽 출구 東出口에서 가깝다. 텐
노지 공원·시텐노지로 갈 때는 오사카칸죠 선의 텐노지 天
王寺 역(JR-O01)을 이용하면 편리하다.

best course 5시간~

① 에비스쵸 역 3번 출구

도보 4분

② 츠텐카쿠

바로 앞

③ 신세카이

도보 1분

④ 쟌쟌요코쵸

도보 18분

전망 스팟

⑤ 아베노하루카스

도보 20분

⑥ 시텐노지

must see

▶ 신세카이
新世界

♦ 10:00～21:00(업소마다 다름)
♦ 지하철 도부츠엔마에 動物園前 역(M22·K19) 3번 출구에서 도보 5분. 또는 에비스쵸 惠美須町 역(K18) 3번 출구에서 도보 4분. 또는 JR 신이마미야 新今宮 역(JR-O19) 동쪽 출구 東出口에서 도보 5분.

1~**7** 저렴한 식당과 상점·주점이 모인 서민적인 유흥가. 오사카 박람회(1903년)의 전시장을 만들기 위해 양파 밭을 걷어내고 새로이 조성한 지역이라 '신세계'를 뜻하는 신세카이란 이름이 붙었다.

1911년에는 미국의 코니 아일랜드를 흉내낸 유원지 루나 파크와 전망대 츠텐카쿠 通天閣가 세워지며 오사카 최대의 유흥가로 발돋움했으나 1921년 루나 파크의 폐업을 계기로 점차 쇠퇴 일로를 걷더니, 태평양 전쟁 직후 사람들의 발길이 거짓말처럼 뚝 끊기는 비운을 맞이하고 말았다.

2~**4** 지금과 같은 서민의 거리로 거듭난 때는 1953년이다. 태평양 전쟁 당시 철거된 츠텐카쿠를 재건하면서 주변에 저렴한 식당이 모여들어 현재의 모습을 이룬 것. 거리는 오사카 특유의 활기찬 분위기로 가득하며 골목 안쪽에는 1970～1980년대의 분위기를 간직한 구닥다리 영화관·상점·오락실·사격장·파칭코가 모여 있다.

거리 곳곳에 쿠시카츠·타코야키·오코노미야키 등 명물 먹거리를 파는 식당이 있어 군것질을 하며 돌아봐도 재미있다.

(지하철 노선) **M** 미도스지 선 **K** 사카이스지 선 **JR-O** 오사카칸죠 선

#must see

▌츠텐카쿠
通天閣

♦ 10:00~20:00
♦ 900엔, 중학생 이하 400엔
♦ 지하철 에비스쵸 惠美須町 역 (K18) 3번 출구에서 도보 4분.

1~**6** 1912년에 세워진 높이 103m의 전망대. 신세카이 최고 (最高)의 건물이다. 일본 최초의 엘리베이터가 설치된 건물이란 역사적 의의를 가진 탑이지만, 안타깝게도 원래의 탑은 태평양 전쟁 당시 '군수품 생산을 위한 철제 헌납'이란 미명 하에 완전히 해체돼 아시아를 침탈하는 무기로 탈바꿈했다. 지금의 탑은 파리의 에펠 탑을 모방해 1956년에 재건됐다.

5 꼭대기에는 날씨를 알려주는 네온 등이 설치돼 있다. 흰색은 맑음. 오렌지색은 흐림. 파란색은 비, 핑크색은 눈을 뜻한다.

1 **4** **6** 해발 87.5m의 전망대 (4·5층)에서는 텐노지 일대는 물론 오사카 시내가 훤히 내려다보인다.

2 5층에는 발바닥을 문지르면 행운이 깃든다는 빌리켄 신상, 옥상(94.5m)에는 야외 전망대, 3층에는 높이 17m(길이 60m)의 스릴 만점 미끄럼틀도 있다.

빌리켄 ビリケン의 유래

7 신세카이의 마스코트 빌리켄, 그러나 실제 출생지(?)는 미국이다. 화가 플로렌스 프릿츠가 꿈에서 본 행운의 신을 마스코트로 만들었는데 그게 바로 빌리켄이었던 것(1908년).

빌리켄은 세계적인 인기를 끌며 1912년 오사카에도 상륙했고, 당시 문을 연 유원지 루나 파크에는 빌리켄 사당까지 지어졌다.

하지만 1923년 루나 파크의 폐관과 더불어 빌리켄은 흔적도 없이 사라졌다. 그러던 1979년 신세카이 부흥을 위한 빌리켄 복원 프로젝트가 진행되며 다시금 마스코트로 부활했다.

#must see

쟌쟌요코쵸
ジャンジャン横丁

◆ 10:00~21:00(업소마다 다름)
◆ 지하철 도부츠엔마에 動物園前 역
(M22·K19) 1번 출구에서 도보 1분.

1~3 가게가 다닥다닥 모인 비좁은 상점가. 저렴한 식당과 기원(碁院)이 많아 동네 할아버지들의 사랑방 역할을 한다. 이 길을 따라 유곽으로 가는 취객을 불러 모으고자 전통악기 샤미센 三味線을 사용한 데서 지명이 유래했다. 이름을 풀어보면 샤미센을 '쟌쟌' 울리며 손님을 부르는 '골목(요코쵸)'이란 뜻!

스파 월드
スパワールド

◆ 10:00~익일 08:45 ◆ 1,500엔. 초등학생 이하 1,000엔 ※심야 할증 (00:00~05:00) 1,450엔 추가
◆ 지하철 도부츠엔마에 動物園前 역(M22·K19) 3번 출구 도보 9분. 또는 JR 신이마미야 新今宮 역(JR-O19) 동쪽 출구 東出口 도보 9분.

4~6 오사카 제일의 규모를 뽐내는 대형 온천 테마파크. 세계의 유명 온천과 리조트를 흉내낸 이국적 면모가 돋보이며 13가지 테마의 온천탕·사우나·휴게시설로 구성돼 있다.

온천은 4층의 유럽 존과 6층의 아시아 존으로 나뉜다. 유럽 존은 로마의 트레비 샘·해저도시 아틀란티스·지중해의 리조트·고대 신전·핀란드 사우나·푸른 동굴·스페인 마을을 테마로 한 7개의 욕실, 아시아 존은 발리 리조트·이슬람 욕실·이란 페르세폴리스 궁전·히노키탕·싱가포르 스파·일본식 노천탕을 테마로 한 6개의 욕실로 이루어져 있다. 유럽 존과 아시아 존은 남탕과 여탕의 개념이라 동시에 양쪽을 이용할 수는 없다. 대신 매월 번갈아 남탕과 여탕이 바뀐다(홈페이지 참조).

지하철 노선 **M** 미도스지 선 **K** 사카이스지 선 **JR-O** 오사카칸죠 선

#must see

아베노하루카스
あべのハルカス

♦ 지하철 텐노지 天王寺 역(M23·T27) 9번 출구와 지하로 연결된다. 또는 JR 텐노지 天王寺 역(JR-O01)에서 도보 5분.
하루카스 300
♦ 09:00~22:00 ♦ 1,500엔 ♦ 매표소는 아베노하루카스 16층에 있다.

1~6 오사카 제일의 전망·야경을 뽐내는 뷰포인트. 300m 높이의 일본 최고층 빌딩으로 높이가 다른 3개의 건물이 나란히 이어진 독특한 외관이 눈길을 끈다. 홍콩 IFC, 타이베이 101 등 초고층 빌딩을 설계한 포스트 모던 건축의 대가 시저 펠리 Cesar Peli(1926~2019)의 감수로 지어졌으며, 총 공사기간 4년에 1조 3,000억 원이란 막대한 공사비가 투입됐다.

4 초강추 명소는 건물 꼭대기인 60층(해발 300m)에 위치한 하루카스 300이다. 'ㅁ'자 모양의 전망대 천상회랑 天上回廊에서는 360도로 탁 트인 뷰를 감상하며 공중산책을 즐길 수 있다. 오사카 시내는 물론 멀리 오사카 만과 고베 일대까지 한눈에 들어온다.

2 3 6 58층에는 주변 전망을 감상하며 한가로이 휴식을 취할 수 있는 천공정원 天空庭園, 붉은 노을 속에서 사랑을 약속하는 인증샷 포인트 연인의 성지 恋人の聖地가 있다.

1 일몰 1~2시간 전쯤 올라가면 오사카 일대의 전망, 세상을 온통 붉게 물들이는 황홀한 노을, 보석처럼 반짝이는 아름다운 야경을 모두 만끽할 수 있다.
#헬기장 투어 ヘリポートツアー 아베노하루카스 옥상의 헬기장에서 주변 풍경을 감상한다. 막힘없는 탁 트인 전망이 끝내준다(10분 소요, 1일 12~14회, 매회 30명 한정, 500엔).

지하철 노선) **M** 미도스지 선 **T** 타니마치 선 **JR-O** 오사카칸죠 선

#must see

▌시텐노지
四天王寺

♦ 24시간 ♦ 경내 무료 ♦ 지하철 시텐노지마에유히가오카 四天王寺前夕陽ヶ丘 역(T26) 4번 출구 도보 3분.
중심가람
♦ 08:30∼16:30, 10∼3월 08:30∼16:00 ♦ 300엔

1∼6 쇼토쿠 태자가 불교 진흥을 목적으로 593년에 세운 사찰. 일본에서 가장 오래된 사찰이자 최초의 관사(官寺)다. 예부터 선진문화 수입의 창구 구실을 한 오사카에서 시텐노지는 외국 사신을 영접하는 영빈관으로 쓰였다. 남대문·오층탑·금당을 일직선으로 세운 구조는 시텐노지 양식이란 이곳만의 독특한 사찰 건축양식을 잘 보여준다. 그러나 대부분의 건물은 태평양 전쟁 때 파괴됐다가 1971년에 재건한 것이라 고풍스러운 모습을 기대하면 실망하기 십상이다.

#이시부타이 石舞台
4 연못에 둘러싸인 석조무대. 봄의 세이레이카이 聖霊会 때 천년 전통의 부가쿠 舞楽를 공연하는 곳으로 유명하다.

#카메이도 亀井堂
6 돌 거북의 입에서 물이 샘솟는 사당. 극락과 이어진 금당 지하의 연못에서 솟는 물이라 믿는 까닭에 고인의 이름을 적은 명패를 이 물에 씻으며 극락왕생을 기원하는 풍습이 있다.

#중심가람 中心伽藍
2 3 금당·강당·오층탑·인왕문으로 이루어진 시텐노지의 중심부. 금당에는 본존인 구세관세음보살이 모셔져 있다. 그 앞의 오층탑은 593년에 세워졌다가 소실된 것을 1959년에 복원시킨 것으로 높이는 39.2m다. 인왕문에는 일본에서 두 번째로 큰 인왕상(높이 5.3m, 무게 1톤)이 놓여 있다.

#must eat

쿠시카츠다루마 총본점
串かつだるま総本店

◆ 2,000엔~ ◆ 11:00~22:30
◆ 지하철 도부츠엔마에 動物園前
역(M22·K19) 3번 출구 도보 10분.

#Since 1929 오사카 최초로 쿠
시카츠(꼬치튀김)를 선보인 원
조집. '싸고·빠르고·맛있게'를
모토로 양질의 재료를 주문과
동시에 튀겨낸다. 오사카 제일
의 맛을 뽐내는 곳답게 손님이
많으니 최대한 서둘러 갈 것!
#강추 메뉴는 소고기 元祖串
카츠(간소쿠시카츠 143엔), 돈
가스 とんかつ(톤카츠 143엔),
치즈 チーズ(143엔), 자연산 새
우 天然えび(텐넨에비 286엔),
가리비 ほたて(호타테 286엔).

우사기야
うさぎや

◆ 680엔~ ◆ 12:00~20:00
◆ 휴업 목요일 ◆ 지하철 에비스쵸
惠美須町 역(K18) 3번 출구에서 도
보 1분.

#Since 1952 소박한 오코노미
야키 전문점. 옛 맛과 모습을 고
스란히 간직하고 있다. 이 일대
에서 소문난 맛집이라 언제나
손님이 끊이지 않는다. 주인장
이 날랜 손놀림으로 오코노미
야키를 굽는 모습을 구경하는
재미도 놓치기 아쉽다.
#스페셜 믹스 スペシャル
ミックス 1,330엔, 돼지고기·
오징어·새우·소고기·굴을 아
낌없이 넣은 오코노미야키.

야에카츠
八重勝

◆ 2,000엔~ ◆ 10:30~20:30
◆ 휴업 목요일 ◆ 지하철 도부츠엔
마에 動物園前 역(M22·K19) 1번
출구에서 도보 3분.

#Since 1947 신세카이 넘버 투
의 자리를 고수하는 쿠시카츠
집. 튀김옷에 참마를 사용하는
등 나름의 개성을 추구하지만,
튀김 기술과 재료의 질이 살짝
떨어지는 점이 아쉽다.
#추천 메뉴는 소고기 牛肉串
카츠(규니쿠쿠시카츠 3개 390
엔), 새우 えび(에비 500엔), 패
주 貝柱(카이바시라 350엔), 오
징어 いか(이카 240엔), 가지
なすび(나스비 130엔)다.

지하철 노선) M 미도스지 선 K 사카이스지 선

info plus

01 잇신지
一心寺

♦ 05:00~18:00 · 무료
♦ 지하철 텐노지 天王寺 역(M23·T27) 6번 출구에서 도보 10분.

신자의 유골을 수습해 만든 불상이 안치된 엽기적인(?) 사찰. 오랜 옛날 여기서는 서쪽으로 바다가 내려다보였기 때문에 사후 영혼이 서방의 극락정토를 찾아가는 출발지로 여겼다. 고승 호넨쇼닌 法然上人(1133~1212)이 이곳에 초막을 짓고 수행에 정진했으며, 1596년 지금의 사찰이 창건됐다.

이 절을 유명하게 만든 장본인(?)은 납골당에 모신 아미타여래상 阿弥陀如来像이다. 이 불상은 납골된 1만기의 유골을 모아 1851년에 만든 것으로, 그 옆에는 1887년부터 10년마다 유골을 수습해 만든 불상이 줄지어 있다.

현대적인 외관의 산문 山門도 무척 흥미로운데 철과 콘크리트로 만든 그로테스크한 형태의 인왕상, 그리고 기하학적인 형태의 지붕이 여타 사찰과는 다른 묘한 분위기를 자아낸다.

02 텐노지 동물원
天王寺動物園

♦ 09:30~17:00, 5·9월의 토·일·공휴일 09:30~18:00
♦ 휴관 월요일, 12/29~1/1
♦ 500엔, 중학생 이하 200엔
♦ 지하철 도부츠엔마에 動物園前 역(M22·K19) 1번 출구에서 도보 8분.

1915년 개원한 일본에서 세 번째로 오래된 동물원. 축구장 15개 면적과 맞먹는 11만㎡의 부지에 사자·호랑이·기린·하마·북극곰 등 200여 종 1,000마리의 동물을 사육한다.

03 오사카 시립미술관
大阪市立美術館

♦ 리뉴얼 공사로 인해 2025년 상반기까지 휴관 · 지하철 텐노지 天王寺 역(M23·T27) 5번 출구에서 도보 10분.

동양 고미술품을 중심으로 일본의 국보와 중요문화재를 전시하는 미술관. 1936년 개관했으며 일본·중국의 회화 및 조각·공예 작품 8,000여 점 가운데 일부를 순환 전시한다. 특히 유명한 것은 5세기의 중국 석불과 북송시대 회화작품이다.

04 텐시바
てんしば

♦ 24시간 · 무료
♦ 지하철 텐노지 天王寺 역(M23·T27) 4번 출구에서 도보 1분.

텐노지 공원 입구에 위치한 아담한 광장. 서울의 연트럴 파크와 비슷한 분위기이며, 푸른 잔디가 넓게 깔려 있어 도심 속 휴식처로 인기가 높다. 날씨가 좋을 때는 잔디 위에 누워 느긋하게 시간을 보내도 좋다. 광장 동쪽에는 세련된 카페·숍·레스토랑이 모여 있다.

01 신세카이 칸칸
新世界 かんかん

♦ 450엔~ · 09:30~18:00
♦ 휴업 월·화요일
♦ 지하철 에비스초 恵美須町 역(K18) 3번 출구에서 도보 7분.

#연일 문전성시를 이루는 타코야키 전문점. 이곳을 다녀간 유명인의 사진이 빼곡히 붙어 있어 뜨거운 인기를 실감케 한다.
#타코야키 たこ焼き 8개 450엔, 노릇노릇하게 구운 겉과 촉촉한 속, 그 안에 숨은 쫄깃한 문어 살이 군침을 돌게 한다.

지하철 노선 M 미도스지 선   T 타니마치 선   K 사카이스지 선

info plus

점보 츠리부네 츠리키치
ジャンボ釣船 つり吉

◆ 2,000엔~ ◆ 11:00~23:00
◆ 지하철 에비스초 恵美須町 역
(K18) 3번 출구에서 도보 5분.

#낚시가 가능한 테마 이자카야. 커다란 배 모양의 수조에 싱싱한 활어가 가득한데, 손님이 직접 낚시로 잡아올리면 원하는 방식으로 조리해준다. 특히 어린이를 동반한 가족 여행자에게 인기가 높다. 튀김·초밥·회·구이 등 다양한 안주·식사 메뉴도 취급한다.

모쿠모쿠 직영농장
モクモク直営農場

◆ 점심 2,200엔, 저녁 2,800엔
◆ 11:00~16:00, 17:00~22:00
(토·일·공휴일 23:00)
◆ 휴업 연말연시
◆ 지하철 텐노지 天王寺 역(M23·T27) 9번 출구와 연결된 킨테츠 백화점 13층에 있다.

#건강한 밥상을 모토로 운영하는 뷔페 레스토랑. 매일 아침 산지에서 공수해온 신선한 식재료가 건강한 맛의 비결이다. 농장에서 직접 만든 소시지·햄·유제품이 특히 맛있다.

소혼케 츠리가네야
総本家釣鐘屋

◆ 180엔~ ◆ 09:00~18:00, 일·공휴일 09:00~17:00 ◆ 휴업 부정기적
◆ 지하철 시텐노지마에유히가오카 四天王寺前夕陽ヶ丘 역(T26) 4번 출구에서 도보 8분.

#Since 1900 오랜 역사를 자랑하는 화과자집. 장인의 기술로 빚은 과자를 맛볼 수 있다.
#츠리가네만쥬 釣鐘まんじゅう 180엔, 시텐노지의 범종을 본떠 만든 간판 메뉴. 카스텔라 생지 안에 팥소가 듬뿍 담겼다.

메가 돈키호테
MEGA ドン・キホーテ

◆ 09:00~05:00 ◆ 지하철 도부츠엔마에 動物園前 역(M22·K19) 5번 출구에서 도보 1분.

#한국인에게 인기가 높은 대형 할인매장. 식료품부터 가전제품까지 온갖 아이템을 취급한다. 재미난 아이디어 상품도 눈길을 끈다. 특히 중저가 아이템이 풍부해 실속파 여행자가 즐겨 찾는다. 심야영업하기 때문에 늦은 시간 선물·기념품을 구매하기에도 좋다.

아베노 큐즈 몰
あべのQ's Mall

◆ 10:00~21:00
◆ 지하철 텐노지 天王寺 역(M23·T27) 12번 출구와 지하로 연결된다.

#실용적인 중저가 브랜드가 풍부한 대형 쇼핑몰. 고급진 맛은 없지만 생활밀착형 아이템 쇼핑에는 부족함이 없다. 지하 1층 식품관·슈퍼마켓·식당, 1층 잡화·남녀패션, 2층 남녀패션·아동용품, 3층 남녀패션·아동복·레스토랑, 4층 식당가로 이루어져 있다.

#writer's pick 실속파 여행자에게는 대형 할인매장인 이토 요카도 Ito Yokado(지하 1층~2층)와 3Coins·유니클로(1층), DIY 전문점 핸즈 Hands(지하 1층)를 추천한다. 육아맘에게는 유아용품 전문점 아까짱혼포(2층), 유행에 민감한 20대에게는 도쿄의 최신 패션 동향이 한눈에 들어오는 시부야 Shibuya 109(2층)가 인기다. 〈원피스〉 팬은 피규어와 굿즈가 가득한 원피스 무기와라 스토어 One Piece Mugiwara Store(3층)도 놓치지 말자.

#close up

백제의 얼이 서린 코리아타운

20만 재일동포가 사는 오사카는 일본 최대의 한인 거주지다. 그 중심에는 소박한 츠루하시 국제시장과 한류 열풍으로 뜨거운 오사카이쿠노쿠 코리아타운이 있다.

01 츠루하시
鶴橋

20만 재일동포의 애환이 서린 한인 시장. 흔히 '국제시장 国際マーケット'이라고 불리는 이곳은 태평양 전쟁 직후 생긴 암시장에서 유래했다. 고가철로 밑으로 이어진 좁은 시장 골목은 영락없이 우리의 재래시장을 빼다 박았는데, 눈에 보이는 것은 물론, 귀에 들리는 소리나 코를 자극하는 냄새조차 우리 모습 그대로를 유지하고 있다.

지금은 재일교포 2·3세가 대물림해 운영하는 가게가 많으며, 대부분 김치·반찬·떡을 파는 재래상점이다. 시장 안쪽으로는 한복집과 한식당이 모여 있다. 좁은 골목이 미로처럼 얼기설기 이어져 자칫 길을 잃기 십상이지만 낯설지 않은 시장 구경의 재미가 남다르다. 현지인에게는 '먹자타운'으로도 인기가 높다.

◆ 10:00~20:00(상점마다 다름)
◆ 휴업 연말연시 ◆ 지하철 츠루하시
鶴橋 역(S19) 5·6·7번 출구 앞.

02 츠루하시후게츠 본점
鶴橋風月 本店

#Since 1950 츠루하시의 역사와 함께해온 오코노미야키 전문점. 유서 깊은 전통의 맛을 뽐낸다.
#후게츠야키 風月焼き 1,490엔 진한 소스가 어우러진 오코노미야키. 오징어·새우·돼지고기·소고기 등 재료가 충실하다.

◆ 950엔~ ◆ 11:30~22:30
◆ 휴업 1/1 ◆ 지하철 츠루하시
鶴橋 역(S19) 7번 출구 도보 2분.

지하철 노선 S 센니치마에 선

#close up

03 오사카 이쿠노쿠 코리아타운
大阪生野区コリアタウン

오사카의 한류 열풍을 실감할 수 있는 현장. 길이 400m 남짓한 상점가를 따라 재일교포가 운영하는 식당·상점이 모여 있으며, 주말이면 현지인으로 발 디딜 틈 없이 붐빈다. 아이돌 굿즈 숍과 핫도그 가게 앞으로 긴 줄이 늘어선 풍경은 오사카가 아닌 명동 한복판을 걷는 듯한 착각을 불러일으키기에 충분하다.

코리아타운이 위치한 지역은 오랜 옛날부터 쿠다라노 百濟野, 즉 백제의 땅이라 불렀다. 지금은 흔적조차 찾아볼 수 없지만, 먼 옛날 강어귀에는 한반도를 오가는 교역선이 정박하는 항구가 있어 수백 년에 걸쳐 백제와 교류가 지속됐다.

그리고 660년 백제의 멸망은 수많은 백제 유민이 바다를 건너 이곳에 정착하는 계기가 됐다. 이러한 역사를 기리고자 코리아타운 입구에는 태극 문양이 선명한 백제문 百濟門

이 세워져 있다.

일제 강점기인 1922년에는 제주와 오사카를 오가는 정기 연락선이 취항해 일자리를 찾는 제주도민의 이주가 활발히 이루어졌다. 여기서 열리던 조그만 시장은 훗날 '조선시장 朝鮮市場'이라고 불리며 오사카 재일교포의 삶의 터전으로 자리잡기도 했다.

1945년 해방 이후 상당수의 재일교포가 제주로 돌아갔으나, 1948년 발생한 4·3사건을 계기로 고향을 등지고 다시금 오사카로 돌아가는 이가 늘어났다. 당시 이곳에 정착한 이들이 오사카 재일교포 1세대를 이루며 지금의 코리아타운이 탄생하게 됐다.

◆ 10:00~20:00(상점마다 다름)
◆ 휴업 연말연시
◆ 지하철 츠루하시 鶴橋 역(S19) 6번 출구에서 도보 20분.

04 오코노미야키 어머니 본점
お好み焼きオモ二本店

#Since 1966 맛집 가이드북 〈미슐랭〉에도 실린 오코노미야키집. 다섯 개의 오코노미야키 식당만 엄선해서 소개했는데, 그중 한인업소는 여기뿐이다.

제주도 출신 고희순 할머니가 창업했으며, 한국적인 메뉴를 맛볼 수 있는 것이 특징이다. 오코노미야키에 직접 담근 김치·깍두기 등의 반찬(300엔)이나 소주·막걸리 같은 한국 술을 곁들여 먹는 것도 색다른 추억이 될 듯!

#오모니야키 オモ二焼 1,200엔
가게 이름이 걸린 대표 메뉴. 돼지고기·오징어·새우·가리비·계란 등 재료가 아낌없이 들어간다.

◆ 750엔~ ◆ 11:30~22:00
◆ 휴업 월·화요일, 연말연시
◆ 지하철 츠루하시 鶴橋 역(S19) 6번 출구에서 도보 20분.

베이 에어리어
ベイエリア

오사카 서부에 위치한 베이 에어리어는
텐포잔 天保山과 난코 南港의 두 지역으로
이루어진 해안 매립지다. 예전에는 화물선이
분주히 오가고 육지에는 창고만 늘어선 살풍경한
장소였으나 지금은 테마파크와 쇼핑센터,
오피스 빌딩이 들어서며 세련된 도시적 면모를
갖춰가고 있다. 크게 눈에 띄는 명소는 없지만
바닷바람을 쐬며 느긋하게 항구의 분위기를
즐기고자 할 때 찾아가면 좋다.

볼거리 ★★★☆☆　먹거리 ★★☆☆☆
쇼　핑 ★★☆☆☆　유　흥 ★☆☆☆☆

best course 5시간~

① **오사카 역 1번 출구**

　도보 10분

　　강추

② **카이유칸**

　바로 앞

③ **텐포잔 마켓 플레이스**

　바로 앞

④ **나니와쿠이신보 요코쵸**

　바로 앞

　　전망 스팟

⑤ **텐포잔 대관람차**

　도보 5분

⑥ **유람선 산타마리아**

ACCESS

지하철 텐포잔으로 갈 때는 츄오 선 中央線의 오사카
코 大阪港 역(C11)을 이용한다. 1번 출구를 나와 정면으로
250m쯤 가면 텐포잔의 중심지인 대관람차와 텐포잔 마켓
플레이스가 나타난다.
난코로 갈 때는 츄오 선의 종점인 코스모스쿠에아 コスモ
スクエア 역(C10)에서 내린다. 또는 이 역에서 뉴트램 난코
포토타운 선 ニュートラム南港ポートタウン線으로 갈
아타고 토레도센타마에 トレードセンター前 역(P10)에
서 내려도 된다.

#must see

▎카이유칸
海遊館

♦ 10:00~20:00, 토·일·공휴일 09:30~20:00 ♦ 휴관 부정기적 ♦ 2,700엔, 초등학생·중학생 1,400엔, 3세 이상 700엔 ♦ 지하철 오사카코 大阪港 역(C11) 1번 출구에서 도보 9분.

1~**7** 일본 3위, 세계 5위의 규모를 자랑하는 초대형 수족관. 태평양을 상징화한 깊이 9m, 폭 34m의 대형 수조를 13개의 조그만 수조가 원통형으로 감싸고 있으며, 그 사이로 나선형 통로가 이어진다. 통로를 따라 걷다보면 바다 속을 헤엄치는 듯한 착각에 빠질 정도! 이 안에 둥지(?)를 튼 바다생물은 580종, 3만 9,000여 마리에 이르며, 최고의 인기 스타는 거대한 몸집을 자랑하는 길이 5m의 고래상어다.

입구에서 에스컬레이터를 타고 8층까지 올라간 다음 나선형 통로를 따라 빙글빙글 돌아내려오며 관람하는데, 바닥에 숫자가 적힌 화살표를 따라가면 전체를 쉽게 돌아볼 수 있다. 숫자는 거리를 뜻하며 총 길이는 660m다. 전체 관람에는 2시간쯤 걸린다.

카이유칸 공통권

#카이유칸·산타마리아 공통권 海遊館·サンタマリア共通券 카이유칸 입장권 및 유람선 산타마리아 호 승선권 포함. 인터넷·현장 판매. ♦ 3,700엔

#카이유칸·레고랜드 디스커버리 센터 세트권 海遊館&レゴランド·ディスカバリー·センター大阪セット券 인터넷·현장 판매. ♦ 4,900엔

#카이유칸·캡틴 라인 세트권 海遊館·キャプテンラインセット券 카이유칸 입장권 및 유니버설 스튜디오 재팬 셔틀보트 티켓 포함. 인터넷·현장 판매. ♦ 편도 3,400엔, 왕복 4,200엔

지하철 노선 C 츄오 선

#must see

텐포잔 마켓 플레이스
天保山マーケットプレース

♦ 11:00~20:00(시즌에 따라 다름)
♦ 휴업 부정기적
♦ 지하철 오사카코 大阪港 역(C11)
1번 출구에서 도보 6분.

레고 랜드 디스커버리 센터
♦ 10:00~18:00
♦ 2,800엔, 온라인 구매 2,200엔

1 3 텐포잔을 대표하는 쇼핑몰. 텐포잔의 중심부에 위치해 카이유칸·유람선 선착장·대관람차 등 주요시설을 연결하는 역할을 한다. 2·3층에 100여 개의 숍·레스토랑이 입점해 있으며, 쇼핑몰 한가운데의 무대에서는 수시로 이벤트가 열린다. 2층에는 패스트푸드·디저트를 판매하는 푸드코트가 있어 베이에어리어를 돌아볼 때 편리하게 이용할 수 있다.

2 4 5 3층의 레고랜드 디스커버리 센터 Legoland Disco—very Center는 자녀 동반 가족 여행자가 즐겨 찾는다. 레고 캐릭터가 등장하는 4D 영화관, 수백 만 개의 레고 블록으로 정교하게 재현한 유명 관광지 등 어린이 눈높이에 맞춘 놀이시설이 눈길을 끈다. 입장 인원이 제한적이라 예약을 추천한다.

텐포잔 대관람차
天保山大観覧車

♦ 10:00~21:00, 토·일·공휴일
10:00~22:00 ♦ 800엔
♦ 지하철 오사카코 大阪港 역(C11)
1번 출구에서 도보 6분.

6 7 지름 100m의 대관람차. 일주에 15분쯤 걸리며 꼭대기(112.5m)에서는 오사카 시내는 물론 멀리 고베와 칸사이 국제공항까지 보일 만큼 전망이 좋아 야경 포인트로도 인기가 높다. 전체를 투명하게 만든 시스루 곤돌라를 타면 오금 저리는 짜릿한 스릴을 만끽할 수 있다.

지하철 노선 C 츄오 선

must see

▌나니와쿠이신보요코쵸
なにわ食いしんぼ横丁

◆ 11:00~20:00 ◆ 휴업 부정기적
◆ 무료 ◆ 지하철 오사카코 大阪港
역(C11) 1번 출구에서 도보 8분.
텐포잔 마켓 플레이스 2층에 있다.

1~**3** 1960년대 오사카의 거
리를 실감나게 재현한 푸드 테
마파크. 일본에서 가장 활기가
넘치던 쇼와 昭和 시대의 일상
을 체험할 수 있게 꾸몄다.
입구에는 앙증맞은 삼륜차가
세워져 있으며, 기차역·영화
관·버스 정류장 등 옛날 건물
이 즐비한 골목은 붉은 초록과
덕지덕지 붙은 빈티지 포스터가
타임머신을 타고 과거로 돌아간
듯한 착각에 빠지게 한다.
5 **6** 발바닥을 만지면 노래를
부르는 고양이 동상, 의자에 앉
으면 말을 거는 버스 정류장처
럼 신기한 볼거리가 곳곳에 숨
겨 있어 보물찾기 하는 기분으
로 돌아보면 더욱 재미있다.
푸드 테마파크답게 오사카를 대
표하는 노포가 한자리에 모여
있는 점도 흥미롭다. 주목할 곳
은 오므라이스 홋쿄쿠세이 北極
星(1922년), 카레라이스 지유켄
自由軒(1910년), 오코노미야키
보테쥬 ぼてぢゅう(1946년)다.

▌유람선 산타마리아
観光船サンタマリア

◆ 11:00~17:00(시즌마다 다름, 자
세한 운항 스케줄은 홈페이지 참조)
◆ 데이 크루즈 1,600엔,
트와일라이트 크루즈 2,100엔
◆ 지하철 오사카코 大阪港 역
(C11) 1번 출구에서 도보 10분.

4 콜럼버스의 범선을 모티브
로 만든 유람선. 카이유칸~텐
포잔~유니버설 스튜디오 재팬
~난코를 일주하며 선상유람을
즐길 수 있다(45분 소요). 오사
카 항의 노을을 감상하는 트와
일라이트 크루즈도 운항한다.

▌지하철 노선 ▌ C 츄오 선

#info plus

01 텐포잔 공원
天保山公園

♦ 지하철 오사카코 大阪港 역(C11) 1번 출구에서 도보 6분.

아지가와 강 安治川의 삼각주를 개발해 만든 공원. 텐포잔(山)이란 이름 때문에 산이라고 생각하기 쉽지만 실제로는 해수면보다 조금 높은 지대에 불과하다.

지금의 이름은 1831년, 즉 일본 연호로 텐포 天保 2년에 아지가와 강의 준설공사를 하면서 붙여졌다. 당시 오사카는 온갖 상품이 거래되는 교역의 중심지였기 때문에 큰 배가 드나들 수 있도록 준설공사로 강의 수심을 높였다. 그때 퍼올린 토사로 만든 산(?)이 텐포잔이며 애초의 높이는 20m였다. 그러나 지반침하 및 토사유실로 지금은 높이 4.53m의 야트막한 언덕만 남았을 뿐이다.

예전에는 언덕에 등대를 세워 선박의 길잡이 역할을 했으며, 벚나무가 많아 행락지로 상당한 인기를 누렸다. 지금도 봄이면 공원 전체를 핑크빛으로 물들이는 벚꽃을 감상할 수 있다.

02 텐포잔와타시후네
天保山渡し船

♦ 06:15～20:30(15～30분 간격)
♦ 운휴 1/1 ♦ 무료 ♦ 지하철 오사카코 大阪港 역(C11) 1번 출구에서 도보 6분.

텐포잔 공원과 사쿠라지마 桜島를 오가는 연락선. 1906년부터 운항을 개시했다. 400m 남짓한 좁은 바다를 가로지르기 때문에 불과 2～3분이면 맞은편에 닿는다. 사쿠라지마 선착장에서 유니버설 스튜디오까지는 도보 30분, JR로 한 정거장 거리다.

03 인어공주 동상
マーメイド像

♦ 24시간 ♦ 무료 ♦ 지하철 오사카코 大阪港 역(C11) 1번 출구에서 도보 14분.

오사카 만을 바라보는 인어공주의 동상. 덴마크의 코펜하겐 항과 오사카 항의 문화교류를 기념하고자 1995년에 만들었으며, 2017년 오사카 개항 150주년을 맞아 이 자리로 옮겨왔다. 모양은 코펜하겐의 인어공주 동상과 동일하며, 크기만 원본의 80% 정도로 축소시켰다.

04 지라이언 자동차 박물관
Glion Museum

♦ 11:00～17:00 ♦ 휴관 월요일
♦ 1,200엔, 초등학생 이하 무료
♦ 지하철 오사카코 大阪港 역(C11) 6번 출구에서 도보 6분.

빈티지한 감성의 클래식카 100여 대가 소장된 박물관. 한 세기 전의 붉은 벽돌 창고를 리모델링해 뉴욕의 거리를 재현한 이국적 분위기가 돋보인다.

자동차 수집광으로 명성이 자자한 기업가 도이 키미오 土居君雄(1926～1990)의 사후 기증된 클래식카를 중심으로 전시하는데, 그는 BMW 콜렉터로 유명했다. 전시장은 4개의 건물로 이루어져 있으며, 마차에서 스포츠카까지 자동차의 변천사를 한눈에 살펴볼 수 있다.

현 건물의 공식 명칭은 칫코아카렌가 창고 築港赤レンガ倉庫이며, 1923년 스미토모 상사의 화물창고로 지어졌다. 바로 옆의 아카렌가 광장 赤レンガ広場에서는 하지(6월 20일 또는 21일) 때 수백 개의 양초를 밝히는 칫코 캔들 나이트 築光キャンドルナイト 이벤트가 열린다.

지하철 노선 C 츄오 선

info plus

⑤ 오사카 문화관·텐포잔
大阪文化館·天保山

◆ 지하철 오사카코 大阪港 역(C11) 1번 출구에서 도보 10분.

은빛으로 빛나는 독특한 외관의 건물. 음료·주류 업체 선토리 Suntory의 창업 90주년을 기념해 1994년에 완공된 미술관으로 설계는 오사카 출신의 유명 건축가 안도 타다오 安藤忠雄(1941~)가 맡았다. 안타깝게도 미술관 운영이 중단된 상태라 외관만 살펴볼 수 있으며, 내부 관람은 불가능하다.

⑥ 난코
南港

◆ 지하철 코스모스쿠에아 コスモスクエア 역(C10), 토레도센타마에 トレードセンター前 역(P10) 하차.

오사카 만의 인공 섬에 조성된 신흥 부도심. 과거에는 화물 창고가 즐비한 곳이었지만, 지금은 고층 빌딩과 거주지·공원이 오밀조밀 모인 쾌적한 도시의 면모를 뽐낸다. 바닷가에는 푸른 잔디가 깔린 공원이 있어 한가로이 휴식을 취하거나 산책을 즐기기에 좋다.

⑦ 사키시마 코스모 타워 전망대
さきしま Cosmo Tower 展望台

◆ 11:00~22:00 ◆ 휴관 월요일
◆ 800엔, 중학생 이하 500엔
◆ 뉴트램 토레도센타마에 トレードセンター前 역(P10) 1번 출구에서 도보 4분.

일본 서부에서 두 번째로 높은 빌딩(256m). 해발 252m의 55층 전망대에서는 오사카 일대는 물론 수십km 떨어진 칸사이 국제공항과 아카이시 대교 明石大橋까지 보인다. 해가 진 뒤에는 멋진 야경도 감상할 수 있다.

⑧ 아시아 태평양 무역 센터
アジア太平洋トレードセンター

◆ 11:00~20:00 ◆ 뉴트램 토레도센타마에 トレードセンター前 역(P10) 2번 출구 바로 앞에 있다.

ATC란 약칭으로 통하는 대형 쇼핑센터. 한때 '세계 최대의 수입품 유통기지'란 별칭으로 불릴 만큼 풍부한 아이템을 취급했으나, 지금은 옛 명성을 찾아보기 힘들 정도로 쇠락의 일로를 걷고 있다.
건물은 ITM 동과 오즈 O's 남·북동의 세 개로 이루어져 있다.

ITM 동은 빨강·파랑·노랑 등 원색을 입힌 발랄한 인테리어가 돋보이며, 오즈 남·북동에는 레스토랑과 숍이 모여 있다. 오즈 남동 앞의 우미에루 광장 ウミエール広場에서는 항구를 바라보며 한가로이 휴식을 취할 수 있다. 450m에 달하는 산책로에서는 음악회 같은 이벤트가 수시로 열린다. 배 모양의 테라스에는 굳게 잠긴 자물쇠처럼 사랑이 영원히 지속되길 기원하는 자물쇠가 주렁주렁 매달려 있으며, 아름다운 노을도 감상할 수 있다.

⑨ 미즈노 스포톨로지 갤러리
ミズノスポートロジーギャラリー

◆ 10:00~17:30 ◆ 휴관 토·일·공휴일, 연말연시 ◆ 무료 ◆ 뉴트램 토레도센타마에 トレードセンター前 역(P10) 1번 출구에서 도보 8분.

스포츠 용품업체 미즈노의 미니 박물관. 일본 유명 프로야구 선수의 배트·글러브, 20세기 초의 야구·테니스·스키·골프 용품, 일본 올림픽 선수단의 유니폼을 전시한다. 첨단기술이 접목된 스포츠 장비가 흥미로운데 특히 야구 용품이 주를 이룬다.

info plus

10 천연 노천온천 스파 스미노에
天然露天温泉 スパスミノエ

♦ 10:00~02:00
♦ 720엔, 토·일·공휴일 820엔
♦ 뉴트램 스미노에코엔 住之江公園
역(P18) 2번 출구에서 도보 4분.
또는 지하철 스미노에코엔 역(Y21)
2번 출구에서 도보 5분.

오사카 도심에서 온천을 즐길
수 있는 목욕시설. 지하 700m
에서 솟아나는 온천수를 사용한
노천온천은 물론, 대욕장·사우
나·자쿠지·탄산천 등 다양한
시설을 갖췄다.

01 홋쿄쿠세이
北極星

♦ 1,080엔~ ♦ 11:00~20:00
♦ 지하철 오사카코 大阪港 역(C11)
1번 출구에서 도보 8분. 텐포잔 마켓
플레이스 2층에 있다.

#Since 1922 오사카 최초로 오
므라이스를 선보인 홋쿄쿠세이
의 텐포잔 마켓 플레이스 분점.
#오므라이스 オムライス
1,080~1,900엔, 허끝에서 사
르르 녹는 촉촉한 계란과 농후
한 토마토 향의 새콤달콤한 소
스가 멋진 조화를 이룬다.

02 보테쥬
ぼてぢゅう

♦ 1,078엔~ ♦ 11:00~20:00
♦ 지하철 오사카코 大阪港 역(C11)
1번 출구에서 도보 8분. 텐포잔 마켓
플레이스 2층에 있다.

#Since 1946 최초로 오코노미
야키에 마요네즈 토핑을 시작
한 식당. 일본인 구미에 맞춘 오
리지널 마요네즈와 감칠맛 나는
특제 소스를 사용한다.
#간소톤다마 元祖とん玉
1,078엔, 70여 년 전통의 오리
지널 돼지고기 오코노미야키.

03 지유켄
自由軒

♦ 880엔~ ♦ 11:00~20:00
♦ 지하철 오사카코 大阪港 역(C11)
1번 출구에서 도보 8분. 텐포잔 마켓
플레이스 2층에 있다.

#Since 1911 미나미 지유켄의
분점. 우리에게 익숙한 카레라
이스와 달리 미리 카레에 비빈
밥에 날계란을 하나 얹어준다.
전기밥솥이 없던 시절 항상 따
뜻한 카레라이스를 먹을 수 있
도록 고안해낸 방식이다.
#명물 카레 名物カレー 880엔

04 아이즈야
会津屋

♦ 660엔~ ♦ 11:00~20:00
♦ 지하철 오사카코 大阪港 역(C11)
1번 출구에서 도보 8분. 텐포잔 마켓
플레이스 2층에 있다.

#Since 1933 일본 최초로 타코
야키를 만든 아이즈야의 분점.
일반적인 타코야키에 비해 크기
가 작고, 소스나 카츠오부시를
사용하지 않아 타코야키 본연의
맛을 즐길 수 있다.
#원조 타코야키 元祖たこやき
(간소타코야키) 12개 660엔

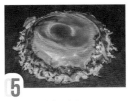

05 츠루하시후게츠
鶴橋風月

♦ 1,550엔~ ♦ 11:00~20:00
♦ 지하철 오사카코 大阪港 역(C11)
1번 출구에서 도보 10분. 텐포잔 마
켓 플레이스 3층에 있다.

#Since 1950 전통의 맛을 뽐내
는 오코노미야키 전문점이다.
#후게츠야키 風月焼き 1,550엔
진한 소스가 어우러진 오코노미
야키. 오징어·새우·돼지고기·
소고기 등 재료가 충실하다. 밀
가루 반죽대신 면을 넣은 모단
야키 モダン焼き도 인기다.

(지하철 노선) P 난코포토타운 선   Y 요츠바시 선   C 츄오 선

travel plus

실속 만점 인기 쇼핑 명소

칸사이 국제공항 인근의 린쿠 프리미엄 아웃렛은 250여 개의 매장이 입점한 초대형 아웃렛이다. 할인율 높은 중가 브랜드가 풍부해 가성비 만점의 실속 쇼핑을 즐길 수 있다.

사철 45분

01 린쿠 프리미엄 아웃렛
Rinku Premium Outlet

◆ 10:00~20:00
◆ 휴업 2월 셋째 목요일

오사카 최대의 아웃렛. 메인 사이드 Main Side와 시 사이드 Sea Side의 두 개 블록으로 나뉜 13만 2,000㎡의 드넓은 부지에 250여 개 매장이 입점해 있다. 주요 아이템은 패션·스포츠·아웃도어·아동·인테리어 소품인데, 해외 유명 브랜드와 인지도 높은 일본 로컬 브랜드가 풍부하다. 고가의 명품보다 중가(中價) 브랜드의 비중이 높고, 가격도 정가의 30~70% 수준이라 가성비 만점의 실속 쇼핑을 즐길 수 있다.
#쇼핑 팁 부지가 무척 넓어 무작정 갔다가는 시간만 낭비할 뿐이니 홈페이지에서 입점 브랜드를 미리 확인하고 돌아보는 '치밀함'이 필요하다. 칸사이 국제공항과 가까워 공항을 오갈 때 들르는 것도 요령이다.

#writer's pick 글로벌 스포츠 의류 브랜드, 특히 나이키·아디다스의 인기가 높다. 운동화는 물론 트레이닝복·재킷·팬츠·양말·가방까지 풍부한 라인업을 갖췄다. 뉴발란스·푸마·오니츠카 타이거·언더아머도 들러볼 만하며, 골프 웨어와 아웃도어 브랜드도 다수 입점해 있다. 일본 패션에 관심 있다면 유행 스타일을 발 빠르게 소개하는 셀렉트숍 위주로 돌아보기를 추천한다. 빔즈·유나이티드 애로우즈·Spick & Span·나노 유니버스·저널 스탠더드 등 유명 셀렉트 숍이 다수 입점해 있다.
다양한 사이즈와 예쁜 디자인의 여성 속옷도 강추 아이템이다. 10~20대는 Peach John·에메필 Aimerfeel, 20대 이상은 트라이엄프·와코루 Wacoal를 추천한다.
키친웨어 러버라면 고급 도자기 브랜드 웨지우드와 로열 코펜하겐도 놓치지 말자.

ACCESS

난카이 전철 南海電鉄 난카이 난바 なんば 역(NK01) 5~8번 플랫폼에서 공항 급행 空港急行 열차를 타고 린쿠 타운 りんくうタウン 역(NK31) 하차(45분 820엔, 칸사이 스루 패스 사용가능). 도보 8분.
JR 텐노지 天王寺 역(JR-O01·JR-R20)에서 칸쿠 쾌속 関空快速 열차를 타고 린쿠 타운 역(JR-S46) 하차(40분 840엔).
칸사이 국제공항 난카이 전철 또는 JR을 타고 한 정거장 다음의 린쿠 타운 りんくうタウン 역(NK31·JR-S46) 하차(5분 370엔).
스카이셔틀 スカイシャトル 칸사이 국제공항~린쿠 프리미엄 아웃렛을 오가는 셔틀버스. 제1여객 터미널 1층의 12번 정류장에서 출발한다(15분 300엔).

◆ 공항 출발 09:45~19:00,
아웃렛 출발 10:10~19:25

#3

KOBE

고베 퀵 가이드
오사카 ➜ 고베
교토 · 나라 ➜ 고베
시내교통

산노미야
베이 에어리어

고베
퀵 가이드

☑ **여행 포인트**
로맨틱한 멋이 흐르는 이국적
풍경과 야경, 다양한 먹거리에
포커스를 맞춘다.

☑ **여행 기간**
규모가 큰 도시가 아니다.
하루 또는 넉넉하게 이틀 정도면
충분히 돌아볼 수 있다.

☑ **베스트 시즌**
가벼운 차림으로 다니기엔 봄·
가을이 좋다. 크리스마스 무렵에는
멋진 야경을 즐길 수 있다.

#must know

고베는 어떤 곳?

오사카와 더불어 일본의 대표적인 항구도시 가운데 하나로 꼽히는 고베는 3세기 무렵 역사에 등장했다. 하지만 본격적인 도시의 기능을 갖춘 것은 12세기 무렵이다. 무사 정권의 탄생과 더불어 정치적 혼란기를 맞은 일본에서 교토를 대신해 고베가 임시로 수도 역할을 하며 본격적인 발전의 계기를 마련한 것이다.

당시 일본은 우리나라와 중국을 통해 선진문물을 수입했는데, 송(松)과 교역을 하던 일본 최대의 항구가 바로 고베였다. 정권 교체가 이루어진 무로마치 室町 시대(1336~1573)에도 변함없이 명(明)을 상대로 한 무역의 전초기지로 활용되며 고베는 역사상 최대의 전성기를 구가했다. 그러나 근대로 이어지는 동안 수 없이 발생한 내란의 결과 한동안 무역 기능을 상실하는 불운을 맛보기도 했다.

1867년에는 서구 열강에 의한 강제 개항과 더불어 서구문물을 받아들이는 창구 역할을 하며 지금처럼 동서양의 문화가 혼재하는 이국적인 도시로 변모했다. 흔히 오사카를 고베와 자주 비교하는데, 도시 규모에 어울리지 않게 오사카가 국내항의 성격이 강한 반면 고베는 외항 선박이 드나드는 국제항의 성격이 강하다.

고베는 크게 북쪽의 산노미야 三宮와 남쪽의 베이 에어리어 ベイエリア로 나뉜다. 주요 명소와 레스토랑은 산노미야, 대형 상점가와 차이나타운은 베이 에어리어에 모여 있다. 각각의 지역을 여

행하는 데 적어도 반나절씩은 필요하며 전체를 모두 돌아보는 데는 1~2일이 걸린다.

볼거리

한 세기 전의 모습을 고스란히 간직한 풍경이 고베의 매력. 항구를 바라보는 언덕을 따라 이국적인 외관의 서양식 주택이 모여 있으며, 해안가에는 육중한 외관의 서구식 석조 건물이 즐비하다. 중국인 임시 거류지에서 비롯된 칸사이 최대의 차이나타운을 구경하는 재미도 놓칠 수 없다. 또한 '1,000만 불짜리'로 통하는 화려한 야경 역시 고베에서만 경험할 수 있는 즐거움이다.

먹거리

서구식 문화의 유입은 고베의 음식문화에도 지대한 영향을 미쳤다. 일본에서 가장 맛있는 스테이크와 최고의 로스팅 기술을 뽐내는 커피, 유럽의 맛을 완벽하게 재현한 빵과 케이크를 맛볼 수 있는 도시가 바로 고베다.

환상적인 마블링을 자랑하는 고베 소고기

고베 소고기

연한 육질과 풍부한 맛이 특징인 고베 소고기 神戸ビーフ는 일본의 '3대 소고기' 가운데 하나로 꼽힐 만큼 명성이 자자하다. 고베가 속한 효고 현 兵庫県에서 생산되는 품종인 타지마 소 但馬牛 가운데 일정 기준에 부합된 것만 고베 소고기로 인정받으며, 이 고기를 취급하는 정육점과 레스토랑에는 고베 소고기 간판이 걸려 있어 쉽게 구별된다.

쇼핑

고베는 일본에서도 손꼽히는 쇼핑 타운이다. 베이 에어리어의 고베 하버 랜드를 중심으로 패션·인테리어·잡화를 취급하는 대형 쇼핑센터가 즐비하며, 구거류지를 중심으로 최고급 명품 숍이 모여 있다. 고베만의 색깔을 간직한 이국적인 기념품을 구입할 수 있는 것도 매력이다.

아름다운 항구의 풍경과 야경을 뽐내는 고베

#must know

오사카에서 고베로

- ☑ 오사카에서 고베까지의 거리는 약 30㎞다.
- ☑ 키타(우메다)에서 갈 때는 한큐 전철 또는 한신 전철을 이용하면 싸고 편리하다.
- ☑ 미나미(난바)에서 갈 때는 오사카난바 역에서 출발하는 한신 전철을 이용하면 편리하다.

한큐 전철 阪急電鉄(키타 출발)

키타(우메다)에서 출발할 때 이용하면 편리하다. 열차는 특급 特急·통근특급 通勤特急·쾌속급행 快速急行·급행 急行·통근급행 通勤急行·준급 準急·보통 普通이 있다. 요금은 모두 동일하니 속도가 빠른 특급·통근특급 열차를 이용하자.

오사카우메다 역→고베산노미야 역

칸사이 스루 패스 사용 가능	
특급	27분 330엔
통근특급	27분 330엔
쾌속급행	30분 330엔
급행	37분 330엔
통근급행	38분 330엔
준급	39분 330엔
보통	40분 330엔

출발역

열차가 출발하는 곳은 키타의 오사카우메다 大阪梅田 역(HK01)이다. 이 역은 지하철 미도스지 선의 우메다 역(M16), 타니마치 선의 히가시우메다 역(T20), 요츠바시 선의 니시우메다 역(Y11)과 연결된다.

오사카우메다 역으로 가는 길은 은근히 복잡하니 주의해야 한다. 미도스지 선의 우메다 역에서 오

사카우메다 역으로 갈 때 길을 쉽게 찾으려면 '1~5번 출구 한큐 전차 阪急電車' 표지판을 따라

한큐 오사카우메다 역

개찰구로 간다. 그리고 개찰구를 나와 오른쪽의 '1·2번 출구 한큐 전차 阪急電車' 표지판을 따라가면 오사카우메다 역으로 이어진다.

오사카우메다 역에서는 8·9번 플랫폼에서 출발하는 신카이치 新開地 또는 고베산노미야 神戸三宮 행 특급·통근특급 열차를 탄다.

도착역

한큐 고베산노미야 역

열차는 고베산노미야 神戸三宮 역(HK16)→하나쿠마 花隈 역(HK17)→코소쿠고베 高速神戸 역(HS35)의 순으로 정차한다.

고베의 중심가인 산노미야로 갈 때는 고베산노미야 역, 남쪽의 베이 에어리어로 갈 때는 코소쿠고베 역에서 내리면 편하다.

산노미야 역 위치에 주의

한큐 전철 고베산노미야 역, 한신 전철 고베산노미야 역, JR 산노미야 역은 이름이 같거나 비슷할 뿐 역 건물이 따로따로 떨어져 있다. 하지만 모두 JR 산노미야 역을 중심으로 도보 2~3분 거리에 모여 있어 찾기는 쉽다.

한큐 전철의 고베산노미야 역 앞에는 고베 시내를 순환 운행하는 버스인 시티 루프 정류장, JR 산노미야 역 앞에는 고베 시내 및 시외곽을 연결하는 버스 터미널이 있다.

#must know

한신 전철 阪神電鉄(키타 출발)

한큐 전철과 마찬가지로 키타(우메다)에서 출발할 때 이용하면 편리하다. 열차는 직통특급 直通特急 · 특급 特急 · 급행 急行 · 보통 普通이 있다. 요금은 모두 동일하니 속도가 빠른 직통특급 · 특급 위주로 이용하자.

오사카우메다 역 → 고베산노미야 역

칸사이 스루 패스 사용 가능

직통특급	31분	330엔
특급	33분	330엔
급행	40분	330엔
보통	54분	330엔

출발역

열차가 출발하는 곳은 키타의 오사카우메다 大阪梅田 역(HS01)이다. 역은 지하에 있으며 지하철 미도스지 선의 우메다 역(M16), 요츠바시 선의 니시우메다 역(Y11), 타니마치 선의 히가시우메다 역(T20)과 연결된다.
미도스지 선의 우메다 역에서 한신 오사카우메다 역으로 갈 때는 '11~18번 출구 한신 전차 阪神電車' 표지판을 따라 개찰구로 간다. 그리고 개찰구를 나와 오른쪽 대각선 방향을 보면 '한신 전차 오사카우메다 역 阪神電車 大阪梅田駅' 표지판과 함께 역으로 이어지는 에스컬레이터가 있다.
오사카우메다 역에서는 1~3번 플랫폼에서 출발하는 직통특급 · 특급 열차 또는 3번 플랫폼에서 출발하는 급행열차를 이용한다.

도착역

열차는 고베산노미야 神戸三宮 역(HS32)→모토마치 元町 역(HS33)→니시모토마치 西元町 역(HS34)→코소쿠고베 高速神戸 역(HS35)의 순으로 정차한다.
고베의 중심가인 산노미야로 갈 때는 고베산노미야 역, 차이나타운이 위치한 난킨마치로 갈 때는

모토마치 역, 남쪽의 베이 에어리어와 모자이크 방면으로 갈 때는 코소쿠고베 역에서 내리면 편하다.

제이알 JR(키타 출발)

한큐 · 한신 전철보다 요금이 조금 비싸지만 속도가 빠르다. 역시 키타(우메다)에서 출발한다. 열차는 신칸센 新幹線 · 특급 特急 · 신쾌속 新快速 · 쾌속 快速 · 보통 普通이 있다. 요금은 신칸센이 가장 비싸지만 다른 열차와 소요시간에 큰 차이가 없으니 싸고 빠른 신쾌속 · 쾌속 열차를 이용하는 것이 현명하다.

JR 신오사카 역 → 신고베 역

신칸센	12분	1,530엔~

JR 오사카 역 → 산노미야 역

특급	20분	1,710엔
신쾌속	20분	420엔
쾌속	22분	420엔
보통	30분	420엔

출발역

열차에 따라 다르다. 신칸센은 오사카 외곽의 JR 신오사카 新大阪 역(JR-A46 · JR-F02), 특급 · 신쾌속 · 쾌속 · 보통 열차는 키타의 JR 오사카 역(JR-A47 · JR-F01 · JR-O11)에서 출발한다. 신오사카 역은 지하철 미도스지 선의 신오사카 新大阪 역(M13), 오사카 역은 미도스지 선의 우메다 梅田 역(M16)과 연결된다.
JR 오사카 역에서는 5 · 6번 플랫폼에서 출발하는 산노미야 三宮 또는 히메지 姫路 행 신쾌속 · 쾌속 열차를 타면 된다. 열차가 3 · 4번 플랫폼에서 출발할 때도 있으니 전광판을 잘 보고 이용하자.

도착역

열차에 따라 다르다. 신칸센은 고베 시내 북쪽의 신고베 新神戸 역, 특급은 산노미야 三ノ宮 역(JR-A61), 신쾌속 · 쾌속 열차는 산노미야 역(JR-A61) · 고베 역(JR-A63), 보통열차는 산노미야 역(JR-A61) · 모토마치 역(JR-A62), 고베 역(JR-A63)에 정차한다.
고베의 중심가인 산노미야로 갈 때는 신고베 역 · 산노미야 역, 차이나타운이 위치한 난킨마치로 갈 때는 모토마치 역, 남쪽의 베이 에어리어로 갈 때는 고베 역에서 내리면 편하다.

must know

한신 전철 阪神電鉄(미나미 출발)

미나미(난바)에서 출발할 때 이용하면 편리하다. 열차는 쾌속급행 快速急行·급행 急行·준급 準急·보통 普通이 있다. 요금은 모두 동일하니 속도가 빠른 쾌속급행·급행 열차를 이용하자.

닛폰바시 역 → 고베산노미야 역

칸사이 스루 패스 사용 가능

쾌속급행	46분	600엔
급행	48분	600엔
준급	52분	600엔
보통	62분	600엔

오사카난바 역 → 고베산노미야 역

칸사이 스루 패스 사용 가능

쾌속급행	44분	420엔
급행	46분	420엔
준급	50분	420엔
보통	60분	420엔

출발역

열차가 출발하는 곳은 미나미에 위치한 닛폰바시 日本橋 역(A02)과 오사카난바 大阪難波 역(HS41)이다. 닛폰바시 역은 지하철 센니치마에·사카이스지 선의 닛폰바시 역(S17·K17), 오사카난바 역은 지하철 미도스지·센니치마에·요츠바시 선의 난바 역(Y15·S16·M20)과 연결된다.

한신 오사카난바 역

한신 투어리스트 패스 주의사항

한신 투어리스트 패스는 오사카난바~고베~오사카우메다 구간에서만 사용 가능하다. 닛폰바시~오사카난바 구간은 한신 전철이 아닌 킨테츠 전철에서 운영하기 때문에 닛폰바시 역에서 타거나 내릴 경우 추가요금(180엔)이 발생한다.
닛폰바시 역에서 오사카 난바 역은 한 정거장 거리(600m)이며 도보 12분 걸린다.

두 역 모두 매표소와 개찰구가 지하에 있다. 지하철역에서 찾아갈 때는 지하도 곳곳에 붙은 '킨테츠 전차·한신 전차 近鉄電車·阪神電車' 표지판만 따라가면 된다.
열차는 닛폰바시 역의 2번 플랫폼 또는 오사카난바 역의 3번 플랫폼에서 출발하는 고베산노미야 神戸三宮 행을 탄다. 같은 플랫폼에서 출발하는 아마가사키 尼崎·코시엔 甲子園 행 열차는 산노미야로 가지 않으니 주의하자.
또한 고베산노미야 행 열차는 도중의 아마가사키 尼崎 역(HS09)에서 열차가 두 개로 분리돼 앞쪽의 6개 차량만 고베산노미야 역까지 간다는 점에도 주의해야 한다. 열차를 탈 때는 반드시 진행방향 앞쪽 차량을 이용하자!

도착역

열차는 아마가사키 역(HS09)→코시엔 甲子園 역(HS14)을 거쳐 종점인 고베산노미야 神戸三宮 역(HS32)에 도착한다.
고베의 중심가인 산노미야로 갈 때는 A11번 출구로 나가면 된다. 차이나타운이 위치한 난킨마치 또는 남쪽의 베이 에어리어로 갈 때는 고베산노미야 역의 3번 플랫폼에서 출발하는 코소쿠고베 高速神戸·신카이치 新開地·히메지 姫路 행 열차로 갈아타고 모토마치 元町 역(HS33) 또는 코소쿠고베 高速神戸 역(HS35)에서 내린다.
난킨마치는 모토마치 역, 베이 에어리어는 코소쿠고베 역에서 가깝다.

한신 고베산노미야 역

#must know

교토·
나라에서
고베로

☑ 교토에서 고베까지의 거리는 62㎞. 빠르고 편하게 가려면 JR, 조금 불편해도 저렴하게 가려면 한큐 전철을 이용한다.

☑ 나라에서 고베까지의 거리는 60㎞. 킨테츠 전철이 빠르고 요금도 저렴하다.

한큐 전철 阪神電鉄(교토→고베)

기온 祇園 근처의 교토카와라마치 京都河原町 역(HK86)에서 출발한다. 직행편이 없기 때문에 오사카우메다 역으로 간 다음, 8·9번 플랫폼에서 출발하는 신카이치 新開地 또는 고베산노미야 神戸三宮 행 열차로 갈아타고 간다(p.220).

한큐카와라마치 역→고베산노미야 역

칸사이 스루 패스 사용 가능

특급	70분	640엔
통근특급	70분	640엔
쾌속급행	80분	640엔
급행	90분	640엔
준급	95분	640엔
보통	100분	640엔

제이알 JR(교토→고베)

교토 서부 또는 남부에서 출발할 때 이용하면 편리하다. 열차는 신칸센 新幹線·신쾌속 新快速·쾌속 快速·보통 普通이 있다. 열차가 출발하는 곳은 JR 교토 京都 역이다. 신칸센은 13·14번 플랫폼, 신쾌속·쾌속은 5번 플랫폼, 보통은 4·5번 플랫폼에서 출발한다(p.221).

JR 교토 역→신고베 역

신칸센	32분	2,870엔~

JR 교토 역→산노미야 역

신쾌속	50분	1,110엔
쾌속	52분	1,110엔
보통	75분	1,110엔

킨테츠 전철 近鉄電車(나라→고베)

킨테츠 나라 역

나라의 킨테츠 나라 近鉄奈良 역(A28) 1~3번 플랫폼에서 출발하는 고베산노미야 神戸三宮 행 쾌속급행열차를 이용한다. 오사카의 닛폰바시 역과 오사카난바 역을 차례로 경유해 종점인 고베산노미야 역으로 간다(p.222).

킨테츠 나라 역→고베산노미야 역

쾌속급행	90분	1,100엔

제이알 JR(나라→고베)

JR은 직행이 없다. 일단 JR 나라 奈良 역에서 키타의 JR 오사카 大阪 역으로 간 다음, 고베 행 쾌속열차로 갈아타는 것이 가장 빠르다.

JR 나라 역→JR 산노미야 역

쾌속급행	90분	1,280엔

must know

고베
시내 교통

☑ 그리 큰 도시가 아니라 마음만 먹으면 충분히 걸어다닐 수 있다.

☑ 주요 명소 위주로 편하게 돌아보려면 순환버스인 시티 루프를 이용한다.

☑ 시티 루프와 JR를 제외한 고베의 대중교통은 모두 칸사이 스루 패스로 이용 가능하다.

시티 루프 City Loop

시티 루프 정류장

시티 루프 버스

베이 에어리어의 고베 포트 타워 앞에서 출발해 산노미야의 키타노까지 순환 운행하는 버스. 전 구간을 일주하는 데 63분 걸리며 시내의 주요 명소를 구석구석 연결해 제법 편리하다.

요금은 전 구간 동일하며 3회 이상 탈 경우 요금이 1일권 가격과 비슷해진다. 따라서 1일권을 구입해 틈나는 대로 타는 것이 본전을 뽑는 지름길이다. 1일권은 버스 안에서 구매할 수 있다.

총 17개의 정류장이 있다. 홈페이지·차내·인포메이션 센터에서 자세한 노선도를 받을 수 있으니 그것을 참고로 정류장을 찾으면 된다. 물론 시티 루프 정류장에도 자세한 노선도가 붙어 있다. 버스는 뒷문으로 타고 앞문으로 내리며 요금은 내릴 때 낸다.

♦ 운행 평일 09:08~21:10(15~20분 간격)
　토·일·공휴일 09:03~21:25(15~20분 간격)
♦ 요금 1회 260엔, 1일권 700엔, 2일권 1,000엔
※1·2일권을 제시하면 입장료를 할인해주는 시설도 있다.

주의사항

승객이 몰리는 주말·공휴일에는 탑승이 불가능할 만큼 이용이 불편할 때도 있다. 한 방향으로만 운행해 정류장을 지나치면 거꾸로 되돌아갈 수 없다는 사실에도 주의하자.

포트 라이너 ポートライナー

산노미야와 인공섬 포트 아일랜드를 연결하는 유일한 대중교통편이다. 주로 UCC 커피 박물관·고베 공항·IKEA로 갈 때 이용한다.

요금은 거리에 비례해 오르며 칸사이 스루 패스로 자유로이 이용할 수 있다. 기본적인 이용법은 지하철과 동일하다.

♦ 운행 05:40~00:15(역마다 다름)
♦ 요금 210~340엔

택시 タクシー

도시 규모가 작고 운행하는 택시가 많아 요령껏 활용하면 무척 편리하다. 특히 3~4명이 단거리 위주로 이용하면 걷거나 버스·지하철을 타는 것보다 빠르고 경제적이다. 택시를 잡기 쉬운 곳은 JR 산노미야 역·모토마치 역·고베 역, 베이 에어리어의 모자이크 쇼핑센터 주변이다.

♦ 기본요금 1.4km까지 700엔
　추가요금 254m당 100엔
　시간·거리 병산제 1분 35초당 100엔
　심야 할증 22:00~05:00 20%

#must know

지하철 地下鉄

세이신·야마테 선 西神·山手線과 카이간 선 海岸線의 두 개 노선을 운행한다. 노선이 단순해 이용에 어려움은 없다. 주요 명소와 연결되는 역은 세이신·야마테 선의 산노미야 三宮 역(S03)과 신나가타초 新長田町 역(S09), 카이간 선의 산노미야·하나토케이마에 三宮·花時計前 역(K01), 큐코류치·다이마루마에 旧居留地·大丸前 역(K02), 하바란도 ハーバーランド 역(K04), 신나가타초 新長田町 역(K10)이다.

요금은 거리에 비례해 오르지만, 대부분의 명소가 210~280엔 구간 안에 모여 있어 요금이 많이 들지는 않는다. 칸사이 스루 패스 소지자는 지하철을 자유로이 이용할 수 있다.

기본적인 이용법은 우리나라와 비슷하다. 갈아탈 때는 노선·행선지명이 적힌 '환승 のりかえ' 표지판만 따라가면 된다. 안내판·표지판은 일어와 영어가 병기돼 있으며 한글이 표기된 곳도 종종 눈에 띈다.

◆ 운행 05:43~23:51(역마다 다름)
◆ 요금 1회 210엔~

주의사항

우리나라와 달리 지하철·버스 환승 할인제도가 없다. 역 밖으로 나갈 때는 출구 근처에 설치된 지도를 보고 위치를 확인한 다음 나가는 것이 안전하다. 특히 산노미야 역 주변은 지하 구조가 복잡하고 출구가 여러 개라 자칫 길을 잃기 십상이니 주의하자.

지하철역 표지판

고베의 지하철역

시 버스 市バス

고베 시(市)에서 운영하는 수많은 노선의 버스가 고베 전역을 거미줄처럼 연결한다. 하지만 초행자가 노선을 파악하기 힘들어 버스 활용도는 그리 높지 않다. 단, 다른 교통편이 연결되지 않는 마야 산과 롯코 산 전망대를 찾아갈 때에 한해 이용할 가능성이 있다.

시내에서는 전 구간 단일 요금이 적용되지만, 시 외곽으로 벗어나면 거리에 비례해 요금이 오른다. 칸사이 스루 패스 소지자는 시 버스를 자유로이 이용할 수 있다.

대부분의 시 버스는 JR 산노미야 역 앞의 버스 터미널에서 발착한다. 정류장에 요금과 운행 시각이 꼼꼼히 적혀 있으니 그것을 참고로 이용하면 된다.

◆ 운행 06:00~22:00(노선마다 다름)
◆ 요금 1회 210엔~

주의사항

버스는 뒷문으로 타고 앞문으로 내리며 요금은 내릴 때 낸다. 거스름돈이 나오지 않으니 정확한 요금을 내야 한다. 잔돈이 없을 때는 운전석 옆의 요금함에 달린 동전 교환기를 사용한다. 버스 운행 간격이 길거나 일찍 끊기는 곳도 있으므로 시각표부터 확인하고 움직이는 것이 안전하다.

시 버스 정류장

산노미야
三宮

각종 교통시설이 집중된 산노미야는
오래 전부터 고베의 중심지이자 다운타운 역할을
해온 지역이다. 항구를 바라보는 언덕에 위치한
키타노 北野에는 19세기 말 서양인이 거주하던
고풍스러운 양식 건물이 즐비해 이 도시만의
고유한 역사와 낭만을 만끽할 수 있다.
또한 번화한 상점가와 고층 빌딩이 빼곡히 늘어선
산노미야 역 주변의 풍경은 끊임없이 변화하는
이 도시의 오늘을 가감 없이 보여준다.

볼거리 ★★★★★   먹거리 ★★★★★
쇼 핑 ★★☆☆☆   유 흥 ★★☆☆☆

ACCESS

사철 한큐 전철의 고베산노미야 神戸三宮 역(HK16) 하차. 주요 명소가 모인 키타노로 갈 때는 서쪽 출구 西出口 또는 동쪽 개찰구 東改札口 쪽의 HE3번 출구를 이용하면 편리하다. 한신 전철은 고베산노미야 神戸三宮 역(HS32)의 A11번 출구가 키타노에서 가장 가깝다.

JR 산노미야 三ノ宮 역(JR-A61) 하차. 키타노는 서쪽 출구 西口 또는 중앙 출구 中央口에서 가깝다.

지하철 세이신·야마테 선 西神·山手線의 산노미야 三宮 역(S03) 또는 카이간 선 海岸線의 산노미야·하나토케이마에 三宮·花時計前 역(K01) 하차.

#must see

키타노
北野

♦ 한큐 고베산노미야 神戸三宮 역 (HK16) 동쪽 HE3번 출구에서 도보 10분. 또는 시티 루프 키타노이진칸 北野異人館 하차.

1~4 아기자기한 유럽풍 건물이 모여 있는 가파른 언덕길. 1867년 고베 개항과 더불어 외국인 거주지가 조성되자 다양한 외관의 양식(洋式) 건물 200여 채가 들어서며 이국적 분위기를 주도하는 명소로 성장했다. 양식 건물 사이사이로 신사 神社는 물론 힌두 사원, 교회, 모스크까지 자리잡고 있어 19세기 말 일본 최대의 인종 시장이었을 고베의 과거를 어렵잖게 회상시켜준다.

골목을 돌아설 때마다 이국적인 풍경이 나타나며 화려한 웨딩드레스와 함께 로맨틱한 결혼식을 올리는 커플을 만날 수 있는 것도 매력이다.

이곳에 있는 양식 건물을 외국인의 집이란 뜻의 '이진칸 異人館'이라 부르는데, 실제로 외국인이 사는 집도 있다. 하지만 대개는 전시관·레스토랑으로 내부를 개조해 관광객의 주머니를 노리는 상업시설이다.

키타노마치 광장
北野町広場

♦ 한큐 고베산노미야 神戸三宮 역 (HK16) 동쪽 HE3번 출구에서 도보 20분.

5 6 키타노 한복판의 아담한 공원. 트럼펫을 부는 남자, 색소폰을 든 남자, 플루트를 부는 아이 등 동화 같은 분위기의 동상이 분수대 주변을 장식해 인스타 맛집으로 인기가 높다. 색색의 꽃이 공원을 화사하게 수놓는 봄~가을 풍경이 특히 아름답다. 여유롭게 사진을 찍으려면 아침 일찍 가는 것이 좋다.

must see

▌ 연두색 집
萌黄の館

- ◆ 09:30~18:00
- ◆ 휴관 2월 셋째 수·목요일
- ◆ 400엔, 풍향계의 집 공통권 650엔, 고등학생 이하 무료 ◆ 한큐 고베산노미야 神戸三宮 역(HK16) 동쪽 HE3번 출구에서 도보 20분.

1 은은한 연두색 외관 때문에 현재의 이름이 붙은 이진칸. 미국 총영사 헌터 샤프 Hunter Sharp가 1903년에 지은 바로크 양식의 목조 2층 주택이다.
2~4 초기에는 샤프 주택 또는 하얀 외관 때문에 백색의 이진칸 白い異人館이라 불렸으나. 1987년 복원작업 중 원래 색이 연두색이었음이 밝혀져 지금의 이름으로 명칭이 변경됐다.
7 건물 내부에는 응접실·서재·침실 등이 옛 모습으로 복원돼 있으며 중후한 벽난로와 고풍스러운 문양의 타일, 아라베스크풍으로 장식한 계단, 기하학적 형태로 가공한 베란다 창문 등이 이곳에 거주하던 이들의 생활상을 잘 보여준다.
정원에는 1995년 한신 대지진으로 무너진 굴뚝을 당시 모습 그대로 보존해 지진의 가공할 위력을 생생히 전달한다.

▌ 키타노텐만 신사
北野天満神社

- ◆ 일출~17:00 ◆ 한큐 고베산노미야 神戸三宮 역(HK16) 동쪽 HE3번 출구에서 도보 20분.

5 6 8 키타노란 지명의 유래가 된 신사. 학문의 신 스가와라 미치자네 菅原道真를 모신다. 전망이 무척 좋은데 가파른 계단을 오르면 발 아래로 풍향계의 집과 고베 시가지가 훤히 내려다보인다. 입구 쪽에는 길흉화복을 점치는 오미쿠지 おみくじ가 있는데 종이를 물에 띄워야 점괘가 보인다.

#must see

풍향계의 집
風見鶏の館

◆ 09:00~18:00
◆ 휴관 2·6월의 첫째 화요일
◆ 500엔, 연두색 집 공통권 650엔, 고등학생 이하 무료 ◆ 한큐 고베산노미야 神戸三宮 역(HK16) 동쪽 HE3번 출구에서 도보 20분.

1~**6** 독일인 무역상 고트프리트 토머스 Gottfried Thomas 의 집. 1909년 지어졌으며 집주인의 이름을 따 토머스의 집이라고 부른다. 하지만 '풍향계의 집'이란 애칭으로 더욱 친숙한데, 이유는 건물 꼭대기에 수탉 모양의 풍향계가 달렸기 때문이다. 이 지역의 이진칸 가운데 유일한 벽돌 건물이며, 붉은색 외관은 키타노의 상징으로도 유명하다. 1층에는 응접실·거실·식당·서재, 2층에는 부부 침실, 아이 방·손님 방·조식용 식당이 있다. 방마다 조금씩 다르지만 기본적으로 독일 전통 건축양식을 따르고 있으며, 19세기 말 아르누보 양식의 섬세한 인테리어와 장식이 돋보인다. **4** 집주인 토머스 일가는 외동딸의 진학 문제로 1914년 독일로 돌아갔는데, 공교롭게도 당시 발발한 제1차 세계대전의 여파로 독일과 일본이 적대국이 돼 두 번 다시 집으로 돌아오지 못하는 비극이 벌어졌다.

이후 건물은 일본인에게 불하됐다가 1968년 화교(華僑) 학교의 기숙사로 이용되기도 했으며, 1978년 중요문화재로 지정돼 현재에 이르고 있다. 1997년에는 19세기 말 독일인 제빵사와 결혼한 일본 여성의 일대기를 그린 NHK 아침 드라마〈풍향계 風見鶏〉의 무대로 전국적인 유명세를 떨쳤는데, 드라마의 선풍적 인기와 더불어 고베의 이진칸이 대중에 각인되는 결정적 계기가 됐다.

#must see

▌비늘의 집
うろこの家

◆ 10:00~17:00,
토·일·공휴일 10:00~18:00
◆ 1,050엔, 초등학생 이하 200엔
◆ 한큐 고베산노미야 神戸三宮 역
(HK16) 동쪽 HE3번 출구에서 도보
25분. 또는 JR 신고베 新神戸 역에
서 도보 15분.

1~6 동화 속에서 툭 튀어나
온 듯한 모습의 이국적 건물. 고
베의 이진칸 가운데 보존 상태
가 가장 양호한데, 두 개의 둥근
탑이 불쑥 솟은 재미난 외관이
단번에 눈길을 사로잡는다.

1905년 외국인 전용 고급 임대
주택으로 지어졌으며, 항구 근
처의 외국인 거류지에 있던 것
을 지금의 자리로 옮겨왔다.
외벽을 4,000여 장의 천연석 슬
레이트로 마감했는데 그 모습이
마치 물고기 비늘(우로코 うろ
こ)을 입혀 놓은 것 같다 해서
현재의 이름이 붙었다. 초록빛
정원과 고풍스러운 건물이 아름
답게 조화를 이룬 모습 때문에
고베를 소개하는 사진에도 자주
등장한다.
1층에는 1800~1900년대의 최
고급 도자기인 마이센·로열 코
펜하겐·로버트 애비랜드 컬렉

션, 2층에는 유럽의 앤티크 가
구 컬렉션, 나란히 이어진 전망
갤러리에는 유럽·러시아 근현
대 작가의 회화 작품 40여 점이
전시돼 있다.
4 3층의 전망창 너머로는 고베
시가지는 물론 멀리 오사카까지
도 한눈에 들어온다. 이곳에 거
주하던 외국인 무역상은 여기서
자기 소유의 화물선이 입출항하
는 모습을 살폈다고 한다.
3 정원에는 코를 만지면 행운
이 찾아온다는 멧돼지 동상 포
르첼리노 Porcellino의 복제품이
있다. 동상의 원본(1600년)
은 이탈리아의 피렌체에 있다.

#must see

라인의 집
ラインの館

♦ 09:00~18:00
♦ 휴관 2·6월의 셋째 목요일
♦ 무료 ♦ 한큐 고베산노미야 神戸三宮 역(HK16) 동쪽 HE3번 출구에서 도보 18분.

1 2 오밀조밀 다듬은 정원수에 둘러싸인 목조 2층 건물. 프랑스인 J.R. 드레웰 Drewell 부인이 1915년에 지은 것으로 개방감 넘치는 베이 윈도우와 베란다, 주름 문 등이 20세기 초의 이진칸 건축양식을 잘 보여준다.

3 1층은 기념품점, 2층은 고베 이진칸의 역사와 라인의 집 복구 과정을 소개하는 전시장으로 이용 중이다. 파라솔과 테이블이 놓인 아담한 정원에서 잠시 쉬어가도 좋다.

고베 시에서 건물을 매입해 이진칸 안내소로 운영하던 1978년 시민 공모를 통해 건물명을 정했다. 얇게 자른 나무판을 덧대 외장을 마감한 모습 때문에 벽에 가로줄(라인)이 층층이 들어간 것처럼 보인다는 이유와 직전 소유주인 독일인 오버 라인의 이름, 그리고 그의 고국 독일의 라인 강에서 착안해 지금의 이름을 붙였다.

일본 재즈의 고향 고베

4 일본 최초로 재즈가 뿌리내린 지역은 1920년대 초의 고베다. 미국·필리핀 재즈 뮤지션의 영향을 받아 수많은 재즈 바가 생겼으며, 지금도 키타노 주변에는 유서 깊은 재즈 바가 여럿 남아 있다.

5 가장 유명한 곳은 1969년에 오픈한 재즈 라이브 레스토랑 소네 ソネ다. 로맨틱한 분위기를 즐기기에 좋은 것은 물론, 유명 뮤지션의 공연이 수시로 열리니 잠시 짬을 내 색다른 여행의 추억을 만들어도 좋을 듯! 공연 일정 및 요금은 홈페이지에서 확인할 수 있다.

#must see

키타노 마이스터 가든
北野工房のまち

♦ 10:00~18:00 ♦ 무료
♦ 휴관 12/27~1/2 ♦ 한큐 고베산노미야 神戸三宮 역(HK16) 서쪽 개찰구 西改札口에서 도보 16분. 또는 시티 루프 키타노코보노마치 北野工房のまち 정류장 하차.

1 2 초등학교 건물을 리모델링한 체험형 공방. 1908년부터 88년간 운영된 키타노 초등학교의 역사적 의의를 보존하고자 옛 모습 그대로 복원했다.
5 20세기 초의 초등학교 건물로는 보기 드문 모던한 스타일이 돋보이는데, 아치형 복도와 색색의 스테인드글라스가 설치된 창이 눈길을 끈다. 교장실에는 실제로 사용하던 칠판·오르간과 옛 모습을 담은 사진도 전시돼 있다.
3 4 오리지널 고베 브랜드의 기념품점과 수공예품 공방 20여 개가 모여 있다. 딸기 초콜릿·푸딩으로 유명한 고베 프란츠 神戸フランツ, 500년 전통의 니혼슈를 선보이는 나다노사카쿠라도리 灘の酒蔵通り를 놓치지 말자. 수공예품 공방에서는 직접 공예품·기념품을 만드는 체험도 가능하다.

토어 로드
トアロード

♦ 한큐 고베산노미야 神戸三宮 역(HK16) 서쪽 개찰구 西改札口에서 도보 4분.

6 7 개항 당시 서구문물이 유입되던 언덕길. 독일어로 도시의 입구를 뜻하는 '토어 Tor'란 이름도 그래서 붙여졌다. 키타노 방향으로 올라가면 대한민국 총영사관, 성 미카엘 국제학교, 일본 최초의 무슬림 모스크, 고베 외국인 클럽, 유대교회 등 이국적 외관의 건물이 하나둘 모습을 드러낸다.

#close up

키타노의 이진칸

19세기 말~20세기 초 키타노에는 1,000여 채의 이진칸이 있었다. 현재는 30여 채가 남아 있으며, 그 가운데 찾아볼 만한 곳은 다음과 같다.

01 덴마크관
デンマーク館

덴마크의 문화를 소개하는 미니 전시관. 덴마크의 자랑인 명품 도자기 로열 코펜하겐의 앤티크 접시, 실물 크기의 반으로 축소한 바이킹 목선, 코펜하겐의 상징 인어공주 동상 복제품이 전시돼 있다. 인어공주 동상은 발목까지 인간의 모습을 하고 있는데 동상을 만들 당시 모델의 다리가 너무 아름다워 이렇게 만들었다는 재미난 얘기가 전해온다. 참고로 동상의 모델은 작가의 아내였다고. 덴마크 특산품을 파는 기념품점도 있다.

♦ 09:00~18:00, 1~2월 09:00~17:00
♦ 500엔(3관 공통권 사용 가능) ♦ 한큐 고베산노미야 神戶三宮 역(HK16) 동쪽 HE3번 출구에서 도보 24분.

이진칸 공통권·패스 異人館共通券·パス

키타노의 이진칸 가운데 일반에 개방된 15채는 입장료가 필요하다. 입장료가 만만치 않아(400~1,050엔) 여러 곳을 들러볼 계획이라면 할인 요금의 이진칸 공통권을 구입하는 것이 경제적이다. 티켓을 따로 구입할 때보다 150~1,550엔 저렴하며, 이진칸 매표소에서 판매한다.

3관 공통권 1,400엔
덴마크관, 빈·오스트리아의 집, 향기의 집 오란다관

3관 패스 1,400엔
영국관, 요칸나가야, 벤의 집

4관 패스 2,100엔
비늘의 집, 야마테하치반칸, 키타노 외국인 클럽, 언덕 위의 이진칸

7관 패스 3,000엔
비늘의 집, 야마테하치반칸, 키타노 외국인 클럽, 언덕 위의 이진칸, 영국관, 요칸나가야, 벤의 집

02 빈·오스트리아의 집
ウィーン·オーストリアの家

오스트리아의 문화와 역사를 소개하는 전시관. 전통 건축 양식의 원통형 건물이 인상적이다. 2층의 '창작의 방'에는 모차르트가 사용하던 피아노의 복제품과 그의 흉상, 그리고 그가 활약하던 18세기 오스트리아의 생활상을 소개하는 자료가 전시돼 있다. 기념품점에서는 빈 특산품 모차르트 초콜릿과 오스트리아 와인도 취급한다. 노천 테라스에서 차·커피·와인을 즐기는 것도 운치 있다.

♦ 09:00~18:00, 1~2월 09:00~17:00
♦ 500엔(3관 공통권 사용 가능) ♦ 한큐 고베산노미야 神戶三宮 역(HK16) 동쪽 HE3번 출구에서 도보 24분.

03 향기의 집 오란다관
香りの家オランダ館

입구부터 은은한 향기가 후각을 자극하는 전시관. 원래 1901년에 지어진 네덜란드 총영사의 집이었다. 유럽 분위기를 한껏 자아내는 이곳의 자랑은 바로 향수 코너. 네덜란드 산 향료를 이용해 세상에서 단 하나뿐인 향수를 만들어준다(9mℓ, 3,960엔). 내부에는 암스테르담에서 직수입한 나막신과 델프트 도자기를 파는 기념품점도 있다.

♦ 09:00~18:00, 1~2월 09:00~17:00
♦ 700엔(3관 공통권 사용 가능) ♦ 한큐 고베산노미야 神戶三宮 역(HK16) 동쪽 HE3번 출구에서 도보 23분.

#close up

04 야마테하치반칸
山手八番館

1920년대 말 고베에 거주하던 외국인 샌슨의 저택. 탑 모양의 지붕 3개가 나란히 이어진 튜더 양식이 특징이며 현관 아치를 장식한 독일식 스테인드글라스가 눈길을 끈다. 현관 양쪽에 세워진 흉측한 외관의 천등귀상 天燈鬼像은 불전(佛殿)의 입구를 밝히는 등롱인데, 나라의 코후쿠지 興福寺에 있는 악귀상의 일부를 복제해 만들었다. 내부에는 로댕·부르델·베르나르의 조각 작품과 간다라 불상을 전시하는 조그만 미술관이 있다.

♦ 10:00~17:00, 토·일·공휴일 10:00~18:00 ♦ 550엔(4관·7관 패스 사용 가능) ♦ 한큐 고베산노미야 神戸三宮 역(HK16) 동쪽 HE3번 출구에서 도보 25분.

05 키타노 외국인 클럽
北野外国人倶楽部

개항 당시 회원제로 운영하던 외국인 전용 살롱. 1900년대 초에 지어졌으며 원래 명칭은 라이온 하우스 3호관이다. 콜로니얼 양식으로 꾸민 건물 내부에는 19~20세기 스타일의 거실·침실·부엌이 있다. 부르봉·빅토리아 풍의 화려한 고가구와 천장까지 이어진 대형 벽난로가 멋진 볼거리를 제공한다. 정원에는 조그만 예배당과 마차, 서양식 우물이 있다. 마차는 1890년대에 프랑스 노르망디의 영주가 실제로 사용하던 것이다.

♦ 10:00~17:00, 토·일·공휴일 10:00~18:00 ♦ 550엔(4관·7관 패스 사용 가능) ♦ 한큐 고베산노미야 神戸三宮 역(HK16) 동쪽 HE3번 출구에서 도보 25분.

06 언덕 위의 이진칸
坂の上の異人館

양식 건물 일색인 키타노에서 유일하게 동양 색채를 간직한 건물. 중국과 유럽의 건축양식이 혼재된 독특한 외관이 눈길을 끈다. 1920년대 말 중국 상인의 저택으로 지어졌으며, 1940년 난징 南京에 친일정부가 수립될 당시 중국 영사관으로도 사용됐다. 내부를 장식한 가구와 미술품은 모두 중국에서 공수해온 것이다. 서주 西周 시대(BC1,100~77)의 고미술품은 물론 근대의 수묵화까지 다양한 중국 미술품을 감상할 수 있다.

♦ 10:00~17:00, 토·일·공휴일 10:00~18:00 ♦ 550엔(4관·7관 패스 사용 가능) ♦ 한큐 고베산노미야 神戸三宮 역(HK16) 동쪽 HE3번 출구에서 도보 25분.

07 영국관
英国館

1907년에 지은 콜로니얼 양식 건물. 전통 영국식으로 꾸몄으며 바로크·빅토리아 시대의 가구를 전시한다. 특히 눈길을 끄는 것은 2층의 셜록 홈즈 박물관이다. '베이커 스트리트 221b'란 주소가 붙은 방에는 그의 책상과 실험실을 실감나게 재현해 놓았다. 셜록 홈즈의 모자와 망토를 빌려 입고 기념사진도 찍을 수 있으니 팬이라면 놓치지 말자. 안쪽 정원에는 '고백의 나무'란 애칭의 아름드리 은행나무가 있다. 여기서 사랑을 고백하면 반드시 이루어진다고!

♦ 10:00~17:00, 토·일·공휴일 10:00~18:00 ♦ 750엔(3관 패스 사용 가능) ♦ 한큐 고베산노미야 神戸三宮 역(HK16) 동쪽 HE3번 출구에서 도보 17분.

#close up

08 요칸나가야
洋館長屋

1908년에 지어진 외국인 아파트. 목조 2층 건물 두 채가 좌우대칭으로 세워진 독특한 모습이다. 원래 항구 근처의 외국인 거류지에 있던 것을 지금의 자리로 옮겨왔다. 내부는 유리공예 작품과 아르누보 가구를 전시하는 미술관으로 이용 중이다. 초창기에 제작된 루이뷔통의 여행용 트렁크도 볼 수 있다.

♦ 10:00~17:00, 토·일·공휴일 10:00~18:00 ♦ 550엔 (3관 패스 사용 가능) ♦ 한큐 고베산노미야 神戸三宮 역 (HK16) 동쪽 HE3번 출구에서 도보 18분.

09 벤의 집
ベンの家

1903년 건축 당시의 모습이 고스란히 보존된 이진칸. 영국인 수렵가 벤 앨리슨 Ben Allison의 집이다. 내부에는 그가 전 세계를 여행하며 사냥한 맹수와 진귀한 동물의 박제가 전시돼 있다. 특히 눈에 띄는 것은 무게 800kg의 무스(사슴의 일종)와 크기 3m의 북극곰, 미국의 국조 (國鳥)인 흰머리 독수리 등이다.

♦ 10:00~17:00, 토·일·공휴일 10:00~18:00 ♦ 550엔 (3관 패스 사용 가능) ♦ 한큐 고베산노미야 神戸三宮 역 (HK16) 동쪽 HE3번 출구에서 도보 19분.

10 고베 트릭 아트 이상한 영사관
神戸トリックアート 不思議な領事館

파나마 영사관으로 사용하던 2층 건물. 하얗게 빛나는 벽과 초록색의 처마가 강렬한 대비를 이루는 이국적 외관을 뽐낸다. 지금은 내부를 개조해 트릭 아트 미술관으로 사용 중이며, 착시 현상을 이용해 입체적으로 보이게 만든 30여 점의 신기한 그림을 전시한다.

♦ 10:00~17:00, 토·일·공휴일 10:00~18:00 ♦ 800엔 ♦ 한큐 고베산노미야 神戸三宮 역(HK16) 동쪽 HE3번 출구에서 도보 17분.

11 이탈리아관
イタリア館

1910년대에 지어진 양식 건물. 현재 장식 미술관으로 사용 중이다. 갤러리 형태로 꾸민 방에는 장식적 요소가 강한 가구·인테리어 소품이 전시돼 있으며, 대부분 18~19세기 이탈리아의 피렌체에서 제작된 것이다. 회화는 인상파와 바르비종파의 작품이 주를 이룬다. 대리석 기둥과 조각으로 꾸민 남부 이탈리아 스타일의 정원에 앉아 향긋한 차를 즐기는 것도 운치 있다.

♦ 10:00~17:00 ♦ 700엔 ♦ 한큐 고베산노미야 神戸三宮 역(HK16) 동쪽 HE3번 출구에서 도보 23분.

#close up

12 고베 키타노 미술관
神戸北野美術館

1898년에 지어진 이 진칸을 리모델링해 만든 미술관. 태평양 전쟁이 막을 내린 뒤에는 33년간 미국 영사관 관사로 이용되기도 했다. 주요 전시품은 몽마르트 언덕을 사랑한 작가의 작품과 몽마르트 주변의 모습을 담은 풍경화. 규모가 무척 작으니 지나친 기대는 금물! 미술관 안쪽에는 기념품점과 아담한 카페도 있다.

◆ 09:30~17:30 ◆ 500엔 ◆ 한큐 고베산노미야 神戸三宮 역(HK16) 동쪽 HE3번 출구에서 도보 18분.

13 구 새슨 저택
旧サッスーン邸

아름다운 정원이 펼쳐진 콜로니얼 양식의 건물(1892년). 건물명은 1895년까지 이곳에 거주한 시리아인 무역상 데이비드 새슨 David Sasson의 이름에서 따왔다. 섬세한 인테리어가 멋지기로 유명하지만 지금은 고급 웨딩홀로 이용 중이라 내부 공개를 하지 않는다. 휴일에는 정원에서 성대한 결혼식과 피로연이 열리는 모습을 볼 수 있다.

◆ 한큐 고베산노미야 神戸三宮 역(HK16) 동쪽 HE3번 출구에서 도보 21분.

14 토텐카쿠
東天閣

1895년 독일인 프리드리히 비숍이 자신의 저택으로 지은 콜로니얼 양식의 건물. 당시 최고의 번화가였던 토어 로드와 항구의 풍경을 바라볼 수 있도록 2층에 베란다를 만들고 수많은 창을 달았다. 내부를 장식한 짙은 갈색의 목조 계단과 벽난로·샹들리에 등은 모두 영국인 건축가의 설계로 꾸민 것이다. 현재 고급 중국요리 레스토랑으로 이용 중이라 내부 관람은 불가능하다.

◆ 한큐 고베산노미야 神戸三宮 역(HK16) 서쪽 출구 西出口에서 도보 22분. 또는 시티 루프 키타노코보노마치 北野工房のまち 정류장 하차, 도보 3분.

15 슈우에케 저택
シュウエケ邸

영국인 건축가 알렉산더 한셀 Alexander Hansell(1857~1940)의 집. 그는 영국 왕립 건축가 협회 회원으로 고베의 많은 이진칸을 설계했다. 1896년에 지어진 이 집은 흰 벽과 녹색의 기둥, 자연스러운 라인의 창틀이 우아한 기풍을 뽐낸다.

응접실·거실이 옛 모습 그대로 재현된 1층에는 고(古)지도와 집 주인이 다년간 수집한 1860년대의 우키요에 浮世絵(일본 목판화)가 소장돼 있다. 안타깝게도 내부 공개를 하지 않아 외관만 살펴볼 수 있다.

◆ 한큐 고베산노미야 神戸三宮 역 서쪽 출구 西出口에서 도보 25분. 또는 시티 루프 키타노코보노마치 北野工房のまち 정류장 하차, 도보 6분.

소라쿠엔
相楽園

♦ 09:00~17:00
♦ 휴관 목요일, 12/28~1/4
♦ 300엔, 중학생 이하 150엔
♦ JR·한신 전철 모토마치 元町 역에서 도보 10분. 또는 지하철 세이신·야마테 선 西神·山手線 켄쵸마에 県庁前 역(S04)의 니시 西 2번 출구에서 도보 4분.

1 흐드러지게 피는 진달래로 명성이 자자한 일본식 정원. 한 세도가의 저택을 꾸미기 위해 1885년부터 27년이란 오랜 시간과 공을 들여 조성했다.

2~4 면적은 축구장 크기와 맞먹는 2만㎡. 연못을 중심으로 야트막한 동산과 징검다리·자연석을 조화롭게 배치했으며, 고베 개항 당시 유입된 서양 건축의 영향을 받아 정원 가운데에 조그만 광장을 만든 것도 눈에 띄는 특징이다. 최고의 아름다움을 뽐내는 시기는 진달래가 꽃망울을 터뜨리는 봄과 국화가 만발하는 가을이다.

소라쿠엔이라는 명칭은 《주역 周易》의 한 구절인 '화열상악 和悦相楽'에서 따온 것으로 '서로 화기애애하게 즐기는 공간'을 의미한다.

6 정원 한편에는 인도계 영국인 무역상 핫샘 Hassam이 1902년에 지은 이진칸 핫샘 저택 ハッサム邸이 있다. 원래 키타노에 있던 것을 1963년 여기로 옮겨왔으나 안타깝게도 내부 관람은 불가능하다. 고베 전역을 뒤흔든 한신 대지진(1995년)의 흔적이 고스란히 남겨진 모습이 이채로운데, 건물 앞에 놓인 굴뚝이 바로 그것으로 원래는 지붕에 달려 있었다.

5 핫샘 저택 옆에는 독일식으로 지은 이국적 외관의 마구간 겸 마차고 큐코데라케큐샤 旧小寺厩舎도 있다(1901년).

must see

비너스 브리지
ビーナスブリッジ

◆ 24시간 ◆ 무료 ◆ 스와 신사 諏訪神社(키타노에서 도보 20분, 한큐·한신·JR 산노미야 역에서 도보 35분) 입구에서 도보 20분. 신사 입구에서 가파른 언덕을 오르면 신사의 본전에 다다른다. 그 오른쪽의 산길을 따라 계속 산 위로 올라가면 비너스 브리지가 보인다. 고베 시내에서 택시를 타면 2,000엔 정도 든다.

1 5 고베 항이 한눈에 내려다보이는 발군의 전망대. 언덕 위에 놓인 동그란 육교를 비너스 브리지라고 부르는데, 이 묘한 (?) 이름은 100여 년 전 여기서 한 프랑스인이 금성(Venus)을 관측한 데서 유래했다.

비너스 브리지를 건너 위로 올라가면 전망대가 나타나는데, 고베 시가지는 물론 포트 아일랜드·메리켄 파크가 한눈에 들어오며, 멀리 오사카와 아와지시마 淡路島까지도 보인다.

2 ~ 4 전망대 옆에는 자물쇠가 잔뜩 매달린 사랑의 열쇠 모뉴먼트 愛の鍵モニュメント가 있다. 굳게 잠긴 자물쇠처럼 사랑이 영원히 지속되길 기원하는 것인데, 원래 비너스 브리지의 난간에 매달던 것을 안전 문제로 2004년부터 여기에 걸게 됐다.

바닥에 놓인 네잎 클로버 모양의 동판은 모뉴먼트에 걸린 수많은 자물쇠를 녹여서 만들었다. 해마다 자물쇠를 해체해 녹이는 날은 2월 14일, 즉 발렌타인 데이다.

전망대에는 음료 자판기와 벤치·화장실만 있을 뿐 이렇다 할 편의시설은 없다. 야경 감상을 위해 마야 산·롯코 산에 오를 계획이라면 그쪽 전망이 훨씬 좋으니 비너스 브리지는 과감히 제외해도 된다는 사실도 알아두면 좋을 듯!

#must eat

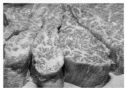

모리야
モーリヤ

◆ 6,840엔~ ◆ 11:00~22:00 ◆ 한큐 고베산노미야 神戸三宮 역 (HK16) 서쪽 출구 西出口 도보 3분.

#Since 1885 고베 최고(最古)의 역사를 자랑하는 스테이크 하우스. 분위기가 고급지며, 최상품 소고기만 고집하는 것으로 유명하다. 바로 눈앞에서 셰프의 현란한 칼놀림과 함께 만들어지는 육즙 가득한 스테이크가 군침을 돌게 한다.
환상의 마블링과 육질을 뽐내는 최상품 고베 소고기 神戸牛와 고베 소고기보다 한 등급 아래지만 가성비가 뛰어난 모리야 엄선 소고기 モーリヤ厳選牛를 취급한다.
스테이크 메뉴는 립 아이·설로인·필레·라운드·럼프가 있는데, 부드러운 육질과 풍미 가득한 감칠맛을 즐기기에는 립 아이와 설로인이 적합하다.
#꿀팁 본점을 비롯해 4개의 지점이 있다. 어느 지점이나 손님이 많아 예약은 필수. 맛·가격·서비스는 동일하니 예약 가능한 지점을 골라 이용한다.

최애 메뉴
모리야 엄선 소고기, 극상 설로인 스테이크 モーリヤ厳選牛, 極上サーロインステーキ (모리야겐센규, 고쿠죠사로인스테키) 130g 8,850엔, 170g 1만 650엔 (※가격 수시 변동)

비후테키노카와무라
ビフテキのカワムラ

◆ 4,180엔~ ◆ 11:30~14:30, 17:00~21:00 ◆ 휴업 월요일(부정기적) ◆ 한큐 고베산노미야 神戸三宮 역(HK16) 동쪽 HE3번 출구에서 도보 3분.

#Since 1972 양질의 고기를 맛볼 수 있는 스테이크 하우스. 온도가 따뜻하게 유지되면서도 여분의 기름이 빠져나가도록 구운 고기를 식빵 위에 올려주는 등 세심한 배려가 돋보인다. 평일에는 경제적인 런치 메뉴도 선보인다(11:30~14:30).

#특선흑우 와규 런치 特選黒毛和牛ランチ(토쿠센쿠로게와규란치) 100g 6,600~7,700엔

#must eat

아부리니쿠코보 와코쿠
あぶり肉工房和黒

♦ 6,710엔~ ♦ 12:00~22:00
♦ 한큐 고베산노미야 神戸三宮 역
(HK16) 동쪽 HE3번 출구에서 도보
10분.

#Since 1988 최상품 고베 소
고기를 합리적인 가격에 선보
이는 스테이크 하우스. 고베 일
대에서 사육하는 타지마 소 但
馬牛 가운데 엄선된 고기만 골
라서 사용한다.
키타노의 이진칸처럼 꾸민 이
국적이면서도 레트로한 분위기
가 인상적이다. 현란한 칼놀림
으로 스테이크를 먹음직하게
구워내는 셰프의 퍼포먼스를
감상하는 재미도 쏠쏠하다.

추천 메뉴는 12:00~15:00에만
제공되는 점심 코스. 설로인
스테이크 130g에 채소 구이 6
종·수프·샐러드·밥·반찬·디
저트·커피가 포함돼 있으며, 혀
위에서 살살 녹는 고기와 즉석
에서 구워주는 채소·마늘·두
부 맛이 끝내준다.
스테이크와 함께 즐기기에 좋은
와인·샴페인·위스키도 두루
갖췄다. 손님이 은근히 많아 예
약은 필수다.

최애 메뉴
점심 코스 お昼のコース
(오히루노코스) 130g 6,710엔
특선 와코쿠 코스
特選和黒コース(토쿠센와코쿠코스)
200g 1만 7,248엔

스미야키스테키 키타야마
炭焼すてーき きた山

♦ 2,970엔~ ♦ 11:30~14:00,
17:30~22:00 ♦ 휴업 월요일
♦ 한큐 고베산노미야 神戸三宮 역
(HK16) 동쪽 HE3번 출구에서 도보
6분. 파레키타노자카 パレ北野坂
빌딩 2층에 있다.

#Since 1967 숯불구이 스테이
크 전문점. 숯불에 정성껏 구워
향이 짙고, 소금과 후추만으로
간을 해 순수한 고기의 맛을 즐
길 수 있다. 11:30~13:30의 런
치 메뉴가 저렴하다.
#와규 필레 스테이크 세트 런치
炭焼き和牛フィレステーキ
セット(스미야키와규휘레스테
키셋토) 100g 2,970엔~

#must eat

고베규동 히로시게
神戸牛丼 広重

♦ 1,980엔~ ♦ 11:00~15:00,
18:00~23:00 ♦ 한큐 고베산노미야
神戸三宮 역(HK16) 동쪽 HE3번
출구에서 도보 10분.

#고베 제일의 소고기 덮밥집.
합리적 가격에 최상품 고베 소
고기를 맛볼 수 있어 오픈 전부
터 긴 줄이 늘어선다.
#소고기 덮밥 牛丼(규동)
보통 1,980엔, 곱빼기 2,200엔
가츠오부시 장국에 익힌 소고
기를 밥에 얹어낸다. 살살 녹는
부드러운 육질과 짭조름하면서
도 농후한 맛이 일품이다. 날계
란 たまご(타마고, 110엔)을 풀
어 고기와 먹으면 더욱 맛있다.

카스동 요시베
かつ丼吉兵衛

♦ 500엔~ ♦ 10:30~19:00
♦ 휴업 부정기적 ♦ 한큐 고베산노
미야 神戸三宮 역(HK16) 서쪽 출구
西出口에서 도보 3분. 센터 플라자
センタープラザ 쇼핑센터 서관
西館 지하 1층에 있다.

#Since 1979 오픈과 동시에
좌석이 꽉 차는 인기 만점의 카
츠동 전문점. 야들야들한 돼지
고기와 바삭한 튀김옷이 멋진
조화를 이룬다. 목살 肩ロース
과 등심 背ロース을 선택할 수
있는데 목살이 더 맛있다.
#소스카츠동 ソースかつ丼
500~1,650엔, 소스를 뿌린 돈
가스 덮밥.

그릴 스에마츠
グリル末松

♦ 1,100엔~ ♦ 11:30~14:00,
18:00~21:30 ♦ 휴업 화요일
♦ 한큐 고베산노미야 神戸三宮 역
(HK16) 동쪽 HE3번 출구에서 도보
12분.

#Since 1998 서민적인 분위기
의 식당겸 주점. 1층은 카운터
테이블, 2층은 다다미 방의 전
통 민가 스타일로 꾸몄다. 저녁
에는 주점으로 변신해 가볍게
술 한 잔 걸치기에도 좋다.
#오므라이스 オムライス
1,100엔, 현지인이 즐겨 찾는
메뉴. 찰진 밥에 부드러운 계란
을 입힌 뒤 수제 데미그라스 소
스를 듬뿍 뿌려준다.

#must eat

프로인드리브
フロインドリーブ

◆ 1,166엔~ ◆ 10:00~18:00
◆ 휴업 수요일(수요일이 공휴일일 때는 그 다음날) ◆ 한큐 고베산노미야 神戸三宮 역(HK16) 동쪽 HE3번 출구에서 도보 20분.

#Since 1924 고베에서 가장 오래된 독일식 베이커리 & 카페. NHK의 아침 드라마 《풍향계 風見鶏》(p.230)의 실존 모델인 독일 제빵사 하인리히 프로인드리브가 창업했다.
1929년에 지어진 고딕 양식 교회를 리모델링한 건물도 무척 멋스러운데, 교회로 사용될 당시의 모습을 고스란히 간직해 이국적 분위기를 한껏 뽐낸다.

1층에는 정통 독일식 빵·쿠키·케이크를 파는 베이커리, 2층에는 예배당을 개조해서 만든 카페가 있다.

#추천 메뉴는 속이 꽉 찬 오리지널 로스트 비프 샌드위치, 치킨·베이컨·계란을 넣은 푸짐한 클럽 하우스 샌드위치.
평일 11:30~14:00에는 샌드위치에 커피·수프가 포함된 위크데이 런치 Weekday Lunch (1,540엔~)도 선보인다. 주말·공휴일에는 엄청나게 붐비니 서둘러 가는 것이 좋다.

최애 메뉴
Original Roast Beef Sandwich 2,310엔
Clubhouse Sandwich 1,540엔

이스즈 베이커리
イスズベーカリー

◆ 216엔~ ◆ 08:00~20:00
◆ 한큐 고베산노미야 神戸三宮 역(HK16) 동쪽 HE3번 출구에서 도보 11분.

#Since 1946 역사와 전통의 베이커리. 이스트를 넣지 않고 장시간 자연 발효시키는 제빵 원칙을 고수해 소박하면서도 자연스러운 맛이 일품이다.
#소고기 카레빵 ビーフカレー (비후카레) 216엔, 겉바속촉으로 튀긴 빵 안에 소고기 카레가 듬뿍 담겨 한 입 베어 물면 입안 가득 진한 카레향이 퍼진다.
#식빵 食パン 248~540엔, 쫄깃 촉촉한 식감이 매력!

#must eat

아라캉파뉴
ア・ラ・カンパーニュ

♦ 935엔~ ♦ 12:00~21:00
♦ 한큐 고베산노미야 神戸三宮 역
(HK16) 서쪽 출구 西出口에서 도보
7분.

#Since 1991 신선한 과일 타르
트와 케이크를 선보이는 카페.
유기농 제철 과일만 사용해 입
맛 까다로운 여성층에게 인기
가 높다. 10~15종의 케이크가
상비돼 있으며, 진열장에 놓인
것을 직접 보고 고르는 방식이
라 일본어를 몰라도 걱정 없다.
타르트 멜리멜로 タルト・メ
リメロ 935엔, 계절 과일을 듬
뿍 넣은 상큼한 타르트. 간판 메
뉴답게 가장 먼저 품절된다.

라브뉴
L'avenue

♦ 420엔~ ♦ 10:30~18:00
♦ 휴업 화·수요일(※유동적)
♦ 한큐 고베산노미야 神戸三宮 역
(HK16) 서쪽 개찰구에서 도보 17분.

#월드 초콜릿 마스터즈 챔피언
히라이 시게오 平井茂雄의 디
저트 숍. 조그만 테이크아웃 숍
이지만 늘 손님으로 북적인다.
#쇼크프람브 Choc' Framb
700엔, 생크림·피스타치오·시
폰 케이크를 켜켜이 쌓고 진한
다크 초콜릿을 입힌 다음, 새콤
한 산딸기를 얹은 쇼트 케이크.
#레이디 Lady 600엔, 마스카르
포네 무스와 딸기 시럽의 상큼
한 단맛이 매력인 쇼트 케이크.

파티셰리 투스투스
Patisserie Tooth Tooth

♦ 616엔~ ♦ 10:00~20:00
♦ 한큐 고베산노미야 神戸三宮 역
(HK16) 서쪽 출구 西出口에서 도보
5분.

#Since 1986 세련된 디저트와
차를 선보이는 파티셰리 카페.
1층에는 쇼트 케이크·쿠키·홍
차를 판매하는 테이크아웃 코
너, 2층에는 디저트와 식사를
즐길 수 있는 카페 코너가 있다.
#멜론 쇼트 케이크 メロンの
ショートケーキ 693엔, 생크
림 케이크 위에 완숙 멜론을 얹
은 쇼트 케이크. 상큼 달콤한 멜
론과 고소한 우유향의 생크림
이 멋진 조화를 이룬다.

#must eat

브란젤리 콤 시노와
ブランジエリーコム・シノワ

◆ 195엔~ ◆ 08:00~18:00
◆ 휴업 수요일(수요일이 공휴일일 때는 그 다음날) ◆ 지하철 카이간 선 海岸線의 산노미야 · 하나토케이마에 三宮 · 花時計前 역(K01) 3번 출구의 계단 중간에 있다(지하 1층).

#Since 1983 현지인이 즐겨 찾는 베이커리. 소박한 맛의 프랑스식 빵이 메인 아이템이다. 안쪽의 카페에서는 샐러드 · 햄버그스테이크 · 파스타 등 가벼운 식사 메뉴도 취급한다. 점심 때만 지나도 인기 메뉴가 품절되기 십상이라 서둘러 가야 한다. #손나바나나 そんなバナナ 303엔, 간판 메뉴인 바나나 빵.

토어 로드 델리카트슨
Tor Road Delicatessen

◆ 990엔~ ◆ 숍 10:00~18:30, 카페 11:00~15:00 ◆ 휴업 수요일
◆ 한큐 고베산노미야 神戸三宮 역(HK16) 서쪽 출구 西出口에서 도보 7분.

#Since 1949 샌드위치 애호가 무라카미 하루키가 손꼽은 맛집. 그의 소설《댄스 댄스 댄스》에도 깜짝 등장한다. 원래 선원이었던 창업주가 독일에서 맛본 햄과 소시지에 반해 그 맛을 재현하고자 창업했다.
#훈제연어 샌드위치 サーモンサンド(사몬산도) 1,320엔 쫄깃한 빵과 눅진한 훈제연어의 조화가 훌륭하다.

비고노미세 산노미야 점
ビゴの店 三宮店

◆ 151엔~ ◆ 10:00~20:00
◆ 휴업 매월 셋째 수요일
◆ 지하철 카이간 선 海岸線의 산노미야 · 하나토케이마에 三宮 · 花時計前 역(K01)에서 도보 1분. 고베코쿠사이카이칸 神戸国際会館 지하 2층에 있다.

#Since 1972 일본에서 '빵의 신'으로 불리는 프랑스인 필립 비고가 창업한 베이커리. 천연효모로 반죽을 12시간 이상 발효시키기 때문에 특유의 쫄깃함과 식욕을 돋우는 고소한 향이 살아있다. 바게트 · 크루아상을 비롯한 40여 종의 정통 프랑스식 빵과 쿠키를 선보인다.

#must eat

스타벅스 커피 이진칸점
Starbucks Coffee 異人館店

♦ 350엔~ ♦ 08:00~22:00
♦ 휴업 부정기적 ♦ 한큐 고베산노미
야 神戸三宮 역(HK16) 동쪽 HE3번
출구에서 도보 15분.

#고베에서 가장 핫한 커피숍.
20세기 초의 양식 건물이 즐비
한 키타노의 이국적인 풍경과
더불어 향긋한 커피를 즐길 수
있다. 이미 우리에게도 친숙한
맛이라 부담 없이 이용 가능한
것도 나름의 매력이다.
#여타 스타벅스와 달리 건물 자
체가 문화재로 등록돼 있다는
사실이 흥미롭다. 원래 이 건물
은 미국인 무역상 M.J. 셰어가
1907년 자신의 집으로 지은 양
식 주택이다. 이후 고베에 독일
식 제빵 기술을 전수한 프로인
드리브(p.243) 일가가 매입해
대대로 거주했다. 1995년의 한
신 대지진으로 대파돼 철거될
위기에 처했던 것을 지금의 자
리로 옮겨와 복원시켰으며, 관
광안내소로 이용되기도 했다.
#2009년 스타벅스 매장으로 바
뀐 뒤에는 벽난로와 높은 천장,
고풍스러운 창, 2층으로 이어진
목조 계단 등 건물이 처음 지어
질 당시의 모습을 완벽히 재현
해 놓았다.
#추천하는 자리는 2층 창가다.
넓은 창으로 쏟아져 들어오는
따사로운 햇살과 함께 키타노의
풍경을 감상하며 느긋한 시간을
보낼 수 있다.

타루코야
樽珈屋

♦ 11:00~19:00
♦ 휴업 수요일, 셋째 목요일
♦ 한큐 고베산노미야 神戸三宮 역
(HK16) 서쪽출구 西出口 도보 8분.

#Since 1991 오랜 경력의 커피
장인이 운영하는 원두 전문점.
고베에서도 손꼽히는 맛난 커피
로 명성이 자자하다. 특히 업계
종사자의 단골집으로 유명한데,
인기의 비결은 오너가 직접 구
해오는 최상품 생두(生豆)와 숙
련된 로스팅 기술이다. 꼼꼼한
선별을 거쳐 직접 로스팅한 커
피는 개성 강한 풍미와 깔끔한
뒷맛이 특징이다. 단, 음료 판매
는 하지 않으니 주의!

must eat

▌니시무라 커피
にしむら珈琲

♦ 650엔~ ♦ 08:30~23:00
♦ 한큐 고베산노미야 神戸三宮 역
(HK16) 동쪽 HE3번 출구에서 도보
10분.

#Since 1948 커피 마니아라면
반드시 들르게 되는 고베의 명
소. 직접 로스팅한 원두로 내린
스트레이트 커피를 일본 최초
로 선보였다.
지금도 세계 각지에서 엄선해
온 원두를 직접 로스팅해 사용
하며, 물도 유명 양조장에서 길
어오기 때문에 커피의 향과 맛
을 온전히 즐길 수 있다.
#추천 메뉴는 진한 향과 깔끔한
뒷맛의 니시무라 오리지널 블

렌드 커피, 은은한 향의 블루 마
운틴 넘버 원, 풍부한 향의 킬리
만자로 AA 키보 등이다.
#니시무라 커피의 지점 가운데
들러볼 가치가 높은 곳은 외관
은 물론 인테리어까지 유럽풍으
로 꾸민 나카야마테 본점과 키
타노자카점이다. 특히 키타노자
카점은 1974년 오픈한 일본 최
초의 회원제 커피숍이다.

최애 메뉴
니시무라 오리지널 블렌드 커피
にしむらオリジナルブレンド
コーヒー 650엔
블루 마운틴 넘버 원
ブルーマウンテン No.1 900엔
킬리만자로 AA 키보
キリマンジャロ AA KIBO 750엔

▌고베 롯코 목장
神戸六甲牧場

♦ 500엔~ ♦ 09:00~18:00
♦ 한큐 고베산노미야 神戸三宮 역
(HK16) 동쪽 HE3번 출구에서 도보
18분.

#고베의 아이스크림 맛집. 신선
한 고베 산 우유만 사용해서 만
들며, 후덥지근한 고베의 여름
더위를 해소하기에 더할 나위
없이 좋은 군것질거리다.
#스페셜 밀크 スペシャルミル
ク 500엔, 생우유의 고소함을
그대로 농축시킨 아이스크림.
#피스타치오 프리미엄
ピスタチオプレミアム 700엔
향긋한 이란 산 피스타치오를
섞은 아이스크림.

info plus

01 사람과 방재 미래 센터
人と防災未来センター

♦ 09:30~17:30 ♦ 600엔
♦ 휴관 월요일, 12/29~1/3 ♦ 한신 이와야 岩屋 역(HS30) 도보 10분. JR 나다 灘 역(JR—A60) 도보 12분.

한신 대지진의 경험과 교훈을 전하는 지진·재해 박물관. 스스로 태풍의 진로를 유도하는 웨더 워크, 360도 VR 영상과 진동장치로 지진·쓰나미·풍수해 재해현장을 체험하는 해저드 VR 포트 등 다채로운 체험형 전시를 통해 폭넓은 방재지식을 익힐 수 있다.

02 UCC 커피 박물관
UCCコーヒー博物館

♦ 2023년 현재 임시휴관 ♦ 포트라이너 미나미코엔 南公園 역(PL07) 서쪽 출구 西出口에서 도보 1분.

일본 유일의 커피 박물관. 커피 및 식음료 메이커로 유명한 UCC 우에시마 커피 上島珈琲에서 운영하며 커피의 발견과 전래과정, 재배지, 음용법을 다채로운 사진·자료로 소개한다. 오랜 역사를 머금은 로스팅 도구와 드리퍼 등 신기한 볼거리도 제공한다.

03 고베 시청 전망대
神戸市役所展望ロビー

♦ 2023년 현재 임시휴관
♦ 한큐 고베산노미야 神戸三宮 역(HK16) 동쪽 HE3번 출구에서 도보 10분. 또는 시티 루프 시야쿠쇼마에 市役所前 하차.

고베 시청 1호관 24층의 무료 전망대. 남쪽으로 메리켄 파크·포트 아일랜드·오사카 만, 북쪽으로는 롯코 산과 고베 시내 일대가 한눈에 들어온다. 해가 지면 색색으로 빛나는 야경을 감상하기에도 좋다.

04 이쿠타 신사
生田神社

♦ 일출~일몰 ♦ 무료 ♦ 한큐 고베산노미야 神戸三宮 역(HK16) 서쪽 출구 西出口에서 도보 3분.

3세기에 창건된 고베의 상징 같은 신사. 원래 고베 일대가 이 신사(神)의 영지(戸)였기 때문에 고베 神戸라는 지명이 만들어졌다. 신사 안쪽에는 붉은색의 토리이 鳥居 터널, 부엌칼의 넋을 기리는 호쵸츠카 庖丁塚, 수령 500년의 녹나무 고목 같은 볼거리가 있다.

05 효고 현립 미술관
兵庫県立美術館

♦ 10:00~18:00
♦ 휴관 월요일·연말연시
♦ 500엔, 대학생 400엔, 고등학생 이하 무료 ♦ 한신 이와야 岩屋 역(HS30)에서 도보 8분.

8,000여 점의 작품을 소장한 대형 미술관. 부르델·마요르·무어·고야·마네·피카소를 비롯한 유럽·일본의 근현대 회화·판화·조각 작품이 주를 이루며, 소장품이 많아 주기적으로 작품을 순환 전시한다.

미술관을 유명하게 만든 또 하나의 요소는 건물의 설계자가 유명 건축가 안도 타다오라는 사실이다. 공공건축이라는 특성에 맞춰 개방성이 돋보이는 디자인을 추구했으며, 스텐리스·화강암·노출 콘크리트를 적절히 조합해 조형미와 기하학적인 아름다움을 살렸다. 주변 풍경과 바다를 바라볼 수 있는 전망 테라스를 층마다 배치해 환경과의 조화를 꾀한 것도 인상적이다. 미술관 입구로 이어진 나선형 홀도 멋진 볼거리이니 절대 놓치지 말자.

info plus

6 누노비키 허브 공원
布引ハーブ園

◆ 10:00~17:00, 토·일·공휴일 10:00~20:30, 7/20~8/31 10:00~20:30, 12/1~3/19 10:00~17:00 ◆ 신고베 로프웨이 편도 1,130엔, 왕복 1,800엔 ◆ 한큐 고베산노미야 神戸三宮 역(HK16) 동쪽 HE3번 출구에서 도보 25분.

향기·색·미각을 테마로 만든 공원. 해발 418m의 산 정상에 위치해 고베 항이 한눈에 들어온다. 신고베 로프웨이 新神戸ロープウェー(케이블카)를 타고 공원으로 가는 동안 고베 시가지는 물론, 누노비키 폭포의 아름다운 풍경도 감상할 수 있다. 정상에는 오사카 만(灣)까지 내려다보이는 전망대, 스위스 산장풍의 기념품점, 향수·허브숍 등이 있다. 전망대 아래에는 깔끔하게 정비된 초록빛 공원과 허브 재배 온실이 있어 느긋하게 산책을 즐기기에도 좋다. 시간이 넉넉하면 편도로 누노비키 허브 공원까지 올라간 다음, 걸어서 내려가도 된다. 도중에 누노비키 폭포를 경유하며 30~40분 걸린다.

7 누노비키 폭포
布引の滝

◆ 한큐 고베산노미야 神戸三宮 역(HK16) HE3번 출구 도보 30분.

경쾌하게 물줄기를 토해내는 4개의 폭포. JR 신고베 역 아래의 굴다리를 지나 5분쯤 언덕을 오르면 높이 19m의 멘타키 雌滝 폭포가 보이며, 산길을 계속 오르면 나머지 3개의 폭포가 연달아 나타난다. 특히 마지막의 온타키 雄滝 폭포가 압권인데 43m의 벼랑을 타고 떨어지는 물줄기가 장관을 이룬다.

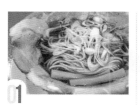

1 라멘 대전쟁
ラーメン大戦争

◆ 890엔~ ◆ 11:30~14:00, 17:30~23:00 ◆ 한큐 고베산노미야 역(HK16) HE3번 출구 도보 4분.

#쇼유 라면에 진심인 맛집. 일본 3대 토종닭으로 꼽는 나고야 코친과 패주로 우려낸 국물의 농후한 맛이 미각을 자극한다. #피스톨 ビストル 890엔, 감칠맛이 폭발하는 국물에 직접 뽑은 면을 말아준다. 매운 맛 ピリ辛과 마늘 にんにく을 추가해 얼큰하게 먹어도 맛있다.

2 캐스케이드
Cascade

◆ 10:00~20:00 ◆ 한큐 고베산노미야 神戸三宮 역(HK16) 서쪽 개찰구에서 도보 6분. 산플라자 さんプラザ 쇼핑몰 지하 1층에 있다.

#Since 1962 빵 맛으로 명성이 자자한 베이커리. 매장에서 직접 빵을 굽기 때문에 언제나 갓 구운 고소한 빵을 맛볼 수 있다. 샌드위치 등 가벼운 식사 메뉴와 음료도 판매한다. #소금버터빵 塩バターパン 141엔

3 야키니쿠동쥬반
焼肉丼十番

◆ 600엔~ ◆ 11:00~23:00 ◆ 한큐 고베산노미야 神戸三宮 역(HK16) 동쪽 개찰구에서 도보 6분.

#현지인이 즐겨 찾는 한식당. 갈비·비빔밥·냉면 등 10여 가지 메뉴를 선보이는데 한식이라고 보기에는 '2% 부족한' 오묘한 맛이 난다. 자판기에서 식권을 구입하는 방식이며, 김치는 무제한 무료로 먹을 수 있다. #갈비 덮밥 カルビ丼(카루비동) 보통 850엔, 곱빼기 950엔

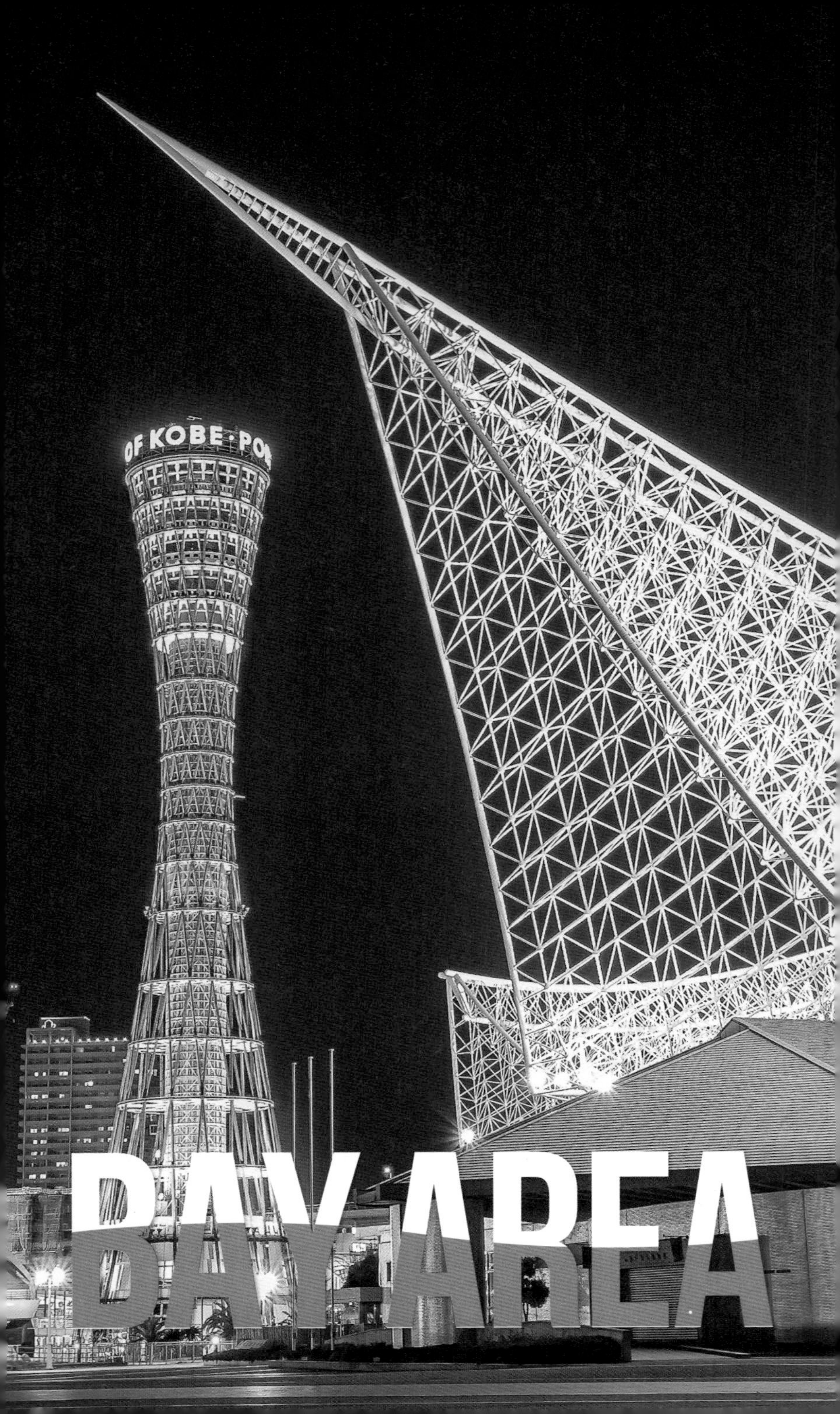

BAY AREA

베이 에어리어
ベイエリア

고베 남부에 위치한 베이 에어리어는
개항 초기인 19세기 말에 조성된 외국인 거류지를
중심으로 발달한 지역이다. 그 중심지에 해당하는
구 거류지에는 100여 년의 시간을 굳건히 버텨온
고풍스러운 유럽식 석조건물이 즐비하며,
바로 옆에는 시끌벅적한 분위기가 매력인
차이나타운이 자리잡고 있다.
해안가에는 매립지를 정비해서 만든
초록빛 공원과 대형 쇼핑센터가 모여 있어
이곳만 제대로 봐도 고베의 역사·문화·쇼핑을
한 몫에 아우르는 충실한 여행을 즐길 수 있다.

볼거리 ☆☆☆☆☆   먹거리 ☆☆☆☆☆
쇼 핑 ☆☆☆☆☆   유 흥 ☆☆☆☆☆

ACCESS

사철 난킨마치·구 거류지·메리켄 파크는 한신 전철의
모토마치 元町 역(HS33), 고베 하버 랜드·모자이크 쇼핑센
터는 한큐·한신 전철의 코소쿠고베 高速神戸 역(HS35)에
서 가깝다.

JR 난킨마치·메리켄 파크는 모토마치 元町 역(JR-
A62), 고베 하버랜드·모자이크 쇼핑센터는 고베 神戸 역
(JR-A63)에서 가깝다.

지하철 난킨마치·구 거류지는 카이간 선 海岸線의 큐
코류치·다이마루마에 旧居留地·大丸前 역(K02), 메리
켄 파크는 미나토모토마치 みなと元町 역(K03), 고베 하버
랜드·모자이크 쇼핑센터는 하바란도 ハーバーランド 역
(K04)에서 가깝다.

best course 6시간~

1 한신전철·
JR 모토마치 역

도보 3분

2 난킨마치

도보 2분

3 구 거류지

도보 3분

4 피시 댄스

도보 2분

5 고베 항
지진 메모리얼 파크

바로 앞

6 메리켄 파크

바로 앞

7 고베 포트 타워

도보 10분

야경

8 고베 하버 랜드

#must see

모토마치 상점가
元町商店街

♦ 10:00~20:00(숍마다 다름)
♦ 휴업 연말연시(숍마다 다름)
♦ 한신 모토마치 元町 역(HS33)의 동쪽 개찰구 東改札口, JR 모토마치 元町 역(JR–A62)의 동쪽 출구 東口에서 도보 2분. 또는 지하철 카이간 선 海岸線의 큐쿄류치 · 다이마루마에 旧居留地 · 大丸前 역(K02) 1번 출구에서 도보 1분.

1 길이 1.2km에 달하는 고베 최대 규모의 상점가. 넓은 통로와 높은 지붕의 아케이드가 탁 트인 개방감을 선사한다. 평일에도 적지 않은 행인들로 북적이지만, 주말이면 엄청난 수의 쇼핑객으로 인산인해를 이룬다. 항구와 가까운 지리적 이점을 살려 에도 시대부터 해운 · 주조(酒造)를 중심으로 한 상업지구가 형성됐고, 근대화가 시작된 1874년 모토마치도리 元町通라는 이름이 붙으면서 지금과 같은 상점가로 발전했다. 1920년대에는 모던보이와 모던걸이 활보하는 유행의 중심지로 급부상해 도쿄의 긴자, 오사카의 신사이바시와 더불어 일본 3대 쇼핑가 가운데 하나로 통하기도 했다.

근래에 들어 고급 패션 상권이 구 거류지로 옮겨간 뒤에는 생활잡화 · 패션 · 식료품 · 액세서리를 취급하는 상점가로 탈바꿈했다.

2~**7** 세련된 아이템을 찾아보기는 힘들지만 저렴한 가격에 생활잡화를 구입하고자 한다면 재미삼아 둘러보는 것도 좋다. 동서로 길게 뻗은 상점가는 1쵸메 丁目(번지)에서 6쵸메까지 구역이 나뉘는데 1~3쵸메에는 모던한 스타일의 상점, 4~6쵸메에는 고서 · 골동품을 취급하는 상점이 모여 있다.

#must see

▎난킨마치
南京町

◆ 10:00~20:00(숍마다 다름)
◆ 휴업 연말연시, 음력설 기간(숍마다 다름) ◆ 한신 모토마치 元町 역(HS33)의 동쪽 개찰구 東改札口, JR 모토마치 元町 역(JR-A62)의 동쪽 출구 東口에서 도보 3분. 또는 시티루프 모토마치쇼텐가이 元町商店街(南京町前), 난킨마치 南京町(中華街) 정류장 하차.

1~3 왁자지껄한 생동감과 풍부한 먹거리로 가득한 칸사이 최대의 차이나타운. 초기의 차이나타운은 개항이 이루어진 1868년에 형성됐다. 동시에 본격적인 중국인의 유입이 시작됐으나 그 무렵 중국과 일본은 수호조약을 맺지 않은 상태라 공식 외국인 체류지인 구 거류지에서 격리된 이 지역, 즉 난킨마치에 중국인 임시 거류지가 조성됐다.

이후 난킨마치는 1920년대 중반 '전 세계의 진품(珍品)이 모인 곳'이라 해서 급격히 번창했지만, 태평양전쟁 막바지인 1945년의 공습으로 큰 피해를 입어 쇠락의 길을 걷게 된다. **4~7** 지금의 모습으로 재정비된 것은 1981년이며, 현재 동서 160m, 남북 100m의 공간을 차지하고 있다.

난킨마치로 들어갈 때는 정문에 해당하는 장안문 長安門으로 들어가자. 문을 넘어서는 순간 여기가 일본인가 중국인가 하는 착각에 빠지게 된다. 시끌벅적한 분위기와 즐비한 중국식 상점, 그리고 진하게 풍겨오는 향신료 냄새가 100% 중국의 거리를 재현하고 있기 때문! 만두·국수·튀김 등의 먹거리를 파는 음식점이 골목마다 가득해 식도락과 군것질의 파라다이스로도 유명하다.

#must see

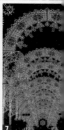

구 거류지
旧居留地

♦ 10:00~20:00(숍마다 다름)
♦ 한신 모토마치 元町 역(HS33)의 동쪽 개찰구 東改札口. JR 모토마치 元町 역(JR-A62)의 동쪽 출구 東口에서 도보 5분. 또는 시티루프 큐쿄류치 旧居留地 정류장 하차.

1 서양식 석조건물이 즐비한 옛 외국인 거류지. 고베로 들어온 서구열강이 경쟁적으로 치외법권지대를 확보하던 1868 ~1899에 형성된 지역이다.
3~5 그들이 빠져나간 뒤 1980년대까지는 쇠락한 오피스타운의 이미지가 강했으나, 1988년부터 루이뷔통·프라다 등 명품 숍이 들어서 지금은 일본 굴지의 럭셔리 쇼핑·패션 타운으로 거듭났다. 해가 지면 주요 건물에 조명이 들어와 이국적인 야경을 감상할 수 있다.

2 주목할 건물은 1880년에 지어진 구 거류지 15번관 旧居留地十五番館이다. 이 일대에서 가장 오랜 역사를 자랑하는데, 원래 미국 영사관으로 지어졌다가 1890년대부터 상관(商館)으로 이용됐다. 구 거류지에 유일하게 남은 상관 건물이라 1989년 중요 문화재로 지정됐다.

빛의 축제, 고베 루미나리에

6 7 고베 루미나리에 神戸ルミナリエ는 12월 초에 구 거류지를 화려하게 물들이는 빛의 축제다. 한신 대지진(p.256)의 희생자를 추모하는 의미로 1995년 시작됐으며, 지금은 고베를 대표하는 축제로 자리를 잡았다. 루미나리에는 고베 시립 박물관 근처에서 시작해 고베 시청 인근의 히가시 유원지 東遊園地까지 400여m의 거리에서 펼쳐진다. 20만 개의 전구로 아름다운 문양을 수놓은 빛의 터널이 이어지며, 이를 보기 위해 찾아드는 관광객은 연간 350만 명에 이른다. 축제 일정은 홈페이지를 참조하자.

#must see

▌메리켄 파크
メリケンパーク

◆ 한신 모토마치 元町 역(HS33)의 동쪽 개찰구 東改札口, JR 모토마치 元町 역(JR-A62)의 동쪽 출구 東口에서 도보 19분. 또는 시티루프 나카돗테 中突堤 정류장 하차.
고베 포트 타워
◆ 09:00~21:00, 12~2월 09:00~19:00 ◆ 700엔

1~6 고베 시의 21세기 도시 계획인 '포트 르네상스 프로젝트'로 조성된 해안 매립지. 오픈 당시인 1987년에는 허허벌판에 불과했으나 지금은 산뜻한 공원으로 탈바꿈했다. 공원은 휴식을 즐기는 시민과 잔디에 누워 시간을 보내는 연인들로 그득하다.

1 2 5 잔디밭 곳곳엔 항구 도시 고베를 상징하는 여러 조형물이 놓여 있는데, 그 중 BE KOBE가 인증샷 배경으로 특히 인기가 높다. 바로 앞에는 멋진 전망의 스타벅스 메리켄 파크 점이 있다는 사실도 잊지 말자. 주말이나 공휴일에는 콘서트·벼룩시장 등의 이벤트가 열리기도 하며, 바닷가 쪽으로는 1981년에 만든 인공 섬 포트 아일랜드가 보인다.

#고베 포트 타워
神戸ポートタワー

4 6 붉은 파이프로 둘러싸인 거대한 횃불 모양의 탑. 높이 108m이며 주위에 이보다 높은 건물이 하나도 없어 360도의 탁 트인 전망을 자랑한다.

타워 상층부의 전망대에서는 고베 항은 물론 오사카·칸사이 국제공항까지도 한눈에 들어오며, 아름다운 야경도 감상할 수 있다.

천장에 반짝이는 별 모양으로 광섬유를 설치한 최상층 전망대에서는 계절마다 변화하는 밤하늘의 별자리도 보여준다.

※고베 포트 타워 리뉴얼 공사중. 2014년 3월 재개관 예정.

#must see

YOHEY

고베 항 지진 메모리얼 파크
神戸港震災メモリアルパーク

♦ 한신 모토마치 元町 역(HS33)의 동쪽 개찰구 東改札口, JR 모토마치 元町 역(JR-A62)의 동쪽 출구 東口에서 도보 19분. 또는 시티루프 나카돗테 中突堤 정류장 도보 6분.

1~**3** 한신 대지진의 위력을 생생히 보여주는 현장. 지진 발생 직후의 광경 그대로 기우뚱하게 기운 가로등과 처참히 파괴된 부둣가에서 과거의 참상을 고스란히 돌이켜볼 수 있다. 한신 대지진의 공식 명칭은 한신·아와지 대지진 阪神·淡路 大震災이다. 1995년 1월 17일 오전 5시 46분 지하 16km 지점에서 발생한 진도 7.3의 강진이며, 가옥 파괴 50만 채, 사망자 6,433명, 부상자 4만 4,000명이란 끔찍한 기록을 낳았다. 사상자 가운데는 고베에 거주하던 5000여 명의 재일교포도 포함돼 있다.

이토록 피해가 컸던 까닭은 진앙지 주변에 노후 주택과 건물이 많았고, 모두 잠든 새벽에 지진이 발생했기 때문이다. 지진 피해액은 10조 엔을 헤아렸으며 예전의 모습으로 복구하는 데만 2년 이상의 시간이 걸렸다.

피시 댄스
フィッシュ・ダンス

♦ 한신 모토마치 元町 역(HS33)· JR 모토마치 역(JR-A62) 도보 17분.

4 5 고베 개항 120주년을 기념하는 오브제(1987년). 힘차게 용틀임하는 잉어를 형상화했으며, 세계적 건축가 프랭크 오웬 게리와 안도 타다오의 협업으로 제작됐다. 오브제의 녹을 감추려고 고베 시에서 핑크색 페인트를 칠했다가 '작품에 대한 모독'이란 프랭크 오웬 게리의 격한 항의를 받아 원래대로 복원시켰다는 에피소드도 전해온다.

#must see

▌고베 하버 랜드
神戸ハーバーランド

◆ JR 고베 神戸 역(JR-A63) 중앙 출구 中央口에서 도보 3분. 또는 한큐·한신 전철 코소쿠고베 高速神戸 역(HS35) 동쪽 출구 東出口에서 도보 10분. 또는 시티루프 하바란도 모자이쿠마에 ハーバーランド(モザイク前) 정류장 하차.

1 3 고베 역 남쪽의 매립지를 개발해 만든 신흥 부도심. 호텔·백화점·대형 쇼핑센터가 밀집한 번화가이며, 모자이크 쇼핑센터를 중심으로 여러 볼거리가 모여 있다.

#모자이크 MOSAIC
2 활기찬 분위기가 매력인 대형 쇼핑센터. 의류·잡화·캐릭터 굿즈 숍과 90여 개의 식당이 모여 있다(p.260). 최대의 볼거리는 2·3층의 야외 테라스다. 지대가 높아 고베 항의 풍경을 맘껏 감상할 수 있으며, 로맨틱한 야경을 즐기기에도 좋다.

#모자이크 대관람차 モザイク 大観覧車(10:00~22:00, 800엔)
6 세계 최초로 조명 설비를 갖춘 대관람차(1995년). 해가 지면 색색의 조명이 들어와 멋진 야경을 뽐낸다.
바로 옆에는 '호빵맨'이란 이름

으로 친숙한 안팡맨 뮤지엄 神戸アンパンマンこどもミュージアム(2,000~2,500엔)이 있으며, 어린이 눈높이에 맞춘 놀이시설과 숍이 가득하다.

#하버 워크 ハーバーウォーク
4 길이 300m의 해변 산책로. 붉은 벽돌로 만든 창고와 도개교(跳開橋)가 개항 무렵 고베 항의 모습을 보여준다. 1,700개의 전구로 장식된 도개교는 낮보다 밤의 모습이 훨씬 아름답다.
5 모자이크 대관람차 근처에는 고베에 현존하는 가장 오래된 등대인 고베 항 구 신호소 神戸港旧信号所(1921년)가 있다.

#must eat

▌토리소바 자긴
鶏Soba 座銀

◆ 950엔~ ◆ 10:30~21:30 ◆ 한신 모토마치 元町 역(HS33)·JR 모토마치 역(JR−A62)에서 도보 3분.

#라면을 요리의 경지로 한 단계 끌어올린 고급진 맛과 분위기의 라면집.
#토리 소바 鶏 Soba 950엔 포타주 스타일의 닭 육수 국물은 담백하면서도 진한 맛이 일품이며, 고운 거품이 부드러운 식감을 한층 더한다. 라면 위에 저민 차슈 두 장과 얇게 썬 우엉 튀김을 먹기 좋게 얹어낸다. 차슈는 잡내 없는 부드러운 육질, 우엉은 바삭하면서도 고소한 맛이 국물과 잘 어울린다.

▌요쇼쿠노아사히
洋食の朝日

◆ 1,100엔~ ◆ 11:00~15:00
◆ 휴업 토·일요일 ◆ 한신 전철 니시모토마치 西元町 역(HS34) 서쪽 출구 西出口에서 도보 4분.

#Since 1959 현지인이 즐겨 찾는 맛집. 항상 긴 줄이 늘어서 있어 멀리서도 금방 눈에 띈다. 아무리 일찍 가도 30분~1시간 대기는 기본! 더구나 점심 영업만 해 서둘러 가야 한다.
#비프 커틀릿 ビフカツ(비후카츠) 1,700엔, 소고기 안심을 미디엄 레어로 튀겨준다. 입에서 살살 녹는 부드러운 육질이 끝내주며, 소스 또는 겨자에 찍어 먹으면 더욱 맛있다.

▌스타벅스 메리켄 파크 점
スターバックスメリケンパーク店

◆ 390엔~ ◆ 07:30~22:00
◆ 한신 모토마치 元町 역(HS33)·JR 모토마치 역(JR−A62)에서 도보 22분. 또는 시티 루프 나카돗테 中突堤 정류장에서 도보 3분.

#항구에서 즐기는 커피 크루즈가 콘셉트인 스타벅스 매장. 메리켄 파크의 푸른 잔디와 어우러진 풍경이 멋스럽다. 1층에는 따사로운 햇살과 함께 항구의 전망을 즐길 수 있는 야외 테라스, 2층에는 메리켄 파크가 훤히 내려다보이는 전망 테라스를 설치해 유람선에 올라탄 채 고베 항을 유람하는 듯한 기분을 만끽할 수 있다.

#must eat

앙버터

코루네

크로켓

항아리 푸딩

팡야키도코로 리키
パンやきどころ RIKI

♦ 250엔~ ♦ 08:00~16:00
♦ 휴업 화·수요일 ♦ 한신 모토마치
元町 역(HS33)·JR 모토마치 역
(JR-A62)에서 도보 3분.

#놓치면 후회할 인기 절정의 베
이커리. 두세 평 남짓한 조그만
매장에서 80여 종의 갓 구운 빵
을 판매한다.
#앙버터 あんバター 300엔
겉은 바삭하고 속은 쫄깃한 빵
에 수제 팥 페이스트와 버터를
듬뿍 넣었다. 빵에 알알이 박힌
호두가 고소함을 더한다.
#코루네 コルネ 300엔
바삭한 패스트리에 달콤한 커
스터드 크림과 생크림이 듬뿍.

모리야
森谷

♦ 100엔~ ♦ 10:30~19:30,
토·일·공휴일 10:00~19:30 ♦ 한신
모토마치 元町 역(HS33)·JR 모토
마치 역(JR-A62)에서 도보 2분.

#Since 1864 고급 고베 소고
기 크로켓을 선보이는 정육점.
고베 일대에서 가장 맛있는 크
로켓을 파는 곳으로도 정평이
나있다. 가격이 저렴해 가벼운
군것질거리 삼아 먹기에도 좋
은데, 갓 튀겨내 따끈따끈할 때
먹으면 정말 맛있다! 가게 앞에
항상 긴 줄이 늘어서 있어 금방
눈에 띈다.
#크로켓 コロッケ 100엔
#민치 카츠 ミンチカツ 150엔

고베 프란츠
神戸フランツ Frantz

♦ 398엔~ ♦ 10:00~20:00
♦ JR 고베 神戸 역(JR-A63)에서
도보 10분. 또는 한큐·한신 전철
코소쿠고베 高速神戸 역(HS35)에
서 도보 15분. 모자이크 MOSAIC
쇼핑센터 2층에 있다.

#고베 기념품으로 인기가 높은
디저트 숍. 푸딩과 딸기 초콜릿
으로 명성이 자자하다.
#항아리 푸딩 神戸魔法の壷
プリン 398엔, 앙증맞은 단지
안에 고소한 생크림·달콤한 커
스터드 크림·쌉싸름한 캐러멜
소스가 3단으로 담겨 있다.
#딸기 트뤼프 神戸苺トリュフ
1,080엔, 동결건조 딸기초콜릿.

#must buy

모자이크
MOSAIC

◆ 10:00~20:00 ◆ JR 고베 神戸 역 (JR-A63) 중앙 출구 中央口에서 도보 10분. 또는 한큐·한신 전철 코소쿠고베 高速神戸 역(HS35) 동쪽 출구 東出口에서 도보 15분. 또는 시티루프 하바란도모자이쿠마에 ハーバーランド(モザイク前) 정류장 하차.

#고베 하버 랜드를 대표하는 쇼핑센터. 3개 층에 걸쳐 90여 개의 숍과 레스토랑이 입점해 있다. 메인 아이템은 여성 취향의 영 캐주얼 패션이며 깜찍한 캐릭터 굿즈를 파는 숍도 눈길을 끈다. 유럽의 거리를 테마로 아기자기하게 꾸민 1·3층에는 다양한 먹거리를 취급하는 식당가가 형성돼 있다.

#writer's pick 주목할 숍은 먹거리부터 기념품까지 다양한 고베 한정판 상품을 취급하는 고베 브랜드 Kobe Brand, 토토로·키키·붉은돼지 등 지브리 애니의 캐릭터 굿즈 전문점 동구리 공화국 どんぐり共和国, 헬로 키티를 비롯한 산리오의 오리지널 아이템을 취급하는 산리오 기프트 게이트 Sanrio Gift Gate, 스누피 캐릭터 굿즈 전문점 스누피 타운 숍 Snoopy Town Shop, 고베 한정판 리락쿠마 인형을 비롯해 온갖 장난감과 캐릭터 굿즈를 파는 어린이와 키덜트의 천국 키디 랜드 Kiddy Land(2층)다.

우미에
umie

◆ 10:00~20:00 ◆ JR 고베 神戸 역 (JR-A63)에서 도보 10분. 또는 한큐·한신 전철 코소쿠고베 高速神戸 역(HS35)에서 도보 15분.

#베이 에어리어 최대의 쇼핑센터. 노스 몰 North Mall과 사우스 몰 South Mall로 나뉘어 있으며, 중저가 브랜드의 패션·인테리어·아웃도어 상품을 취급한다. 눈에 띄는 숍은 아이디어 잡화를 파는 3 Coins Plus(2층), 아기자기한 잡화·소품이 풍부한 프랑프랑 Francfranc(2층), 아웃도어·스포츠용품 전문장 The Super Sports Xebio·L-Breath(3층) 등이다.

#info plus

01 고베 시립 박물관
神戸市立博物館

♦ 09:30~17:30 ♦ 휴관 월요일·
연말연시 ♦ 300엔 ♦ 한신 모토마치
元町 역(HS33)·JR 모토마치 元町
역(JR-A62)에서 도보 12분.

고베의 역사를 소개하는 박물
관. 무료 개방된 고베의 역사 전
시실(1층)에서는 항구를 통해
발전해온 고베의 과거를 살펴
볼 수 있다. 박물관 입구에는 로
댕의 작품 〈칼레의 시민〉 중 일
부인 장 드 피엥느의 동상(1836
년)이 세워져 있다.

02 고베 해양 박물관
神戸海洋博物館

♦ 10:00~18:00 ♦ 휴관 월요일,
12/29~1/3 ♦ 900엔 ♦ 한신 모토마
치 元町 역(HS33)·JR 모토마치
元町 역(JR-A62)에서 도보 16분.

범선의 돛과 파도를 상징하는
높이 45m의 백색 건물. 1층에
는 선박과 고베 항의 변천사를
소개하는 자료, 2층에는 항구도
시 고베의 역사를 담은 자료가
전시되어 있으며, 카와사키의 오
토바이·선박·고속전철을 소개
하는 카와사키 월드도 있다.

03 유람선
遊覧船

♦ 10:15~16:45 ♦ 1,500엔~
♦ 한신 모토마치 元町 역(HS33)·
JR 모토마치 元町 역(JR-A62)에서
도보 18분.

40~60분 동안 고베 항을 돌아
보는 유람선. 카모메리아 나카
돗테쵸 터미널 かもめりあ
中突堤中央ターミナル에서
다양한 코스가 출항한다. 코스·
소요시간·요금은 선사마다 다
르니 선착장에 표시된 요금과
스케줄을 확인하고 이용하자.

01 그릴 잇페이 모토마치텐
グリル一平元町店

♦ 1,000엔~ ♦ 11:00~15:00,
17:00~20:30 ♦ 휴업 목·금요일
♦ 한신 모토마치 元町 역(HS33)·
JR 모토마치 元町 역(JR-A62)에서
도보 3분.

#Since 1952 현지인이 즐겨 찾
는 경양식집. 푸짐한 양과 소박
한 맛이 인기의 비결이다.
#오므라이스 オムライス
보통 1,000엔, 곱빼기 1,300엔
#햄버그스테이크 ハンバーグ
ステーキ 1,900엔(밥·샐러드
포함)

02 혼다카사고야
本高砂屋

♦ 184엔~ ♦ 10:00~19:00
♦ 휴업 매월 첫째·셋째 수요일
♦ 한신 모토마치 元町 역(HS33)·
JR 모토마치 元町 역(JR-A62) 도보
2분.

#Since 1877 유서 깊은 역사를
자랑하는 전통 과자점. 달콤한
팥소를 넣은 각종 화과자와 바
삭하면서도 깔끔한 단맛의 양과
자가 인기다.
#킨츠바 きんつば 184엔
#도라야키 金銅鑼 216엔
#에코르세 エコルセ 432엔

03 피셔맨즈 마켓
Fisherman's Market

♦ 2,198엔~ ♦ 11:00~15:00,
16:00~22:00 ♦ JR 고베 神戸 역
(JR-A63)에서 도보 10분. 또는
한큐·한신 전철 코스쿠고베 高速神
戸 역(HS35)에서 도보 15분. 모자이
크 MOSAIC 쇼핑센터 2층에 있다.

#90여 가지 메뉴를 선보이는 해
산물 뷔페. 창밖으로 고베 항이
훤히 내다보인다. 야경과 함께
맛난 식사도 즐길 수 있다.
#런치 2,198~2,748엔
#디너 3,188~3,298엔

info plus

4 에그스 앤 씽즈
Eggs'n Things

◆ 858엔~ ◆ 09:00~22:00
◆ JR 고베 神戸 역(JR-A63)에서 도보 10분. 또는 한큐 · 한신 전철 코소쿠고베 高速神戸 역(HS35)에서 도보 15분. 모자이크 MOSAIC 쇼핑센터 2층에 있다.

#하와이의 인기 브랙퍼스트 전문점 에그스 앤 씽즈의 분점. 'All Day Breakfast'를 표방하는 곳답게 언제나 다양한 조식을 맛볼 수 있다. 날씨가 좋을 때는 노천 테이블도 이용 가능!

5 블루 보틀 커피
Blue Bottle Coffee

◆ 577엔~ ◆ 08:00~19:00 ◆ 한신 모토마치 元町 역(HS33) · JR 모토마치 元町 역(JR-A62) 도보 10분.

#커피계의 애플로 통하는 커피숍. 모던한 인테리어와 조용한 분위기가 매력이다. '사람 냄새 나는 커피'를 모토로 바리스타가 정성껏 내려주는 양질의 커피를 맛볼 수 있다. 최상의 맛을 내도록 로스팅한지 48시간 이내의 원두만 사용한다.
#블렌드 Blend 594엔~

6 롯코 목장 카페
六甲牧場カフェ

◆ 500엔~ ◆ 10:00~22:00
◆ JR 고베 神戸 역(JR-A63)에서 도보 10분. 또는 한큐 · 한신 전철 코소쿠고베 高速神戸 역(HS35)에서 도보 15분. 모자이크 MOSAIC 쇼핑몰 1층에 있다.

#아이스크림 맛집. 신선한 고베산 우유만 사용해 만든다. 후덥지근한 여름 더위를 해소하기에 더할 나위 없이 좋다.
#스페셜 밀크 スペシャルミルク 500엔, 생우유 아이스크림.

1 다이마루
大丸

◆ 10:00~19:00 ◆ 휴업 부정기적
◆ 한신 모토마치 元町 역(HS33) · JR 모토마치 元町 역(JR-A62) 도보 4분.

#명품에서 캐주얼까지 다양한 상품을 취급하는 대형 백화점. 아이템이 풍부해 효율적인 쇼핑을 즐기기에 안성맞춤이다. 매장이 10개 층으로 나뉘어 있으니 플로어 가이드를 참고로 돌아보자. 지하 1층의 식료품 매장에는 100여 개의 유명 케이크 · 화과자 숍이 모여 있다.

2 구 거류지 38번관
旧居留地 38番館

◆ 10:00~19:00 ◆ 휴업 부정기적
◆ 한신 모토마치 元町 역(HS33) · JR 모토마치 元町 역(JR-A62) 도보 7분.

#1929년에 지어진 유럽풍 석조건물을 리모델링한 백화점. 매장이 딱 두 개뿐인데 1층에는 우아한 디자인으로 인기가 높은 명품 브랜드 에르메스 Hermès, 2층에는 전위적인 디자인의 의류 · 패션 소품을 취급하는 꼼데 가르송 Comme des Garçons이 입점해 있다.

3 코난
コーナン

◆ 09:30~21:00, 일 · 공휴일 09:00~21:00
◆ JR 고베 神戸 역(JR-A63)에서 도보 10분. 또는 한큐 · 한신 전철 코소쿠고베 高速神戸 역(HS35)에서 도보 15분.

#가정용품 전문 할인 매장. 1층은 드러그 스토어 및 욕실 · 주방용품 코너이며, 안쪽에는 애완동물 용품과 사료를 취급하는 Pet Plaza 매장이 있다. 2층의 DIY 코너에는 공구 · 조명 · 자동차 용품이 충실히 구비돼 있다.

travel plus

Go! 철인 28호

고베에서 6km 떨어진 신나가타 新長田는 도시 곳곳을 고베 출신 만화가 요코야마 미츠테루의 작품으로 장식한 재미난 곳이다. 여기서는 그가 그린 <철인 28호>와 <삼국지>의 주인공을 만날 수 있다.

지하철 14분

01 철인 28호 모뉴먼트
鉄人28号モニュメント

◆ 지하철 세이신·야마테 선 西神·山手線의 신나가타 역(S09) 또는 카이간 선 海岸線의 신나가타 역(K10) 1번 출구에서 도보 2분.

1 철인 28호의 실물 크기 모형. 크기 18m, 중량 50톤이란 초거대 사이즈를 자랑하며, 하늘을 향해 오른팔을 곧게 뻗은 늠름한 자태가 이목을 집중시킨다. 고베를 빛낸 요코야마 미츠테루의 업적을 기리는 것과 동시에 철인처럼 한신 대지진의 피해

를 극복하자는 굳은 결의를 담았다. 12시 이후로는 역광이 드니 사진을 찍으려면 아침 일찍 가는 것이 좋다. **2 3 4** 지하철역에서 모뉴먼트 앞까지 이어진 길에는 철인 28호 머리 모양의 가로등도 설치돼 있다.

02 김남일 손도장
金南一の手形

5 철인 28호 모뉴먼트에서 500m 떨어진 상점가에 축구 선수 김남일의 손도장이 있다. 2007~2009년 J-리그 비셀 고베의 미드필더로 활약한 것을 기념해 제작됐다

03 삼국지 석상
三国志石像

6~8 김남일 손도장에서 50m쯤 더 가면 유비·관우·제갈량 등 만화 <삼국지>의 등장인물 석상과 조형물 10여 개가 설치된 롯겐미치 상점가 六間道商店街가 이어진다. 석상이 상점가 곳곳에 흩어져 있어 은근히 찾기 힘드니 철인 28호 모뉴먼트 앞 인포메이션 부스에 비치된 상점가 안내도 또는 홈페이지의 지도를 참고로 돌아보는 것이 좋다. 상점가 일주에는 1시간 정도가 걸린다.

travel plus

2

4

3 5

고베 제일의 야경 포인트, 마야산

고베에서 북동쪽으로 4㎞ 정도 떨어진 마야산은 칸사이에서 가장 높은 곳에 위치한 전망대. 해가 지면 반짝이는 빛의 물결이 해안선을 따라 오사카까지 이어지는 장관이 펼쳐진다.

버스·
케이블카
40분

01 마야 산 키쿠세이다이 전망대
摩耶山 掬星台

1~4 해발 690m에 위치한 칸사이 최고(最高)의 전망대. 시야를 방해하는 장애물이 하나도 없어 고베에서 오사카까지 주변 풍경이 한눈에 들어온다. 해가 지면 보석처럼 반짝이는 빛의 물결이 끝없이 이어지는 황홀한 야경도 볼 수 있다.
로프웨이 정류장에서 전망대까지는 마야 키라키라코미치 摩耶きらきら小径란 40m 길이의 보행로가 이어진다. 길 위에 형광도료를 입혀 어둠이 깔리면 은하수처럼 푸르게 빛

나는 아름다운 광경을 연출한다. 아쉽게도 7/20~8/31을 제외한 평일에는 케이블카·로프웨이가 일찍 끊겨 야경을 볼 수 없다. 평지보다 기온이 낮아 가을~봄에는 따뜻한 옷이 필수란 사실도 잊지 말자.

ACCESS

5 JR 산노미야 三ノ宮 역(JR–A61) 앞의 버스 터미널 3번 정류장에서 18번 버스를 타고 마야케부루시타 摩耶ケーブル下 정류장 하차 (20~25분, 210엔, 칸사이 스루 패스 사용 가능). 케이블카로 갈아타고

니지노에키 虹の駅 정류장으로 간 다음(5분), 다시 로프웨이로 갈아타고 정상의 호시노에키 星の駅 정류장에서 내린다(5분).
케이블카·로프웨이
◆ 평일 10:00~17:40
　금~일·공휴일 10:00~21:00
　7/20~8/31 10:00~21:00
　11/1~3/19 평일 10:00~17:40
　금~일·공휴일 10:00~20:00
　※20분 간격 운행
◆ 운휴 화요일(7/20~8/31 무휴)
◆ 왕복 1,560엔(칸사이 스루 패스 할인 가능)

travel plus

또 하나의 야경 포인트, 롯코산

고베에서 북동쪽으로 8km 떨어진 롯코 산도 야경 포인트로 인기가 높다.
마야 산보다 전망이 살짝 떨어지지만 케이블카를 밤늦게까지 운행해
언제든 편히 갈 수 있는 것이 장점이다.

사철·버스·
케이블카
30분

01 롯코 산 전망대
六甲山 天覽台

1~**5** 롯코 산 중턱에 위치한 전망대. 높이는 480m이며 마야 산과 비슷한 전망과 야경을 감상할 수 있다. 단, 마야 산에 비해 지대가 낮고 오사카 방면으로 야트막한 산이 걸쳐 있어 탁 트인 전망을 즐기기 힘든 점이 아쉽다. 하지만 케이블카 운행 시간이 길어 언제든 편히 이용할 수 있는 것이 장점이다. 평지보다 기온이 낮아 가을~봄에는 따뜻한 옷을 챙겨 가는 것이 좋다.
1 전망대의 절반은 텐란 카페

Tenran Cafe가 차지하고 있다. 샌드위치·파스타 등의 가벼운 식사 메뉴와 음료를 취급하며, 노천 테이블에 앉아 근사한 야경도 감상할 수 있다.

ACCESS

한큐 롯코 六甲 역(HK13) 또는 JR 롯코미치 六甲道 역(JR–A58), 한신 미카게 御影 역(HS25)에서 16번 버스를 타고 종점인 롯코케부루시타 六甲ケーブル下 정류장 하차(210엔, 칸사이 스루 패스 사용 가능). **4** 그리고 케이블카로 갈아탄 다음 종점에서 내린다(10분).

16번 버스는 한신 미카게 역→JR 롯코미치 역→한큐 롯코 역→롯코케부루시타의 순으로 정차한다. 한신 미카게 역에서 한큐 롯코 역까지는 버스로 10~15분 걸리므로 고베·오사카에서 갈 때는 한큐 롯코 역으로 가서 16번 버스로 갈아타는 것이 빠르고 편하다. 한큐 롯코 역에서 롯코케부루시타까지는 버스로 10~15분 걸린다.

케이블카
◆ 07:10~21:10(20~30분 간격)
◆ 왕복 1,100엔(칸사이 스루 패스 할인 가능)

travel plus

열혈 야구 팬 꿈의 구장, 코시엔

코시엔 甲子園은 칸사이를 대표하는 프로 팀 한신 타이거즈의
홈구장이자 고교 야구의 성지로 추앙받는 곳이다. 시합이 열리는
날이면 도시 전체가 후끈 달아오르는 흥겨운 광경이 연출된다.

사철
18분

01 한신코시엔 야구장
阪神甲子園球場

◆ 1,500~5,000엔(좌석마다 다름)
◆ 한신 코시엔 역(HS14) 동쪽 출구
東出口에서 도보 3분.
코시엔 역사관
◆ 10:00~18:00, 11~2월 10:00~
17:00 ◆ 휴관 월요일 ◆ 900엔

1~**5** 1924년 완공된 일본 최초
이자 최대의 다목적 야구장. 고교 야
구의 성지로 통하며, 한신 타이거즈
의 시합이 열리는 날이면 유니폼 차
림의 팬들이 모여 대성황을 이룬다.

17번 게이트 앞에는 고교 야구의 역
사를 기념하는 야구 탑 野球塔, 5번
게이트 쪽에는 한신 타이거즈의 역
대 감독과 스타 플레이어의 사진이
걸린 기념비, 야구장 옆에는 이곳의
역사를 소개하는 코시엔 역사관이
있다.

02 한신 타이거즈 기념품 숍
阪神タイガースグッズショップ

2 야구장 5번 게이트 쪽에 있는 한
신 타이거즈의 기념품 숍. 다양한 응
원 도구와 인기 선수의 등번호를 새
긴 유니폼·모자를 판매한다.

03 라라포트 코시엔
ららぽーと甲子園

◆ 10:00~20:00, 토·일·공휴일
10:00~21:00 ◆ 한신 코시엔 역
(HS14) 동쪽 출구에서 도보 7분.

6 200여 개의 숍이 입점한 대형 쇼
핑센터. 최신 유행의 패션·액세서
리·생활잡화를 취급해 만족스런 쇼
핑을 즐길 수 있다. 규모가 은근히
커 입구에서 자세한 플로어 가이드
를 받아 돌아보는 것이 편하다. 합리
적인 가격의 식당도 많아 가볍게 식
사를 즐기기에도 좋다.

#4

ARIMA ONSEN

아리마온센 퀵 가이드
고베 → 아리마온센

아리마온센

아리마온센
퀵 가이드

☑ **여행 포인트**

산골마을 특유의 레트로한
풍경 속에서 온천 여행의
묘미를 만끽한다.

☑ **여행 기간**

손바닥 만하다 해도 과언이
아닐 만큼 작아 반나절이면
충분히 돌아볼 수 있다.

☑ **베스트 시즌**

관광객이 몰리는 주말·공휴일만
피하면 언제든 느긋하게 여행과
온천을 즐길 수 있다.

#must know

아리마온센은 어떤 곳?

마을 곳곳에서 증기가 뿜어 오르는 아리마온센

롯코 산 중턱의 아리마온센은 화산 활동의 부산물인 풍부한 수량의 온천으로 유명한 마을이다. 전설로는 대지의 신 오나무치노 미코토 大己貴命와 스쿠나히코나노 미코토 小彦名命, 두 신이 나라를 세울 땅을 찾아 일본을 떠돌던 중 하얀 수증기가 피어오르는 모습을 발견하고 이곳에 온천마을을 만들었다고 한다.

역사상으로는 고승 교키쇼닌 行基上人이 이곳에 온센지 温泉寺(724년)라는 절을 세우고 온천수로 병을 치료하면서 본격적인 온천 마을로 발전했다고 전해온다. 때문에 유명 온천인 도고 道後, 시라하마 白浜와 함께 일본에서 가장 오래된 3대 온천 가운데 하나로 꼽기도 한다.

최대의 번영을 구가한 시기는 토요토미 히데요시 豊臣秀吉(1537~1598)가 집권한 16세기다. 히데요시는 온천 휴양 목적으로 아리마온센을 즐겨 찾았는데, 이를 위해 원천수를 유지·보수하는 공사를 자주 벌였으며 자신을 위한 전용 온천을 짓기도 했다.

이를 계기로 17세기 무렵에는 일본 유수의 온천지로 각광받으며 수많은 사람이 찾게 됐고, 엄청난 수의 온천 여관이 생길 만큼 급성장했다. 이런 과거를 뒷받침하듯 손바닥 만한 마을에는 지금도 100여 개의 온천 호텔·여관이 성업 중이며, 주말·공휴일에는 온천을 즐기고자 일본 전역에서 몰려드는 이들로 인산인해를 이루는 광경을 어렵지 않게 볼 수 있다.

볼거리

마을 전체가 부글부글 끓는다 해도 과언이 아닐 만큼 곳곳에서 하얀 수증기와 함께 원천수가 솟아오른다. 미로처럼 얽힌 좁은 골목 곳곳에는 자유로이 개방된 원천수 탑이 있어 이를 구경하는 재미가 쏠쏠하다.

거리에는 20세기 초의 레트로한 풍경이 고스란히 남아 있어 과거로의 시간 여행을 즐기는 재미도 만끽할 수 있다.

먹거리

아리마온센의 3대 군것질거리인 크로켓·탄산센베·아리마 사이다를 제외하면 이렇다 할 먹거리가 없다. 마을이 작아 식당 수도 많지 않은데 메인 도로인 유모토자카에 모여 있는 식당이 전부라 해도 좋을 정도다.

반나절이면 충분히 돌아볼 수 있는 마을이니 식사는 고베에서 해결하는 것이 좋다. 온천 여관·호텔을 이용할 때는 그곳에서 제공되는 식사를 사먹는 것도 방법이다.

쇼핑

지역 특산품으로 꼽는 약간의 기념품을 제외하면 특별한 쇼핑 아이템이 없다. 숍도 아리마온센 역과 유모토자카에 모여 있는 것이 전부라 그저 가볍게 구경하는 정도로 만족하는 것이 좋다.

온천

아리마온센에서는 킨센 金泉과 긴센 銀泉, 두 종류의 온천수가 샘솟는다. 적갈색의 킨센은 철분·염분을 함유해 수족냉증·부인병·피부 미용, 무색투명한 긴센은 탄산을 함유해 류머티스·신경통·피부병·근육통·피로회복에 효험이 있다.

대부분의 온천은 킨센과 긴센 가운데 하나를 사용하니 이용하고자 하는 온천의 온천수 종류를 확인하고 가자. 저렴하게 온천을 즐기려면 우리나라의 대중탕과 비슷한 킨노유 온천·긴노유 온천, 분위기를 즐기려면 온천 여관의 노천온천을 이용하면 된다(p.277).

수건을 가져가자

저렴한 온천에서는 수건이 제공되지 않는다. 온천 이용료와 별도로 수건 대여료 200~500엔을 받으니 짐이 되지 않는다면 미리 수건을 챙겨가는 것이 좋다.

레트로한 분위기가 매력인 아리마온센의 거리

#must know

고베에서
아리마온센으로

☑ 아리마온센은 고베에서 북쪽으로 13㎞ 떨어진 첩첩 산중에 있다.

☑ 고베의 산노미야 역에서 지하철로 가는 것이 가장 빠 르고 편하다.

☑ 직행 버스도 있지만 운행 편수가 적고 일찍 끊겨 이용 하기 불편하다.

지하철 地下鉄

고베 시내와 아리마온센을 연결하는 가장 빠른 교 통편이다. 아리마온센까지 직행편이 없어 도중에 열차를 두 번 갈아타야 하지만, 고베 시내 특히 산 노미야 三宮에서 갈 때 이보다 빠르고 편한 방법 은 없다.

지하철 산노미야 역→아리마온센 역

30~35분 690엔(칸사이 스루 패스 사용 가능)

지하철 이용하기

한큐·한신 고베산노미야 역 인근의 지하철 산노

아리마온센 행 보통열차

미야 三宮 역(S03)에서 출발한다. 우선 1번 플랫 폼에서 타니가미 谷上 행 열차를 타고 종점인 타 니가미 谷上 역(S01·KB10)에서 내린다(11분). 그리고 1~3번 플랫폼에서 출발하는 산다 三田 또는 아리마구치 有馬口 행 열차로 갈아타고 아 리마구치 有馬口 역(KB15)으로 간 다음(11분), 2·4번 플랫폼에서 아리마온센 행 보통열차로 갈 아타고 종점인 아리마온센 有馬温泉 역(KB16) 에서 내린다(4분).

열차가 도착하는 아 리마온센 역은 출구 가 하나밖에 없으 며, 출구를 나와 오 른쪽으로 가면 아리 마온센 중심부로 연 결된다.

아리마온센 역

고베 전철 神戸電鉄

열차는 특쾌속 特快 速·급행 急行·준급 準急·보통 普通이 있 으며 요금은 모두 같 다. 속도에 큰 차이가 없으니 어느 것이든 먼저 출발하는 열차를 타면 된다. 주의할 점은 아리마온센까지 직행편이 없 어 도중에 열차를 갈아타야 한다는 것이다.

한큐 고베산노미야 역→아리마온센 역

50~55분 730엔(칸사이 스루 패스 사용 가능)

한신 고베산노미야 역→아리마온센 역

52~57분 730엔(칸사이 스루 패스 사용 가능)

#must know

고베 전철 이용하기

고베 전철의 발착역은 고베 서부에 위치한 신카이치 新開地 역(KB01)이다. 고베 시내에서는 한큐 또는 한신 전철을 타고 신카이치 新開地 역(HS36)으로 가서 갈아탄다. 한큐와 한신 신카이치 역은 플랫폼이 하나로 연결돼 있다. 여기서 '고베 전철 방면 神戸電鉄方面' 표지판을 따라가면 바로 고베 전철의 신카이치 역이 나온다.

고베 전철의 신카이치 역에는 4개의 플랫폼이 있는데, 이 가운데 1·2번 플랫폼에서 출발하는 산다 三田 또는 아리마구치 有馬口 행 열차를 탄다. 그리고 30~35분 뒤 열차가 아리마구치 有馬口 역(KB15)에 도착하면 2·4번 플랫폼에서 아리마온센 有馬温泉 행 보통열차로 갈아탄다. 여기서 한 정거장(4분)만 더 가면 종점인 아리마온센 有馬温泉 역(KB16)이다.

열차가 도착하는 아리마온센 역은 출구가 하나밖에 없으며 출구를 나와 오른쪽으로 가면 아리마온센의 중심부로 이어진다.

고속버스 高速バス

JR 산노미야 역 앞의 버스 터미널에서 1일 8회 출발하는 아리마 익스프레스 有馬エクスプレス를 이용한다.

고속버스는 전철과 달리 중간에 갈아탈 필요가 없으며 시간이 적게 걸리는 것이 장점이다. 단, 전철에 비해 운행 편수가 적고 일찍 끊긴다는 단점이 있으니 주의하자.

버스가 도착하는 곳은 아리마온센 한복판에 위치한 아리마온센 버스 터미널이다.

산노미야 버스 터미널→아리마온센 버스 터미널

운행 08:50~14:40, 30~60분 780엔

오사카 → 아리마온센

경제적으로 이동하려면 한큐·한신 전철의 고베산노미야 역 또는 JR 산노미야 역으로 간 다음, 지하철로 갈아탄다(이용법 p.270 참조).

편히 가려면 직행 고속버스를 이용한다. 키타의 한큐산반가이 阪急三番街 고속버스 터미널에서 아리마온센 직행이 1일 10회 출발한다. 도착하는 곳은 아리마온센 한복판에 위치한 아리마온센 버스 터미널이다. 단, 버스가 일찍 끊기니 주의!

한큐·한신 오사카우메다 역→아리마온센 역

1시간 30분 1,020엔(칸사이 스루 패스 사용 가능)

한큐산반가이 버스 터미널→아리마온센

운행 07:50~13:20, 60분 1,400엔

히메지 → 아리마온센

시간이 걸려도 저렴하게 가려면 신카이치 역으로 가서 고베 전철로 갈아탄다. 총 2회 갈아타며, 환승역은 신카이치 역과 아리마구치 역이다(이용법 p.270 참조).

비용이 조금 들어도 빨리 가려면 JR로 산노미야 역까지 간 다음, 지하철로 갈아탄다. 총 2회 갈아타며 환승역은 산노미야 역과 아리마구치 역이다(이용법 p.270 참조).

산요히메지 역→신카이치 역→아리마온센 역

2시간 1,570엔(칸사이 스루 패스 사용 가능)

JR 히메지 역→산노미야 역→아리마온센 역

1시간 15분 1,680엔

신칸센 이용하기

JR 칸사이 와이드 패스 소지자는 히메지에서 신칸센을 타고 신고베 新神戸 역으로 간다. 그리고 지하철 신고베 新神戸 역(S02)으로 가서 타니가미 谷上 행 열차로 갈아탄다(지하철 이용법 p.270 참조).

JR 히메지 역→JR 신고베 역

신칸센 25분 2,750엔

지하철 신고베 역→아리마온센 역

29~34분 690엔

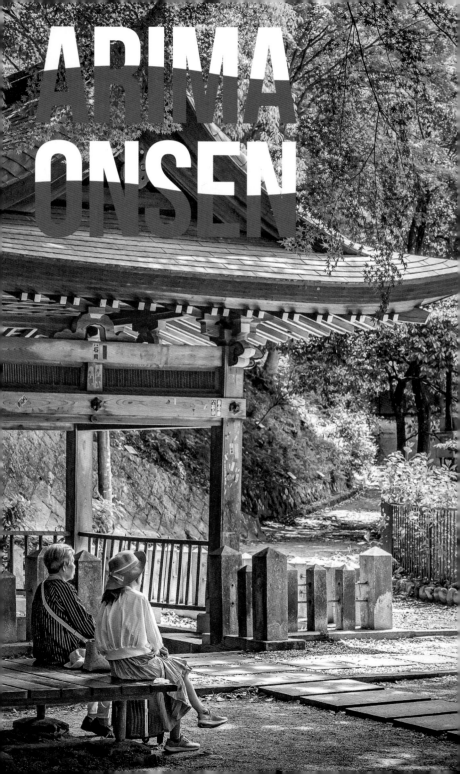

아리마온센
有馬温泉

아리마온센은 칸사이에서 가장 유명한
온천 휴양지다. 마을에는 요란한 굉음과 함께
하얀 수증기를 뿜어내는 원천수 탑이 곳곳에
세워져 있어 이 일대가 오랜 옛날부터 지속적으로
활동하던 화산지대의 일부임을 온몸으로 느끼게
한다. 이렇듯 독특한 자연을 즐기는 것과 동시에
펄펄 끓는 온천에서 느긋하게 피로를 풀며 휴식을
취할 수 있는 것도 아리마온센이 가진 큰 매력이다.

볼거리 ☆☆☆☆☆   먹거리 ☆☆☆☆☆
쇼 핑 ☆☆☆☆☆   온 천 ☆☆☆☆☆

best course 5시간~

ACCESS

사철 유일한 철도 노선은 고베 전철이다. 종점인 아리마
온센 有馬温泉 역(KB16)에서 내리면 되며, 역을 나와 오른
쪽으로 가면 아리마온센의 중심부로 이어진다.

버스 고베·오사카에서 직행 버스가 다닌다. 내리는 곳은
아리마온센 중심부에 위치한 아리마온센 버스 터미널이다.

아리마 강 친수공원
有馬川親水公園

♦ 아리마온센 有馬温泉 역(KB16)에서 도보 1분.

1 아리마 강변에 조성된 고즈넉한 산책로. 강물과 함께 온천수가 흘러 날이 쌀쌀할 때는 김이 모락모락 피어오르는 신비로운 광경을 연출한다.

강변에 벚나무가 많아 봄에는 벚꽃 축제, 여름에는 흥겨운 납량 축제의 무대로도 활용된다. 온천욕을 마친 뒤 상쾌한 바람을 쐬며 느긋하게 산책을 즐기기에도 좋다. 특히 해질녘에 주변 호텔과 여관에 불이 들어오기 시작하면 아련한 기운이 감도는 온천 마을의 정취를 담뿍 맛볼 수 있다.

2 아리마온센 역을 나와 오른쪽으로 50m쯤 올라가면 분수대와 함께 토요토미 히데요시 豊臣秀吉의 동상이 있다. 그는 온천 휴양차 아리마온센을 즐겨 찾았으며, 무사를 모아놓고 성대한 다도회(茶道會)를 열기도 했다. 동상은 다도회를 즐기는 그의 모습을 묘사한 것이다.

3 강을 따라 100m쯤 올라가면 그와 함께 이곳을 즐겨 찾던 부인 네네 ねね의 동상도 있다.

유모토자카
湯本坂

♦ 아리마온센 有馬温泉 역(KB16)에서 도보 6분.

4~**7** 숍·식당이 밀집한 아리마온센의 다운타운(?). 구불구불한 오르막길이 600m 가량 이어지며, 아리마 완구 박물관을 중심으로 한 전후 200m 구간이 하이라이트다. 비좁은 골목에는 20세기 초의 모습을 고스란히 간직한 목조건물이 즐비한데, 어둠이 내리기 시작하면 어스름한 가로등 불빛에 물든 채 고즈넉한 풍경을 빚어낸다.

must see

타이코 족탕
太閤の足湯

◆ 08:00~22:00 ◆ 휴업 화요일
◆ 무료 ◆ 아리마온센 有馬温泉 역
(KB16)에서 도보 8분.

1 3 42℃의 뜨거운 온천수가
흐르는 족탕. 처음 발을 담그면
무척 뜨겁게 느껴지지만, 잠시
시간이 지나면 다리의 피로가
씻은 듯이 사라지는 신기한 경
험을 하게 된다.
바로 옆의 킨노유 金の湯 온천
과 같은 킨센 온천수를 사용하
며, 온천수의 철분 함량이 높아
특유의 붉은색으로 보인다.

우와나리 원천
姤泉源

◆ 아리마온센 有馬温泉 역(KB16)
에서 도보 12분.

4 '질투의 샘'이라는 이름을 가
진 간헐천. 미인이 이 앞을 지나
가면 미모를 샘낸 온천이 증기
와 함께 뜨거운 온천수를 뿜어
낸다고 해서 지금의 이름이 붙
었다는 재미난 전설이 전해온
다. 1955년까지 98℃의 뜨거운
킨센이 샘솟는 원천이었지만,
지금은 수원이 고갈돼 원천수
가 나오지 않으며 간간이 증기
만 뿜어져 올라온다.

텐진 원천
天神泉源

◆ 24시간 ◆ 무료 ◆ 아리마온센 有
馬温泉 역(KB16)에서 도보 12분.

2 5 킨센의 원천수가 샘솟는
곳. 굉음과 함께 뿜어져 나오는
뜨거운 증기가 신기한 볼거리
를 제공한다. 지하 206m에서
샘솟는 원천수는 온도가 98℃
나 된다. 안쪽에는 텐진 원천이
란 이름의 유래가 된 텐진 신사
天神神社가 있다. 학문의 신을
모시는 신사이며, 머리를 쓰다
듬으면 합격 소원을 들어주는
소의 석상이 있다.

#must see

▌탄산 원천
炭酸泉源

♦ 아리마온센 有馬温泉 역(KB16)에서 도보 17분.

1 지하 13m에서 샘솟는 탄산천. 처음 발견된 1874년에는 독이 든 물이라 해서 마시는 것은 물론 접근조차 꺼렸다. 그러나 단순한 탄산천이란 사실이 밝혀진 뒤에는 이 물에 설탕을 타 사이다처럼 마시기도 했다.

2 누각 옆의 음수대에서 탄산수를 맛볼 수 있는데, 철분이 함유된 물이라 톡 쏘는 느낌과 함께 가벼운 쇠 비린내가 난다.

▌온센지
温泉寺

♦ 일출~일몰 ♦ 무료
♦ 아리마온센 有馬温泉 역(KB16)에서 도보 12분.

3~6 724년에 창건된 아리마온센에서 가장 유서 깊은 사찰. 고승 교키쇼닌 行基上人(668~749)이 온천수를 이용해 마을 사람들의 병을 치료하던 중세운 사찰이라 본존으로 중생의 병을 고쳐주는 부처인 약사여래를 모신다.

본당에는 교키쇼닌의 목상과 함께 아리마온센의 중흥에 지대한 공을 세운 닌사이쇼닌 仁西上人의 목상도 있다. 닌사이쇼닌은 1097년의 대홍수로 파괴된 아리마온센에 홀연히 나타나 마을을 복구하고 온센지를 재건하는 등 헌신적인 노력을 기울인 인물로 잘 알려져 있다.

1월 2일의 뉴쇼시키 入初式 때는 갓 길어온 따뜻한 온천수로 두 스님의 목상을 목욕시키며 아리마온센의 안녕을 기원하는 재미난 풍습이 전해온다.

본당에는 중요문화재로 지정된 하이라 대장상 波夷羅大将像도 있는데, 섬세한 표정과 동작 묘사로 정평이 나있다.

#must try

킨노유 온천
金の湯

♦ 08:00~22:00 ♦ 휴업 매월 둘째 · 넷째 화요일, 1/1
♦ 평일 650엔, 휴일 800엔, 킨노유 · 긴노유 공통권
1,200엔 ♦ 아리마온센 有馬温泉 역(KB16)에서 도보
8분.

조그만 동네 목욕탕 분위기의 온천. 붉은색의 킨
센을 사용한다. 규모는 작지만 이 마을의 역사와
함께 해온 오랜 전통을 자랑한다. 욕탕 등의 내부
시설은 현대적으로 꾸며 놓았으며, 비누 · 샴푸는
무료로 제공된다. 온천수는 신경통 · 소화불량 · 피
부병 · 부인병 등에 효험이 있다. 주말 · 공휴일에
는 무척 붐비니 느긋하게 이용하려면 평일에 가
는 것이 좋다.

긴노유 온천
銀の湯

♦ 09:00~21:00 ♦ 휴업 매월 첫째 · 셋째 화요일, 1/1
♦ 평일 550엔, 휴일 700엔, 킨노유 · 긴노유 공통권
1,200엔 ♦ 아리마온센 有馬温泉 역(KB16)에서 도보
15분.

사우나와 자쿠지를 갖춘 온천. 시설과 규모는 킨
노유 온천과 비슷하다. 탄산 원천에서 끌어오는
무색투명한 긴센 銀泉(18.6°C)에 라듐 온천수
(29.4°C)를 섞어서 사용하며, 신경통 · 피부병 · 관
절통 · 오십견 · 피로회복 · 근육통 · 수족냉증에 효
험이 있다. 우리나라의 대중탕과 별반 차이가 없
는 모습이라 이국적인 맛을 즐기려면 킨노유 온
천을 이용하는 쪽이 좋다.

온천 여관 · 호텔의 비투숙객용 온천

온천명	영업	휴업	요금	특징
코키 康貴	09:30~16:00 휴일 전날 09:30~15:00	월 · 화요일	1,000엔	킨센 · 긴센 모두 사용
미유키소하나무스비 御幸莊花結び	12:00~14:30	무휴	1,500엔	킨센 사용, 노천온천 있음
메푸루아리마 メープル有馬	13:00~21:00	무휴	1,300엔	긴센 사용, 사우나 있음
아리마교엔 有馬御苑	11:00~14:30	목요일	1,100엔	킨센 사용, 노천온천 있음
타이코노유 太閤の湯	10:00~22:00	부정기	2,750엔 토 · 일 · 공휴일 2,970엔	킨센 · 긴센 모두 사용, 노천온천 · 사우나 있음
카메노이 호텔 아리마 亀の井ホテル有馬	11:00~16:00	무휴	800엔 토 · 일 · 공휴일 1,000엔	킨센 사용

info plus

01 아리마 완구 박물관
有馬玩具博物館

◆ 10:00~17:00 ◆ 휴관 부정기적
◆ 800엔 ◆ 아리마온센 有馬温泉 역
(KB16)에서 도보 8분.

전세계의 장난감 4,000여 점이 소장된 박물관. 3~6층으로 이루어져 있으며 층마다 전시품이 다르다. 1950년대 일본의 양철 장난감과 독일 철도모형(3층), 기계로 작동되는 기발한 장난감(4층), 유럽의 봉제인형(5층), 독일 장인이 만든 호두까기 인형(6층) 등이 주요 볼거리다.

02 타이코노유덴 관
太閤の湯殿館

◆ 09:00~17:00
◆ 휴관 매월 둘째 수요일 ◆ 200엔
◆ 아리마온센 有馬温泉 역(KB16)에서 도보 13분.

토요토미 히데요시의 온천을 복원시킨 유적. 그가 직접 건축을 명령했을 만큼 각별한 애정을 과시한 곳이다. 지금은 온천수가 나오지 않는 돌무더기에 불과하지만 당시 이용하던 찜질 시설과 정원 등의 유적을 원형에 가깝게 복원해 놓았다.

01 아리마 사이다
有馬サイダー

◆ 1병 270엔 ◆ 아리마온센 역에서 유모토자카로 올라가는 상점가와 유모토자카의 숍에서 모두 판매한다.

#Since 1908 아리마온센의 명물로 인기가 높은 사이다. 고베에 거주하는 외국인에게 팔던 탄산수에 설탕과 향신료를 넣어 만든 것이 시초다. 강렬하게 톡 쏘는 맛이 특징인데, 대포가 터지는 것처럼 청량감이 강하다는 뜻으로 상표에 대포 로고를 사용한 것이 흥미롭다.

02 타케나카 정육점
竹中肉店

◆ 170엔 ◆ 10:00~17:00
◆ 휴업 수요일 ◆ 아리마온센 有馬温泉 역(KB16)에서 도보 8분.

#Since 1912 아리마온센의 대표 군것질거리인 크로켓 맛집. 명품으로 유명한 고베 소고기만 고집한다. 내부에 간이 테이블이 있어 편히 먹을 수 있다. 아리마 사이다도 판매한다.
#크로켓 コロッケ(코롯케) 170엔 겉바속촉의 정석. 갓 튀겨내 따뜻할 때 먹으면 더욱 맛있다.

03 미즈모리혼포
三津森本舗

◆ 550엔 ◆ 09:00~17:00
◆ 아리마온센 有馬温泉 역(KB16)에서 도보 7분.

#Since 1907 아리마온센의 기념품으로 인기가 높은 전통과자 전문점. 20세기 초에 지어진 예스러운 가게도 무척 인상적이다. 입구에서는 탄산센베 제작 시연을 하며 시식도 가능하다.
#탄산센베 炭酸煎餅 550엔~ 탄산수에 밀가루와 녹말을 풀어 바삭하게 구운 과자.

04 아리마 젤라테리아 스타지오네
アリマジェラテリアスタジオーネ

◆ 480엔~ ◆ 11:00~16:00,
토·일·공휴일 10:00~17:00
◆ 휴업 화·수요일 ◆ 아리마온센 有馬温泉 역(KB16)에서 도보 9분.

#2019년 젤라토 월드 투어 재팬에서 우승한 젤라토 전문점. 롯코 산 목장에서 들여온 신선한 우유를 사용해 정통 이탈리아식으로 만든 10여 가지 젤라토를 맛볼 수 있다. 상큼하면서도 고소한 맛이 일품이며, 시즌마다 새로운 맛을 선보인다.

HIMEJI

#5

히메지 퀵 가이드
오사카 → 히메지
고베 · 교토 · 나라 → 히메지
시내교통

히메지

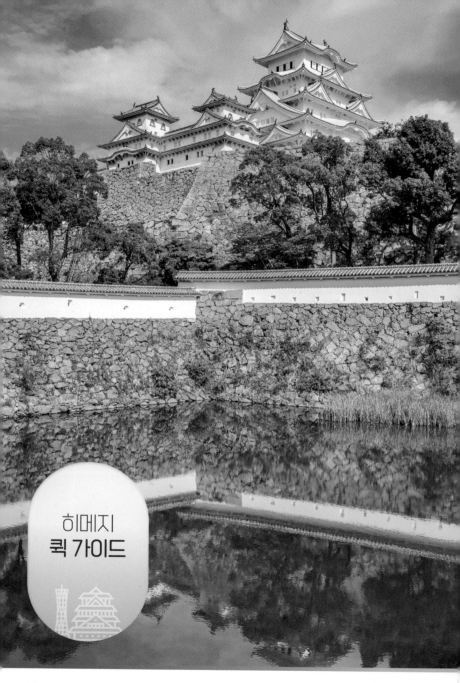

히메지
퀵 가이드

☑ 여행 포인트
유네스코 세계문화유산으로 지정된 히메지 성이 유일무이한 볼거리다.

☑ 여행 기간
도시가 무척 작다. 히메지 성을 중심으로 주요 명소만 보면 3~5시간 내에 돌아볼 수 있다.

☑ 베스트 시즌
히메지 성이 가장 아름다운 때는 봄~가을이다. 스산한 겨울에는 여행 만족도가 떨어진다.

#must know

히메지는 어떤 곳?

지리적으로는 칸사이 서부에 위치한 효고 현 兵庫県에 부속된 도시다. 히메지라는 지명은 히메지 성이 위치한 히메야마 姫山의 옛 지명이 '히메지노오카 日女路の丘'였다는 데서 기인했다.

흥미로운 점은 히메지노오카라는 지명이 누에를 뜻하는 지역 사투리 '히메코 ヒメコ'에서 유래했다는 사실이다. 오래 전 이 일대는 양잠업의 중심지로 번영을 누렸는데 그 흔적이 지금까지도 지명에 남아 있는 것.

역사적으로는 8세기 무렵 일본의 옛 행정구역의 하나인 하리마노쿠니 播磨国의 수도로 정해지면서 도시의 기틀을 다지기 시작했다. 개발이 본격화한 것은 1601년부터로 일명 '히메지 재상 姫路宰相'으로 불리는 이케다 테루마사 池田輝政 (1565~1613)가 도시를 정비하고 히메지 성을 완성하면서부터다.

원래 히메지는 코데라 小寺 가문과 토요토미 豊臣 가문이 연이어 통치하고 있었으나, 토쿠가와 이에야스가 토요토미 가문을 몰아내는 데 혁혁한 공을 세운 자신의 사위 이케다 테루마사에게 히메지 성을 넘겨주면서 새로운 전환기를 맞이하게 됐다. 동시에 오늘날 히메지의 근본이 된 히메지 번 姫路藩이 탄생하는데, 현재의 도시 형태는 그 당시 조성된 것이라고 봐도 무방하다.

그리고 일본 근대화의 시발점인 메이지 유신이 시작되는 1876년까지 히메지 번은 작지만 탄탄한 경제력을 바탕으로 자신만의 고유한 색채를 지니며 성장했다.

20세기 초에 들어서는 제철업의 발달로 공업도시의 면모를 갖췄으며 현재 효고 현 제2의 상공

JR 히메지 역 전망대에서 바라본 히메지 시내

다양한 미술품이 소장된 히메지 시립 미술관

업 도시로 자리매김하고 있다. 최근에는 이 도시의 대표적 명소인 히메지 성이 유네스코 세계문화유산으로 등재되면서 일본은 물론 전 세계에서 여행자가 몰려드는 관광도시로 발돋움하고 있다.

볼거리

고색창연함과 웅장한 멋을 간직한 히메지 성을 볼 수 있는 것이 최대의 매력이다. 하지만 도시 자체는 인지도와 유명세에 비해 볼거리가 풍부하지 않다. 히메지 시립 미술관·효고 현 역사 박물관·히메지 문학관 등의 명소가 히메지 성을 중심으로 둥글게 모여 있지만, 도시 규모가 작고 명소의 수도 제한적이라 히메지를 돌아보는 데는 오랜 시간이 걸리지 않는다.

먹거리

관광객 수에 비해 편의시설이 크게 부족하다. 특히 히메지 성 주변에는 식사를 해결할 곳이 마땅치 않으니 빈속을 달래려면 역 주변의 상점가를 이용하는 것이 좋다. 역에서 히메지 성까지 곧게 뻗은 대로인 오테마에도리 大手前通 양옆으로 상점가가 형성돼 있으며 이 안에 식당·카페·슈퍼마켓이 모여 있다. 기차역 구내의 식당가를 이용하는 것도 방법이다.

일본의 진짜 성(城)은 고작 12개?

근대 이전까지는 일본의 주요 도시마다 독특한 양식의 성이 있었다. 그러나 근대화 초기인 19세기 말 메이지 시대로 접어들면서 봉건적 잔재를 없애고 새로운 세상을 만든다는 명분하에(실제로는 중앙집권화를 위한 일왕의 조치) 144개의 성 가운데 132개의 성이 철거돼 원형을 유지하고 있는 성은 일본 전역에 12개밖에 없다.

12개의 성을 제외한 나머지는 태평양전쟁 이후 콘크리트로 재건한 것이다. 원형을 온전히 유지한 성으로는 히메지 성·이누야마 성·마츠모토 성이 유명하다.

#must know

오사카에서
히메지로

- ☑ 히메지는 오사카에서 서쪽으로 80㎞ 떨어져 있다.

- ☑ 저렴하고 편리한 교통편은 한신 전철이다. 키타에서 1시간 40분 걸린다.

- ☑ 비싼 대신 빠르고 편리한 교통편은 JR의 신칸센이다. 신오사카 역에서 30분 걸린다.

한신 전철 阪神電鉄(키타 출발)

히메지 행 열차가 출발하는 곳은 한신 오사카우메다 大阪梅田 역(HS01)이다. 역은 지하에 있으며 지하철 미도스지 선의 우메다 역(M16), 요쓰바시 선의 니시우메다 역(Y11), 타니마치 선의 히가시우메다 역(T20)과 연결된다.

한신 오사카우메다 역 → 산요히메지 역

칸사이 스루 패스 사용 가능
직통특급   1시간 40분 1,320엔

한신 전철 이용하기

미도스지 선의 우메다 역에서 한신 오사카우메다 역으로 갈 때는 '11~18번 출구 한신 전차 阪神電車' 표지판을 따라 개찰구로 간다. 그리고 개찰구를 나와 오른쪽 대각선 방향을 보면 '한신 전차 오사카우메다 역 阪神電車大阪梅田駅' 표지판과 함께 역으로 이어진 에스컬레이터가 있다.
열차는 직통특급 直通特急·특급 特急·S 특급 特急·보통 普通이 있다. 요금은 동일하니 속도가 빠른 직통특급을 이용한다. 히메지 행 직통특급 直通特急 열차는 1·2번 플랫폼에서 출발한다.

열차의 종점은 산요히메지 山陽姫路 역(SY43)이다. 개찰구를 나와 정면 오른쪽의 에스컬레이터를 타고 1층으로 내려간 다음, 출구를 나와 왼쪽으로 18분 쯤 걸으면 히메지 성이 나온다. 출구 오른쪽으로 가면 히메지 성행 버스 정류장도 있다.

한신 오사카우메다 역

한신 전철(산요 전철)의 종점인 산요히메지 역

히메지 투어리스트 패스 Himeji Tourist Pass

오사카난바 역~오사카우메다역~산요히메지 역 구간의 한신 전철을 무제한 이용할 수 있는 1일권과 칸사이 국제공항→난카이 난바 역의 난카이 전철 편도 티켓을 묶음으로 파는 패스. 난카이 전철과 한신 전철은 각각 다른 날 사용해도 된다(패스 사용개시 후 8일 이내 사용). 한국내 여행사와 인터넷 쇼핑몰, 칸사이 국제공항 제1 여객 터미널 1층의 Kansai Tourist Information Center에서 판매한다.

♦ 2,400엔

#must know

한신 전철 阪神電鉄(미나미 출발)

히메지 방면 열차가 출발하는 곳은 오사카난바 大阪難波 역(HS41)이다. 오사카난바 역은 지하철 미도스지·센니치마에·요츠바시 선의 난바 역(Y15·S16·M20)과 연결된다.

오사카난바 역은 지하에 있다. 열차는 3번 플랫폼에서 출발하는 아마가사키 尼崎·코시엔 甲子園·고베산노미야 神戸三宮 행을 타고 아마가사키 尼崎 역(HS09)으로 간 다음, 4~6번 플랫폼에서 히메지 행 직통특급 直通特急 열차로 갈아탄다. 보통열차는 요금은 같지만 시간이 2배 이상 걸리니 주의하자.

열차의 종점은 산요히메지 山陽姫路 역(SY43)이다. 개찰구를 나와 정면 오른쪽의 에스컬레이터를 타고 1층으로 내려간 다음, 출구를 나와 왼쪽으로 18분 쯤 걸으면 히메지 성이 나온다. 출구 오른쪽으로 가면 히메지 성행 버스 정류장도 있다.

오사카난바 역→산요히메지 역

칸사이 스루 패스 사용 가능
직통특급   2시간 1,410엔

한큐 전철 阪急電鉄(키타 출발)

직행편이 없어 고베의 신카이치 新開地 역(HS36)으로 간 다음 히메지 행 열차로 갈아타야 한다. 갈아타기가 은근히 불편하므로 어차피 키타에서 출발할 계획이라면 한신 전철(p.282)의 직행열차를 이용하는 것이 현명하다.

한큐 오사카우메다 역→산요히메지 역

칸사이 스루 패스 사용 가능
특급+직통특급 1시간 50분 1,320엔

한큐 전철 이용하기

열차가 출발하는 곳은 우메다의 한큐 오사카우메다 大阪梅田 역(HK01)이다. 이 역은 지하철 미도스지 선의 우메다 역(M16), 타니마치 선의 히가시우메다 역(T20), 요츠바시 선의 니시우메다 역(Y11)과 연결된다.

미도스지 선의 우메다 역에서 한큐 오사카우메다 역으로 갈 때는 플랫폼에서 '1~5번 출구 한큐 전차 阪急電車' 표지판을 따라 개찰구로 간다. 그리고 개찰구를 나와 오른쪽의 '1·2번 출구 한큐 전차 阪急電車' 표지판을 따라가면 한큐 오사카

우메다 역을 쉽게 찾을 수 있다.

한큐 오사카우메다 역의 8·9번 플랫폼에서 출발하는 신카이치 新開地 행 특급·통근특급 열차를 타고 종점인 신카이치 역에서 내린다. 그리고 3·4번 플랫폼에서 출발하는 히메지 행 직통특급 直通特急 열차로 갈아탄다. 열차의 종점은 한신 전철과 동일한 산요히메지 山陽姫路 역(SY43)이다.

제이알 JR

키타에서 출발할 때 이용하면 편리하다. 열차는 신칸센 新幹線·특급 特急·신쾌속 新快速·쾌속 快速·보통 普通이 있다. 직접 티켓을 구매할 때는 저렴한 신쾌속·쾌속 열차, 칸사이 와이드 패스 등 신칸센 탑승이 가능한 JR 패스 소지자는 신칸센을 이용한다.

JR 신오사카 역→히메지 역

신칸센	30분 3,280엔~

JR 오사카 역→히메지 역

특급	57분 2,840엔~
신쾌속	63분 1,520엔
쾌속	66분 1,520엔
보통	2시간 1,520엔

JR 이용하기

열차에 따라 출발역이 다르다. 신칸센은 오사카 외곽의 JR 신오사카 新大阪 역(JR-A46·JR-F02), 특급·신쾌속·쾌속·보통 열차는 키타의 JR 오사카 大阪 역(JR-A47·JR-F01·JR-O11)에서 출발한다. 신오사카 역은 지하철 미도스지 선의 신오사카 新大阪 역(M13), 오사카 역은 미도스지 선의 우메다 梅田 역(M16)과 연결된다.

JR 신오사카 역에서는 20~22번 플랫폼에서 출발하는 히메지 姫路 행 신칸센, JR 오사카 역에서는 3~6번 플랫폼에서 출발하는 히메지 姫路 행 신쾌속·쾌속 열차를 탄다.

열차가 도착하는 곳은 JR 히메지 姫路 역이다. 출구가 여러 개 있는데 중앙 출구 中央出口의 개찰구를 나와 오른쪽으로 가면 히메지 성 방향이다. 역 밖으로 나가기 전 왼쪽에 여행 정보를 제공하는 관광 인포메이션 센터가 있다.

#must know

주변 도시에서 히메지로

- ☑ 고베~히메지 거리는 50km. JR 신칸센 15분, 신쾌속 40분, 한신 전철 65분 걸린다.
- ☑ 교토~히메지 거리는 110km. JR 신칸센 45분, 신쾌속 1시간 30분, 한큐 전철 2시간 30분 걸린다.
- ☑ 나라~히메지 거리는 110km. JR 또는 킨테츠 전철로 2시간 30분 걸린다.

고베→히메지

칸사이 스루 패스 소지자는 한신 전철. JR 칸사이 와이드 패스 소지자는 속도가 빠른 신칸센을 이용한다.

티켓을 직접 구매할 때는 저렴하고 빠른 JR 신쾌속·쾌속 열차를 이용한다.

한신 전철 阪神電鉄
한신 고베산노미야 神戸三宮 역(HS32)의 3번 플랫폼에서 출발하는 히메지 행 직통특급 直通特急 열차를 타면 된다. 열차의 종점은 산요히메지 山陽姫路 역이다.

한신 고베산노미야 역→산요히메지 역

직통특급 65분 990엔

제이알 JR
신칸센은 신고베 新神戸 역 1번 플랫폼, 신쾌속 新快速과 쾌속 快速 열차는 JR 산노미야 三ノ宮 역(JR-A61)의 3·4번 플랫폼에서 출발한다. 열차가 도착하는 곳은 JR 히메지 姫路 역이다.

JR 신고베 역→히메지 역

신칸센 15분 2,750엔~

JR 산노미야 역→히메지 역

신쾌속 40분 990엔
쾌속 43분 990엔

교토→히메지

가장 빠른 교통편은 JR이다. 요금이 조금 비싸지만, JR 교토 京都 역에서 출발하는 신칸센을 이용하는 것이 시간상 유리하다. 요금을 절약하려면 신쾌속·쾌속 열차를 이용한다.

사철은 직행편이 없기 때문에 한큐 전철을 타고 오사카로 간 다음, 한신 오사카우메다 역에서 히메지 행 직통특급 열차로 갈아타고 간다. 열차가 도착하는 곳은 종점인 산요히메지 역이다.

JR 교토 역→히메지 역

신칸센 45분 5,570엔~
신쾌속 1시간 30분 2,310엔
쾌속 1시간 40분 2,310엔

한큐 교토카와라마치 역→산요히메지 역

칸사이 스루 패스 사용 가능
특급+직통특급 2시간 30분, 1,740엔

나라→히메지

빠르고 편리한 교통편은 킨테츠 전철이다. 킨테츠 나라 역에서 아마가사키 尼崎 역으로 가 히메지 행 직통특급 열차로 갈아탄다. JR은 오사카 역에서 신쾌속·쾌속열차로 갈아타고 간다.

킨테츠 나라 역→산요히메지 역

칸사이 스루 패스 사용 가능
쾌속급행+직통특급 2시간 30분, 2,090엔

JR 나라 역→히메지 역

신쾌속 시간 30분 2,310엔

#must know

히메지
시내교통

☑ 히메지 성만 볼 때는 걸어다녀도 충분하다. 역에서 히메지 성까지 도보 20분 정도다.

☑ 히메지 전체를 돌아볼 때 가장 빠르고 편리한 교통편은 공유 자전거다.

☑ 주요 명소만 콕콕 짚어 여행할 때는 순환 버스를 이용하면 편리하다.

공유자전거 히메챠리 姫ちゃり

공유자전거를 이용하면 히메지 전역을 자유로이 돌아다닐 수 있다. 도시 전체가 평지에 가까우며 자전거 도로도 깔끔히 정비돼 있어 편리하다.

히메챠리는 히메지 역을 비롯한 시내 16곳에 대여소가 설치돼 있다. 무인 시스템이며 모니터에 표시되는 대로 간단한 인적사항을 등록한 뒤 사용한다. 한국어도 지원돼 이용에 어려움은 없다. 단, 등록시 스마트폰·신용카드가 필수다.

최초 60분 사용에 100엔, 연속 사용시 이후 30분당 100엔씩 요금이 추가된다. 하지만 59분 이내에 자전거를 반납하고 다시 빌리는 식으로 이용하면 추가요금 없이 100엔으로 하루 종일 이용할 수 있다. 반납·대여는 히메지 시내의 대여소 16곳 어디서나 가능하다.

♦ 운영 07:00~20:00
♦ 요금 60분 100엔~

택시 タクシ

3~4명이 함께 이동할 때는 택시를 이용하면 편리하다. 산요히메지 역·JR 히메지 역에서 히메지 성 입구까지 5분, 요금은 700엔 정도다.

히메지 성 루프 버스 姫路城ループバス

산요히메지 역 오른쪽의 버스 터미널 6번 정류장을 출발해 히메지의 주요 명소를 순환 운행하는 버스다. 운행 간격이 조금 뜸하지만 가장 빠르게 주요 명소를 연결해 걷기 싫은 귀차니스트나 나이 지긋한 어르신들이 이용하기에 좋다.

버스를 3회 이상 이용하려면 경제적인 1일권을 구매하자. 히메지 성·히메지 시립 미술관·히메지 문학관·효고 현립 역사 박물관의 입장료 할인 혜택도 있다. 1일권은 7·8번 정류장 옆의 Bus Information Desk에서 판매한다.

♦ 평일 09:00~16:30, 토·일·공휴일 09:00~17:00
※15~30분 간격 운행
♦ 운휴 12~2월의 평일
♦ 요금 1회 100엔, 1일권 400엔

레트로 감성의 히메지 성 루프 버스

일반버스 이용

산요히메지 역~히메지 성 구간에 한해 전 노선의 버스를 100엔에 탈 수 있다. 히메지 성 방면 버스는 버스 터미널 7~10번 정류장에서 출발한다.

히메지
姫 路

히메지를 찾는 이유는 유네스코 세계문화유산으로 지정된 아름다운 히메지 성(城)을 보기 위해서다. 일본의 다른 도시에 있는 성들이 대부분 태평양전쟁 이후 복원된 가짜(?)인데 반해, 히메지 성은 17세기 건축 당시의 원형을 고스란히 간직하고 있어 일본 문화나 건축에 관심이 있다면 반드시 가봐야 할 명소로 꼽힌다. 도시가 작아 아침 일찍 서두르면 오전에는 히메지, 오후에는 고베 또는 아리마온센을 묶어서 여행할 수도 있다.

볼거리 ★★★☆☆　　먹거리 ★☆☆☆☆
쇼　핑 ★☆☆☆☆　　유　흥 ★☆☆☆☆

ACCESS

사철 한신 전철(산요 전철)의 산요히메지 山陽姫路 역 (SY43) 하차. 개찰구를 나와 정면 오른쪽의 에스컬레이터를 타고 1층으로 내려간 다음, 출구를 나와 왼쪽으로 18분 쯤 걸으면 히메지 성에 도착한다. 산요히메지 역의 출구 오른쪽으로 가면 히메지 성행 버스 정류장도 있다.

JR 히메지 姫路 역 하차. 중앙 출구 中央出口의 개찰구를 나와 오른쪽으로 가면 히메지 성 방향이다. 히메지 성까지는 도보 20분 정도 걸린다. 역 앞의 버스 터미널에서 히메지 성행 버스도 이용 가능하다.

#must see

히메지 성
姫路城

♦ 09:00~17:00,
9~4월 09:00~16:00
♦ 휴관 12/29~30 ♦ 1,000엔,
18세 미만 300엔, 8세 미만 무료,
코코엔 정원 공통권 1,050엔
♦ 산요히메지 山陽姫路 역(SY43)
에서 도보 18분. 또는 JR 히메지 역
중앙 출구 中央口에서 도보 20분.

1 2 유네스코 세계문화유산
으로 등재된 일본에서 가장 아
름다운 성(城). 새하얗게 빛나
는 외관 때문에 백로성 白鷺城
이란 애칭으로 부르기도 한다.

성의 역사는 1333년 히메야마
姫山에 요새가 만들어지면서
시작됐다. 1580년에는 토요토
미 히데요시가 칸사이 서부 정
벌을 위한 근거지로 삼아 본격
적인 축성공사를 시작했다.
3~7 그의 사후 토쿠가와 이에
야스에게 정권이 넘어간 1601년
에는 토쿠가와의 사위로 엄청난
권력을 자랑하던 이케다 테루마
사 池田輝政가 히메지 성의 성
주로 군림하며 8년이란 시간과
막대한 인력을 동원해 웅장한 성
을 완성시켰다. 당시에는 성의
외호(外濠)가 현재의 JR 히메지
역까지 뻗어 있었다.

지금의 모습으로 성의 형태가
정비된 것은 1618년이다. 내
부에는 성루 27개, 성문 21개,
1km 남짓한 길이의 성벽이 남아
있는데, 이것들을 모두 보는 데
2~3시간은 족히 걸린다. 엄청
난 수의 계단을 오르내려야 해
단단한 각오(?)가 필수!
5 성 내부에서는 신발을 벗고
다녀야 해 겨울에는 따뜻한 양
말을 챙겨가는 것이 좋다.
#히메지 성 대발견 앱 姫路城
大発見アプリ 히메지 성 공식
앱. 성 내부의 16개 포인트에서
앱을 구동시키면 해당 명소에
대한 자세한 설명이 나온다.

#must see

코코엔 정원
好古園

♦ 09:00~17:00 ♦ 휴관 12/29~30
♦ 310엔, 고등학생 이하 150엔,
히메지 성 공통권 1,050엔
♦ 산요히메지 山陽姫路 역(SY43)
에서 도보 16분. 또는 JR 히메지 역
중앙 출구 中央口에서 도보 18분.

1~4 3만 5,000㎡ 면적의 일
본식 정원. 비단 잉어가 유유히
헤엄치는 연못을 중심으로 호
젓한 오솔길과 숲을 조성한 지
천회유식 池泉回遊式 정원이
다. 이국적 분위기가 넘치는 인
증샷 명소로도 인기가 높다.

히메지 문학관
姫路文学館

♦ 10:00~17:00 ♦ 휴관 월요일,
공휴일 다음날, 12/25~1/5
♦ 310엔, 대학생·고등학생 210엔,
중학생 이하 100엔 ♦ 산요히메지
山陽姫路 역(SY43)에서 도보 35분.
또는 JR 히메지 역 중앙 출구 中央
口에서 도보 37분.

5 효고 현 출신 작가의 문학작
품을 소개하는 전시관. 전시물
보다는 건축계의 거장 안도 타
다오 安藤忠雄가 설계한 건물
로 더욱 유명한데, 개방성을 강
조한 기하학적 형태가 특징이다.

숲으로 이어지는 통로와 숲의
일부를 정원처럼 보이게 꾸민
테라스, 히메지 일대가 한눈에
내려다보이는 공중 테라스, 고
즈넉한 연못 등으로 이루어져
있다. 전시실을 제외한 건물의
모든 부분을 무료로 돌아볼 수
있으며, 찾는 이가 드물어 조용
히 쉬어가기에도 좋다.

6 문학관 옆에는 1900년대 초
의 모습이 고스란히 보존된 전
통가옥 보케이테이 望景亭가
있다. 히메지 출신 유명 사업가
의 저택으로 지어졌으며, 정원
과 건물 일부를 자유로이 돌아
볼 수 있게 개방해 놓았다.

#close up

히메지 성 베스트 코스

히메지 성의 내부 면적은 축구장 32개와 맞먹는 23㎢에 달한다. 이 안에 여러 건물이 오밀조밀 모여 있어 전체를 돌아보는 데 2~3시간은 족히 걸린다.

성 내부는 시계 방향으로 돌아보도록 코스가 짜여 있다. 전체를 돌아보려면 히시노몬→산고쿠보리→햣켄로카→케쇼야구라→쇼군자카→하노몬→니노몬→아부라카베→우바가이시→코시쿠루와→미즈노몬→텐슈카쿠→하라키리마루→오키쿠 우물→카가미이시→히시노몬의 순으로 본다.

시간이 부족할 때는 히시노몬→산고쿠보리→쇼군자카→하노몬→니노몬→아부라카베→우바가이시→미즈노몬→텐슈카쿠→오키쿠 우물→카가미이시→히시노몬의 순으로 보면 되며, 1시간~1시간 30분 걸린다.

01 히시노몬
菱の門

히메지 성의 정문인 오테구치 大手口를 방어할 목적으로 만든 누문(樓門). 성 안에 있는 21개의 문 가운데 가장 규모가 크다. 히시노몬이라는 이름은 문 양쪽 기둥의 윗부분을 히시 菱 문양으로 장식해서 붙여졌다. 히시는 깻잎 모양의 잎을 가진 식물인 마름을 뜻한다.

상층부에는 병사가 몸을 숨기는 공간이 있으며 유사시에는 여기서 적을 공격했다고 한다. 정면에서 보면 격자 무늬의 창 양 옆으로 종 모양의 카토마도 華燈窓가 보인다. 카토마도는 사찰·궁전을 장식할 때만 사용하는 특별한 창이지만 예외적으로 히메지 성에서도 사용할 수 있도록 허락됐다. 물론 여기에는 히메지 성으로 손녀를 시집보낸 당대 최고의 권력자 토쿠가와 이에야스의 입김이 작용했다. 원래 이 문의 왼쪽에는 보초가 머물던 방, 오른쪽에는 마구간과 헛간이 있었다.

종 모양의 카토마도

히메지 성 입구에서 바라본 텐슈카쿠

웅장한 외관의 히시노몬

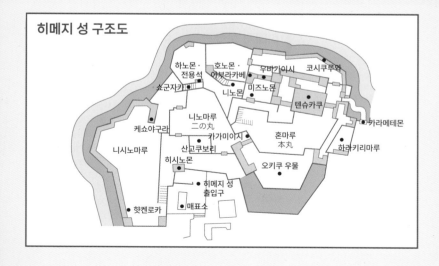
히메지 성 구조도

#close up

02 산고쿠보리
三国堀

정사각형 모양의 해자(垓字). 군사 목적의 해자라기보다는 인공 연못에 가깝다. 축성 공사 당시 성 앞을 흐르던 계류(溪流)를 막아 물이 고이면서 만들어졌는데, 에도 시대에는 농업용수로 사용하기도 했다.

깎아지른 듯한 성벽 위로 우뚝 솟은 텐슈카쿠 天守閣가 한눈에 들어오는 위치라 인증샷 포인트로도 인기가 높다. 바람 한 점 없이 고요한 날에는 수면 위로 텐슈카쿠의 모습이 거울처럼 비치는 아름다운 광경도 볼 수 있다.

핫켄로카로 이어지는 길에는 원래 성문이 있었다

해자 위로 우뚝 솟은 텐슈카쿠

원래 히메지 성의 별저(別邸)와 외성을 연결하기 위해 독립적으로 지어진 이곳은 나중에 센히메와 그녀의 시녀들이 거주하는 공간으로 개조됐다. 300m 길이의 긴 회랑이 이어지는 건물 곳곳에는 나가츠보네 長局라는 이름의 조그만 방들이 있는데, 화장실과 부엌이 딸린 8평 정도의 방은 시녀의 거처로 사용됐다.

건물에서 외호를 바라보는 쪽의 창 주변에는 유사시에 화살을 쏘거나 돌, 끓는 기름을 쏟아 부어 적의 침입을 막는 조그만 구멍과 홈이 파여 있다. 특히 이곳은 히메지 성에서 방어가 가장 취약한 건물이라 여러 개의 망루를 세워 보안을 강화했다고 한다.

벽 곳곳에 조그만 구멍이 뚫려 있다

03 핫켄로카
百間廊下

토쿠가와 이에야스의 손녀인 센히메 千姬가 혼다 타다토키와 재혼할 당시 결혼 지참금을 대신해서 지은 건물. 원래 이곳에는 조그만 외성(外城)이 있었는데 성문이 좁아 센히메의 결혼 행렬이 통과할 수 없자 외성을 헐어 지나갈 길을 만들었다는 일화가 전해온다.

또한 핫켄로카에 사용된 대부분의 건축자재를 토쿠가와 가문과 앙숙 관계인 토요토미 가문의 후시미 성 伏見城에서 훔쳐왔다는 것, 그리고 당시에는 바쿠후의 통제로 성의 개축이 금지돼 있었으나 이에야스의 손녀를 위한 건물이라는 이유로 특별히 개축이 허락됐다는 사실도 흥미롭다.

300m 길이의 회랑으로 이루어진 핫켄로카

성의 서쪽 구역인 니시노마루에 위치한 핫켄로카

건물 내부는 신발을 벗고 들어간다

#close up

04 케쇼야구라
化粧櫓

센히메가 매일 신사 참배를 나갈 때 사용하던 휴게실. 핫켄로쿠의 북쪽 끝에 있다. 원래는 화려한 장식과 색으로 치장된 공간이었으나 지금은 아무런 흔적도 남아 있지 않다.

내부에는 센히메가 이곳을 이용할 당시의 모습을 재현한 그림과 기모노가 전시돼 있다. 총 42장의 다다미를 깔 수 있는 바닥에는 일부러 41.5장의 다다미만 깔았는데, 이것은 42란 숫자가 죽음을 뜻하는 일본어 '시니 死に'와 발음이 같아 액땜을 위한 조치였다고 한다.

센히메와 혼다 타다토키

성주가 입던 기모노가 전시돼 있다

05 쇼군자카
将軍坂

케쇼야구라에서 성의 중심부인 니노마루 二の丸로 이어지는 오르막길. 아래쪽에서 보면 성벽 위로 우뚝 솟은 웅장한 텐슈카쿠의 모습이 보인다. 여기서 장군이 말을 타고 성을 오르는 시대극 장면이 자주 촬영됐기 때문에 장군의 언덕이란 뜻의 쇼군자카 将軍坂란 이름이 붙었다.

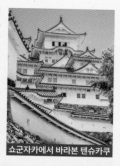
쇼군자카에서 바라본 텐슈카쿠

성벽에는 화살·총을 쏠 수 있는 구멍이 뚫려 있다

파란만장한 인생의 주인공 센히메

정치적 격변기에 태어난 센히메 千姫(1597~1666)는 토쿠가와 이에야스의 손녀로 빼어난 미모를 자랑했다. 7살 어린 나이에 정치적 희생양으로 토쿠가와 가문의 양숙이자 이종사촌 오빠인 토요토미 히데요리 豊臣秀頼와 정략 결혼한 그녀는 의외로 오사카 성에서 행복한 나날을 보내고 있었다. 그러나 정권찬탈을 위해 이에야스가 오사카 성에서 전쟁을 일으킴에 따라 19살 젊은 나이에 남편을 잃게 된다.

당시 손녀의 안위를 걱정한 이에야스는 심복들에게 센히메를 구출해오면 그녀와 결혼시켜주겠다는 당근을 던졌다. 이에 혹한 무사 사카자키 나오모리 坂崎直盛는 위험을 무릅쓰고 오사카 성으로 뛰어들어 센히메를 구해냈다. 그 와중에 화상을 입어 나오모리의 얼굴이 심하게 일그러졌는데 오히려 이 모습에 혐오감을 느낀 센히메는 결혼을 완강히 거부했다.

그리고 잠시 오사카를 떠나 에도로 피신할 때 만난 히메지 성의 꽃미남 성주 혼다 타다토키 本多忠刻에게 반해 재혼을 선언했다. 이 사실에 격분한 나오모리는 센히메가 시집가는 날 신부 강탈 계획을 세웠지만 실패, 결국 목숨을 잃게 된다.

혼다 타다토키와 재혼한 센히메는 히메지 성에서도 행복한 나날을 보냈다. 하지만 행복도 잠시 그녀가 30세 되던 해인 1626년 남편인 타다토키를 비롯한 친인척이 사고로 줄줄이 목숨을 잃자 주위에서는 먼저 간 히데요리의 저주가 내렸다는 소문이 돌기 시작했다.

낙담한 그녀는 히메지 성을 등지고 에도로 거처를 옮겨 여생을 보내다 70세에 생을 마감했다. 현재 그녀의 무덤은 극락으로 가는 지름길이라 일컬어지는 오사카 남부의 고야산 高野山과 교토의 치온인 知恩院에 하나씩 조성돼 있다.

#close up

06 하노몬 전용석
はの門 転用石

성의 중심부로 이어지는 세 번째 문인 하노몬을 지탱하는 주춧돌. 문의 오른쪽 기둥 아래를 보면 육각형의 특이한 주춧돌이 놓여 있는데 이것은 원래 사찰 석등의 받침돌로 사용하던 것이다.

히메지 주변에는 채석장이 없어 축성 당시 극심한 자재난을 겪었는데, 부족한 자재를 메우기 위해 종류를 불문하고 눈에 띄는 돌이란 돌은 모두 가져다 썼다고 한다. 심지어는 무덤을 파내 석관까지 훔쳐올 정도였다고. 실제로 텐슈카쿠의 출구인 히젠몬 備前門으로 가면 문 한편에 박힌 큼지막한 석관을 볼 수 있다.

석등 기단을 문의 주춧돌로 사용했다

07 니노몬
にの門

성의 중심부로 이어지는 네 번째 문. 니노몬부터 시작해 텐슈카쿠로 이어지는 길은 성의 심장부로 직결되기 때문에 길을 미로처럼 구불구불하게 만들고, 중간중간 하노몬·니노몬 등의 망루와 문을 세워 적의 침입을 막았다. 텐슈카쿠 입구까지는 이런 문이 10개나 세워져 있다.

하노몬에서 니노몬을 바라보면 망루 기와에 선명하게 새긴 십자가 문양이 보인다. 보수공사를 담당한 무사가 기독교도였기 때문에 십자가를 새겼다는 설과 액땜을 위한 일종의 부적이란 설 등 다양한 추측이 난무하지만 정확한 이유는 아직까지 밝혀지지 않았다.

기와에 새겨진 십자가 문양

좁은 통로가 이어지는 니노몬

08 아부라카베
油壁

다섯 번째 문인 호노몬 ほの門을 나오면 보이는 토담 벽. 히메지 성의 성벽은 화재방지를 위해 대부분 흰색의 회가 칠해져 있다. 그러나 이 벽만은 어찌된 영문인지 흙벽을 그대로 남겨 놓았다. 일견 부실해 보이지만 점토에 자갈을 섞고 찹쌀 풀과 죽으로 반죽해 굳힌 것이라 콘크리트 이상으로 단단하다. 실제로 400년 동안 단 한 번도 무너지거나 훼손된 적이 없다고.

허리를 숙이고 들어가야 하는 호노몬

제작 기술상으로는 토요토미 히데요시 때 만든 것으로 보이며, '기름(油) 벽(壁)'을 뜻하는 아부라카베라는 이름은 벽 색깔이 기름 색과 비슷해서 붙여진 것이다.

400년의 세월을 버텨온 아부라카베

09 우바가이시
姥が石

아부라카베 옆의 성벽에 박힌 큼지막한 흰색 맷돌. 철망이 씌워져 있어 금방 눈에 띈다. 축성공사가 한창이던 당시 자재난에 시달린 토요토미 히데요시는 '성의 완공을 위해 가난한 할머니가 소중한 재산인 맷돌을 바쳤다'는 거짓 소문을 퍼트렸다. 이 소문이 퍼지자 감동한(?) 백성들이 수많은 돌을 가져와 성곽을 완성시킬 수 있었다고 한다. 그들이 가져온 돌 가운데는 약초를 빻는데 사용하던 기구와 화장실 다리받침 등 상상을 초월하는 모든 돌이 있었다고 전해진다.

둥근 맷돌 모양이 선명한 우바가이시

#close up

10 코시쿠루와
腰曲輪

히메지 성 북쪽에 위치한 활처럼 둥글게 휜 창고 건물. 일본의 다른 성에서는 보기 힘든 진귀한 형태가 눈길을 끈다. 성 남쪽에 비해 방어가 취약한 단점을 보완하고자 절벽 위에 긴 성벽을 쌓은 것이 시초이며, 곡선 형태를 이룬 것은 이곳의 지형에 맞춰 건물을 지었기 때문이다. 히메지 성을 인체에 비유하면 이곳이 딱 허리(腰) 부분에 해당해 지금의 이름이 붙었다.

700여 톤에 달하는 막대한 양의 쌀과 소금을 비축할 수 있으며 장기 농성에 대비해 만든 우물도 보인다. 일반인의 입장이 금지돼 바깥쪽에서 외관만 살펴볼 수 있다.

성에서 필요한 물품을 보관하던 코시쿠루와

11 미즈노몬
水の門

텐슈카쿠로 이어진 최후의 관문. 성벽과 담에 둘러싸인 좁은 통로와 입구가 작은 다섯 개의 문이 연달아 이어진다. 일본어로 물의 문을 뜻하는 미즈노몬이란 이름은 텐슈카쿠에서 필요한 식수를 이 길을 통해 공급했기 때문이라는 설, 화재를 막기 위한 주술적 목적으로 물이란 이름을 붙였다는 설, 눈에 잘 띄지 않는다는 뜻의 일본어 '미즈 見ず'에서 유래했다는 설 등 다양하지만 정확한 유래는 아무도 모른다.

좁은 통로와 문이 이어지는 미즈노몬

미즈노몬 옆으로는 텐슈카쿠의 가파른 성벽이 이어진다

12 텐슈카쿠
天守閣

히메지 성의 핵심부이자 아름다운 자태를 뽐내는 건물. 지상 6층, 지하 1층의 웅장한 성채는 토요토미 히데요시가 처음 세운 것(1581년)을 이케다 테루마사가 넘겨받아 지금의 모습으로 증축했다. 내부로 들어가면 두 개의 거대한 나무 기둥이 높이 35m의 텐슈카쿠를 떠받치고 있는 경이로운 광경이 펼쳐진다. 동쪽과 서쪽에 각각 하나씩 지름 1m의 기둥을 세웠는데, 동쪽 기둥 東大柱은 길이 24.6m의 나무를 통째로 다듬어서 만들었다.

좁고 가파른 나무 계단을 따라 6층까지 오르면 히메지 일대는 물론, 날씨가 좋을 때는 세토나이카이 瀬戸内海의 섬까지 보이는 멋진 전망대가 나타난다. 전망대에 있는 조그만 신사는 증축 공사 당시 성 밖으로 이전시켰으나, 신의 저주가 두려워 다시 성내로 들여왔다고 한다.

웅장한 위용을 뽐내는 텐슈카쿠

무기를 보관하던 텐슈카쿠의 내부

텐슈카쿠 6층 전망대에서 바라본 히메지 성

#close up

13 하라키리마루
腹切丸

공식 명칭이 타이카쿠야구라 帶郭櫓인 건물. 할복 장소를 뜻하는 하라키리마루라는 이름으로 더 잘 알려져 있다. 공터는 할복 장소, 담장 옆의 석판은 시신 검사대, 그 옆의 우물은 시신 씻는 물을 긷는 곳이라는 소문이 퍼져 지금의 이름으로 불리게 됐다고.

하지만 실제로 할복이 행해진 적은 한 번도 없다. 실제로 이곳은 성의 후문을 지키는 검문소이자, 성 남쪽에서 공격해 오는 적을 제압하는 초소의 역할을 했다. 일반인의 출입은 불가능하며 바깥쪽에서 외관만 살펴볼 수 있다.

히메지 성의 방어를 담당하던 하라키리마루

14 오키쿠 우물
お菊井戸

접시 세는 유령의 전설이 전해오는 오래된 우물. 1505년 히메지 성의 성주 코테라 노리모토 小寺則職는 자신의 심복인 아오야마 텟산 青山鉄山의 반란으로 성을 빼앗겼다. 하지만 아오야마 가문의 하녀인 키쿠 菊의 도움으로 목숨을 구할 수 있었다.

이 사실에 격분한 아오야마 텟산은 가보로 내려오는 열장의 접시 가운데 한 장을 몰래 감추고 접시가 사라진 책임을 물어 키쿠를 이 우물에 던져넣어 죽였다. 그 후 밤이면 밤마다 우물에서 접시 수를 세는 키쿠의 가녀린 목소리가 들리기 시작했다. 그러나 나중에 코테라 노리모토의 충복이자 키쿠의 약혼자인 키누가사 모토노부 衣笠元信가 원수를 갚고 키쿠를 신으로 모시면서 더 이상 그녀의 목소리가 들리지 않게 됐다고 한다.

접시 세는 귀신의 전설이 전해오는 오키쿠 우물

15 카가미이시
鏡石

성의 반대쪽 출입문인 누노몬 ぬの門 앞의 성벽에 박힌 두 개의 거석. 성을 드나드는 이를 압도할 목적과 악한 기운이 침입하는 것을 막는 주술적인 목적이 담겨 있다. 두 개의 카가미이시 사이에 길쭉한 돌을 세로로 박아 넣은 모습이 마치 사람의 얼굴처럼 보이기도 한다.

카가미이시는 누노몬을 바라볼 때 왼쪽 성벽에 있다

히메지 성의 역사를 보여주는 기와 문장

히메지 성 곳곳을 장식한 수만 장의 기와에는 300여 년에 걸쳐 히메지 성을 통치한 이들의 가문을 상징하는 문장(紋章)이 새겨져 있다.

문장은 시기별로 모양이 다른데 11개의 열매가 달린 오동잎 문장은 히메지 성에 처음으로 텐슈카쿠를 세운 하시바 羽柴 가문(1580년), 17개의 열매가 달린 오동잎 문장은 토요토미 히데요시의 사돈인 키노시타 木下 가문(1585년), 호랑나비 문장은 현재의 히메지 성을 세운 이케다 池田 가문(1600년), 접시꽃 문장은 히메지 성을 완성시킨 혼다 本多 가문(1617년), 벗풀 문장과 세 마리의 올챙이 문장은 토쿠가와 이에야스의 친척인 마츠다이라 가문(1639년), 차바퀴 문장은 히메지의 발전에 지대한 공을 세운 사카키바라 榊原 가문(1649년), 검꽈리 문장은 120년 동안 히메지의 성주로 군림한 사카이 酒井 가문(1749년)을 상징한다.

마츠다이라 가문의 문장을 새긴 기와

info plus

01 효고 현립 역사박물관
兵庫県立歴史博物館

♦ 10:00~17:00
♦ 휴관 월요일, 12/29~1/3
♦ 200엔, 대학생 150엔, 고등학생 이하 무료 ♦ 산요히메지 山陽姫路 역(SY43)에서 도보 30분. 또는 히메지 성 루프 버스 하쿠부츠칸마에 博物館前 하차.

히메지의 역사를 소개하는 박물관. 히메지 성을 현대적으로 재해석한 디자인의 흰색 건물이 인상적이다. 건물 설계는 일본의 유명 건축가 단게 겐조 丹下

健三(1913~2005)가 맡았다. 내부는 1·2층으로 구성돼 있으며, 주요 전시물은 원시시대부터 현대에 이르는 효고 현의 역사를 소개하는 자료다.
무료로 개방된 1층에는 히메지 성의 건축 구조를 살펴보는 정밀 축소 모형, 수십 년에 걸친 성의 수리 과정을 소개하는 극장, 옛 민가를 재현한 민나노이에 みんなの家 등의 코너가 있다. 민나노이에에서는 추첨으로 공주의 기모노나 사무라이의 갑옷을 입어 보는 이벤트도 열린다 (10:30·13:30·15:30).

02 히메지 시립 미술관
姫路市立美術館

♦ 10:00~17:00 ♦ 210엔
♦ 휴관 월요일, 12/28~1/3
♦ 산요히메지 山陽姫路 역(SY43)에서 도보 28분. 또는 히메지 성 루프 버스 비쥬츠칸마에 美術館前 하차.

육군 병기고를 리모델링해 만든 미술관. 히메지 성의 텐슈카쿠와 나란히 선 붉은 벽돌 건물이 멋스럽다. 효고 출신 화가의 일본화 작품과 클로드 모네·카뮈·피사로 등 유럽 화가의 유화·동판화·조각 작품을 전시한다.

01 사누키우동 멘메
讃岐うどん めんめ

♦ 750엔~ ♦ 11:30~16:00
♦ 휴업 화·일요일 ♦ 산요히메지 山陽姫路 역(SY43)에서 도보 12분.

#쫄깃한 면발의 사누키 우동 전문점. 매일매일 직접 뽑는 면과 정성껏 우려낸 육수를 사용해 맛난 우동을 만든다. 깔끔하면서도 깊이 있는 국물이 입맛을 다시게 한다.
#멘메 우동 めんめうどん 850엔 우동 위에 카츠오부시·파·날계란을 수북이 얹은 간판 메뉴.

02 요쇼쿠야 와타나베
洋食屋 ワタナベ

♦ 1,320엔~ ♦ 휴업 수요일
♦ 11:30~14:30, 18:00~21:00
♦ 산요히메지 역(SY43) 도보 14분.

#현지인이 즐겨 찾는 경양식집. 수제 데미글라스 소스가 맛있기로 정평이 나있다. 오픈과 동시에 긴 줄이 늘어서며 재료가 떨어지면 바로 문을 닫는다.
#돈가스 ポークカツレツ (포크카츠레츠) 1,320엔~
#오므라이스 オムライス 1,320엔~

03 세키신
赤心

♦ 870엔~ ♦ 11:00~15:00
♦ 휴업 월·목요일 ♦ 산요히메지 山陽姫路 역(SY43)에서 도보 5분.

#Since 1937 히메지 토박이에게 인기가 높은 맛집. 6명만 들어가도 꽉 차는 조그만 식당이지만, 연일 문전성시를 이룬다.
#돈가스 세트 トンカツ Set 1,430엔, 돈가스·부타지루·밥이 나오는 세트 메뉴. 바삭한 돈가스와 구수한 부타지루(돼지고기 된장국)의 조합이 훌륭하다.

#6

KOYASAN

고야산 퀵 가이드
오사카 → 고야산
시내교통

고야산

고야산
퀵 가이드

☑ 여행 포인트
고야산의 역사가 녹아든
유서 깊은 사찰과
고즈넉한 참배로가 인기 명소.

☑ 여행 기간
규모가 작아 하루면 충분히
돌아볼 수 있다. 단, 오사카에서
왕복 3시간 30분 걸린다.

☑ 베스트 시즌
늦봄~초가을이 여행의 최적기.
고산지대라 겨울에는 돌아다니기
불편하다.

#must know

고야산은 어떤 곳?

고야산은 오사카 남부의 와카야마 현 和歌山県에 자리한 아담한 산악도시다. 해발 800m의 고지에 위치하며 주위는 1,000m급의 험준한 고봉에 둘러싸여 글자 그대로 두메산골이나 다름없다. 마치 세상에서 온전히 격리된 듯한 이곳에는 지난 1,200년에 걸쳐 세워진 100여 개의 크고 작은 사찰이 모여 있다.

이곳에 사람의 발길이 닿기 시작한 때는 9세기 초반이다. 당나라에서 구법 여행을 통해 진언종을 받아들인 승려 쿠카이 空海가 사가 嵯峨 일왕에게 고야산을 하사받아 이 일대를 진언종의 성지로 조성하기 시작한 것이다. 뜻을 같이 한 제자들과 함께 불교의 이상향을 현세에 재현하려 한 쿠카이의 노력은 20여 년이나 이어졌다.

하지만 그의 바람은 뜻대로 이루어지지 못했다. 워낙 산세가 험해 왕래가 힘들었던 탓에 공사가 제대로 진행되지 못한 것. 40여 년에 걸쳐 지어진 초기의 사찰과 가람도 994년의 화재로 모두 불타 없어지자 쿠카이의 유지를 받들던 승려들은 고야산을 등진 채 모두 하산하고 말았다.

이후 100년 동안 버림받은 고야산은 11세기에 들어 다시금 세인의 관심을 끌기 시작했다. 불교에 심취한 일왕들이 이곳을 참배하기 시작하자 점차 사원이 증가하고, 고야산으로 출가하는 귀족과 무사가 급증하면서 그들을 위한 암자와 편의시설이 갖춰져 어느새 거대한 불교의 도시 고야산을 만들어낸 것이다.

이러한 움직임은 후대에도 영향을 미쳐 일본을 통일한 오다 노부나가 · 토요토미 히데요시 등의 권력자가 자신의 묘소를 여기에 마련했고, 고승 쿠카이가 입적한 곳이라는 사실이 세간에 알려지자 '극락으로 통하는 지름길'이라는 믿음으로까지 이어져 지금도 신자와 참배객의 발길이 끊이지 않는다.

천 년 고찰 단상가람

고야산 즐기기

주요 볼거리는 도시 전체에 가득한 여러 사찰이다. 원시림을 연상케 하는 울창한 숲속에 유서 깊은 사찰이 모여 있어 차분한 종교 도시의 분위기를 만끽할 수 있다.

주의할 점은 산중 깊숙한 곳에 자리한 도시라 평지보다 기온이 상당히 낮다는 것이다. 여름에는 선선해서 좋지만 봄 · 가을 · 겨울에는 추위가 만만치 않다는 사실에 주의하자. 딱히 이렇다 할 먹거리나 쇼핑 아이템은 없으니 이에 대한 관심은 애초에 가지지 않는 것이 정신 건강에 이롭다.

슈쿠보 체험 宿坊体験

고야산에는 우리나라의 템플 스테이처럼 절에 머물 수 있는 '슈쿠보 宿坊'가 있다. 오랜 역사를 자랑하는 사찰 건물과 아름답게 가꾼 정원 등 색다른 볼거리가 눈길을 끌며, 아침 · 저녁으로는 사찰 음식인 '쇼진 요리 精進料理'가 제공된다.

지묘인 持明院

850년의 역사를 자랑하는 사찰. 전국시대의 다이묘 아사이 浅井 가문에 의해 창건됐다. 소박하지만 멋스러운 정원이 있다.

♦ 1박 2식 1만 2,100엔~

콘고산마이인 金剛三昧院

9세기 무렵 창건된 선종 사찰. 국보로 지정된 다보탑을 비롯해 중요문화재로 지정된 목조 건물이 아름답다.

♦ 1박 2식 1만 엔~

후쿠치인 福智院

800여 년의 역사를 가진 사찰. 고야산에서 가장 큰 규모를 갖춘 슈쿠보이며, 유일하게 천연 온천수를 사용하는 노천온천을 갖췄다.

♦ 1박 2식 1만 5,500엔~

소지인 総持院

오랜 역사가 느껴지는 고색창연한 외양과 달리 현대적인 슈쿠보 시설을 갖춘 사찰. 작지만 온천 시설도 딸려 있다.

♦ 1박 2식 2만 9,000엔~

#must know

오사카에서
고야산으로

- ☑ 고야산은 오사카에서 남쪽으로 80㎞ 떨어진 고산지대에 있다.

- ☑ 유일한 교통편은 미나미에서 출발하는 난카이 전철이다.

- ☑ 교통비가 많이 든다. 교통비를 절약하려면 칸사이 스루 패스를 활용하는 것이 좋다.

난카이 전철 南海電鉄

오사카에서 고야산까지 직행편은 없다. 도중의 고쿠라쿠바시 極楽橋 역(NK86)에서 케이블카로 갈아타고 가야 한다. 고쿠라쿠바시 역까지는 특급 特急·쾌속급행 快速急行·급행 急行 열차가 운행된다. 특급열차는 안락한 좌석에 전망 데크까지 설치돼 있지만, 특정일에만 운행하고 요금도 비싸다. 저렴하게 이동하려면 조금 불편하더라도 쾌속급행 또는 급행열차를 이용한다.

난카이 난바 역→고쿠라쿠바시 역

칸사이 스루 패스 사용 가능
(특급열차 이용시 추가요금 790엔 필요)
특급 80분 1,720엔
쾌속급행 100분 930엔

고쿠라쿠바시 역→고야산 역

케이블카 5분 500엔

난카이 난바·신이마미야 역→고쿠라쿠바시 역

난카이 난바 難波 역(NK01)의 1~4번 플랫폼 또는 신이마미야 新今宮 역(NK03)의 1번 플랫폼에

난카이 전철 쾌속급행

케이블카

서 출발하는 고쿠라쿠바시 極楽橋·고야산 高野山 행 쾌속급행 열차를 타고 종점인 고쿠라쿠바시 極楽橋 역(NK86)에서 내린다.
직행열차가 없을 때는 같은 플랫폼에서 출발하는 하시모토 橋本 행 급행열차를 타고 종점인 하시모토 橋本 역(NK77)까지 간 다음(55분), 고쿠라쿠바시 極楽橋 행 열차로 갈아타고 종점인 고쿠라쿠바시 역에서 내린다(45분).

고쿠라쿠바시 역→고야산 역

고쿠라쿠바시 역~고야산 高野山 역(NK87)은 급경사 구간이라 일반 열차 대신 케이블카가 운행된다. 난바에서 타고 온 열차에서 내려 진행방향 오른쪽으로 가면 케이블카 승강장이 바로 연결된다. 케이블카의 종점인 고야산 역에서 내려 개찰구를 나오면 바로 앞에 고야산의 주요 명소를 연결하는 버스 터미널이 있다.

주의하세요

난카이 전철의 고쿠라쿠바시 행 열차 가운데 일부는 도중의 하시모토 역(NK77)에서 열차가 두 개로 분리돼 앞쪽 차량만 고쿠라쿠바시 역까지 간다. 열차를 탈 때는 반드시 앞쪽 차량을 이용하자.

#must know

☑ 고야산 역~고야산 입구는 보행자 출입이 금지된 버스 전용도로만 있다.

☑ 칸사이 스루 패스 소지자는 버스를 자유로이 이용할 수 있다.

☑ 버스 요금이 의외로 비싸다. 패스가 없다면 1일권을 구입하는 것이 경제적이다.

버스 バス

케이블카의 종점인 고야산 역에서 본격적인 여행이 시작되는 고야산 입구까지는 보행자와 일반 차량의 출입이 금지된 버스 전용도로가 이어진다. 또한 고야산 자체가 마냥 걸어서 돌아보기에는 은근히 넓어 버스 이용이 필수적이다. 노선이 무척 단순해 버스 이용에 큰 어려움은 없다.

버스 터미널은 고야산 역 바로 앞에 있다. 승강장이 3개 있는데, 2번 정류장에서는 고야산의 동쪽인 오쿠노인 奧の院으로 가는 버스, 3번 정류장에서는 고야산의 서쪽인 단상가람 壇上伽藍·다이몬 大門으로 가는 버스가 출발한다.

고야산 중심부에 위치한 단상가람·콘고부지로 갈 때는 2·3번 정류장에서 출발하는 버스를 모두 이용할 수 있지만, 동쪽 끝에 위치한 오쿠노인·오쿠노인 참배로로 갈 때는 2번 정류장에서 출발하는 버스를 타야 한다.

◆ 운행 06:25~21:00 ※정류장마다 운행 시간이 다르며 운행 간격이 뜸하다.
◆ 요금 1회 270~510엔, 1일권 1,100엔
※칸사이 스루 패스 사용 가능

버스 이용하기

버스 요금은 거리에 비례해 오르며 내릴 때 낸다. 주의할 점은 버스 이용법이 우리나라와 조금 다르다는 것. 뒷문으로 타며 이때 문 옆의 발권기에서 '세이리켄 整理券'이라는 번호표를 뽑는다. 그리고 목적지에 도착하면 벨을 눌러 버스를 세운 뒤, 운전석 옆의 전광판에 적힌 번호와 자신이 가진 세이리켄의 번호가 일치하는 칸에 표시된 요금을 낸다. 거스름돈을 주지 않으니 정확한 금액을 내야 한다. 잔돈이 없을 때는 요금함에 달린 동전 교환기를 이용한다.

이코카 등 교통카드 이용시에는 탈 때와 내릴 때 각각 한 번씩 카드를 찍는다. 칸사이 스루 패스는 내릴 때 카드 뒷면에 찍힌 사용일자를 운전사에게 보여주면 된다.

버스 터미널이 위치한 고야산 역

고야산
高野山

2004년 도시의 대부분이
유네스코 세계문화유산으로 지정된 고야산은
일본에서도 손꼽히는 종교의 도시다.
1,200년에 걸쳐 불교의 한 종파인 진언종의
성지로 가꿔진 이곳에는 지금도 100여 개의
크고 작은 사찰이 모여 있으며, 일본에서
가장 유명한 승려인 쿠카이가 입적한 곳이라 해서
그를 흠모하는 신자와 수행자가 끊임없이
모여들고 있다.

볼거리 ★★★☆☆   먹거리 ★☆☆☆☆
쇼 핑 ★☆☆☆☆   유 흥 ☆☆☆☆☆

ACCESS

사철 난카이 전철의 고야산 高野山 역(NK87) 하차. 역을 나와 왼쪽으로 가면 고야산 중심부를 연결하는 버스 터미널이 있다. 역에서 고야산 중심부의 단상가람까지는 버스로 14분, 동쪽 끝의 오쿠노인까지는 18분 걸린다.

best
course 6시간~

1 케이블카 고야산 역

버스 14분

2 단상가람

도보 10분

3 콘고부지

버스 7분

4 오쿠노인 참배로

도보 20분

5 오쿠노인

#must see

▌단상가람
壇上伽藍

◆ 경내 일출~일몰. 금당·근본대탑 08:30~17:00 ◆ 경내 무료, 금당 500엔, 근본대탑 500엔 ◆ 다이몬 행 버스 콘도마에 金堂前 하차. 또는 오쿠노인마에 행 버스 센쥬인바시 千手院橋 하차, 도보 5분.

1~6 진언종을 개창한 승려 쿠카이 空海(774~835)에 의해 창건된 사찰. 단상 壇上이란 진언종의 본존으로 우주의 근본을 상징하는 부처인 대일여래 大日如来를 모시는 곳이자 수행의 장을 의미한다.

단상가람이 처음 조성되기 시작한 때는 816년이다. 고야산을 오가며 수행을 거듭하던 쿠카이가 사가 嵯峨 일왕에게 토지를 하사받아 진언종의 도장 道場을 설립한 것. 그는 높은 봉우리에 둘러싸인 고야산 일대를 팔엽연화 八葉蓮花(여덟 장의 잎을 가진 연꽃으로 만다라를 상징)로 보고 이곳에 만다라의 세계를 구현코자 했다.

하지만 워낙 교통이 불편해 사찰 건립에 난항을 겪었으며 실질적으로 가람이 제 모습을 갖춘 것은 11세기에 들어서였다. 당시에는 단상가람을 비롯해 고

야산 일대에 2,000여 개의 불당이 세워졌다고 한다. 수차례의 화재로 소실과 재건이 반복된 탓에 현재 단상가람에는 금당을 포함 19개의 불당과 탑만 남아 있다.

3 금당 金堂은 고야산에 있는 사찰의 총본산이다. 단상가람의 건물 가운데 가장 먼저 지어졌으며 고야산의 주요 법회가 모두 여기서 열린다. 현재의 건물은 1934년 재건됐으며 내부는 검은색과 금색, 그리고 섬세한 불화로 장엄하게 장식했다. 단상가람의 정중앙에 위치한 근본대탑 根本大塔은 진언종의

#must see

'근본'을 상징해 지금의 이름이 붙었다.

1 3 현재의 탑은 1937년 복원한 것이며 높이는 48.5m다. 내부에는 이성(理性)을 상징하는 태장계 대일여래와 지혜를 상징하는 금강계 사불(四佛)을 모셨고, 16개의 기둥에 16보살상을 그려 작은 만다라를 표현했다. 본존으로 부동명왕을 모시는 부동당 不動堂은 고야산에서 가장 오래된 건물(1197년)이며 현재 국보로 지정돼 있다. 12세기에 제작된 부동명왕상 역시 중요문화재다.

2 단상가람 서쪽에 위치한 서탑 西塔은 887년에 처음 세워졌으나 네 번이나 소실돼 1834년 지금의 모습으로 재건했다. 외부에 20개, 내부에 12개, 중심부에 5개 등 총 37개의 기둥이 있으며 이는 진언종의 금강계 37불(佛)을 의미한다.

4 1594년 재건된 산노인 山王院에서는 일본 토착신앙인 신토 神道의 세 신(神)을 모신다. 쿠카이가 단상가람을 개창할 당시 불교와 일본 토착신앙을 융합시키고자 고야산의 산신(山神)을 섬기기 시작한 것이 유래이며, 지금도 신을 모시는 제례가 수시로 열린다.

쿠카이는 누구?

코보 대사 弘法大師라고도 부르는 쿠카이 空海(774~835)는 헤이안 시대 초기의 승려로 일본에 진언종을 전파한 인물이다. 어려서부터 학문에 능했으며 20대 초에 불교·유교·도교의 비교사상론을 설파할 만큼 종교와 학문에 심취해 있었다.

804년 유학승으로 당나라에 건너가 진언종을 받아들였고, 806년 일본으로 돌아와 민간과 귀족 사회에 진언종을 전파했다. 62세를 일기로 오쿠노인에서 입적했지만,

5 지금도 고야산을 찾는 신자들은 그가 오쿠노인에 살아 있다고 믿는다.

#must see

오쿠노인
奥之院

♦ 일출~일몰 ♦ 무료 ♦ 오쿠노인마에 행 버스의 종점인 오쿠노인마에 奥の院前 하차, 도보 20분.

1 쿠카이가 입적한 사당. 정식 명칭은 오쿠노인 코보다이시고묘 奥之院弘法大師御廟다. 아름드리 삼나무에 둘러싸인 사당의 처마에는 색색의 천이 드리워져 있으며, 건물 안쪽 천장에는 아련한 불빛이 새어나오는 수백 개의 등롱이 걸려 있어 신비로운 분위기를 자아낸다. 건물 뒤로 돌아가면 진한 향 연기가 가득한 납골당과 쿠카이의 묘소가 보인다. 항상 참배객으로 북적이는 묘소의 문은 초록빛 이끼로 뒤덮여 있으며, 그 앞은 황금 연꽃으로 장식해 놓았다. 아직도 수많은 신자들은 쿠카이가 여기서 명상 중이라고 믿는다.

2 3 오쿠노인으로 들어가기 직전의 다리인 고묘하시 御廟橋 오른쪽에는 불상에 물을 끼얹으며 고인의 넋을 기리는 미즈무케 지장보살 水向地藏, 고묘하시를 건너 조금 들어간 곳 왼쪽에는 소원을 비는 돌인 미륵석 弥勒石이 있다.

콘고부지
金剛峯寺

♦ 08:30~17:00 ♦ 1,000엔
♦ 콘고부지마에 金剛峯寺前 또는 센쥬인바시 千手院橋 정류장 하차.

4 고야산의 117개 사찰을 총괄하는 중심 사찰. 주전 主殿은 1863년 재건된 서원양식의 건물로 동서 54m, 남북 63m의 으리으리한 규모를 자랑한다. 긴 복도를 따라 걸으며 장지문에 그려진 아름다운 수묵화를 감상할 수 있다. **5** 일본 최대의 카레산스이 정원, 반류테이 蟠龍庭가 특히 유명하다.

#must see

오쿠노인 참배로
奥の院参道

♦ 일출~일몰 ♦ 무료 ♦ 오쿠노인마에 행 버스 오쿠노인구치 奥の院口 또는 종점인 오쿠노인마에 奥の院前 하차.

1~7 쿠카이가 입적한 오쿠노인까지 이어지는 2km의 참배로. 이치노하시 一の橋(오쿠노인구치 정류장)~오쿠노인 奥之院~나카노하시 안내소 中の橋案内所(오쿠노인마에 정류장)를 연결하는 'ㅅ'자 모양을 하고 있다.

3 아름드리 삼나무가 빽빽히 자라는 참배로 양 옆에는 20만 기로 추정되는 엄청난 수의 묘비가 두꺼운 이끼를 뒤집어쓴 채 서있다. 여기에 묘를 쓰면 극락으로 갈 수 있다는 믿음 때문에 수백 년에 걸쳐 귀족에서 서민에 이르기까지 각양각층의 사람들이 앞 다퉈 묘비를 세웠다.

1 서쪽의 이치노하시~오쿠노인 구간에는 옛날 묘비가 많은데 오다 노부나가 織田信長·토요토미 히데요시 豊臣秀吉·타케다 신겐 武田信玄·센히메 千姫 등 일본사에 등장하는 유명인의 묘비가 다수 눈에 띈다.

5~7 동쪽의 나카노하시 안내소~오쿠노인 구간에는 최근에 조성된 묘역과 공양탑이 모여 있다. 커피 회사 UCC에서 순직한 직원의 넋을 기리는 커피 잔 모양의 공양탑이나 항공 회사에서 세운 로켓 모양 공양탑처럼 재미난 것이 있는가 하면, 한복을 입은 인물상과 거북 모양의 공양탑을 세워 이역만리 타향에서 고향을 그리워하는 재일교포의 넋을 기리는 묘역도 있어 숙연함을 느끼게 한다.

전체를 보려면 이치노하시 → 오쿠노인→나카노하시 안내소 또는 그 역방향으로 돌아보면 되며 2시간 쯤 걸린다.

info plus

❶ 다이몬
大門

♦ 다이몬 大門 행 버스 종점 하차.

높이 25.1m의 주홍빛 문. 키슈 紀州 지방에서 가장 큰 누문(樓門) 양식의 건축물이다. 고야산 분지의 서쪽 끝에 위치해 도로가 개통되기 전까지는 고야산의 정문 역할을 했다.

이 문은 토쿠가와 바쿠후의 5대 쇼군 토쿠가와 츠나요시 德川綱吉(1646~1709)가 7년이란 시간을 들여 1705년에 완공했다. 1965년 중요문화재로 지정됐으

며, 1982~1984년 수리를 거쳐 지금의 모습으로 복원시켰다. 처마 밑에는 빨강·파랑·노랑으로 치장한 물결무늬 장식과 꽃문양·학·잉어가 조각돼 있으며, 화려한 단청을 입힌 동물·식물 조각이 눈길을 끈다. 문 양쪽의 인왕상은 험상궂은 표정과 세밀한 근육 표현이 인상적이다.

해발 900m의 고지대라 전망이 무척 좋은데 맑을 때는 수십km 떨어진 아와지시마 淡路島와 시코쿠 四国까지 보인다. 노을 질 때의 풍경도 제법 아름답다.

❷ 고야산 레이호칸
高野山霊宝館

♦ 08:30~17:30, 11~4월 08:30~17:00 ♦ 휴관 연말연시 ♦ 1,300엔 ♦ 다이몬 행 버스 레이호칸마에 霊宝館前 하차.

고야산에 전해 내려오는 여러 불교 미술품을 소개하는 박물관. 전통 사찰양식의 건물은 1920년 완공됐으며 현재 유형문화재로 지정돼 있다. 국보 21점을 비롯해 불상·탱화·경전·고문서 등 5만 점에 달하는 미술품을 소장·전시한다.

❸ 카루카야도
苅萱堂

♦ 오쿠노인마에 행 버스 카루카야마에 苅萱堂前 하차.

일본의 불교 설화 카루카야 쇼닌 苅萱上人의 이야기를 전하는 사당. 지방 관리 출신의 카루카야 쇼닌이 속세의 무상함을 깨닫고 가족을 등진 채 불가에 귀의한 뒤, 그의 아들 또한 그를 스승으로 모시며 불가에 귀의한다는 내용을 담은 여러 장의 그림이 사당을 빙 둘러가며 스토리 순서대로 걸려 있다.

❹ 토쿠가와 영묘
徳川家霊台

♦ 08:30~17:00 ♦ 200엔 ♦ 다이몬 행 또는 오쿠노인마에 행 버스 나미키리부도마에 浪切不動前 하차.

토쿠가와 이에야스와 그의 아들 히데타다를 신으로 모시는 묘소. 1633년부터 6년에 걸쳐 조성된 묘소는 규모는 작지만 살아생전 그들의 막강한 권세를 상징하듯 무척 화려하게 꾸며졌다. 건물 중요부에는 모두 금박을 입혔으며 난간과 처마는 섬세한 조각으로 장식했다.

❺ 여인당
女人堂

♦ 08:30~17:00 ♦ 무료 ♦ 다이몬 행 또는 오쿠노인마에 행 버스 뇨닌도마에 女人堂前 하차.

고야산으로 들어가는 7개의 출입구 가운데 하나. 고야산은 19세기 말까지 1,000년 동안 여인의 출입을 철저히 금했기 때문에 이곳을 찾는 여인은 모두 여인당까지만 접근이 허락됐다. 참배하러 온 이조차 여인당에서 오쿠노인을 향해 예를 올리는 것만 허용됐다.

travel plus

고양이 역장이 지키는 키시 역

한적한 시골마을에 위치한 초미니 무인역. 나른한 표정으로 손님을 맞는
귀요미 고양이 역장을 만나고자 전 세계의 애묘인이 모여든다.

**JR·사철
1시간 40분**

01 키시 역
貴志駅

1 7 깜찍한 고양이 역장이 근무하는 무인역. 유명세를 타기 시작한 때는 초대 역장 타마 たま가 근무하던 2006년이다.

5 만년 적자노선이라 폐선 위기에 처했던 이 역은 '길고양이와의 만남'을 계기로 기사회생했다. 키시 역 보수공사 중 길고양이가 모여 살던 창고가 철거되면서 갈 곳 잃은 고양이를 역에서 돌보기로 했는데, 이때 눈에 띈 고양이가 바로 타마다. 아예 역장으로 스카웃(?)하고 키시 역의 마스코트로 삼으면서 타마를 보러 오는 승객이 급증해 비로소 적자노선의 늪에서 벗어나게 됐다고.

2 3 6 엄청난 인기에 힘입어 2010년에는 고양이 모양의 역사(驛舍)가 신축됐으며, 고양이 역장실·기념품숍·고양이 신사 등 재미난 볼거리도 추가됐다.

4 2015년 타마가 무지개다리를 건넌 뒤로도 전통이 이어져 지금은 3대 역장 타마 2세가 근무중이다.

◆ JR 텐노지 역 4~8번 플랫폼에서 와카야마 和歌山 행 쾌속열차를 타고 와카야마 和歌山 역(JR-R54) 하차(70분, 900엔, JR 패스 사용 가능). 와카야마 전철 わかやま電鉄로 갈아타고 종점 키시 貴志 역 하차(30분, 410엔).

◆ 난카이난바 역 5~7번 플랫폼에서 와카야마시 和歌山市 행 급행열차를 타고 와카야마시 和歌山市 역(NK45) 하차(70분, 970엔, 칸사이 스루 패스 사용가능). JR로 갈아타고 와카야마 和歌山 역(JR-R54) 하차(8분, 190엔) 후 와카야마 전철로 갈아타고 종점 키시 貴志 역 하차(30분, 410엔).

travel plus

1 2 3

4 5

눈처럼 새하얀 시라라하마 해변

포카리스웨트 광고를 연상시키는 순백의 해변과 푸른 바다가 펼쳐진다. 그림 같은 풍경 속에서 여유로운 시간을 보내는 것도 멋진 추억이 될 듯!

JR 2시간 10분

01 시라하마
白浜

◆ JR 텐노지 天王寺 역에서 특급열차를 타고 시라하마 白浜 역 하차 (2시간 10분, 6,210엔, JR 칸사이 와이드 패스 사용가능).

1~**5** 칸사이 남부의 유서 깊은 온천 마을이자 와카야마 和歌山를 대표하는 리조트 단지. 해변을 따라 늘어선 호텔·온천여관 가운데는 붉은 노을 속에서 온천욕을 즐길 수 있는 로맨틱한 노천온천이 딸린 곳도 있다.

02 시라라하마 해변
白良浜

◆ JR 시라하마 역에서 버스 12분.

4 새하얀 모래사장이 600m나 이어지는 해변. 고운 모래와 수정처럼 맑은 바다 때문에 일본에서도 손꼽히는 해수욕장이다.
3 인근에는 석양이 아름다운 엔게츠토 円月島, 코발트 빛 바다를 향해 드넓은 사암지대가 펼쳐진 센죠지키 千畳敷, **1** 웅장한 해안절벽과 해식동이 볼 만한 산단베키 三段壁 등의 명소도 있다.

03 사키노유
崎の湯

◆ 08:00~18:00, 7·8월 07:00~19:00, 10~3월 08:00~17:00
◆ 휴업 악천후시 ◆ 500엔

5 바다와 나란히 이어진 노천온천. 1,000여 년 전부터 치료 목적으로 이용됐다. 바로 코앞이 바다라 바람이 심할 때는 거친 파도가 온천 안으로 밀려들기도 한다. 최소한의 가림막을 제외하고는 사방이 뻥 뚫린 완전한 노천온천이란 사실을 절대 잊지 말 것!

travel plus

유서 깊은 순례지 나치카츠우라

첩첩산중에 천 년 고찰과 신사가 자리한 나치카츠우라 那智勝浦는 오랜 동안 성지로 추앙받아온 곳이다. 고즈넉한 분위기와 온천을 즐기며 여유로운 시간을 보내자.

JR 3시간 30분

01 망귀동 온천
忘帰洞

♦ 09:00~19:00 ♦ 1,500엔
♦ JR 텐노지 역에서 특급을 타고 키이카츠우라 紀伊勝浦 역 하차 (3시간 30분, 7,860엔, JR 칸사이 와이드 패스 사용가능), 도보 10분.

1 4 높이 15m, 길이 50m의 천연 동굴 온천. 이름 그대로 '돌아가는 것도 잊을' 만큼 운치가 넘친다. 욕조 바로 앞까지 밀려드는 거친 파도와 웅장한 파도 소리가 특별한 경험을 선사한다.

02 다이몬자카
大門坂

♦ JR 키이카츠우라 紀伊勝浦 역에서 버스를 타고 다이몬자카츄샤죠 大門坂駐車場 또는 다이몬자카 大門坂 하차(20분).

2 3 쿠마노나치타이샤로 이어지는 순례자의 길. 수령 800년의 삼나무 거목이 가파른 언덕을 따라 긴 터널을 이루며 길이는 약 1.3km대(도보 35분). 8세기의 순례자 복장을 하고 길을 걷는 독특한 체험(유료)도 가능하다.

03 쿠마노나치타이샤
熊野那智大社

♦ 07:00~16:30 ♦ 200엔
♦ 키이카츠우라 紀伊勝浦 역에서 버스를 타고 나치야마 那智山 하차(30분).

5 유네스코 세계문화유산으로 등재된 신사. 4세기 무렵 창건됐다. 산 중턱에 위치한 경내에서는 하얀 물줄기가 실타래처럼 쏟아져 내리는 높이 133m의 나치 폭포와 나치산 세이간토지 那智山青岸渡寺의 삼층탑이 한데 어우러진 그림 같은 풍경을 감상할 수 있다.

travel plus

온천 휴양지 키노사키온센

1,400여 년의 역사를 가진 유서 깊은 온천의 고장. 예스러운 온천이 여행의 묘미를 더하며, 게 산지로 유명해 제철인 가을~겨울에는 미식 여행을 즐기기에도 좋다.

JR
2시간
45분

01 키노사키온센
城崎温泉

◆ JR 오사카 역에서 특급열차를 타고 키노사키온센 城崎温泉 역 하차 (2시간 45분, 5,940엔).

1~**6** 손바닥 만하다는 표현이 꼭 들어맞는 조그만 온천 마을. 마을 끝에서 끝까지의 거리가 2km에 불과해 쉬엄쉬엄 산책삼아 돌아보기에 안성맞춤이다. 수로를 따라 늘어선 버드나무 가로수가 물가에 가지를 드리운 모습이 온천 마을의 정취를 한층 더한다.

02 소토유메구리
外湯めぐり

◆ 1일 입욕권 1,500엔

1 **2** **6** 키노사키온센의 유명 온천 7곳을 차례로 이용하는 온천 순례. 온천마다 각기 다른 스타일과 분위기를 자랑하기 때문에 해질 무렵이면 유카타 浴衣 차림의 관광객들이 목욕도구를 챙겨들고 마을을 돌아다니며 온천 순례를 하는 이색적인 광경이 펼쳐진다.

온천 이용료가 1회 800~900엔이라 온천 순례가 목적이라면 7개 온천을 모두 이용할 수 있는 '1일 입욕권 1日入浴パスポート'을 구입하는 것이 경제적이다.

#키노사키온센 여행 꿀팁

오사카에서 거리가 멀어 느긋하게 온천을 즐기려면 1박 이상 하는 것이 좋다. 당일치기로 갈 때는 이동시간을 고려해 최대한 아침 일찍 출발해야 한다.

고베·히메지·교토와 묶어서 여행할 경우 JR 칸사이 와이드 패스(5일권 1만 2,000엔)를 구매하면 교통비를 절약할 수 있다.

UP START #7

일본 기초 정보
여권 · 비자 / 베스트 시즌
여행 정보 수집 / 여행 경비 계산
항공권 · 페리 티켓 / 경제적인 할인패스
호텔 · 숙소 예약 / 환전 노하우
인터넷 · 로밍 · 전화 / 스마트 여행 노하우
사고 대처 ABC / 짐 꾸리기

인천국제공항 / 김포국제공항
김해국제공항 / 제주국제공항
부산 국제여객터미널

#step 01

일본 기초 정보

국명

일본 日本 Japan. 일본어로 니혼·닛폰이라고 읽으며 '해가 떠오르는 곳'이라는 뜻이다. Japan이라는 영문 표기는 마르코폴로가 자신의 여행기 《동방견문록》에서 일본을 소개할 때 지팡구라고 표기한 것이 와전돼 만들어졌다.

국기

일장기 日章旗. 일본에서 공식적으로 일장기가 게양된 시기는 1862년이다. 하지만 실제로 헌법에 국기로 명시된 것은 1999년 8월 9일이다. 일장기는 히노마루 日の丸라고도 부른다.

면적 및 지형

37만 7,873㎢. 남한 면적의 약 3.8배. 일본열도는 홋카이도·혼슈·시코쿠·큐슈 등 4개의 큰 섬과 수천 개의 작은 섬으로 이루어져 있다. 전 국토의 80% 가량이 산악지대다.

인구 및 인구 밀도

1억 2,329만 명, 339명/㎢. 우리나라 인구의 약 2.6배. 그러나 인구밀도는 한국이 1.4배 높다.

인종

일본인. 일본의 토착민은 약 1만 년 전부터 일본열도에 거주한 것으로 알려진 죠몬인 縄文人이다. 이후 우리나라와 중국에서 건너간 도래인(渡来人)에 의한 혼혈이 이루어졌다. 근래에 홋카이도와 오키나와가 일본 영토에 편입됨에 따라 이 지역에 거주하는 아이누 アイヌ족과 남방계 원주민도 일본 민족에 포함됐다.

정치체제

입헌군주제. 국가의 상징인 일왕을 중심으로 국회와 내각으로 구성된다. 이 때문에 연도를 표기할 때 서기(西紀) 외에도 독자적인 연호를 사용한다. 현재의 연호는 레이와 令和이며 표기할 때는 'R○년'이라고 쓴다. 예를 들어 2019년은 레이와 1년(R1), 2024년은 레이와 6년(R6)이다.

수도

도쿄 東京. 혼슈의 중남부, 칸토 関東에 있다.

언어

일본어 日本語. 확실한 설은 없지만 우랄알타이어계로 보는 시각이 지배적이다. 어순은 한국어와 같으며 비슷한 단어도 많다.

전기

100V 60Hz. 우리나라와 다른 11자형의 플러그를 사용한다. 프리볼트 가전제품은 플러그만 갈아끼우면 일본에서도 사용 가능하다.

통화

엔 円(¥). 100엔=900~1,000원
동전 1·5·10·50·100·500엔
지폐 1,000·2,000·5,000·1만 엔

공휴일

국경일이 일요일과 겹칠 때는 다음 월요일도 공휴일이 된다. 공휴일 사이에 낀 평일은 공휴일이 되는데 5월 4일이 여기에 해당한다.

1월 1일	元日	설날
1월 둘째 월요일	成人の日	성인의 날
2월 11일	建国記念日	건국기념일
3월 20일(또는 21일)	春分節	춘분절
4월 29일	緑の日	녹색의 날
5월 3일	憲法記念日	헌법기념일
5월 5일	こどもの日	어린이날
7월 20일	海の日	바다의 날
9월 셋째 월요일	敬老の日	경로의 날
9월 23일(또는 24일)	秋分節	추분절
10월 둘째 월요일	体育の日	체육의 날
11월 3일	文化の日	문화의 날
11월 23일	勤労感謝の日	근로 감사의 날
12월 23일	天皇誕生日	일왕 생일

업소 및 관공서별 영업 시간

	평일	토요일	일·공휴일
은행	09:00~15:00	휴무	휴무
우체국	09:00~17:00	휴무	휴무
백화점	10:00~20:00	10:00~20:00	10:00~20:00
상점	10:00~20:00	10:00~20:00	10:00~20:00
회사	09:00~17:00	휴무	휴무
관공서	09:00~17:00	휴무	휴무

#step 02

여권 & 일본 비자

- ☑ 여권은 서울의 구청, 지방 시·도청 여권과에서 발급
- ☑ 여권 유효기간은 6개월 이상 남아 있어야 사용가능
- ☑ 비자 없이 일본 체류 가능한 기간은 1회 90일

여권

일정기간 횟수에 상관없이 사용 가능한 복수여권과 1회만 사용 가능한 단수여권이 있다. 일반적으로 10년짜리 복수여권이 발급되지만, 병역미필자는 1년짜리 단수여권 또는 5년짜리 복수여권만 신청 가능하다.

신청은 서울의 26개 구청 또는 각 지방의 시·도청 여권과에서 한다. 발급에 시간이 걸리니 여유를 두고 신청해야 한다. 특히 여권 발급 신청이 폭주하는 여름·가을 휴가 시즌에 주의하자.

여권 발급 서류 및 수수료

❶ 여권 발급 신청서 1부(여권과 비치)
❷ 여권용 사진 1장(6개월 이내 촬영한 사진)
❸ 신분증(주민등록증·운전면허증 등)
❹ 수수료 10년 복수여권(58면 5만 3,000원,

26면 5만 원), 5년 복수여권(58면 4만 5,000원, 26면 4만 2,000원), 1년 단수여권(2만 원)
※25~37세의 병역미필자는 ❶~❹의 서류·수수료 외에 관할 병무청의 '국외여행허가서'가 추가로 필요하다. 자세한 사항은 병무청 홈페이지를 참조하자.

여권 발급시 주의사항

여권 상의 영문 이름과 서명은 신용카드와 동일하게 만들어야 한다. 여권과 신용카드의 이름·서명이 서로 다를 경우 해외 사용시 문제가 될 가능성이 높다.

여권 유효기간 연장

여권의 유효기간은 6개월 이상 남아 있어야 출입국시 문제가 되지 않는다. 유효기간이 6개월 미만인 경우 유효기간 연장 신청을 한다.
단, 구 여권은 유효기간이 연장되지 않으므로 새로운 전자여권을 발급받아야 한다. 자세한 사항은 여권과 홈페이지에서 확인할 수 있다.

일본 비자

관광 목적으로 일본에서 비자 없이 체류할 수 있는 기간은 90일이다. 즉, 여권만 있으면 90일 동안 일본을 자유로이 여행할 수 있는 것. 우리나라로 귀국했다가 일본에 재입국하면 체류기간이 다시 90일 늘어난다.

유학·어학연수·사업 등의 목적으로 90일 이상 체류하려면 서울의 일본 대사관 또는 부산의 일본 영사관에서 별도의 비자를 받아야 한다.

전국의 시·도청 여권과

서울
강남구청 3423–5401~6
강동구청 3425–5360~9
강북구청 901–6271~3
강서구청 2600–6301~2
과천시청 02–3677–2139, 2136
관악구청 879–5330~1, 5338
광진구청 450–1352~3
구로구청 860–2681·4
금천구청 2627–2435~7
노원구청 2116–3283
도봉구청 2091–2431~4
동대문구청 2127–4685·90
동작구청 820–9273~4, 9277~9
마포구청 3153–8481~4
서대문구청 330–1909·10
서초구청 2155–6340·49·50
성동구청 2286–5243
성북구청 2241–4501~9
송파구청 2147–2290
양천구청 2620–4350~9
영등포구청 2670–3145~8
용산구청 2199–6580~7

은평구청 351–6431~5, 6438~42
종로구청 2148–1953~5
중구청 3396–4793~4
중랑구청 2094–0603

경기·인천
의정부시청 031–120
경기도본청(수원) 031–120
일산동구청 031–8075–2466
광명시청 02–2680–2600
김포시청 031–980–2700
남양주시청 031–590–8711
부천시청 032–625–2440~5
성남시청 031–729–2381~5
시흥시청 031–310–2158
안양시청 031–8045–2008·2741·2016
연천군청 031–839–2159
인천시청 032–120, 032–440–2477~9
인천 계양구청 032–450–6711~7
인천 남동구청 032–453–2290
인천 동구청 032–770–6330
포천시청 031–538–3138
하남시청 031–790–6131

경상도
경남도청 055–211–7800
사천시청 055–831–2981·3
경북도청 1522–0120
경주시청 054–779–6936~8
영양군청 054–680–6181
대구시청 053–803–2855
대구시 달서구청 053–667–2332
대구시 동구청 053–662–2085
대구시 북구청 053–665–2262
대구시 수성구청 053–666–4651
부산시청 051–888–5333
부산시 금정구청 051–519–4231~7
부산시 동구청 051–440–4731
부산시 동래구청 051–550–4781~2
부산시 부산진구청 051–605–6201~8
부산시 사하구청 051–220–4811~5
부산시 서구청 051–240–4811~9
부산시 수영구청 051–610–4681~5
부산시 연제구청 051–665–4284~7
부산시 해운대구청 051–749–5611~6
울산시청 052–229–2592·94·28
울산시 북구청 052–241–7572~4

강원도·충청도·대전
강원도청 033–249–2562
영월군청 033–370–2243
대전시청 042–270–4183~9
대전시 대덕구청 042–608–6704~5
대전시 유성구청 042–611–2990
충남도청 041–635–3681~2
아산시청 041–540–2808
천안시청 041–521–5329

전라도·제주도
광주시청 062–613–2966~8, 2971
광주시 남구청 062–607–3292
광주시 북구청 062–410–6244
전남도청 061–286–2334~8
광양시청 061–797–2247
전북도청 063–280–2253
제주도청 064–710–2171·3·6·7·9
서귀포시청 064–760–2128, 2107

#step 03

베스트 시즌

- ☑ 오사카의 기후는 한국의 남부 지역과 흡사
- ☑ 날씨가 좋은 4~5월과 9~11월이 베스트
- ☑ 주의할 시기는 6월 장마철, 9~10월 태풍 시즌, 연말연시, 행락철

3~5월, 꽃이 만발하는 봄

봄나들이에 더할 나위 없이 좋은 시기다. 더구나 벚꽃이 만발하는 3월 말~4월 초에는 벚꽃놀이를 즐기기에도 안성맞춤. 주의할 시기는 1주일가량 연휴가 지속되는 '골든 위크 ゴールデンウィーク(4/29~5/5)'다. 일본 전역에서 밀려드는 관광객들로 오사카·고베의 숙소는 일찌감치 객실이 동난다. 더구나 관광지로 유명한 오사카 다운타운과 고베는 연일 엄청난 인파로 붐벼 걷기조차 힘들다.

3월 말~4월 초는
벚꽃놀이 시즌으로 인기가 높다

행락철에는 주요 관광지가
엄청난 인파로 붐빈다

6~9월 중순, 끈적한 여름

여름 방학·휴가 시즌과 맞물려 한국 여행자가 가장 많이 찾는 시기다. 저렴한 숙소를 구하기 힘들 가능성도 동반 상승한다. 장마는 한국보다 1주일 정도 먼저 시작되는데 보통 6월 중순~7월 중순이다. 비가 많이 오니 되도록 이때는 피하는 것이 상책이다.

장마가 끝나고 8월 말까지는 찜통더위가 이어진다. 습도가 높아 우리나라보다 한층 더위가 심하게 느껴질 테니 낮에는 시원한 에어컨 바람이 나오는 쇼핑센터와 실내 시설 위주로 돌아보는 것이 좋다.

우리의 추석에 해당하는 오봉 お盆(8월 15일)을 전후한 2~3일은 골든 위크에 버금가는 행락철이다. 이때에 맞춰 문을 닫는 명소·식당도 있으니 주의하자.

9월 중순~11월, 맑고 쾌청한 가을

9월 중순을 넘어서면 선선한 가을바람이 불기 시작한다. 당연히 여행에도 최적의 시즌. 단풍 시즌은 우리나라보다 조금 늦는데 보통 10월 말부터 11월까지가 절정이다. 이 시기의 불청객은 간간이 찾아드는 태풍이다. 일반적으로 8~10월에 두세 개의 강력한 태풍이 휩쓸고 지나간다. 일기예보를 주의 깊게 보며 여행 일정을 조율하는 것이 안전하다.

12~2월, 은근히 쌀쌀한 겨울

웬만해서는 영하로 떨어지는 날을 경험하기 힘들다. 더구나 이상 기온이 아니고서는 눈 구경도 어렵다. 하지만 그렇다고 얕잡아 봐선 곤란하다. 햇살이 내리쬘 동안은 포근한 '봄 날씨'지만, 조금이라도 바람이 불거나 해가 사라지면 뼈에 사무치는 추위가 엄습한다.

여행이라는 특성상 외부에서 보내는 시간이 긴 만큼 목도리·장갑 등의 방한장구를 단단히 챙겨야 한다. 건조한 날씨 탓에 피부 트러블이 발생하기 쉬우니 로션도 넉넉히 챙겨두자. 연말연시(12/28~1/3)에는 문 닫는 명소·레스토랑·쇼핑센터가 많다는 사실도 잊어선 안 된다.

인터넷 일기예보

오사카의 날씨가 궁금할 때는 야후 재팬의 '날씨 天気' 항목으로 들어간다. 일별·주간별 날씨와 기온을 좀더 정확히 알 수 있다. 일본어를 모를 때는 구글·네이버의 '번역기'를 이용한다.

#step 04

여행 정보 수집

- ☑ 신뢰도 높은 정보 수집이 관건
- ☑ 현지 분위기 파악은 유튜브·블로그 여행기
- ☑ 세부적인 여행정보는 가이드북·여행 게시판

생생한 여행기의 유튜브·블로그

생생한 현지 소식으로 가득한 곳은 인터넷, 특히 유튜브와 블로그다. 오사카·고베를 키워드로 검색하면 수만 개의 관련 유튜브와 블로그가 찾아지는데, 이 가운데 가장 최근 것을 차근차근 살펴보자. 2~3일만 투자하면 인기 스폿은 대충 감이 잡힌다. 동시에 일본 여행 관련 카페를 검색하며 정보의 신빙성을 검증하는 과정은 필수다.

항공권·호텔·교통패스도 인터넷으로 알아보자. 실시간 예약도 가능해 발품 파는 수고를 덜어준다. 일본 현지 사이트에 접속해 필요한 정보를 실시간으로 구하거나, 레스토랑 예약도 가능하다. 일본어를 모를 때는 구글·파파고 등의 인터넷 번역기를 사용한다.

체계적인 정보의 가이드북

인터넷으로 기본적인 분위기를 파악한 뒤에는 가이드북을 탐독하며 자세한 정보를 구한다. 가이드북에는 명소·레스토랑·쇼핑 정보가 체계적으로 정리돼 있어 지리적인 개념과 일정을 잡는 데 큰 도움이 된다.

홈페이지·카페를 통해 부족한 정보를 보완하면 자신만의 개성 만점 가이드북도 만들 수 있다.

여행자를 통한 정보 수집

여행 경험자를 통해서는 현실감 넘치는 생생한 여행의 기술을 배울 수 있다. 단, 자기 경험을 하나도 빠짐없이 얘기해줄 수 있는 이는 없으니 기본적인 지식을 먼저 습득하고 궁금한 사항을 조목조목 물어보는 것이 현명하다.

또한 볼거리·숙소·레스토랑에 관한 평은 주관적 요소가 개입되기 쉬우므로 어디까지나 준비과정에 참고로만 받아들이는 것이 좋다.

일본정부관광국 JNTO

최신 일본 여행 정보와 자료를 확실하게 구할 수 있다. 서울 사무소에는 오사카·고베는 물론 일본 전역을 소개하는 자료, 그리고 각 도시별 자료가 충실히 비치돼 있어 여행 준비에 큰 도움이 된다. 현지 정보가 충실한 홈페이지도 운영하는데 일반적으로 접하기 힘든 지역·도시에 대한 정보가 풍부한 것은 물론, 시즌마다 변동되는 세일·축제·이벤트 정보를 주기적으로 제공해 일정 짜기에 큰 도움이 된다.

일본정부관광국 서울 사무소

- ◆ 09:30~12:00, 13:00~17:30
- ◆ 휴무 토·일·공휴일
- ◆ 지하철 1·2호선 시청역 하차, 5번 출구에서 도보 5분. 또는 지하철 2호선 을지로입구역 8번 출구에서 도보 3분. 프레지던트 호텔(백남 빌딩) 2층에 있다.

칸사이 국제공항 관광정보센터

- ◆ 08:30~20:30, 11~3월 09:00~21:00
- ◆ 칸사이 국제공항 1층에 있다.

#step 05

여행 경비 계산

- ☑ 배낭여행 1일 9,000엔, 안락한 호텔과 식도락을 즐기는 품격여행은 1일 1만 5,000엔이 기본
- ☑ 예상 경비보다 넉넉히 가져가야 안심

항공·페리 요금

20~140만 원. 우리나라와 오사카를 오가려면 비행기·여객선을 이용해야 한다. 요금은 시기에 따라 변동이 심한데 비행기를 이용할 경우 40~60만 원(세금·유류 할증료 포함), 여객선을 이용할 경우 20~140만 원이 든다. 정확한 요금은 티켓 예약시 확인 가능하다. 저렴한 항공권 및 여객선 티켓 구매 요령은 p.320을 참조하자.

항공 요금은 시기에 따라 변동이 심하다

공항 ↔ 시내 교통비

1,940~4,820엔. 칸사이 국제공항 편에서도 다룬 것처럼 공항과 시내를 오가려면 이용하는 교통편에 따  공항을 오가는 특급열차 라피토

라 왕복 1,940~4,820엔의 교통비가 필요하다. 자세한 내용은 p.59의 칸사이 국제공항에서 시내로 들어가는 방법을 참조하자.

항구 ↔ 시내 교통비

580엔. 부산~오사카를 오가는 여객선은 시내 근처의 항구를 이용한다. 거리가 가까워 시내로 들어갈 때 지하철을 이용할 수 있으며 왕복 요금은 580엔 정도다.

숙박비

1박 4,000~3만 엔. 여행 스타일에 따라 천양지차로 달라지는 변수다. 한인 민박의 다인실에 묵으면

1박 4,000엔으로 충분하지만, 프라이버시가 확실히 보장되는 안락한 비즈니스 호텔은 1박 8,000~2만 엔으로 예산이 껑충 올라간다. 럭셔리한 고급 호텔의 숙박비는 1박 3만 엔 이상을 예상해야 한다.

식비

1일 2,600~5,000엔. 숙박비와 마찬가지로 목적과 스타일에 따라 차이가 크다. 라

면·우동과 같은 면은 300~1,000엔, 밥은 500~1,000엔이면 적당히 먹을 수 있다. 햄버거 등의 패스트푸드는 세트 메뉴가 550~900엔 수준. 하지만 가격대비로 보면 패스트푸드보다 밥이 훨씬 싸고 양도 푸짐하다. 좀 더 고급스럽게 또는 식도락을 즐기려면 한 끼에 적어도 1,500엔 이상을 예상해야 한다. 물론 상한선은 무제한!

이상의 내용을 기준으로 예산을 세우면 아침 식사는 간단히 해결해 600엔, 점심·저녁은 메뉴 선택의 폭을 넓힐 수 있게 최소 1,000엔씩의 예산을 책정하는 것이 현실적이다.

이렇게 할 경우 1일 3식 최저 예산은 2,600엔 정도. 물론 그 이하로도 세 끼 식사를 해결할 수 있지만, 예산이 줄어들면 줄어들수록 여행의 즐거움은 반감할 수밖에 없다. 참고로 적당히 식도락을 즐기려면 1일 3식 5,000엔 정도의 비용은 예상하는 것이 좋다.

교통비

1일 500엔~. 전철·지하철·버스 등 대중교통 위주로 이용할 경우 교통비는 1일 500~1,500엔 정도다. 대중교통을 자유로이 이용 가능한 1일권(p.72) 또는 할인패스(p.73)를 활용하는 것도 교통비를 절약하는 비결이다. 우리나라에서 미리 구매하면 저렴한 티켓도 있다.

#step 05'

입장료

1회 400엔~. 박물관·미술관·전시관 입장료는 1회 400~2,000엔 수준이다. 일정을 짤 때 미리 가고자 하는 명소를 추려보고 입장료 예산을 세우면 예상치 못한 지출을 막을 수 있다.

흔치 않지만 학생 할인이 되는 박물관·미술관도 있으니 학생증을 준비하자. 일본에서는 국제학생증은 물론 우리나라의 학생증도 통용된다. 대학생의 경우 학생증에 영어로 University 또는 한자로 대학 大學이라고 쓰여 있어야 일본에서 자유로이 사용할 수 있다.

국제학생증

필요하면 우리나라에서 국제학생증을 발급 받자. 국제학생증은 두 종류가 있는데 일본에서는 둘 다 통용된다. 여행사 또는 발급기관에서 신청하면 되며 유효기간은 1년이다.

ISIC 국제학생증

ISIC 홈페이지, 제휴 대학 홈페이지, 서울의 KISES 여행사에서 발급한다. 여권용 사진 1장, 1개월 안에 발급된 재학증명서 또는 휴학증명서가 필요하다.
◆ 1년 1만 7,000원, 2년 3만 4,000원

ISEC 국제학생증

ISEC 홈페이지 또는 발급 대행사에서 발급한다. 증명사진 1장, 3개월 안에 발급된 재학증명서 또는 휴학증명서, 신분증(주민등록증·여권)이 필요하다.
◆ 1년 1만 5,000원, 2년 3만 원

잡비

1일 1,000엔~. 푹푹 찌는 여름에는 시원한 음료수, 찬바람 부는 겨울에는 따뜻한 커피 한 잔이 그리워진다. 간간이 지친 다리를 쉬

어가기 위해 카페에 들르거나 자판기·편의점을 이용하면 이에 따른 비용도 증가한다. 이런 비용을 통틀어 1일 평균 1,000엔 정도를 예상하면 적당하다.

여행 준비 비용

5~15만 원. 여행을 준비하면서 지출하는 비용으로 여권 발급비, 가이드북 구입비, 기타 물품 구입비, 각종 증명서 발급비, 여행자 보험료 등이 여기에 해당한다.

기본 예산 짜보기

여행 준비 비용을 제외한 8개 항목 가운데 오사카 행 항공·페리 요금은 목돈으로 들어가고 나머지 숙박비·식비·교통비·입장료·잡비 등은 하루 생활비로 계산된다.

숙박은 민박, 식사는 최대한 저렴하게 해결한다는 전제하에 산출할 수 있는 여행자의 1일 평균 기본 생활비는 9,000엔 정도. 따라서 인천↔오사카 왕복 항공편을 이용해 4일간 오사카·고베를 여행한다면 대략적인 비용은 다음과 같다.

예산 짜기(4일)

오사카 왕복 항공요금 40만 원
공항 왕복 교통비 1,940엔
생활비 9,000엔×4일=3만 6,000엔
총합 40만 원+3만 7,940엔≒77만 원

물론 소비 스타일은 저마다 개인차가 있으므로 실제로는 이보다 적게 들거나 그 이상일 수도 있다. 그러나 여행 경비를 되도록 여유 있게 가져가야 한다는 사실만큼은 모든 이에게 동일하게 적용된다. 없는 상태에서 아끼는 듯 쪼들려 지내기보다 여유 있는 가운데 절약하는 것이 현실적으로 부담 없고 마음 든든하며, 필요할 때 쓸 수 있는 호기도 부릴 수 있으므로!

여행 경비는 최대한 넉넉히

여행 경비를 여유 있게 가져가야 하는 또 다른 이유는 입국심사대를 '무사통과'하기 위해서다. 공항에서 입국 심사를 까다롭게 하는 편은 아니지만, 입국심사관에게 찍히면(?) 여행 경비를 보여 달라고 요구 당하는 불상사가 발생하곤 한다. 특히 남자보다는 여자에게, 복장이 깔끔한 사람보다는 어딘지 후줄근해 보이는 사람에게 그런 경향이 짙다니 조금은 신경 쓰는 것이 좋을 듯. 여행 경비는 1주일에 6~7만 엔을 제시하면 별 탈 없이 통과시켜준다. 여행 경비로 충분하지 않을 때는 귀국 항공권을 보여줘야 하는 경우도 있다.

#step 06

항공권 · 페리 티켓

- ☑ 저렴한 항공권은 인터넷으로 구매
- ☑ 비수기에, 저가 항공사를, 서둘러 예약
- ☑ 페리 티켓은 홈페이지에서 직접 구매

항공권 구매

항공 노선은 인천~오사카, 김포~오사카, 김해(부산)~오사카, 제주~오사카, 청주~오사카, 대구~오사카, 광주~오사카의 7개가 있다. 가장 많은 항공사가 취항하는 노선은 인천~오사카와 김포~오사카 구간. 당연히 저렴한 할인 항공권도 이 구간에서 제일 많이 나온다.

할인 항공권 구매 & 주의사항

할인 항공권에는 정가가 없다. 같은 노선, 같은 항공편이라도 항공사 · 여행사에 따라 적게는 몇 천 원에서 많게는 몇 만 원까지 차이가 난다. 따라서 가격 비교는 필수다. 인터넷 여행사가 오프라인 여행사보다 저렴하며, 항공사에서 주기적으로 특가항공권을 내놓는다는 사실도 잊지 말자. 여기 더해 '비수기에, 저가 항공사를, 서둘러 예약'하는 기본 원칙과 몇 가지 주의사항만 지키면 저렴한 항공권은 의외로 쉽게 구해진다.

오사카 노선 운항사

대한항공, 아시아나항공, 에어로케이, 에어부산, 에어서울, 제주항공, 진에어, 티웨이항공, 피치항공

1 비수기를 노려라

비수기에는 항공 요금도 내려간다. 기본적으로 12~2월, 6~8월의 방학기간과 설 · 추석 연휴를 제외한 나머지 시즌이 비수기에 해당한다. 성수기보다 10~20% 요금이 저렴한 것은 물론, 여행자가 적어 항공권 구하기도 수월하다.

2 저가 항공사를 선택하라

시기와 조건에 따라 다르지만 대체로 오사카 노선의 요금은 저가 항공사가 저렴하며, 대한항공 · 아시아나

항공 등의 대형 항공사는 저가 항공사보다 10~20% 비싸다. 따라서 저렴한 저가 항공사의 요금부터 알아보는 것이 순서.
파격적인 이벤트 요금이 등장하기도 하니 항공사 홈페이지를 수시로 들락거리는 수고도 마다해서는 안 된다.

3 서둘러 예약하라

일정이 잡히자마자 항공권 예약을 서두르자. 저렴한 항공권은 순식간에 동나기 때문에 조금이라도 미적거리면 곤란하다. 더구나 성수기와 주말 · 연휴를 낀 시기에는 여행자가 폭증해 항공권 구하기가 더욱 어려워진다.

4 공동구매를 활용하라

항공 요금도 뭉치면 내려간다. 개별 요금보다 단체 요금이 훨씬 싸기 때문. 일부 인터넷 여행 카페나 여행사에서는 여행 성수기가 되면 공동구매를 진행해 싼 항공권을 내놓기도 한다. 원하는 날짜나 일정을 선택하기 어려운 단점도 있지만 조금이라도 저렴하게 항공권을 구하는 방법이 되기도 하니 눈여겨보자.

5 할인 항공권의 조건을 확인하라

저렴한 할인 항공권에는 수하물 요금이 포함되지 않은 것, 유효기간이 짧은 것, 특정 기간에만 이용 가능한 것, 출발 · 귀국 일시 변경이 불가능한 것 등 다양한 조건과 제약이 붙는다. 싼 가격에 현혹되지 말고 자신의 일정과 항공권의 조건이 맞는지 꼼꼼히 확인하자.

6 운항 스케줄에 주의하라

최악의 항공 스케줄은 우리나라에서 오후 늦게, 오사카에서 오전 일찍 출발하는 것이다. 꼬박 이틀을 공항에서 허비하게 되니 운항 스케줄을 꼼꼼히 살펴보자. 일정이 짧으면 짧을수록 우리나라에서는 오전 일찍, 오사카에서는 오후 늦게 출발하는 항공편을 이용해야 현지에서 여행하는 시간을 최대한 벌 수 있다.

#step 06'

7 수하물 무게에 주의하라

일반적으로 대형 항공사의 무료 수하물 무게는 20~23kg다. 하지만 저가 항공사는 15kg까지만 무료이며, 초과된 무게에 대해 1kg당 편도 1만~3만 원의 비용을 추가로 받는다. 수하물 무게가 많이 나갈 경우 오히려 저가 항공사가 대형 항공사보다 항공 요금이 비싸지는 황당한 결과를 초래하기도 하니 주의하자. 특히 쇼핑 목적이라면 더욱더!

8 항공권에 기재된 날짜·이름을 확인하라

흔하지 않지만 항공권에 출발·귀국일이 잘못 기재되는 경우가 있다. 여행 일정이 완전히 헝클어질 수 있으니 예약할 때, 그리고 항공권을 받을 때 다시 한 번 확인한다.

항공권에 영문 이름이 잘못 기재된 경우는 사태가 더욱 심각하다. 항공권과 여권상의 영문 이름은 반드시 일치해야 하는 것이 원칙. 만약 알파벳 '한 자'라도 틀리면 애써 구입한 항공권이 휴지조각이 돼버리니 주의하자. 사고를 방지하는 확실한 방법은 예약 시 정확한 영문명을 입력하는 것뿐이다.

팬스타 페리 Panstar Ferry

팬스타 페리는 부산~오사카 구간을 운항하는 유일한 여객선이다. 이 노선의 매력은 배가 일본의 세토나이카이 瀬戸内海를 통과한다는 것. 이곳은 우리나라의 한려해상 국립공원에 해당하는 곳으로 아름다운 해안절경을 자랑하기 때문에 선상 여행의 낭만을 만끽할 수 있다.

객실은 다섯 종류가 있는데 로열·디럭스·테마 스위트룸은 침대가 딸린 호텔 스타일의 2~3인실, 패밀리룸은 3~4명이 이용하는 일본식 다다미 방, 스탠더드룸은 2층 침대 또는 바닥에 요를 깔고 자는 화실(和室)이다.

선내 편의시설은 식당·면세점·대중탕(사우나)·휴게실·편의점·음료 자판기 등이 있으며, 식당·면세점에서는 우리나라의 원화와 일본의 엔화를 모두 사용할 수 있다.

티켓은 홈페이지 또는 서울·부산·오사카 사무소에서 판매한다. 기본적으로 주 3회 운항하지만 성수기에는 증편되기도 하니 정확한 운항 스케줄을 확인하고 예약하는 것이 좋다.

팬스타 페리

서울 사무소
♦ 서울시 중구 무교로 20, 어린이재단 빌딩 5층

부산 사무소
♦ 부산시 중구 해관로 30, 팬스타 크루즈 플라자 빌딩 3층

오사카 사무소
♦ 大阪市 中央区 安土町 2-3-13 大阪国際ビル 7F

팬스타 페리 운항 시각표

※승선 수속은 출국 수속 시작 90분 전까지 마쳐야 한다.

구간	출국 수속	출발	도착	운항일
부산 → 오사카	13:00~14:30	15:00	다음날 10:00	일·화·목요일
오사카 → 부산	13:30~15:00	15:30	다음날 10:00	월·수요일
	15:00~16:30	17:00	다음날 12:00	금요일

팬스타 페리 요금

객실 등급	한국에서 구입(원)		일본에서 구입(엔)	
	편도	왕복	편도	왕복
로열 스위트	980,000	1,400,000	85,000	170,000
디럭스 스위트	315,000	450,000	25,000	50,000
주니어 스위트	245,000	350,000	20,800	32,000
패밀리룸	175,000	250,000	19,500	30,000
스탠더드룸	140,000	200,000	13,000	20,000

※2~12세 미만 어린이 50% 할인, 1세 이상~2세 미만 유아 90% 할인, 1세 미만 영아 성인 1인당 1명 무료.
※로열 스위트는 객실당 요금, 기타 객실은 1인당 요금 적용.
※수하물 요금 1~20kg까지 1만 원, 추가 5kg당 5,000원.

#step 07

경제적인 할인패스

☑ 오사카·칸사이의 철도는 사철·JR이 운영
☑ 느리지만 저렴한 사철, 비싸지만 빠른 JR
☑ 사철·JR 할인패스 구입시 교통비 절약!

칸사이 스루 패스 Kansai Thru Pass

오사카를 중심으로 고베·아리마온센·히메지·고야산·교토·나라 등 칸사이 구석구석을 돌아볼 때 요긴한 패스. 이 패스 하나면 칸사이에서 못 가는 곳이 없다 해도 과언이 아니다. JR을 제외한 한큐·한신·킨테츠·케이한·산요 전철 등 칸사이의 거의 모든 사철(私鉄)을 자유로이 이용할 수 있으며, 오사카·고베·교토 시내의 지하철·버스도 무제한 이용 가능하다. 또한 주요 명소의 입장료 할인 혜택도 있다.

패스 구매

한국내 여행사와 인터넷 쇼핑몰에서 판매한다. 일본 현지에서는 칸사이 국제공항 제1여객터미널 1층의 Kansai Tourist Information Center, 난카이 전철의 칸사이쿠코 역, 미나미의 난카이난바 역 관광안내소, 오사카 관광안내소, 비쿠 카메라 난바점, 키타의 한큐 투어리스트 센터, JR 교토 역 앞 버스 종합안내소, 교토 타워 3층의 Kansai Tourist Information Center에서 판매한다. 일본 현지 구매시 여권을 제시해야 한다.

◆ 한국내 구매 2일권 4,380엔, 3일권 5,400엔
◆ 일본 현지 구매 2일권 4,480엔, 3일권 5,600엔

사용법

사철·지하철을 탈 때는 일반 티켓처럼 개찰기에 패스를 넣고 통과한다. 버스는 내릴 때 운전석 옆에 설치된 카드 리더기에 패스를 통과시키거나 사용일자 부분을 운전사에게 보여준다.
패스 사용이 가능한 사철·지하철·버스에는 칸사이 스루 패스 로고가 붙어 있다. 입장료가 할인되는 박물관·전시관에도 동일한 로고가 붙어 있으며, 매표소에서 패스와 함께 할인쿠폰(패스 구매시 제공)을 제시하면 입장료를 할인해준다.

JR 웨스트 레일 패스 JR West Rail Pass

고속열차 신칸센

오사카를 중심으로 고베·히메지·교토·나라를 돌아볼 때 유용하다. 오사카·칸사이를 포함한 서일본(西日本) 전역의 JR 열차를 자유로이 이용할 수 있다. 이용 가능한 열차와 사용 범위에 따라 다양한 패스가 있으니 자신의 일정에 맞춰 선택한다. 특히 활용도가 높은 패스는 아래의 3개다.
한국내 여행사·인터넷 쇼핑몰에서 판매하며, 일본 현지 판매는 하지 않는다. 국내에서 받은 교환권(바우처)을 칸사이 국제공항 JR 매표소의 녹색 발권기를 통해 실물 패스로 바꿔 사용한다. 기본적인 패스 이용법은 일반 티켓과 동일하다.

칸사이 미니 패스 Kansai Mini Pass

오사카·고베·교토·나라 구간을 운행하는 JR 신쾌속·쾌속·보통 열차를 무제한 이용할 수 있다. 칸사이 국제공항~오사카·교토를 연결하는 특급 하루카는 이용 불가능하다.

◆ 3일권 3,000엔

칸사이 패스 Kansai Area Pass

오사카·고베·교토·나라 구간을 운행하는 JR 신쾌속·쾌속·보통 열차를 무제한 이용할 수 있다. 칸사이 국제공항~오사카·교토를 오가는 특급 하루카도 탑승 가능하며, 패스의 유효기간 내에 사용 가능한 케이한 전철·한큐 전철·교토 지하철 1일권도 포함돼 있다.

◆ 1일권 2,800엔, 2일권 4,800엔, 3일권 5,800엔
  4일권 7,000엔

칸사이 와이드 패스 Kansai Wide Area Pass

칸사이 전역의 JR 열차는 물론 신오사카~고베~히메지~오카야마 구간을 운행하는 초고속열차 신칸센도 이용할 수 있다. 쾌적한 시설과 빠른 속도의 신칸센으로 여행의 효율을 높일 수 있는 것이 최대의 매력이다.
또한 사구로 유명한 돗토리와 일본 유수의 온천 여행지 키노사키온센·시라하마를 편하고 경제적으로 여행할 수 있어 활용도가 높다.

◆ 5일권 1만 2,000엔

#step 07'

한큐 투어리스트 패스 Hankyu Tourist Pass

오사카를 중심으로 고베·교토를 묶어서 돌아볼 때 활용도가 높다. 오사카·고베·교토를 연결하는 사철인 한큐 전철의 전 노선을 자유로이 이용할 수 있으며 가격도 저렴하다. 입장료가 할인되는 명소·시설도 있다.

패스 구매 & 사용법

한국내 여행사·인터넷 쇼핑몰에서 판매한다. 일본 현지에서는 칸사이 국제공항 제1여객 터미널 1층의 Kansai Tourist Information Center, 한큐 투어리스트 센터 오사카·우메다 등에서 판매한다. 관광 목적의 단기 체류자만 이용 가능하며, 일본에서 구매시 여권을 제시해야 한다. 사용법은 일반 티켓과 동일하다.

♦ 1일권 700엔, 2일권 1,200엔

한신 투어리스트 패스 Hanshin Tourist Pass

오사카와 고베를 묶어서 여행할 때 유용하다. 오사카~고베를 연결하는 한신 전철을 무제한 이용할 수 있으며, 왕복 티켓을 구매하는 것보다 저렴하다. 입장료가 할인되는 명소·시설도 있다.

패스 구매 & 사용법

한국내 여행사·인터넷 쇼핑몰에서 판매한다. 일본 현지에서는 칸사이 국제공항 제1여객 터미널 1층의 Kansai Tourist Information Center, 한큐 투어리스트 센터 오사카·우메다 등에서 판매한다. 관광 목적의 단기 체류자만 이용 가능하며, 일본에서 구매시 여권을 제시해야 한다. 사용법은 일반 티켓과 동일하다.

♦ 1일권 500엔

오사카·칸사이의 주요 철도 노선도

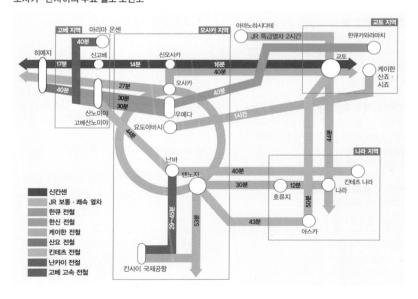

#step 07'

킨테츠 레일 패스 Kintetsu Rail Pass

오사카와 함께 교토·나라·나고야를 묶어서 여행할 때 유용하다. 오사카~나라~교토~나고야 구간을 운행하는 킨테츠 전철을 자유로이 이용할 수 있다.

킨테츠 레일 패스 1·2일권, 5일권, 킨테츠 레일 패스 플러스 등 3가지 패스가 있다. 한국내 여행사·인터넷 쇼핑몰, 일본 현지의 칸사이 국제공항 제1여객 터미널과 제2여객 터미널에 위치한 Kansai Tourist Information Center, 오사카 난바 역, 오사카아베노하시 역, 비쿠 카메라 난바점, 교토 역, 킨테츠 나라 역에서 판매한다. 일본에서 구매시 여권을 제시해야 한다.

일반 열차는 자유로이 이용 가능하지만, 특급열차 이용시에는 특급권을 인터넷 또는 매표소에서 별도 구매해야 한다. 기타 자세한 내용은 홈페이지를 참조하자.

킨테츠 레일 패스 Kintetsu Rail Pass

오사카·교토·나라 구간의 킨테츠 전철, 그리고 나라 시내 및 근교를 운행하는 나라 교통 버스를 맘대로 탈 수 있다.

◆ 1일권 1,500엔, 2일권 2,500엔

킨테츠 레일 패스 Kintetsu Rail Pass

오사카·교토·나라 구간은 물론 나고야·이세시마·이가를 오가는 열차도 이용할 수 있다.

◆ 한국내 구매 5일권 3,700엔
◆ 일본 현지 구매 5일권 3,900엔

킨테츠 레일 패스 플러스
Kintetsu Rail Pass Plus

킨테츠 레일 패스 5일권으로 사용 가능한 열차에 더해 나라 교통 버스·미에 교통 버스·토바 카모메 버스도 이용할 수 있다.

◆ 한국내 구매 5일권 4,900엔
◆ 일본 현지 구매 5일권 5,100엔

히메지 투어리스트 패스 Himeji Tourist Pass

오사카와 함께 히메지·고베를 묶어서 여행할 때 유용하다. 오사카난바 역~오사카우메다 역~고베산노미야 역~산요히메지 역 구간의 한신 전철을 무제한 이용할 수 있는 1일권에 칸사이 국제공항→난카이 난바 역의 난카이 전철 편도 티켓이 포함돼 있다. 한신 전철 1일권과 난카이 전철 편도 티켓은 각기 다른 날 사용해도 된다(패스 사용개시 후 8일 이내 사용).

패스 구매 & 사용법

한국내 여행사·인터넷 쇼핑몰에서 판매한다. 일본 현지에서는 칸사이 국제공항 제1여객 터미널 1층의 Kansai Tourist Information Center에서 판매한다. 관광 목적의 단기 체류자만 이용 가능하며, 일본에서 구매시 여권을 제시해야 한다. 사용법은 일반 티켓과 동일하다.

◆ 2,400엔

오사카 주유 패스 大阪周遊パス

'오사카 어메이징 패스 Osaka Amazing Pass'라고도 부른다. 짧은 기간 오사카의 박물관·미술관 위주로 돌아보려는 이에게 유용하다. 패스의 유효기간 동안 오사카의 지하철·시내버스를 맘대로 이용할 수 있는 것은 물론, 오사카 시내 주요 명소 52곳을 무료로 들어갈 수 있다(패스 사용 당일 1회에 한해 입장 가능).

패스 구매 & 사용법

한국내 여행사·인터넷 쇼핑몰, 오사카 시내의 지하철역 유인 매표소에서 판매한다. 유의할 점은 패스의 본전 뽑기다. 관광 명소의 입장료가 1회 400~2,000엔 수준이므로 되도록 입장료가 비싼 시설을 많이 이용해야 이득이다.

◆ 1일권 2,800엔, 2일권 3,600엔

칸사이 조이 패스 Have Fun in Kansai Pass

오사카·고베·교토에서 사용 가능한 할인패스. 패스에 포함된 36개의 관광명소·레스토랑·교통편 가운데 3곳 또는 6곳을 골라서 이용한다. 한국내 여행사·인터넷 쇼핑몰에서 판매한다.

◆ 3개 시설 이용권 3,000엔
◆ 6개 시설 이용권 5,800엔
◆ 3개 시설 이용권+특급 하루카 편도 티켓 4,000엔

#step 07'

오사카 여행, 스마트한 할인패스 조합

적절한 할인패스를 선택하면 동일한 일정을 소화하더라도 비용이 대폭 절약된다.
다음의 코스를 참고로 합리적인 할인패스 선택법을 알아보자.
모든 코스는 오사카 난바(미나미)에서 숙박하는 것을 전제로 한다.

오사카 2박 3일

첫날은 미나미의 주요 명소를 도보로 돌아본다. 둘째 날은 오사카 주유 패스로 무료 이용 가능한 베이 에어리어의 대관람차·유람선 산타마리아, 오사카 성 텐슈카쿠·고자부네 유람선, 키타의 우메다 스카이 빌딩 공중정원 전망대를 돌아본다. 셋째 날은 미나미의 남은 명소를 구경하고 공항으로 향한다.

1일 오사카
난카이 전철 공항 → 난바
970엔

2일 오사카
오사카 주유 패스
2,800엔

3일 오사카
난카이 전철 난바 → 공항
970엔

통상요금 교통비 2,760엔(공항 왕복 교통비+지하철 1일 승차권), 입장료 6,000엔=8,760엔
실사용액 교통비 1,940엔(공항 왕복 교통비), 오사카 주유 패스 2,800엔=4,740엔
절약금액 4,020엔

오사카·고베·히메지 4박 5일

첫날은 히메지 투어리스트 패스에 포함된 공항→난바 편도 티켓을 이용해 시내로 들어간다. 둘째 날은 한신 투어리스트 패스를 사용해 고베를 다녀오고, 셋째 날은 히메지 투어리스트 패스에 포함된 한신 전철 1일권을 이용해 히메지로 간다. 넷째 날은 지하철 1일 승차권을 구매해 오사카 시내를 돌아본다. 다섯째 날은 편도 티켓을 구매해 공항으로 간다.

1일 오사카
히메지 투어리스트 패스
2,400엔

2일 고베
한신 투어리스트 패스
500엔

3일 히메지
히메지 투어리스트 패스
930엔

4일 오사카
1일 승차권
820엔

5일 오사카
난카이 전철 난바 → 공항
970엔

통상요금 교통비(각 구간 편도 티켓 구매+1일 승차권)=6,380엔
실사용액 교통비(히메지 투어리스트 패스+한신 투어리스트 패스+1일 승차권+공항 편도)= 4,690엔
절약금액 1,690엔

오사카·고베·아리마온센·히메지·고야산 4박 5일

첫날은 편도 티켓을 구매해 공항에서 시내로 들어간다. 둘째 날부터 칸사이 스루 패스 3일권을 이용해 고베·아리마온센·히메지·고야산을 여행한다. 다섯째 날은 편도 티켓을 구매해 공항으로 간다.

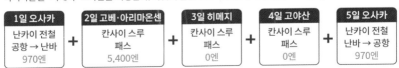

1일 오사카
난카이 전철 공항 → 난바
970엔

2일 고베·아리마온센
칸사이 스루 패스
5,400엔

3일 히메지
칸사이 스루 패스
0엔

4일 고야산
칸사이 스루 패스
0엔

5일 오사카
난카이 전철 난바 → 공항
970엔

통상요금 교통비(각 구간 편도 티켓 구매)=9,760엔
실사용액 교통비(공항 왕복 교통비+칸사이 스루 패스 3일권)= 7,340엔
절약금액 2,420엔

#step 08

호텔 · 숙소 예약

☑ 저렴하고 안락한 비즈니스 호텔 강추

☑ 숙소는 시설 · 요금 못지않게 위치 · 교통이 중요

☑ 호텔스닷컴 · 아고다 · 호텔스 컴바인 등 호텔 예약 사이트 활용

비즈니스 호텔 ビジネスホテル

우리가 일반적으로 생각하는 호텔보다 규모가 조금 작은 호텔이다. 다른 숙소에 비해 요금이 살짝 비싸지만 중급 이상의 호텔에 비하면 상대적으로 저렴하다. 흔히 객실 크기를 보고 경악(?)을 금치 못하는데, 싱글 룸이 서너 평 정도라고 보면 된다. 객실에는 침대 · TV · 전화 · 냉장고 등의 편의시설이 오밀조밀 배치돼 있다. 화장실 · 욕실은 대부분 객실에 딸려 있다. 세면도구는 무료, TV는 공중파에 한해 무료이며 성인방송은 유료다. 실내에서는 유카타 ゆかた라는 잠옷을 입고 지낸다. 호텔스닷컴 · 아고다 · 호텔스 컴바인 등 인터넷 예약 사이트 또는 한국내 여행사를 통해 저렴하게 예약할 수 있는데, 개인이 직접 예약할 때보다 숙박비가 10~30% 할인된다.

♦ 싱글 6,000엔~, 세미더블 7,000엔~
　더블 8,000엔~, 트윈 9,000엔~

한인 민박

오사카에는 적지 않은 수의 한인 민박이 있다. 대부분 일반 주택을 개조해서 영업하기 때문에 시설과 서비스는 떨어지지만 요금이 저렴하고 한국어가 통하는 것이 장점이다.

객실은 도미토리 스타일 또는 취사시설이 딸린 콘도 스타일로 운영한다. 기본적으로 TV · 냉난방기가 완비돼 있으며 자유로이 음식을 해 먹을 수 있다. 네이버 · 다음 · 구글에서 '오사카 민박'으로 검색하면 쉽게 정보를 구할 수 있으니 사진과 게시판의 후기를 확인하고 예약한다. 우리나라의 연휴 · 휴가 · 방학 기간에는 한국인 여행자가 몰리는 만큼 예약을 서두르는 것이 좋다.

♦ 도미토리 4,000엔~

아는 것이 힘! 숙소 용어

도미토리 Dormitory ドミトリー
한 방에서 여럿이 자는 스타일의 숙소. 한인 민박에서는 다인실이라고도 부른다.

싱글 Single シングル
침대 한 개를 혼자서 쓰는 방.

더블 Double ダブル
침대 한 개를 둘이서 쓰는 방.

세미더블 Semi-double セミダブル
침대가 하나인 싱글 룸을 둘이서 사용하는 것. 더블보다 요금이 조금 싸지만 그만큼 불편을 감수해야 한다. 특히 폭 140cm 이하의 침대를 사용하는 세미더블은 둘이 같이 자기가 쉽지 않다.

트윈 Twin ツイン
싱글 침대 두 개가 있는 방.

스도마리 素泊まり
숙소에서 제공하는 식사 없이 잠만 자는 것. 여관 · 유스호스텔에서는 아침 · 저녁 식비를 포함해서 숙박비를 받기도 하는데, 스도마리로 예약하면 식비가 빠지는 만큼 숙박비가 저렴해진다.

트리플 Triple トリプル
침대가 3개 있는 방. 또는 3인용 객실.

엑스트라 베드 Extra Bed エキストラベッド
보조 침대. 1인실 또는 2인실에 보조 침대를 설치해 두세 명이 함께 이용할 수 있다. 약간의 추가요금이 필요하다.

에어비앤비

오사카 시내 전역에 산재한다. 현지인이 거주하는 집을 빌려주는 것이라 로컬 분위기를 담뿍 맛볼 수 있다는 것이 매력. 다만 호텔에 비해 편의시설 · 서비스가 떨어질 가능성이 높고, 교통이 불편할 수 있으며, 종종 불미스러운 사고가 발생하니 주의해야 한다.

♦ 5,000엔~

초저가 비즈니스 호텔

우리나라의 고시원을 연상시키는 곳으로 파격적인 요금이 매력이다. 싱글 룸은 딱 한 사람이 누우면 꽉 찰 만큼 좁지만, 요금은 일반적인 비즈니스 호텔의 절반 수준. 편의시설은 TV · 냉난방기 · 냉장고가 고작이며 욕실 · 화장실

#step 08'

은 공용이다. 원래 일용직 노무자가 이용하는 곳이라 깔끔한 시설은 기대하기 힘들다. 체크아웃 시간도 09:00~10:00로 이른 편이니 주의하자. 초저가 비즈니스 호텔 밀집 지역은 오사카의 텐노지에 위치한 신이마미야 新今宮다. 이 주변에서는 부랑자·노숙인이 많이 돌아다니니 밤늦은 외출은 삼가는 것이 좋다.

◆ 싱글 3,500엔~, 더블 6,000엔~

여관 旅館

'료칸 旅館'이라고 부르는 여관은 일본의 주거문화 체험 측면에서 이용해 볼만하다. 대부분 전통 스타일의 다다미 방이며 바닥에 요를 깔고 잔다. 시설은 천차만별인데 싸구려 여관은 좁은 객실에 TV·냉난방기가 시설의 전부이며 욕실·화장실도 공용인 경우가 많다. 하지만 1만 엔 이상의 고급 여관은 널찍한 객실에 깔끔하고 세련된 서비스가 기본! 여기 더해 그 여관만이 자랑하는 전통 코스 요리를 맛볼 수 있는 등 독특한 체험도 가능하다. 세면도구는 무료로 제공하며 객실에서는 유카타라는 잠옷을 입고 지낸다.

오사카 시내에서는 찾아보기 힘들며, 주로 아리마온센·교토·나라에 모여 있다. 구글 또는 야후 재팬에서 '료칸 Roykan 旅館'으로 검색하거나 호텔 예약 홈페이지에서 '여관·료칸'으로 검색하면 해당 정보를 찾을 수 있다.

◆ 1인실 6,000엔~, 2인실 1만 엔~

유스호스텔 ユースホステル YH

경제적인 여행을 목적으로 하는 일본인과 외국인이 주로 이용한다. 젊은층의 이용 비율이 높아 분위기도 활기차다. 객실은 대부분 2층 침대가 구비된 방을 4~8명이 함께 이용하는 도미토리 스타일이다. 냉난방기 등의 기본적인 시설만 갖췄으며 TV는 별도의 휴게실에서 시청할 수 있다. 욕실·화장실은 공용이지만 숫자가 넉넉해 그리 불편하지는 않다. 대부분의 유스호스텔은 별도의 요금으로 푸짐한 아침·저녁 식사를 제공한다. 대신 취사시설을 갖춘 곳은 많지 않다.

오사카 주변에 5개의 유스호스텔이 있으며 예약은 해당 유스호스텔 홈페이지에서 한다. 대부분 교통이 불편한 시외곽에 있으니 정확한 위치를 확인하고 예약하는 것이 좋다.

◆ 도미토리 3,600엔~

게스트하우스 ゲストハウス

시설이 조금 떨어지지만 배낭 여행자에게 이만큼 경제적인 숙소도 없다. 외국인 배낭 여행자가 주 고객이며 도미토리 객실에 욕실·화장실은 공용이다. 취사시설을 갖춘 곳도 많다.

민가를 개조해 운영하는 곳이 대부분이라 일본다운 면이 강하며, 비교적 영어가 잘 통하는 것도 장점이다. 여기 더해 다양한 국적의 친구를 사귀기에 좋은 것도 큰 매력! 게스트하우스는 외국인 장기 체류자가 많은 오사카에 모여 있다. 구글 또는 야후 재팬에서 '게스트하우스 guest house'로 검색하면 다양한 정보를 구할 수 있다.

◆ 도미토리 3,00엔~, 1인실 4,000엔~, 2인실 6,000엔~

캡슐 호텔 カプセルホテル

지극히 일본적인 숙박 시설. 똑바로 눕거나 앉을 수 있는 공간의 기다란 캡슐이 층층이 놓여 있고, 그 안에 한 사람씩 들어가서 잔다. 심한 표현으로 하얀 관이 질서정연하게 놓인 모습을 떠올리면 이해가 쉬울 듯.

체크인 때 프론트에서 키를 주는데 여기 적힌 번호가 자신이 이용할 로커와 캡슐 번호다. 로커는 이 키로 열고 잠근다. 캡슐 안에는 미니 TV·라디오·알람시계 등이 설치돼 있다. 세면도구는 모두 무료로 제공된다.

단점은 일단 체크인하면 외출이 불가능하며 연속으로 숙박할 수 없다는 것, 그리고 대부분 남성 전용이라는 것이다. 자정을 넘기면 만실(滿室)이 될 가능성이 높으니 가기 전에 전화로 자리가 있나 확인하는 것이 좋다. 캡슐 호텔은 주로 오사카·고베의 유흥가에 있다.

◆ 1인당 3,500엔~

숙소에서 인터넷 사용

대부분의 숙소에서 무선 인터넷을 자유로이 사용할 수 있다. 인터넷 속도는 우리나라보다 느린데, 저렴한 숙소일수록 인터넷 속도가 느리거나 불안정할 가능성이 높다.

#step 09

환전 노하우

- ☑ 한국에서 엔화로 바꿔가는 것이 저렴
- ☑ 은행보다 사설 환전소가 저렴
- ☑ 카카오 페이·네이버 페이도 사용 가능

환전 기초 지식

엔화 환전은 은행의 외환 코너 또는 사설 환전소에서 한다. 필요한 것은 신분증(여권·주민등록증·운전면허증)과 환전할 액수에 상응하는 원화뿐이다. 현지에서 원화를 엔화로 환전해도 되지만 환율이 나쁘고 은행을 찾아가기도 번거롭다. 필요한 만큼 우리나라에서 엔화를 준비해 가는 것이 경비도 절약하고 몸도 편해지는 지름길이다.

일본에서 사용 가능한 결제수단은 현금·여행자수표·신용카드·직불카드·전자 페이의 5가지가 기본이다. 각기 장단점이 있으니 자신의 여건과 여행 스타일에 맞춰 적절한 결제수단을 선택한다.

현금 Cash

글자 그대로 돈다운 돈이다. 여행자수표처럼 은행에서 환전하거나 신용카드처럼 긁어대는 번거로움이 없으며 어디서나 환영받는다. 현금은 1만 엔짜리가 빈번히 사용되므로 1만 엔 권 위주로 환전해 현지에서 소액권으로 쪼개서 쓰면 편하다.

단점은 너무 많은 현금을 소지할 경우 부피가 커서 보관하기 까다롭고 분실·도난시 보상을 받을 수 없다는 것. 대량의 경비가 필요할 때는 여행자수표와 신용카드를 적절히 섞어서 사용하자.

- ◆ 동전 종류 1·5·10·50·100·500엔
- ◆ 지폐 권종 1,000·2,000·5,000·1만 엔

여행자수표 Traveller's Check

여행자수표는 현지 은행에서 현금으로 재환전한 다음 사용해야 하는 번거로움이 있다. 하지만 동일한 금액을 현금보다 0.5% 정도 싸게 구매할 수 있으며, 도난당하거나 분실해도 재발행이 가능하다(p.335의 분실시 대처법 참조).

여행자수표에는 소지자 서명란이 두 개 있다. 하나는 은행에서 수표를 구입하는 즉시 서명하는

난이고, 나머지는 '카운터사인 Countersign'이라고 해서 환전할 때 서명하는 난이다. 수표상의 두 서명은 당연히 일치해야 하고 여권의 사인과도 같아야 한다. 부당한 사용을 막기 위한 안전장치지만, 간혹 3개의 서명이 달라 보이면 지급을 거절당할 수도 있으니 반드시 자기 손에 익숙한 서명을 해야 한다. 여행자수표를 현지 화폐로 교환할 때 수수료를 떼는 나라도 있지만, 일본에서는 수수료를 떼지 않고 여행자수표의 액면가와 동일한 금액을 준다.

◆ 여행자수표 권종 2만·5만·10만 엔

신용카드 Credit Card

신용카드의 장점은 편리한 휴대성이다. 사용 가능한 카드는 VISA·MASTER·DINERS·AMEX·JCB 등이 있다. 주의할 점은 신용카드 사용 자체가 불가능하거나 우리나라에서 발행된 신용카드를 받지 않는 업소도 있다는 것. 대형 백화점·레스토랑·프랜차이즈 업소·편의점은 괜찮지만, 그보다 작은 레스토랑·숍에서는 먼저 신용카드 사용 가능 여부부터 확인하는 것이 좋다.

신용카드의 단점은 해외 사용에 따른 수수료 부담이 은근히 크다는 것이다. 수수료·환가료 등의 명목으로 실제 사용금액의 2% 정도를 추가 부담해야 한다. 예를 들어 신용카드로 100만 원을 긁으면 우리나라에서 실제로 결제해야 하는 금액이 102만 원 정도가 된다.

또 하나 단점은 우리나라에서 발급된 신용카드를 가지고 현금자동지급기에서 현금 서비스를 받기가 은근히 어렵다는 것. 현금 서비스를 받으려면 은행의 환전 창구에서 직원에게 현금 서비스를 신청하거나, 우체국·공항·편의점의 현금자동지급기를 이용해야 한다. 현금 서비스를 받을 수 있는 최저 단위는 1만 엔부터다.

직불카드 Debit Card

국내 주요 은행에서 발행된 것 가운데 뒷면에 'International' 표시와 함께 'PLUS' 또는 'Ciruss' 로고가 인쇄된 직불카드는 현지의 현금자동지급기에서도 사용할 수 있다.

동일한 로고가 붙은 현금 자동지급기를 찾아 직

#step 09

불카드를 넣고, 안내(영어·일본어)에 따라 기기를 조작하면 원하는 금액이 인출된다. 인출 가능 금액은 자신의 통장 잔고 범위 내에서 결정되며 1일 한도액이 정해져 있다. 한도액은 직불카드 발행 은행에 문의하면 확인 가능하다. 단점은 신용카드와 마찬가지로 인출액에 비례해 수수료·환가료가 추가되기 때문에 우리나라에서 환전할 때보다 환율이 좋지 않다는 것이다.

직불카드를 사용할 수 있는 현금자동지급기는 우체국·공항·편의점 등에 설치돼 있으며 1만 엔 단위로 인출할 수 있다.

전자 페이 Pay

카카오 페이·네이버 페이를 일본에서도 사용할 수 있다. 모든 업소에서 사용 가능한 것은 아니지만, 결제 가능 업소가 점차 증가하는 추세라 보조 결제수단으로 활용하기에 적당하다.

키오스크 또는 계산대에서 페이 사용 가능 여부를 확인하고, 우리나라와 마찬가지로 QR 코드를 스캔하면 자동 결제된다. 현재 환전 수수료는 없으며(향후 부과 예정), 결제 시점의 전신환 환율이 적용된다. 환율이 상승할 때보다 하락하는 시점에 사용하면 득이 된다.

돈 버는 환전 요령

여행 경비가 정해지면 인터넷에서 환율을 검색한다. '현찰 살 때(현찰 매도율)'라고 표시된 환율이 있는데, 이것이 우리가 엔화를 구매할 때 적용되는 환율이다. 여기 맞춰 필요한 원화와 신분증(여권·주민등록증·운전면허증)을 갖고 은행 또는 사설 환전소로 간다. 환율이 수시로 바뀌어 정확한 금액의 원화를 맞춰가기는 힘들다. 예상 금액보다 좀 더 여유 있게 가져가는 센스를 잊지 말자.

시중은행

현찰 매도율은 은행마다 조금씩 다르다. 이유는 은행마다 각기 다른 비율의 환전 수수료를 적용하기 때문. 따라서 무작정 아무 은행이나 찾아가기보다 좀 더 나은 환율의 은행을 찾는 것이 환전을 잘하는 비결이다. 사전에 은행 홈페이지도 살펴보자. 모바일 뱅킹으로 5~30%의 환전 수수료 우대를 해주기도 한다.

사설 환전소

서울·인천·부산 등 대도시 거주자는 사설 환전소 이용이 유리하다. 시중 은행보다 100엔당 5~20원 싸게 엔화를 구매할 수 있어 환전 금액이 커질수록 이득도 늘어난다. 사설 환전소는 네이버·다음에서 '환전소'로 검색하면 쉽게 찾을 수 있다.

엔화 동전 구매

일부 은행에서는 엔화 동전을 매매기준율보다 20~30% 저렴하게 구매할 수 있다. 무게가 조금 부담스럽지만 금액상 메리트가 큰 것이 매력. 수량이 한정적이라 환전 가능 여부를 미리 확인하고 가야 한다.

여행자수표 편리하게 사용하기

아주 짧은 일정, 예를 들어 3~5일 정도 일본을 방문해 경비가 5만 엔을 넘지 않으면 여행자수표보다 전액 현금으로 바꿔 가는 것이 편하다. 하지만 장기체류·쇼핑 등의 이유로 큰 금액이 필요할 때는 환율이 유리한 여행자수표로 환전하는 것이 좋다. 물론 도난·분실에 대한 대비책도 된다.

공항에서 여행자수표 환전

칸사이 국제공항에는 입국장 바로 옆에 은행 영업소가 있어 여행자수표를 손쉽게 현금으로 바꿀 수 있다. 환전에 걸리는 시간은 불과 5분 남짓. 여기서 필요한 만큼 여행자수표를 현금화시키면 시내에서 은행을 찾느라 시간을 버릴 염려도 없고 처리 시간도 빨라 편리하다. 공항의 은행 영업소는 항공편 운항 시간에 맞춰 운영하기 때문에 밤늦게 도착해도 걱정없다.

은행 영업시간 주의

시내에서 환전할 때는 '환전 両替·Exchange' 표시가 붙은 대형 은행이나 우체국을 찾아간다. 여행자수표 환전에는 보통 15~20분 걸린다. 단, 은행은 평일 09:30~15:00, 우체국은 평일 09:00~17:00에만 영업한다는 사실에 주의하자. 은행·우체국이 문을 닫았을 때는 환전 코너를 운영하는 대형 호텔·백화점도 이용 가능하다.

은행의 환전 창구 표시

#step 10

인터넷 · 로밍 · 전화

- ☑ 인터넷 쇼핑몰에서 데이터 유심 구매
- ☑ 여럿이 함께라면 포켓 와이파이 대여
- ☑ 카카오톡 · 라인으로 국제전화 대체 가능

핸드폰 로밍

자신의 핸드폰을 일본에서 그대로 사용할 수 있다. 일본에서 핸드폰을 켜면 자동으로 로밍 기능이 활성화된다. 로밍 서비스 이용시 통화요금은 이동통신사마다 다른데 보통 1분당 500~2,000원이며 전화를 걸 때는 물론 받을 때도 요금이 나간다. 문자 메시지 발신은 건당 150~500원이며 수신은 무료다. 정확한 요금은 이동통신사 홈페이지에서 확인할 수 있다.

데이터 로밍

자동 로밍 서비스 이용시 '데이터 로밍 · 셀룰러데이터' 기능을 활성화하면 한국에서와 동일하게 인터넷을 사용할 수 있다. 자세한 요금 · 사용법은 이동통신사 홈페이지에서 확인할 수 있다.

◆ 1일 5,000~1만 3,200원

데이터 유심 카드 구매

데이터 로밍 요금을 절약하려면 국내 인터넷 쇼핑몰에서 판매하는 '일본 유심 카드'를 구매한다. 유심 카드를 갈아끼우는 방식과 e-심을 다운로드받는 방식이 있으니 자신의 스마트폰에 맞는 것을 선택한다. 가격은 판매처와 데이터 용량, 사용기간에 따라 천차만별이니 꼼꼼히 비교해보자. 지도검색 위주로 이용시 1일 300~500MB면 적당하며, 동영상 시청 등 데이터 사용량이 많을 때는 대용량 또는 무제한 요금제를 선택하는 것이 좋다.

◆ 1일 2,000원~

포켓 와이파이 대여

포켓 와이파이를 빌려 여럿이 함께 사용하는 것도 가능하다. 국내 인터넷 쇼핑몰에서 '포켓 와이파이'로 검색하면 된다. 이용료는 판매처와 데이터 용량, 사용기간에 따라 천차만별이니 꼼꼼히 비교해보고 결정한다.

◆ 1일 1,500원~

인터넷

호텔 · 한인 민박 등의 숙박 시설에서 무선 인터넷을 무료로 사용할 수 있다. 오사카 시내 지하철 · 버스 · 공원 · 대형 백화점 · 쇼핑센터에서도 무료 와이파이 서비스를 제공한다. 단, 인터넷 속도는 우리나라보다 느리다.

PC방은 찾아보기 힘들다. 유흥가 · 상점가에는 만화방을 겸한 PC방인 망가킷사 まんが喫茶(1시간 300~1,000엔)가 있지만, 키보드와 프로그램이 일본어 일색이라 일본어를 모르면 이용하기가 거의 불가능하다.

일본 국내전화

공중전화는 연두색 · 회색 · 오렌지색의 세 가지 모델이 있다. 연두색 · 회색 전화기는 10 · 100엔 주화와 NTT의 구형 전화카드, 오렌지색 전화기는 IC 칩이 내장된 NTT의 신형 전화카드만 사용할 수 있다.

시내통화 요금은 45초당 10엔이며 핸드폰(국번이 080 또는 090으로 시작)과 시외전화 요금은 시내통화보다 2~4배 비싸다.

전화 쓸 일이 많을 때는 연두색 · 회색 전화기에서 사용 가능한 NTT의 구형 전화카드를 구매하는 것이 좋다. 전화카드는 전화기 근처에 있는 전화카드 자판기 또는 편의점에서 판매한다. 일본어로 전화카드는 테레혼카도 テレホンカード 또는 줄여서 테레카 テレカ라고 부른다.

전화카드는 500 · 1,000엔짜리가 있으며 사용가능 횟수는 '도수 度数'로 표시된다. 예를 들어 1,000엔짜리 전화카드 뒷면에는 '105度数'라고 쓰여 있는데, 이것은 45초 통화를 105회 할 수 있다는 뜻이다.

일본의 공중전화. 오렌지색
전화기로는 국제전화도 걸 수 있다

#step 10'

주의할 점은 실제 가격보다 사용 가능 횟수가 적은 전화카드도 있다는 사실. 특히 관광지에서 기념품으로 파는 전화카드가 그런데, 1,000엔짜리임에도 사용 가능 횟수는 '50도수'밖에 안 된다. 반드시 카드 뒷면에 적힌 도수를 확인하고 구매하자.

한국 → 일본 국제전화

우리나라에서 일본으로 국제전화를 걸 때는 국제전화 통신사의 번호를 누르고, 일본 국가번호인 81과 지역번호에서 0을 뺀 나머지 번호, 수신자의 전화번호를 차례로 누른다. 예를 들어 KT의 001로 오사카(지역번호 06)의 1234-5678로 전화를 건다면 다음의 순서로 누른다.

예) 001-81-6-1234-5678

일본 → 한국 국제전화

현지 가정·회사에서 유선 전화를 이용할 때는 먼저 국제전화 통신사의 번호와 010을 누른 다음, 우리나라의 국가 코드 82, 지역번호에서 0을 뺀 나머지 번호, 수신자의 전화번호를 차례로 누른다. 예를 들어 KDDI의 001을 이용해 서울의 1234-5678로 전화를 건다면 다음의 순서로 누른다. 요금은 1분당 30엔 정도다.

예) 001-010-82-2-1234-5678

♦ 일본의 국제전화 통신사
KDDI 001　　NTT 0033　　Softbank 0061

공중전화로 국제전화 걸기

일부 회색 공중전화로 국제전화를 걸 수 있다. 100엔 이상의 금액을 넣어야 국제전화가 걸리며 전화카드는 사용할 수 없다. 모든 오렌지색 전화기로는 국제전화를 걸 수 있지만 IC 칩이 내장된 신형 전화카드로만 사용할 수 있다.

전화를 거는 방법은 '일본→한국 국제전화'의 예와 동일하다. 단, 국제전화 통신사는 NTT의 0033만 이용할 수 있다.

콜렉트 콜 Collect Call

콜렉트 콜, 즉 수신자 부담 통화는 거는 사람은 요금 부담이 없지만 받는 사람은 분당 1,089~1,221원의 비싼 요금을 내야 하는 치명적(?) 약점을 갖고 있다. KT의 콜렉트 콜 접속 번호를 누르면 한국어 안내 방송이 나오며 이를 따라 하면 통화하고자 하는 번호로 연결된다.

연두색 전화기로는 콜렉트 콜이 안 걸릴 때도 있는데, 이때는 10엔 동전이나 사용할 수 있는 전화카드를 집어넣고 번호를 누르면 된다. 집어넣은 동전이나 카드는 통화가 끝나면 고스란히 반환된다.

♦ KT 콜렉트 콜 접속 번호
00-6635-821, 004-41-1821, 00539-821
0034-811-082

국제전화 선불카드

NTT의 전화카드가 아닌 별도의 국제전화 전용 카드를 말한다. 일본어로는 코쿠사이 테레카 国際テレカ, 또는 코쿠사이테레혼카드 国際テレホンカード라고 부르며 편의점이나 할인 티켓 전문점에서 판다. 주의할 점은 발행사에 따라 사용 가능 시간이 천차만별이라는 것. KDDI 카드는 1,000엔짜리로 10분 남짓 사용할 수 있는데 비해 할인 티켓 전문점에서 파는 카드는 1,000엔짜리로 30~60분 통화할 수 있다. 반드시 사용가능 시간을 확인하고 구입하자.

사용법은 다음과 같다. 구입한 선불카드 뒷면의 은박을 긁어내면 '핀 넘버 Pin Number'가 나온다. 선불카드에 적힌 접속 번호로 전화를 걸면 안내방송이 나오는데, 시키는 대로 언어를 선택하고 핀 넘버, 우리나라의 국가 코드 82, 0을 뺀 지역 번호, 그리고 수신자의 전화번호를 입력하면 전화가 연결된다.

우편

한국으로 편지나 엽서를 보낼 때는 반드시 받는 이의 주소 위나 아래에 큰 글씨로 'Seoul(또는 지역명), Korea'라고 써야 한다. 단순히 'Korea'라고만 쓰면 북조선의 누군가와 펜팔을 하게 될지도…. 받을 사람의 주소는 한글로 써도 된다.

들고 다니기 부담스러운 물건은 소포로 부친다. 비용이 들어도 갖고 다니느라 고생하는 것보다 낫다. 우편·소포는 항공편으로 1주일 안에 도착한다. 시간을 다투는 일이라면 EMS·DHL·FEDEX 등의 특급 우편 제도를 활용한다.

#step 11

스마트 여행 노하우

- ☑ 구글맵을 활용하면 길 찾기가 편리
- ☑ 홈페이지·구글맵으로 레스토랑 예약 가능
- ☑ 파파고·구글 번역기로 의사소통 가능

일정 관리는 꼼꼼히

1주일 미만의 짧은 여행은 한마디로 시간과의 싸움이다. 오사카·고베에는 칸사이의 인기 관광지가 집중돼 있으며, 여행자의 발길을 유혹하는 명소·음식점·쇼핑센터가 가득해 항상 부족한 시간에 쫓길 수밖에 없다. 따라서 구체적인 일정을 미리 세워야만 1분 1초를 알뜰히 사용하는 알찬 여행을 즐길 수 있다. 헛걸음하지 않도록 명소·레스토랑·쇼핑센터의 휴무일을 꼼꼼히 체크하는 것도 잊지 말자.

무거운 짐은 숙소에

무거운 짐을 짊어지고 돌아다닐 수는 없는 노릇이니 숙소에 짐을 맡긴 다음 가벼운 차림으로 움직이자. 자신이 묵을 호텔·숙소에 부탁하면 대부분 무료로 짐을 맡아준다. 체크인 시간 전에 도착한 경우는 물론, 체크아웃을 했어도 당일에 한해 짐 보관이 가능하다. 단, 에어비앤비는 짐 보관이 불가능한 경우가 많아 역 주변의 코인로커를 이용해야 할 수도 있다.

코인로커 이용

일본은 코인로커의 천국이다. 지하철역·전철역 어디서나 쉽게 코인로커를 발견할 수 있다. 이용료는 크기에 따라 다른데, 중간 사이즈의 배낭이 들어가는 코인로커는 300~400엔, 대형 트렁크가 들어가는 것은 500~600엔이다. 자정을 넘기면 요금이 추가되니 주의하자.

쉽게 길 찾는 요령

주요 명소는 대부분 전철·JR·지하철역을 중심으로 모여 있어 역을 기점으로 움직이면 쉽게 찾아갈 수 있다. 역을 나가기 전에 목적지의 위치, 그리고 목적지와 가장 가까운 출구 번호를 확인하면 길을 헤맬 가능성도 현저히 줄어든다.
지도를 볼 때는 기준이 되는 건물 몇 개를 체크해 놓고 그 건물을 중심으로 길을 찾으면 쉽다. 예를 들어 지도상에서 눈에 띄는 호텔·쇼핑센터·전철역을 두세 개 찾은 다음 그 건물들의 위치와 똑같이 지도를 펼쳐 놓으면 현재 자신이 위치한 곳과 가야 할 길이 금방 찾아진다.
구글맵의 내비게이션 기능을 이용해 목적지를 찾아가는 것도 확실하고 편한 방법이다. 한국어 음성 지원 기능도 있어 편리하다.
길을 찾기 힘들 때는 우리나라의 파출소에 해당하는 코반 交番으로 간다. 주소나 지명만 말하면 친절하게 길을 알려준다.

레스토랑 이용 요령 & 예약

레스토랑이 가장 붐비는 시간은 12:00~13:00, 18:00~19:00. 이 시간대에는 밥 한 끼를 먹기 위해 30분 이상 기다려야 하는 사태도 빈번히 발생한다. 피크 타임보다 조금 일찍, 또는 조금 늦게 가는 것이 시간도 절약하고 느긋하게 식사를 즐기는 비결이다.
일본어를 모를 때는 파파고·구글맵의 이미지 번역 기능을 사용한다. 해당 앱을 활성화시키고 메뉴판을 카메라로 찍으면 완벽하지는 않아도 이해할 수 있을 정도로 자동 번역이 된다.
해당 레스토랑의 홈페이지 또는 구글맵을 통해 예약 가능한 경우 미리 예약하고 갈 것을 추천한다. 특히 오사카·고베의 인기 레스토랑 가운데는 1~2시간씩 줄을 서야 하거나, 예약 없이 이용 불가능한 곳도 있다.

잔돈은 그때그때 처분

일본의 식당·숍을 이용하다 보면 1·5·10엔짜리 동전이 끊임없이 늘어난다. 무의식적으로 지폐를 사용하는 사이 주머니가 불룩해지기 십상이니 잔

#step 11'

돈, 특히 1·5엔짜리 동전은 수시로 써서 없애자. 음료수나 가벼운 군것질거리를 살 때 잔돈 위주로 사용하면 된다.

잔돈을 효율적으로 사용하려면 조그만 동전 지갑을 준비하는 것이 좋다. 짬짬이 지갑을 열어보고 어느 정도 모였다 싶으면 그때그때 처분한다. 엔화 동전을 우리나라에서 환전할 때는 지폐 환율의 50%밖에 쳐주지 않는다.

일본의 교통카드인 이코카(p.71)를 적극 활용하는 것도 좋은 방법이다. 일정 금액을 충전시켜 놓고 식당·숍에서 사용하면 돼 잔돈이 생길 우려가 없다.

일본어 완벽하지 않아도 OK

일본어를 하면 일본 여행이 더욱 편해지는 것이 자명한 사실. 하지만 일본 여행이라고 해서 일본어를 완벽히 구사해야 할 필요는 없다. 어떤 언어든 자기 의사를 전달할 수만 있으면 그것으로 충분하다.

어설픈 일본어로 질문하면 되돌아오는 따발총 같은 일본어를 알아들을 수 없어 오히려 난감해질 뿐이다. 안 되는 일어는 간단한 영어 단어로 메워 나가자. 일본인이나 우리나라 사람이나 영어 구사 능력이 비슷해 단어만 나열해도 서로 뜻이 통한다. 파파고·구글 번역기를 사용해 의사소통하는 것도 가능하다.

단, 간단한 인사말 정도는 배워가자. 상대방에게 도움을 청하거나 고마움을 표할 수 있는 기초적인 일본어 몇 마디는 대화의 윤활유 구실을 한다.

쾌적한 화장실 이용법

화장실 인심은 무척 후하다. 공중 화장실은 지하철·전철역과 주요 관광명소에서 쉽게 찾을 수 있다. 쾌적한(?) 시설을 원하면 대형 호텔이나 쇼핑센터에 딸린 화장실을 이용하자. 호텔·쇼핑센터가 눈에 띄지 않을 때는 맥도날드 등 가까운 패스트푸드점을 찾으면 된다.

호텔·쇼핑센터를 안방처럼

일본의 여름은 우리나라를 능가하는 찜통더위를 자랑한다. 겨울 또한 우리나라에 비해 따뜻하다고

는 하나 슬며시 파고드는 찬바람은 온몸을 꽁꽁 얼리기에 충분하다. 더위나 추위에 지쳤다 싶으면 주저 없이 가까운 대형 호텔이나 쇼핑센터로 들어가자. 항상 에어컨과 난방기가 가동돼 편히 쉬어갈 수 있다. 호텔 로비에는 누구나 이용 가능한 소파, 쇼핑센터의 화장실 근처에는 의자와 휴게시설이 갖춰져 있다는 사실도 알아두면 좋을 듯!

자판기 활용

기계화·자동화의 천국 일본에서는 자판기 사용이 보편적이다. 음료수·티켓·신문·잡지 등 대부분의 생필품을 자판기에서 살 수 있으며 식당의 식권도 자판기에서 구매한다. 특히 음료수 자판기는 주택가 골목부터 사람이 다니지도 않을 것 같은 외딴 산길에까지 세워져 있어 가게를 찾는 것보다 자판기를 찾는 것이 더 쉬울 때도 많다.

자판기에는 1,000엔 지폐와 10·50·100·500엔 주화를 사용할 수 있다. 지갑 속에 1,000엔 지폐를 한두 장 넣어두면 은근히 요긴하게 쓰인다. 교통카드·전자 페이 사용이 가능한 자판기도 속속 등장하고 있다.

관광 인포메이션 센터를 활용

부정기적으로 열리는 행사·축제에 관한 가장 확실한 정보는 관광 인포메이션 센터에서 제공한다. 우리나라에서 미리

일본정부관광국 JNTO의 홈페이지에 접속해 필요한 정보를 챙겨놓고, 궁금한 사항은 현지의 관광 인포메이션 센터에 문의한다. 현지인이 아니면 알기 힘든 생생한 정보도 쉽게 손에 넣을 수 있다.

박물관·미술관 휴관일에 주의

대부분의 박물관·미술관은 월요일 또는 화요일이 휴관일이다. 단, 월·화요일이 공휴일일 때는 그 다음날이 휴관일이 된다. 또한 전시품 교체 등의 이유로 임시 휴관하기도 하니 헛걸음하지 않으려면 홈페이지에서 휴관일을 체크해 두는 것이 안전하다.

#step 12

사고 대처 ABC

- ☑ 사건·사고가 발생하면 즉시 경찰서로
- ☑ 사고 발생에 대비해 여행자보험 가입 추천
- ☑ 경찰서에서 도난증명서 발급시 보상 가능

분실·도난

우리나라의 파출소에 해당하는 코반

가장 흔한 사건이 분실과 도난이다. 유일한 예방책은 스스로 주의하는 것뿐. 분실사고는 전철·지하철 등의 혼잡한 대중교통과 쇼핑센터·레스토랑·호텔에서 자주 일어난다. 자리에서 일어날 때 소지품을 제대로 챙겼나 꼼꼼히 확인하자. 호텔에서는 체크아웃 직전에 다시 한 번 객실을 둘러보고 잊어버린 물건이 없나 확인하는 것이 좋다.
전철·지하철을 이용하다가 물건을 잃어버린 경우 역무원에게 자신이 이용한 열차의 행선지와 운행 시각을 알려주면 대부분 물건을 되찾을 수 있다. 흔하진 않지만 러시아워 때의 지하철·전철에서 소매치기 사건이 발생하곤 한다. 귀중품은 항상 몸에서 떨어지지 않게 보관하는 것이 좋다.
여행자 보험에 가입한 경우 도난사건이 발생하면 가까운 경찰서에서 '도난 증명서 Police Report 盜難證明書'를 발급 받는다. 우리나라에서 도난

도난 증명서 작성 요령

도난 증명서에는 자세한 사건 경위와 함께 도난당한 물건의 구체적인 모델명까지 기록해야 한다. 도난 증명서를 기준으로 보상금이 지급되기 때문인데, 예를 들어 카메라의 경우 단순히 'Camera'가 아니라 'Camera, Nikon Z9'라고 상세히 적어야 한다.
도난 증명서를 작성할 때는 단어 사용에도 주의하자. '분실 Lost 紛失'은 본인 부주의로 물건을 잃어버렸다는 뉘앙스가 강해 보상이 어려워질 수 있다. 도난은 반드시 'Stolen 盜難'이라는 표현을 써야 한다.

증명서와 함께 보험사에 보험금을 신청하면 약간의 보상을 받을 수 있다.

여권 분실

여권을 분실하면 여행은 물론 귀국마저 불가능해진다. 유일한 해결책은 오사카 또는 고베의 대한민국 총영사관을 찾아가 귀국용 여행증명서를 재발급 받는 것뿐이다.
필요한 서류는 여권 발급 신청서 1장(총영사관 비치), 주민등록번호가 기재된 국내신분증(주민등록증·운전면허증 등), 여권용 사진 2장, 여권 분실 확인서 1장(총영사관 비치), 일본 경찰서의 분실 신고 접수증, 그리고 수수료 770엔이며 발급 소요기간은 48시간이다. 미리 여권의 사진이 인쇄된 부분을 복사해서 가져가면 여권 분실시간이 신분 증명용으로 활용할 수 있다.

여권 발급이 가능한 고베 총영사관

대한민국
총영사관
大韓民國 總領事館

오사카 총영사관
- ◆ 09:00~17:00
- ◆ 휴무 토·일·공휴일 및 우리나라의 삼일절·광복절·개천절
- ◆ 지하철 미도스지 선·센니치마에 선·요츠바시 선의 난바 なんば 역(M20·S16·Y15) 25번 출구에서 도보 4분.

고베 총영사관
- ◆ 09:00~17:00
- ◆ 휴무 토·일·공휴일 및 우리나라의 삼일절·광복절·개천절
- ◆ 한큐 고베산노미야 神戸三宮 역(HK16) 서쪽 출구 西出口에서 도보 12분.

신용카드 도난·분실

분실 신용카드로 인한 위조 사건이 종종 발생한다. 분실사고 발생 즉시 카드 발행사에 연락해 신용카드 거래중지 요청을 하는 것이 급선무다.
신용카드 번호와 발행사의 전화번호를 따로 기록해 두면 비상시에 발 빠르게 대처할 수 있다.

#step 12'

현금 분실

현금만 분실한 경우 신용카드·직불카드로 현금 서비스를 받는 것이 최선이다. 우체국·편의점의 현금자동지급기를 사용하면 된다. 현금은 물론 신용카드·직불카드마저 분실했다면 돈을 빌리거나 우리나라에서 송금 받는 수밖에 없다.

송금 서비스를 받으려면 우선 KEB 하나은행 오사카 지점에서 여권을 제시하고 임시 계좌를 개설한다. 그리고 한국으로 연락해 송금을 부탁하면 2시간 내에 돈을 찾을 수 있다.

KEB 하나은행 오사카 지점

♦ 09:00~15:00
♦ 휴무 토·일·공휴일, 12/31~1/3
♦ 지하철 미도스지 선의 요도야바시 淀屋橋 역(M17) 10번 출구에서 도보 3분. 요도야바시미츠이 淀屋橋 三井 빌딩 4층에 있다.

여행자수표 분실

사용하지 않은 여행자수표의 일련번호를 알면 재발행이 가능하다. 여행자수표 발행사에 분실 신고를 하고 현지 지점을 찾아가 미사용 여행자수표의 일련번호, 여행자수표 구입 영수증을 제시한 뒤 재발행 신청을 한다. 빠르면 신청 당일, 늦어도 2~3일 안에 여행자수표를 받을 수 있다.

몸이 아플 때

의약품을 구매할 수 있는 드러그 스토어

각자 알아서 자기 몸을 관리해야 한다. 무리한 일정은 무리한 결과를 낳게 되므로 몸이 피곤할 때는 쉬어주고, 혹시라도 심각한 병이 의심되거나 큰 상처를 입었을 때는 곧장 병원을 찾아간다. 말이 통하지 않을 때는 교민이나 현지 유학생에게 도움을 청한다.

여행자 보험에 가입했다면 진료비를 지불한 다음 의사의 진단서와 진료비 영수증을 받아두었다가 귀국 직후 보험사에 보험금을 청구한다. 만약 개인적으로 처리하기 힘든 상황이라면 보험사의 현지 연락처나 한국으로 전화해 사고 사실을 알리고, 적절한 대응법을 지시 받는다.

조그만 상처가 생겼거나 가벼운 감기에 걸렸을 때는 드러그 스토어·약국을 찾아간다. 처방전 없이 구매 가능한 연고나 종합 감기약을 살 수 있다.

오사카의 긴급 연락처

경찰 110
소방서 119
제주항공 0570-001132
에어부산 0570-029777
아시아나 항공 06-6282-1888
대한항공 0088-21-2001

만일의 사태에 대비하는 여행자 보험

도난·질병 등의 사고가 염려될 때는 여행자 보험에 가입하자. 가입시 눈여겨볼 사항은 기간·보험료·보상 한도액이다. 보험 가입 기간이 자신의 일정과 일치하지 않을 때는 짧은 것보다 긴 기간을 선택하는 것이 안전하다. 사고는 언제 발생할지 모르니까.

보험료는 기간과 보상 한도액에 비례해 올라간다. 무조건 싼 것보다는 적절한 수준의 보험료와 보상 한도액을 선택하는 것이 좋다. 사망에 이르는 심각한 사고의 발생 비율은 상대적으로 적은 만큼 이와 관련된 보상 한도액은 작게, 도난·질병 사고는 비교적 빈번히 발생하므로 이와 관련된 보상 한도액은 조금 크게 설정된 보험 상품을 고르는 것이 요령이다.

참고로 휴대품 보상 한도액은 지급되는 보험금의 총액을 뜻한다. 예를 들어 휴대품 보상 한도액 30만 원짜리 보험에 가입했다면 100만 원짜리 물건을 도난 당해도 실제 지급되는 금액은 최대 30만 원까지다. 여행자 보험은 보험 대리점·여행사·공항·인터넷에서 가입할 수 있다. 여행사·공항에는 보험료가 비싼 상품밖에 없으므로 원하는 보험 상품에 저렴하게 가입하려면 인터넷을 이용하는 것이 현명하다. 보험 상품을 찾을 때는 네이버·다음에서 '해외 여행자 보험'으로 검색하면 된다.

여행자 보험은 출발 전, 국내에서 가입해야 한다

#step 13

짐 꾸리기

- ☑ 짐은 최대한 가볍게 꾸리는 것이 절대원칙
- ☑ 사용 가능성 '50%' 미만인 물건은 무조건 제외
- ☑ 웬만한 생필품은 일본에서도 구매 가능

트렁크·여행용 배낭

짐이 많을 때는 트렁크나 여행용 배낭을 가져가는 것이 좋다. 등산용 배낭처럼 입구가 좁은 배낭은 짐을 넣고 빼기가 불편하다. 트렁크는 되도록 바퀴가 크고 튼튼한 것으로 선택한다. 도로 포장 상태는 양호하지만 은근히 울퉁불퉁한 곳이 많아 바퀴가 고장나기 쉽다. 도난을 방지하려면 배낭·트렁크에 항상 열쇠를 채워놓는 것이 안전하다.

조그만 가방 또는 배낭

트렁크, 큰 가방과는 별도로 조그만 가방이나 배낭을 하나 챙겨간다. 여행할 때 옷가지나 기타 잡다한 물건은 트렁크 또는 큰 가방에 넣어 숙소나 코인로커에 보관하고, 자주 꺼내 봐야 하는 가이드북·지도·음료수 등은 작은 가방이나 배낭에 넣어서 갖고 다니면서 필요할 때마다 꺼내 쓴다.

옷가지

오사카의 기후는 우리나라 특히 남부 지방과 비슷하다. 따라서 옷가지는 우리나라에서 입던 것과 똑같이 가져가면 된다. 여행 기간이 짧을 때는 빨래할 필요가 없게 양말과 속옷을 넉넉히 준비하면 편하다.

봄·가을 환절기에는 아침·저녁으로 쌀쌀한 바람이 부니 여벌의 긴옷을 챙기자. 유니버설 스튜디오 재팬을 비롯한 오사카·고베의 바닷가 명소는 지리적 특성상 추위가 한층 강하게 느껴진다.

세면도구

숙소에 따라 비치된 세면도구가 다르다. 유스호스텔·한인 민박 등의 저렴한 숙소에서는 비누·샴푸만 제공된다. 수건·칫솔·면도기 등은 각자 준비할 몫.

비즈니스 호텔급 이상에는 수건·칫솔·샴푸·비누·샤워캡·면도기·헤어드라이어 등 거의 모든 세면도구가 완벽히 갖춰져 있어 맨몸으로 가도 전혀 문제가 없다.

화장품

기초 화장품은 필요한 만큼 덜어서 가져가면 편하다. 작은 샘플

여행 기본 준비물

체크	품목	내용
	여권	가장 기본적인 준비물. 없어지면 오도가도 못할 처지에 놓이고 만다. 항상 안전한 곳에 보관하자.
	여행경비	최대한 안전하게 보관할 것. 비상사태에 대비해 1장 정도의 신용카드·직불카드를 준비한다.
	옷가지	무겁지 않게 필요한 만큼 챙긴다. 일본에서 구매할 옷의 양도 한번쯤 고민해 보는 것이 좋다.
	카메라	자기 손에 익은 편한 카메라를 준비한다. 디지털 카메라는 여분의 배터리·충전기·메모리 카드를 챙겨야 한다. 메모리 카드가 부족할 때는 가전양판점이나 오사카의 덴덴타운에서 구매할 수 있다. 하지만 우리나라의 1.5~3배 정도 가격이 비싸다. 충전기에 사용할 100V용 변환 플러그도 잊지 말자.
	세면도구	자신이 이용할 숙소의 수준에 맞춰 수건·비누·샴푸·면도기 등을 준비한다.
	비상약품	꼭 필요한 만큼만 비닐봉지에 잘 포장해서 가져간다.
	우산	작고 가벼울수록 좋다. 깜빡했을 때는 편의점·100엔 숍에서 파는 비닐우산(300~500엔)을 이용한다.
	여행자 보험	여행자 보험 증서는 집에 놓고 가도 된다. 보험 가입시 받은 현지 비상 연락처와 안내서만 챙긴다.

#step 13'

을 여러 개 준비해 쓰다 버리는 것도 짐을 줄이는 방법. 외부 활동이 많은 만큼 자외선 차단 기능이 충실한 화장품을 챙기는 센스는 필수다. 가을·겨울에는 날씨가 건조해 피부나 입술이 트기 십상이니 로션·립크림도 준비하자.

피부 손상이 우려될 때는 영양 크림을 가져가 중간중간 마사지를 해줘도 좋다. 부족한 화장품은 마츠모토 키요시 マツモトキヨシ 등의 드러그 스토어에서 구매한다.

신발

장시간 걸어도 탈이 없는 익숙한 신발로 가져가는 것이 기본. 운동화나 스니커즈가 가장 무난하다. 멋쟁이 여행자라면 의상에 맞춰 가벼운 구두를 준비하는 센스를 발휘해도 좋을 듯. 특히 고급 레스토랑에 갈 때 유용하다.

플러그

스마트폰·디지털 카메라·노트북 등의 가전제품을 사용하려면 100V용 11자 플러그가 필요하다. 일본의 가전양판점에서도 판매하지만 은근히 찾기 힘들고 값도 비싸다. 우리나라의 다이소·전파사에서 500원이면 구매할 수 있다는 사실을 알아둘 것!

비상약품

의외로 유용한 준비물이다. 모양만

으로 확연히 구별되는 일반 의약품이 아닌 이상, 현지에서 약국을 이용하기란 여간 어려운 일이 아니다. 보험 드는 셈 치고 간단히 챙겨가자. 종류는 두통약·진통제·1회용 밴드·상처에 바르는 연고·종합 감기약 정도면 충분하다.

여성용품 & 식염수

생리대 등의 여성 용품은 편의점·슈퍼마켓에서 손쉽게 구매할 수 있다. 우리에게 친숙한 유명 메이커 제품

오사카의 드러그 스토어

을 구매하면 불편함이 없다. 액체류의 기내 반입이 금지된 까닭에 우리나라에서 콘택트 렌즈 세척용 식염수를 가져가기가 힘들다. 수하물 탁송이 가능한 만큼만 가져가거나 현지의 드러그 스토어에서 구매한다.

빨래방 이용하기

비즈니스 호텔·유스호스텔 등의 숙소에는 어디나 유료 세탁기가 있다. 빨래는 1회 200~300엔, 건조는 10분당 100엔, 세제는 1개 30~50엔 정도이며 500~600엔이면 웬만한 빨래는 건조까지 가능하다. 숙소에 세탁 시설이 딸려 있지 않을 때는 우리나라의 빨래방에 해당하는 '코인란도리 コインランドリー'를 이용한다. 숙소에 물어보면 가까운 코인란도리의 위치를 알 수 있다.

가져가면 도움되는 것들

체크	품목	내용
	선글라스	햇살이 강렬한 여름에 꼭 필요한 기본 아이템.
	모자	더위와 추위를 막는 데 유용하다. 패셔너블한 모자는 액세서리 역할도 한다.
	자외선 차단제	야외활동이 많다는 사실을 기억할 것. SPF 20 이상의 제품 강추! 현지의 편의점·슈퍼마켓·드러그 스토어에서 구매 가능하다.
	수영복	온천이나 해변에서 사용할 일이 은근히 생긴다.
	반짇고리	단추가 떨어지거나 옷이 찢어지는 난감한 상황을 해결한다. 필요하면 현지의 100엔 숍에서도 구매할 수 있다.
	비닐봉지	물건 분류 또는 속옷이나 젖은 옷을 보관하는 데 유용하다.
	화장지	조그만 여행용 티슈 하나면 충분하다. 역이나 유흥가 주변을 걷다 보면 엄청난 양의 업소 홍보용 티슈를 선물(?)로 받게 된다.
	멀티 플러그	숙소에 콘센트가 부족한 경우가 많다. 가져가는 가전제품 수에 비례해 3구 이상의 멀티 플러그를 1~2개 챙겨두면 편리하다.

#step 14

한국 출국

- ☑ 출발 2~3시간 전까지 공항 도착이 원칙
- ☑ 배터리 종류는 수하물 탁송 절대금지
- ☑ 공항 면세점보다 인터넷 면세점이 저렴

인천국제공항

인천국제공항의 탑승동

인천국제공항은 제1여객 터미널과 제2여객 터미널의 두 개로 이루어져 있다. 제2여객 터미널은 대한항공을 비롯한 스카이팀 소속 항공사와 진에어만 이용하며, 나머지 항공사는 모두 제1여객 터미널을 이용하니 자신이 이용할 터미널을 미리확인해두자. 터미널을 잘못 찾아갔을 때는 제1여객 터미널~제2여객 터미널을 순환운행하는 무료 셔틀버스를 이용한다(20분 소요).

두 터미널 모두 입국장은 1층, 출국장은 3층이다. 각 층에는 은행·환전소·약국·식당·서점·핸드폰 로밍 센터 등의 편의시설이 갖춰져 있다. 출국장에는 여러 개의 체크인 카운터가 있는데 자신이 이용할 항공사의 카운터 위치를 미리 알아두면 걷는 수고를 조금이라도 덜 수 있다.

1 공항 도착

인천국제공항은 리무진 버스와 공항철도로 연결된다. 노선이 가장 다양한 교통편은 서울 시내 곳곳에서 출발하는 리무진 버스이며 공항까지 1~2시간 걸린다. 자세한 경유지와 요금은 홈페이지를 참고하자.

서울 시내의 주요 호텔과 서울역·코엑스에서는 KAL 리무진 버스도 운행하며 공항까지의 소요시간은 1시간 정도다. 리무진 버스가 도착하는 곳은 3층의 출국장 바로 앞이라 체크인 카운터를 찾아가기가 편하다.

공항철도는 서울역·공덕역·홍대입구역·디지털미디어시티역·마곡나루역·김포공항역(서울), 계양역·검암역·운서역(인천)에서 탈 수 있다.

열차는 서울역~인천국제공항을 단번에 연결하는 직통열차(30분 간격 운행)와 모든 역에 정차하는 일반열차(12분 간격 운행)가 있다. 자세한 운행시각·요금은 공항철도 홈페이지를 참조하자. 내리는 곳은 인천공항1터미널역 또는 인천공항2터미널역이며, 표지판을 따라가면 3층 출국장으로 연결된다.

서울역 도심 공항터미널

도심 공항터미널에서는 비행기 탑승수속·수하물 탁송 등의 기본적인 출국 수속을 미리 밟을 수 있으며, 출국 수속을 마친 뒤에는 직통열차를 타고 인천국제공항으로 이동한다. 공항에서도 전용통로를 이용해 탑승동으로 들어가기 때문에 혼잡한 공항에서 버리는 시간을 대폭 절약할 수 있다. 단, 비행기 출발 시각 기준 3시간 전까지만 이용할 수 있다.

- ◆ 05:20~19:00
- ◆ 지하철 1·4호선·KTX·경의선 서울역 하차.

이용 가능 항공사
- ◆ 대한항공·아시아나항공·제주항공·
  티웨이항공·에어서울·에어부산

2 탑승 수속

3층의 출국장에 설치된 안내 모니터에서 자신이 이용할 항공사의 체크인 카운터를 확인하고 그곳으로 가서 여권과 항공권을 제시한 뒤 좌석을 배정 받는다. 이때 창가 Window·통로 Aisle 자리 가운데 원하는 좌석을 선택할 수 있다. 동시에 기내 반입이 불가능한 짐을 맡기고(수하물 탁송), 탑승권을 받으면 탑승 수속이 끝난다.

수하물 탁송시 주의할 점은 칼·가위·라이터 등의 위험물과 100㎖ 이상의 화장품을 포함한 액체류·젤(공항 면세점 구입품 제외)은 기내 반입이 불가능하다는 것이다. 해당 물품은 반드시 큰짐에 넣어 수하물 탁송을 해야만 비행기를 탈 수 있다. 앞서 말한 물품이 하나도 없을 때는 수하물 탁송

인천국제공항의 체크인 카운터

#step 14'

을 하지 말고 짐을 직접 갖고 타자. 10kg 이내의 작은 짐(가로·세로·높이 3면의 합이 115cm 이하)은 기내 반입이 가능하다. 이렇게 하면 오사카에 도착해 짐을 찾느라 시간을 허비하지 않아도 된다.

수하물 탁송시 주의사항

원칙적으로 모든 종류의 배터리는 수하물 탁송이 불가능하다. 기내 반입만 허용되므로 큰짐에 넣지 않도록 주의하자.
용기에 담긴 100㎖ 미만의 액체 및 젤류(화장품·약품 등)는 투명한 지퍼백에 넣을 경우 기내 반입이 허용된다. 용량은 잔여량에 상관없이 용기에 표시된 것을 기준으로 하며 지퍼백은 1개(총 1ℓ 이내)만 반입할 수 있다. 투명 지퍼백은 공항 3층의 편의점에서 판매한다.

3 출국 심사

여권과 탑승권을 제시하고 출국장으로 들어가면 간단한 세관·보안 검색을 한다. 고가의 귀금속·카메라·전자제품은 여기서 미리 신고해야 귀국 시 불이익을 당하지 않는다. 세관 출국 신고대는 출국장에 들어가자마자 있다.

보안 검색을 하는 X-레이 검색대를 통과하면 바로 앞에 출국 심사대가 보인다. 출국 심사대는 자동 심사대와 유인 심사대로 나뉘어 있다. 자동 심사대는 여권 판독기로 여권을 확인하고, 지문과 사진 촬영으로 본인 확인을 마치면 모든 출국 심사가 완료되기 때문에 빠르고 편리하다. 따라서 특별히 유인 심사대를 이용해야 할 이유가 없다면 자동 심사대에 줄을 서는 것이 현명하다.

4 면세점·휴게실 이용

출국 심사를 마친 뒤에는 탑승권에 표시된 비행기 탑승 시각 전까지 면세점·휴게실을 이용하며 시간을 보낸다.
곳곳에 인터넷을 사용할 수 있는 PC와 와이파이존, 레스토랑 등의 편의시설도 마련돼 있다.
시내 면세점 또는 인터넷 면세점에서 상품을 구매한 경우 면세품 인도장에서 물건부터 찾는 것이 순서다. 특히 여행 성수기에는 면세품 인도장이 북새통을 이루니 최대한 서둘러 가야 한다. 탑승 항공편에 따라 이용하는 면세품 인도장 위치가 다르니 상품 주문시 받은 면세품 수령 장소 안내문을 꼼꼼히 살펴보자.

출국장에는 주요 항공사의 공항 라운지가 있는데, 멤버십 카드 소지자에 한해 음료·간식·휴게실 이용·인터넷 서비스가 무료로 제공된다.

5 탑승

탑승은 보통 비행기 출발 시각 30~40분 전부터 시작된다. 그 시간 전에 탑승권에 찍힌 탑승구 Gate 번호를 확인하고 비행기를 타러 간다. 주의할 점은 제1여객 터미널의 경우 1~50번 탑승구는 출국 심사대와 같은 건물에 있지만, 101~270번 탑승구는 1km쯤 떨어진 별도의 탑승동에 있다는 것이다.

탑승동으로 갈 때는 28번 탑승구 맞은편의 에스컬레이터를 타고 아래층으로 내려가 무인 전동차를 이용한다. 소요시간은 2~3분 정도지만 전동차를 기다리는 시간과 탑승구를 찾아가는 데 은근히 시간이 걸리니 101~270번 탑승구를 이용할 때는 여유를 넉넉히 두고 움직여야 한다.

기내로 들어서면 탑승권에 찍힌 좌석 번호를 보고 자기 자리를 찾아가 캐비닛에 짐을 넣는다. 카메라 등 파손 우려가 있는 물건은 좌석 밑의 빈 공간에 넣어 두는 것이 안전하다.

면세점 200% 활용법

공항 면세점보다 시내 면세점과 인터넷 면세점을 적극 활용하자.
시내·인터넷 면세점은 공항 면세점보다 느긋하게 쇼핑을 즐길 수 있는 것은 물론 가격도 훨씬 저렴하다.
이용시 필요한 것은 여권과 항공권(또는 이용할 항공편명)뿐. 구입한 상품은 출국 당일 공항의 면세품 인도장에서 찾는다.
주의할 점은 시내·인터넷 면세점에는 판매 마감 시간이 있다는 것. 인천·김포국제공항 이용자는 비행기 출발 5시간 전까지, 김해국제공항 이용자는 비행기 출발 24시간 전까지, 제주국제공항 이용자는 비행기 출발 48시간 전까지 상품을 구매해야 한다.

#step 14'

김포국제공항

김포국제공항은 인천국제공항보다 서울 시내에서 가까워 교통이 편하고 이동 시간도 적게 걸린다. 대신 공항이 작아 면세점·라운지 등의 편의시설이 부족하다. 특히 면세점 취급 상품이 인천국제공항에 비해 무척 한정적이라 시내 면세점 또는 인터넷 면세점을 적극 활용하는 것이 좋다. 김포국제공항은 국제선 청사와 국내선 청사의 두 건물로 나뉘어 있다. 오사카 행 항공편이 출발하는 국제선 청사는 총 4개층으로 이루어져 있으며 1층은 입국장, 3층이 출국장이다.

1 공항 도착

김포국제공항은 버스·지하철·공항철도로 연결되며 서울 시내에서의 소요시간은 30분~1시간 정도도. 버스는 국제선 청사→국내선 청사의 순으로 정차하니 안내방송을 잘 듣고 있다가 국제선 청사에서 내리자. 만약 국내선 청사에서 내렸다면 1층에서 출발하는 무료 셔틀버스를 타고 국제선 청사로 간다. 지하철 5·9호선과 공항철도는 김포공항역에서 내려 표지판을 따라 가면 국제선 청사로 이어진다.

2 탑승 수속

탑승 수속은 국제선 청사 2층에서 한다. 규모가 작아 이용에 큰 어려움은 없다. 기본적인 탑승 수속 요령은 인천국제공항과 동일하다.

3 출국 심사

탑승 수속을 마친 뒤에는 3층으로 올라가 출국 심사를 받는다. 여권과 탑승권을 제시하고 출국장으로 들어가 간단한 세관·보안 검색을 마친 뒤 출국 심사대를 통과한다.

4 면세점·휴게실 이용 및 탑승

출국 심사대를 통과하면 바로 앞에 휴게실과 면세점이 있다. 시내·인터넷 면세점에서 상품을 구매한 경우 면세품 인도장에서 물건을 찾는다. 그리고 느긋하게 시간을 보내다 출발 30~40분 전에 탑승구를 찾아가 비행기에 오른다.

김해국제공항

김해국제공항은 국내선 청사와 국제선 청사로 나뉘어 있다. 국제선 청사는 3개 층으로 이루어져 있으며 1층은 입국장, 2층이 출국장이다. 공항 규모가 작아 면세점 시설이 부족하니 쇼핑을 하려면 부산 시내의 면세점 또는 인터넷 면세점을 이용하는 것이 좋다.

1 공항 도착

공항은 부산 시내에서 17km 정도 떨어져 있으며 시내버스·리무진 버스·경전철로 연결된다. 그리 먼 거리는 아니지만 공항까지 이어지는 도로는 상습 정체 구간으로 악명 높으니 버스를 이용할 때는 시간을 넉넉히 두고 움직여야 한다.

2 탑승 수속·출국 심사

탑승 수속은 국제선 청사 2층의 항공사 체크인 카운터에서 한다. 기본적인 탑승 수속 요령은 인천국제공항과 동일하다. 탑승 수속을 마친 뒤에는 같은 층의 출국장으로 가서 세관·보안 검색과 함께 간단한 출국심사를 받는다.

3 면세점·휴게실 이용 및 탑승

출국 심사까지 마친 뒤에는 면세점·휴게실을 이용한다. 면세품 인도장은 출국 심사대를 지나 안쪽에 있다. 그리고 비행기 출발 30~40분 전에 탑승구를 찾아가 비행기에 오른다.

제주국제공항

제주국제공항은 제주시에 있으며 일반·급행 버스와 리무진 버스로 연결된다. 시내에서 공항까지는 버스로 30분 정도를 예상하면 된다.

공항은 'ㄱ'자 모양으로 꺾인 하나의 건물로 이루어져 있으며 왼쪽이 국제선, 오른쪽이 국내선 청사다. 공항이 작고 국제선 승객도 많지 않아 이용에 어려움은 없다. 면세점과 편의시설이 부족하니 면세품 쇼핑은 시내 또는 인터넷 면세점을 이용하자. 탑승 수속 및 출국 심사 절차는 인천국제공항과 동일하다.

#step 14'

부산 국제여객터미널

부산 국제여객터미널은 공항에 비해 구조가 단순하고 규모도 작아 이용에 어려움은 없다. 건물은 5층으로 이루어져 있으며, 3층에 팬스타 페리의 매표소 겸 승선 수속 창구와 출국장, 2층에 입국장이 있다. 편의시설로는 2·3층에 편의점·식당·은행·약국·핸드폰 로밍 센터가 있다.

1 항구 도착

팬스타 페리는 출국 수속 시각 2시간 전까지 승선 수속을 마쳐야 한다. 티켓을 구매할 때 출국·승선 수속 시각이 적힌 안내문을 줄 테니 그것을 보고 늦지 않게 항구로 간다.

KTX 부산역에서는 8번 출구를 나와 10분쯤 걸어가면 부산 국제여객터미널이다. 또는 지하철 1호선 중앙역 14번 출구 앞에서 출발하는 셔틀버스나 5-1·1004번 시내버스를 이용해도 된다.

2 승선 수속

부산 국제여객터미널 3층의 팬스타 페리 창구에서 승선표를 작성한다. 여권번호·영문 이름·주소·연락처 등의 인적사항만 기입하면 된다. 그리고 승선표와 함께 여권·티켓·터미널 이용료·유가할증료를 내면 탑승권을 발급해 준다.

◆ 터미널 이용료 7,000원
◆ 유가할증료 2만 2,000원(시기에 따라 변동이 심하다. 정확한 금액은 티켓 구매시 확인 가능)

3 출국 심사

출국장은 부산 국제여객터미널 3층에 있다. 출국장 입구의 전광판에 팬스타 페리의 출국 수속 시각이 표시되므로 그것을 보고 출국장으로 들어가면 된다.

먼저 세관 검사가 시작되는데, 비행기와 달리 짐을 직접 갖고 타기 때문에 모든 소지품에 대해 X-선 검사를 받는다. 고가의 보석·시계·전자제품을 갖고 있을 때는 귀국시 문제가 될 수 있으므로 여기서 미리 신고하고 나가는 것이 좋다.

세관 검색대를 빠져나오면 바로 출국 심사대가 이어진다. 긴 줄이 늘어서 있을 테니 눈치껏 사람이 적은 쪽에 줄을 서자. 그리고 여권과 탑승권을 제시하면 출국 심사가 완료된다.

4 면세점 이용

출국 심사대 바로 앞에는 조그만 면세점이 있다. 공항에 비하면 정말 소박(?)하고 상품 구색도 빈약하다. 주류·담배를 제외하면 딱히 살 만한 물건도 없으니 쇼핑을 하려면 시내 면세점이나 인터넷 면세점을 이용하는 것이 현명하다. 면세품 인도장은 승선 게이트 맞은편에 있다.

5 승선

면세점 옆의 벤치에 앉아 승선 게이트가 열리기를 기다린다. 승선이 개시되면 팬스타 페리라고 표시된 표지판을 따라간다.

배에 오른 뒤에는 이용할 객실의 키 또는 자리를 배정 받은 뒤 짐을 부리면 된다. 배가 움직이기 시작하면 갑판으로 올라가 출항하는 모습을 구경하자. 배 뒤편으로는 멀어져 가는 부산항, 왼편으로는 삐죽 솟아오른 오륙도의 모습이 펼쳐진다.

갑판에서 기념사진을 찍은 뒤에는 목욕탕으로 가서 선상 목욕을 즐긴다. 일렁이는 파도에 따라 좌우로 흔들리는 욕조의 느낌이 색다를 것이다. 목욕탕 이용 시각이 정해져 있으니 너무 늦지 않도록 주의하자. 그리고 잠자리에 들면 다음날 아침해는 오사카에서 맞이하게 된다.

부산과 오사카를 오가는 팬스타 페리

팬스타 페리 이용 꿀팁

부산에서 오사카로 갈 때는 혼슈와 큐슈를 연결하는 칸몬 대교의 야경(21:30), 혼슈와 시코쿠를 연결하는 세토 대교(05:30), 혼슈와 시코쿠를 연결하는 또 하나의 다리인 아카시 대교(07:30)를 볼 수 있다. 특히 세토 대교와 아카시 대교 주변은 아름다운 해안절경을 감상할 수 있는 곳으로 유명하다.

배 멀미가 걱정되면 미리 멀미약을 챙겨두자. 항구의 약국은 시내보다 약값이 비싸다. 배 멀미를 예방하는 최선의 방법은 약의 복용 시간을 잘 지키고 출항과 동시에 잠드는 것이다.

#index

클로즈업 오사카
CLOSE UP OSAKA

고베 · 아리마온센 · 히메지 · 고야산

초판 1쇄 발행 2023년 10월 20일

지은이	유재우, 손미경
발행인	승영란, 김태진
편집주간	김태정
마케팅	함송이
경영지원	이보혜
디자인	장수비
인쇄	다라니인쇄
제본	경문제책사
펴낸 곳	에디터유한회사
주소	서울특별시 마포구 만리재로 80 예담빌딩 6층 (우) 04185
전화	02-753-2700, 2778
팩스	02-753-2779
출판 등록	1991년 6월 18일 제1991-000074호

값 20,000원
ISBN 978-89-6744-268-2 13910